관광법규의 이해와 외법

정혜진 · 염경아 · 목진원 · 정 환 지음

대 왕 사

관광법규의 이해와 외법

머리말

최근 경제와 교통수단의 발전 및 국내외 관광환경의 변화로 다양한 형태의 관광이 일상적인 모습으로 자리 잡아감에 따라 관광은 양적으로나 질적으로도 가파르게 변화되고 발전을 반복하고 있다.

이렇게 급변하고 있는 관광산업과 다양한 형태의 국내외 관광 배경에는 관광법규가 자리 잡고 있다. 대표적인 관광법규로는 관광의 헌법과 같은 관광기본법을 기본으로, 관광진흥법 내의 7가지 관광관련 주요 법규 외 여권법, 출입국관리법 등이 있다. 이 중 국제회의진흥법 같은 한시법과 타법과 중복되어 있는 관광편의시설업은 별도로 정리하였다. 관광이 원활하게 이루어질 수 있도록 관광과 관련된 여러 환경을 조성하고 관광자원의 개발 촉진, 관광사업 육성 등 관광을 뒷받침하고 관광진흥을 목적으로 하는 관광법규는 관광의 발전과 시대적 상황에 따라 관련 법령이 개정되기 때문에 지속적으로 반영될 필요가 있다.

이 책은 크게 9장으로 구분하여 구성하였으며, 각 장에서 법규의 내용과 정의를 뒷받침할 수 있는 여러 가지 현황 자료를 표・차트・관광통계로 첨부하였고, 해당 법규의 발전과정을 한 눈에 알 수 있도록 연혁과 본문을 추가하여 보다 시각적인 이해도를 높이도록 하였다. 아울러 독자들이 관광법규를 이해하는 데 자세한 설명이 될 수 있는 용어에 대한 해설을 추가하였으며, 관광학도 및 일반 자격시험 준비, 관광통역안내사, 국내여행안내사, 호텔관리사, 컨벤션기획사 등 관광관련 자격시험 준비 및 관광업 종사자들에게 보다 실질적인 도움이 될 수 있도록 해당 관련 법령 등의 개정내용을 반영하여 실무 중심으로 저술하였다.

관광법규의 해당 단원별 정리를 통해 관광전공자들은 관광학문의 가장 기초가 되는 관광관련 법규를 쉽게 이해하고 실무에 적용할 수 있도록 관광법규의 정의에 대한 보편적 사항과 내용을 정리하였다. 더불어 관광사업에 필요한 법률을 실무적인 관점에서 최신의 통계자료를 토대로 간결하게 보완하여 재정리하였고, 모든 주제를 보다 쉽고 체계적으로 이해할 수 있도록 정리하였다.

관광산업 전반에 대한 이해의 시작이 되는 관광법규는 관련 산업 동향을 매년 개정된 내용으로 수정・보완하여 실어야 하기 때문에 다소 미흡한 점은 지속적으로 독자들에게 부응할 수 있도록 노력할 것이며, 관광산업에서 누구나 쉽게 활용이 되어 본서를 통해 자격증 시험을 보는 학생들과 관광종사자들에게 유용한 디딤돌이 되기를 바란다.

이 책을 출간하면서 출판업계의 어려움에도 불구하고 힘써주신 대왕사 박성진 사장을 비롯하여 짧은 시간에 교정을 완성하느라 노력을 아끼지 않은 대왕사 편집부 이재길 부장과 주진구 부장께도 감사의 말씀 올립니다. 공동 집필에 참여해주신 염경아 교수님과 목진원 박사님께도 진심으로 감사드리며, 마지막으로 관광법규를 집필할 수 있는 기회와 다방면으로 아낌없는 가르침을 주시는 재능대학교 호텔관광과 정환 교수님 덕분에 많이 배우고 성장하고 있음에 지면을 빌어 존경을 표하며, 진심으로 감사의 말씀을 전하고 싶습니다.

2024년 10월

공동저자 정혜진

차례

CHAPTER 1

법이란 무엇인가? [13]

CHAPTER 2

관광법규

[27]

CHAPTER 3

관광법

[43]

CHAPTER 4

관광사업의 관광진흥법

[69]

CHAPTER 5

관광진흥개발기금 [205]

CHAPTER 6

관광개발계획과 개발 [221]

CHAPTER 7

관광종사원 [243]

CHAPTER 8

출입국관리법 [255]

CHAPTER 9

여권법 [315]

관광진흥법 상 관광사업의 종류

1 여행업
- 종합여행업
- 국내외여행업
- 국내여행업

2 숙박업 호텔업과 휴양 콘도미니엄업
- 호텔업 (일반호텔업과 관광호텔업)

1. 호텔업
   관광호텔업
   - 수상관광호텔업
   한국전통호텔업
   - 가족호텔업
   호스텔업
   - 소형호텔업
   - 의료관광호텔업

2. 휴양콘도미니엄업
   - 리조트업

3 관광객 이용시설업
- 전문휴양업
- 종합휴양업
- 야영장업 (일반, 자동차야영장업)
- 관광유람선업
- 관광공연장업
- 외국인관광도시민박업 (국내인 허용)

관광편의시설업과 관광객이용시설업 통합 예정

4 국제회의업 (한시법)
- 국제회의시설업
- 국제회의기획업

5 테마파크업 (유원시설, 2025.08.25)
- 종합유원시설업
- 일반유원시설업
- 기타유원시설업

6 관광 편의시설업
- 관광유흥음식점업
- 관광식당업
- 관광극장유흥업
- 외국인전용유흥음식점업
- 시내순환관광업
- 여객자동차터미널시설업
- 관광사진업
- 관광펜션업(휴양펜션업)
- 한옥체험업
- 관광궤도업
- 관광면세업
- 관광지원서비스업

7 카지노업
- 외국인전용카지노
- 내국인카지노

관광 외 사업

외식업
- 전문관광식당업
- 일반관광식당업
- 관광음식점업
- 한국음식점업
- 관광극장식당업
- 외국인전용 유흥음식점업

관광교통업
- 육상교통업
- 해상교통업
- 항공운송업
- 전세버스 운송사업
- 자동차 대여사업

⇩

관광 외 사업: 교통, 외식 등

CHAPTER

1 법이란 무엇인가?

01. 인간과 법

인간이 한 공동체를 이루고, 이것을 지켜나가기 위해서는 하나의 영역을 만들고, 그 영역 하에서 그들만의 규범을 만들고 지켜나가는 것이 기본이다. 인간은 태어나면서부터 하나의 공동생활을 하며, 그 공동생활 속에서 인간의 행복을 영위하기 위해서는 획일적이고 통일적인 사회 질서와 규범이 존재하므로 그 속에서 그들만의 질서를 지키기 위해서는 사회생활의 준칙이 필요한 것이 당연하다. 이러한 준칙은 고대부터 지금까지 복잡하고 다양한 문명사회에서 한결같이 요구되는 것이며, 사회생활을 영위하는 데 필수 불가결한 행위의 준칙을 가리켜 사회규범이라고 한다.

사회규범에는 여러 가지가 있으나, 그 가운데서도 특히 중요한 것은 법 · 도덕 · 종교 · 관습 등이 있는데 첫째, 법은 원시시대에 혼연일체의 미분화 상태에서 사회가 발전함에 따라 다른 사회규범으로부터 분화하게 되었다. 이러한 법은 사회생활에 있어서 행위의 규범으로서 공동생활의 질서 있는 공존을 위하여 반드시 요구되는 것이며, 모든 사회에는 반드시 그 사회에 특유한 법이 존재한다고 할 수 있다.

법의 개념에 관하여 일반적 개념 또는 보편적인 정의를 내린다는 것은 매우 어려운 일이지만, 그동안 수많은 학자들에 의하여 정립된 학설들을 종합해보면, “법이란 사람이 사회생활을

그림 1-1 **법의 구조체계도**

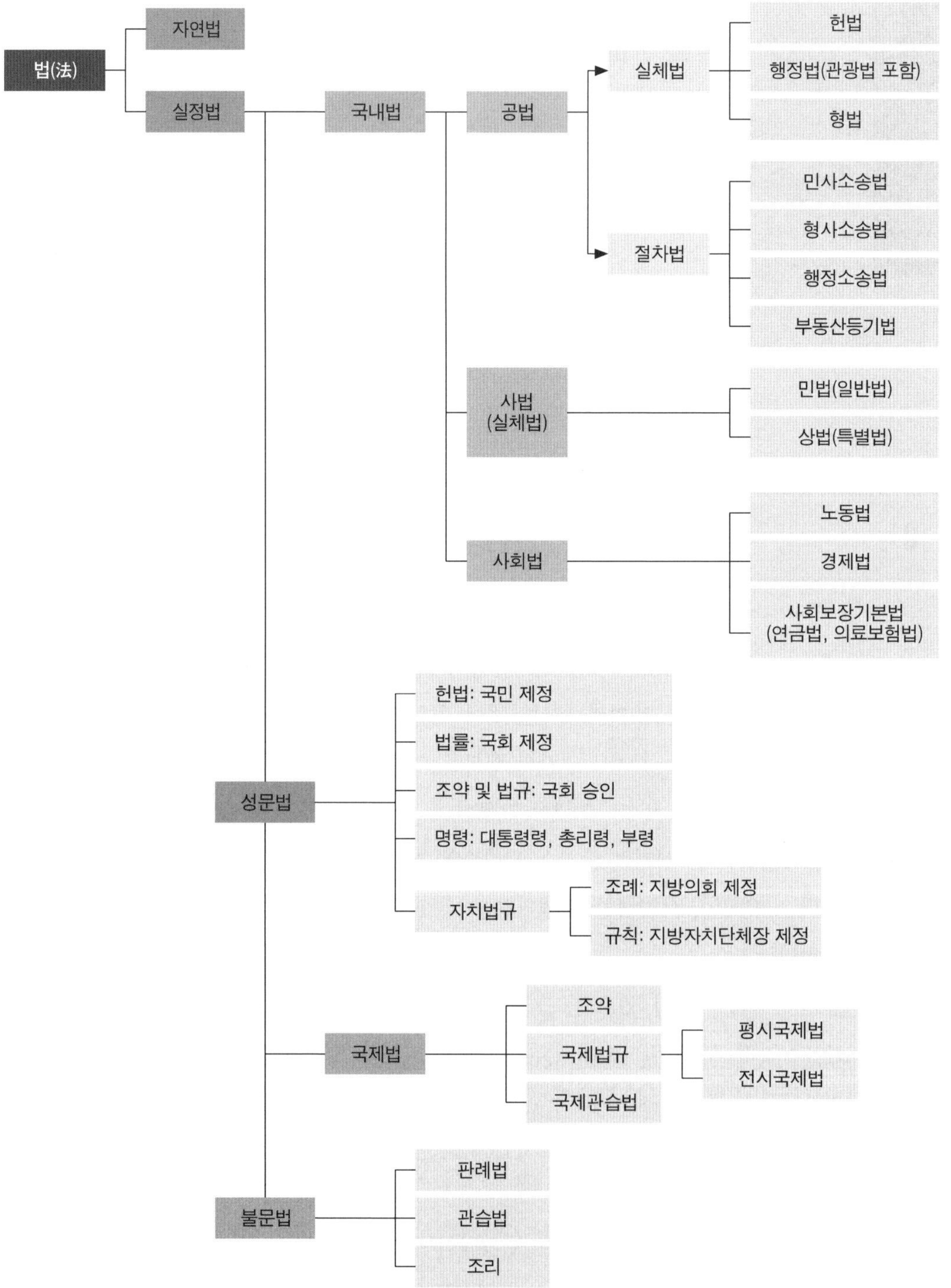

함에 있어서 스스로 준수해야 할 행위의 준칙으로서 국가권력에 의하여 강제되는 사회규범" 이라고 정의하고 있다. 또한 법은 국가가 강제력을 지니며 공공복리를 지향할 수 있어야 한다. 그러기 위해서 우선적으로 국민이 믿고 생활할 수 있도록 법은 안정적이고 명확하여야 하며 쉽게 변경되지 않아야 한다. 법은 큰 틀에서 볼 때 그 구조는 [그림 1-1]과 같다. 추가적으로 관광법규는 포괄적으로 행정법에 속한다.

02. 법의 기본 원리

법을 통해 이루거자 하는 이념은 정의, 법적 안정성, 합목적성 등이라고 할 수 있다. 또한 이를 달성하기 위한 기본 원리는 공법(公法)과 사법(私法)에 있어서 각각 존재하고 있다.

1) 비례의 원칙

비례의 원칙은 공법과 사법 전반에 걸쳐 널리 통용되는 법의 일반 원칙이다. 두 이해관계가 충돌할 경우에 어느 한쪽에 치우치지 않고 균형 있게 양자를 보장하기 위한 원칙이다. 헌법재판소[1]는 법률의 위헌 여부를 판단하는 기준의 하나로 이 원칙을 적용하고 있다.

2) 적법절차의 원칙

적법절차의 원칙이란 법령의 내용은 물론 그 집행절차도 정당하고 합리적이어야 한다는 원칙이다. 원래 이 원칙은 국가가 형벌권으로부터 국민의 신체의 자유를 보장하기 위한 목적에서 출발한 것이었지만, 오늘날에는 공권력과 관련된 모든 행위에서 꼭 지켜져야 할 기본 원리로 인정되고 있다.

1 헌법재판소(constitutional court)는 헌법에서 규정하고 있는 독립적인 사법기관이다. 헌법재판소에서는 법률의 위헌성 심판, 탄핵 심판, 정당해산 심판, 권한쟁의 심판, 헌법소원 심판 등의 권한을 가지고 있다(헌법 제111조).

3) 죄형법정주의 원칙

죄형법정주의란 아무리 사회적으로 비난받을 만한 행위라도 입법기관에서 제정한 법률이 그 행위를 범죄로 규정하고 있지 않으면 처벌할 수 없고, 범죄에 대해 법률이 규정한 형벌 이외에는 부과할 수 없다는 원칙이다. 이는 법치주의 국가에서 형법의 기본 원리로 작용하고 있다.

4) 신의성실의 원칙

신의성실의 원칙은 개인 간의 관계와 거래를 규정한 민사법의 기본 원리이다. 이 원리는 권리의 행사와 의무의 이행은 신의에 따라 성실하게 해야 되는 것으로 법을 공유하는 공동체 구성원들이 가져야 할 공동체 의식을 강조하는 것이라고 할 수 있다.

5) 권리남용금지의 원칙

권리남용금지의 원칙이란 겉으로는 권리를 행사하는 것으로 보이지만, 실제로는 타인에게 고통을 주기 위한 행위를 막기 위한 법규범의 원칙이다. 이 원칙을 준수하지 않은 권리행사는 법이 보장하지 않으며, 경우에 따라서는 권리행사 자체를 불법행위로 보고 상대방에게 손해배상을 하도록 한다.

03. 법의 특성

1) 규범성

법은 규범(規範, norm)이며, 규범은 사회적 목적을 달성하기 위하여 인간이 사회공동 생활에서 꼭 지켜야 할 법칙을 말한다. 법규범은 자연법칙과는 다르게 사람이 마땅히 해야 하는 관계를 나타내는 당위의 법칙으로서 사회적으로 설정된 목적 달성을 위한 법칙이다. 목적과의 불일치에도 불구하고 타당한 법칙이며, 따라서 당위의 법칙은 규범 위반이라는 사실이 미리 예상된, 항상 예외가 잠재되어 있는 개념이라는 점에서 예외가 인정되지 않는 자연법칙과는 구별된다.

2) 사회규범성

법은 정치적으로 조직된 사회, 즉 국가에서 강제성을 본질로 하는 것이며, 국가권력에 의해 유지되고 강제되는 규범으로서 법이 부과한 강제성을 위반한 불이익 또는 제재를 가하게 된다. 위반자에 대하여 물리적 강제력, 즉 강제집행 · 형벌 등을 발동하며, 이에 반하여 관습 · 도덕 · 종교 등의 규범에 대해서는 국가권력에 의한 강제가 가하여 지지 아니한다. 이에 따라 지켜야 할 도리가 규범이다.

3) 행위규범성

법은 인간의 외적 행위를 규율하고 명령하며 금지시키는 등의 행위를 지시하는 규범이다. 이러한 의미에서 사회생활상 요구되는 행위 준칙인 것이다. 그러나 같은 사회생활규범인 종교나 도덕은 외부에 표현되지 아니한 내심의 의사 그 자체도 규율한다는 점에서 법규범과 구별된다.

04. 법의 기능

법은 사회적 규범이고, 사회에 미치는 영향과 역할은 매우 크고 중요하다. 따라서 법은 반드시 법의 역할을 다할 필요가 있다. 그러므로 법은 법의 기능이 실행됨으로써 법의 목적이 구현된다고 볼 수 있다.

1) 질서유지 기능

법은 개인의 생명 · 신체 · 재산 · 인격 및 기타 이익들을 침해로부터 보호하고, 나아가 사회와 국가의 이익까지 보호함으로써 질서를 유지하게 한다.

2) 통제적 기능

강제성을 지닌 사회규범으로서 개인의 의사를 구속하여 개인에게 일정한 행위를 명령 · 강제 · 금지하는 통제적 기능을 한다.

3) 선도적 기능

합리적이고 합목적적인 법의 정립으로 사전적 보장이나 예방이라는 선도적 기능을 한다.

4) 평가적 기능

사회생활에서 인간의 행위에 대한 타당성을 평가, 즉 합법적인가 또는 위법적인가를 판단하는 평가기준으로서의 기능을 한다.

5) 제도형성 기능

법치국가에서 모든 정책이나 제도를 정립 · 폐지 · 개혁을 추진하는 기능을 한다.

6) 예측성 확보의 기능

법에 따라 사회생활 관계를 확실하게 보장하는 규칙성에 기인하기 때문에 일정한 행위결과에 대한 예측이나 기대를 가능하게 한다.

05. 법의 구조와 분류

1) 성문법

성문법이란 문서화된 법인 동시에, 일정한 절차를 거쳐 일정한 형식에 따라 공포된 제정법이다. 즉 문자로 표현되고 문서 형식을 갖춘 법을 말한다.

(1) 헌법

국민의 자유와 국가권력 사이의 관계에서 담아야 할 가장 근본적인 내용을 담고 있는 국가의 기본법으로서 법 체계의 단계적 구조에서 최고법적인 지위를 가진다.

(2) 법률

헌법에 근거하여 국민의 대표기관인 국회를 거쳐 제정 및 공포된 법으로서 행정부가 제정한 명령보다 상위에 위치한다.

(3) 명령과 규칙

명령은 국회를 거치지 않고 행정기관에 의하여 제정되는 성문법규로서 제정권자를 기준으로 대통령령 · 총리령 · 부령으로 나뉜다. 규칙은 자율성을 확보할 필요가 있는 국가기관이 그 소관사무에 관하여 법률이 저촉되지 않는 범위 내에서 내부 규율과 사무처리에 관하여 제정하는 법으로서 국회 규칙, 대법원 규칙, 중앙선거관리위원회 규칙 등이 있다.

(4) 자치법규

지방자치단체가 제정하는 법령으로 지방의회가 법령의 범위 내에서 그 사무에 관하여 정하는 조례와 지방자치단체장이 법령과 조례의 범위 내에서 그 권한에 속하는 사무에 관하여 정하는 규칙이다.

(5) 국제법규

국제질서를 유지하기 위하여 문서에 의한 국가들 사이의 명시적 합의인 조약과 일반적으로 승인된 법규이다.

2) 불문법

불문법이란 성문법과 반대로 문서화 되지 않은 법이며, 성문법과 같이 법의 제정기관에서 일정한 절차와 형식에 의하여 제정 · 공포되지 아니한 법을 말한다.

(1) 관습법

관습법은 국가의 입법기관이 제정한 법이 아니고 사회의 자연발생적인 규범으로써, 성문화되지 않고 불문적인 모습으로 국가에 의해서 법으로 승인을 받고 강제적 성격을 지니며, 국가법 체계에 편입된 것을 말한다.

(2) 판례법

판례란 일정한 사건에 대하여 법을 해석・적용하여 내린 판단을 말하는데, 판례법이란 법률문제에 동일한 취지의 판결이 반복됨으로써 그 해결 방향이 대체로 확정된 경우에, 성문법화하지는 않았지만 법적 규범성이 인정되는 법이다.

(3) 조리

조리란 사물의 본질적인 법칙, 사물 필연의 도리라는 뜻으로 사회의 변화에 의하여 구체적인 사건에 적용할 법이 없을 경우 자연법과 같은 의미로 실정법의 존립 근거 또는 평가의 척도로서 법의 흠결 시 법률 행위의 해석 기준이 된다.

3) 행정법(관광법)

행정의 조직 및 작용과 그 구제에 관한 국내 공법으로, 구체적으로는 국가와 공공단체 같은 행정주체의 조직과 행정주체 상호 간의 관계 및 행정주체와 개인의 관계를 규율하고 행정작용에 대한 권리구제에 관한 법을 총칭하며, 행정법 안에 관광관련 법이 포함되어 있다.

(1) 행정법의 특성

가) 형식상의 특성

행정법의 성문성, 불문성, 대량성, 법원의 다양성, 그리고 총칙 규정이 없다. 그러나 성문성의 경우 행정법은 사람의 권리와 의무에 대해 강제하기 때문에 국민으로 하여금 장래의 예측과 법적 생활의 안정을 위해 성문의 형식을 취할 필요가 있다.

나) 내용상의 특성

행정주체의 우월성, 공익우선성, 집단성과 평등성이 있으며, 행정주체가 우월한 지위에서 명령 · 강제하는 법률관계를 규율함을 원칙으로 하고, 공법으로서 일반사법과 다르게 공익과 사익의 조화를 도모하여 공익을 추구한다. 또한 행정법은 일반적으로 다수를 규율대상으로 하기에 객체 상호 간의 평등성이 보장되는 특성을 지닌다.

(2) 행정법의 체계도

행정법은 다른 법의 분야와 같이 성문의 형식과 불문의 형식으로 나눌 수 있으며, 체계도는 [그림 1-2]와 같다.

그림 1-2 **행정법의 체계도**

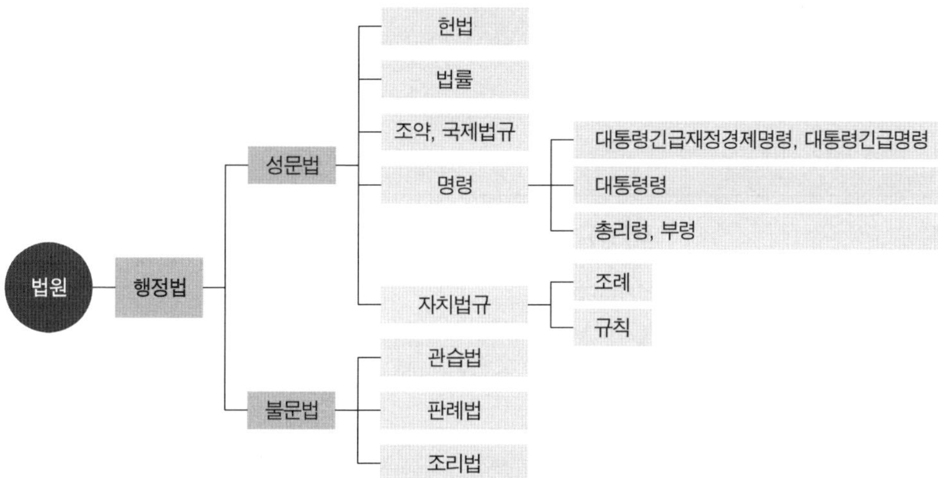

4) 법률 용어

구분	내용
대통령령	법률 제정에 관하여 두 가지의 특권을 가진다. 긴급상황 시 헌법에 따른 법률 및 처분의 기능을 동일하게 수행할 수 있는 긴급명령권과 법률에서 정하여 자세한 범위를 대통령이 직권으로 행사할 수 있는 령을 말한다.
총리령	국무총리가 소관사무에 관하여 법률이나 대통령령의 위임 또는 직권으로 발하는 명령을 말한다.
부령	행정 각부의 장이 소관 사무에 관하여 법률이나 대통령령의 위임 또는 직권으로 발하는 명령을 말한다.
시행령	법률이 특히 위임한 위임명령을 포함하며, 이는 대통령의 명령을 말한다.

시행령

현재 시행되고 있는 관광관련 법률로는 「관광기본법」, 「관광진흥법」, 「관광진흥개발기금법」, 「국제회의산업 육성에 관한 법률」, 「한국관광공사법」 등이 있다. 그리고 각각의 법률에 대한 시행령과 시행규칙이 있다.

훈령 및 고시

문화체육관광부 훈령(訓令)[2]으로는 '관광진흥개발기금 관리 및 운영 요령,' '관광자원개발사업 국고보조금 지원 지침,' 그리고 '중국관광객유치 전담여행사 업무시행 지침' 등이 있다.

고시(告示)[3]로는 '카지노 영업준칙,' '카지노 전산시설 기준,' '호텔업 등급결정기관 등록 및 등급결정에 관한 사항,' '국외여행인솔자 소양교육 실시 요령,' 그리고 '여행업 보증보험 공제 및 영업보증금 운영 규정' 등이 있다.

06. 법의 효력에 관한 원칙

법의 효력에 관하여 중요하게 적용되는 원칙은 다음과 같다.

1) 법률불소급의 원칙

법의 효력은 시행일로부터 발생하는 것이기 때문에 그 법의 시행 이전에 발생한 사건에 대해서는 소급(遡及)[4]하여 적용할 수 없다. 따라서 소급입법도 원칙적으로 금지된다.

2) 일사부재리의 원칙

어떤 구체적 사건에 대하여 일단 판결을 내려 확정이 되면 동일한 사건을 다시 심리하고 재판하지 아니 한다는 원칙을 말하며, 법의 안정성을 유지하기 위한 원칙이다.

2 훈령(office order)은 상급 관청에서 하급 관청의 직무를 지휘 · 감독하기 위하여 내리는 명령을 말한다.
3 고시(notice)는 행정기관이 일반 국민에게 글로 써서 보인 것이나 EH는 그 내용을 말한다.
4 소급(retroactivity)은 과거에까지 거슬러 올라가서 미치게 하는 것을 말한다.

3) 신법 우선의 원칙

동일한 사건에 적용할 법으로써 새로 제정된 법과 기존의 법이 서로 충돌이 일어날 때에는 기존법인 구법은 폐지된 것으로 보고 신법이 적용된다.

4) 상위법 우선의 원칙

상위법과 하위법의 내용이 서로 모순되거나 상충되는 경우에는 상위법의 내용이 우선적으로 적용된다는 원칙이다.

5) 특별법 우선의 원칙

동일한 사건에 대하여 법을 적용하는 경우 일반법과 특별법의 내용이 서로 부딪힐 때에는 특별법의 규정이 우선적으로 적용된다.

07. 법의 원천

법의 존재 형식으로서 법의 원천은 크게 성문법과 불문법으로 구분할 수 있다. 성문법은 문서화된 법인 동시에 일정한 절차를 형식으로 공포된 법으로서 제정법이라고도 하며, 불문법은 성문법 이외의 법으로서 문장으로 표현되지 않으며 일정한 법의 제정기관에 의한 소정의 절차를 거치지 않고 생기는 법을 말한다.

1) 성문법

성문법이란 문서의 형식을 갖추고 일정한 절차와 형식에 따라서 권한 있는 기관이 제정하여 공포한 법을 말한다. 제정법이라고도 하며, 대부분의 국가는 원칙적으로 성문법을 기준으로 하고 있고, 우리나라도 성문법주의 국가로서 헌법 · 법률 · 명령 · 자치법규 · 조약 등이 있다.

(1) 헌법

헌법이란 국민의 자유와 국가권력 사이의 관계에서 규정되어야 할 가장 근본적인 내용을 담고 있는 국가의 기본법으로서 법체계의 단계적 구조에서 최고 법적 지위를 가진다. 따라서 헌법은 국가에 있어서 최상위의 규범이므로 국가의 법 제정권은 헌법에 의해 규제되며 헌법에 저촉되는 법률이나 명령은 효력을 가질 수 없다. 또한 국가기관의 행위가 현 법에 위반되면 역시 무효가 된다.

(2) 법률

헌법에 근거하여 국민의 대표기관인 국회의 의결을 거쳐서 대통령이 서명 · 공포함으로써 제정된 법을 말한다. 이러한 법률은 헌법의 하위에 속하고 명령이나 규칙 및 자치법규의 상위에 속하면서 해당 분야의 국가정책이나 시책의 기본 방향과 방침을 명시적으로 정해주기 때문에 이들 법의 하위법령은 타당성의 근거를 법률에 두고 있다.

(3) 명령과 규칙

명령은 국회의 의결을 거치지 않고 행정기관에 의하여 제정되는 성문법규로서 제정권자를 기준으로 대통령령 · 총리령 · 부령으로 나눌 수 있고, 명령의 성질에 따라 법규명령과 행정명령으로 나뉘며, 법규명령은 다시 위임명령과 집행명령으로 구분된다.

규칙은 자율성을 확보할 필요가 있는 국가기관이 그 소관 사무에 관하여 법률에 저촉되지 않는 범위 내에서 내부규율과 사무처리에 관하여 제정하는 법규로서 국회 규칙, 중앙선거관리위원회 규칙, 헌법재판소 규칙 등이 있다.

(4) 자치법규

지방자치단체가 제정하는 법령으로, 지방의회가 법령의 범위 내에서 그 사무에 관하여 정하는 조례와 지방자치단체의 장이 법령과 조례의 범위 내에서 그 권한에 속하는 사무에 관하여 정하는 규칙이 있다. 자치법규는 그 자치단체의 지역 안에서만 효력을 가진다.

(5) 국제법규

국제질서를 유지하기 위하여 문서에 의한 국가들 사이의 명시적 합의인 조약과 일반적으로 승인된 국제법규가 있다. 실제로는 조약, 협약, 현장, 협정, 의정서, 각서 등 여러 가지로 사용되고 있다.

2) 불문법

불문법은 문서로서 표현되지 않고 관행으로써 행하여지고 있는 관습이나 법원의 관례 및 정의심에 의하여 의식되는 이치인 조리 등으로써 관습법, 판례법, 조리법이 있다.

(1) 관습법

관습법은 사회의 자연발생적인 구법으로써 성문화되지 않고 불문적인 모습으로 국가에 의해서 법으로 승인을 받고 강제규범으로써 국가법체계에 편입된 것을 말한다. 즉, 관습법이란 국가의 입법기관에 의해서 제정된 것이 아니고 사회에서 스스로 발생하는 관행이 단순한 도덕적 예의적인 규범으로 지켜질 뿐만 아니라, 사회의 법적 확신 내지 인식을 수반하여 대다수인들이 지키는 것을 말한다.

(2) 판례법

판례법이란 법원의 판례를 통하여 형성되는 법을 말한다. 즉 법원의 판례 그 자체가 판례법이 되는 것이 아니라 동일한 법률문제에 동일한 취지의 판결이 번복됨으로써 그 해결의 방향이 대체로 확정된 경우에 성문법화 하지는 않았지만 법적 규범성이 인정되는 법이다.

(3) 조리

조리란 사물의 본질적인 법칙, 사물의 필연의 도리라는 뜻으로써 사람의 이성에 의하여 생각되는 규범이다. 바꾸어 말하면 일반 사회인들이 인정하는 개관적인 원칙 또는 법칙이다. 따라서 조리법은 합리성과 구체적인 타당성 있는 가치를 그 내용으로 한다고 하겠다. 사회의 변화에 의하여 구체적인 사건에 적용할 법이 없을 때 법률행위 해석의 기준이 된다.

08. 법의 해석

법의 해석은 법규를 구체적인 사안에 적용할 수 있도록 법규범의 의미와 내용을 확정하는 것을 의미하며, 이는 일반적·추상적으로 규정되어 있는 법규의 의미와 내용을 명확히 확정하는 것을 말한다. 법의 해석은 성문법뿐만 아니라 불문법도 포함되지만 불문법은 그 존재 자체에서 내용을 나타내고 있으며, 일반적으로 성문법의 해석만을 의미한다. 법의 해석이 구속력을 가지느냐 여부에 따라서 유권해석과 학리해석으로 구분한다.

CHAPTER 2

관광법규

01. 관광법규의 탄생과 의의

1) 관광법규의 탄생

현대사회에서 생활이 윤택해짐에 따라 인간다운 삶을 위해 취미 · 관광 · 건강 · 관리 등 다양한 목적으로 여가시간을 의미 있게 보내려 하고 있다. 또한 여가활동에 대한 인식과 환경 등의 변화가 빠르고, 인간이 추구하는 여가의 범위가 커지며 인간성 회복과 더 나은 사회 · 문화를 위한 기본적인 의의를 갖게 되었다.

이와 같이 관광이 대중화 · 생활화 · 보편화되고 그 범위가 확대되면서 관광이 하나의 사회적 문제로도 등장하게 되었다. 아울러 관광활동은 국제 친선과 문화 교류에 직접적으로 파고들어 한 국가의 커다란 영향을 주고, 파급효과 또한 다양한 분야에 걸쳐 매우 크게 자리 잡고 있다.

관광이 건전하게 발전하려면 관광과 관련된 분야의 질서가 유지되어야 하고, 질서 유지를 위해서 규율과 법이 필요하였다. 관광법규는 이와 같이 관광활동이 원활하게 이루어지도록 여러 가지 여건을 조성하고, 관광자원과 관광의 대상을 효율적으로 발전시켜 관광수요에 대처하며, 외래관광객 유치 등 전반적으로 관광진흥을 목적으로 탄생하였다.

2) 관광법규의 의의와 필요성

(1) 관광법의 의의

관광법은 관광활동에 관한 질서 유지와 권리・의무 관계를 규율하며 관광행정기관의 행정행위에 대한 개인의 권리 구제에 관하여 규정한 법이다.

① 광의: 관광과 관련 있는 모든 법으로 문화도 포함하고 있다.

② 협의: 사람들의 관광활동을 보장하고 관광자원을 보호・개발하는 한편, 관광산업을 육성함으로써 원활한 관광진흥을 도모하기 위한 법이다.

(2) 관광법의 필요성

① 관광자의 자유의사에 의하여 자유행동에서 출발하였으며, 법과 질서를 지키고 자유롭게 행동해야 한다.

② 관광자 상호 간의 안전을 위하여 관광법규가 존재한다.

02. 관광법규의 특성과 성격

1) 관광법규의 특성

표 2-1 **관광법규의 특성**

특성	내용
특별법적 특성	관광이라는 독립적인 영역에서 관광현상의 다변화에 효율적으로 대처할 수 있는 법 체계를 이루고 있다.
행정법적 특성	관광행정의 목적을 달성하기 위해 국가의 공권력을 작용시켜 관광 질서 유지를 위한 질서행정과 국민이익을 위한 급부행정의 내용으로 이루어져 있다.
육성・조성 법적 특성	관광사업자의 책임과 의무, 지원, 관광자원 보호와 개발 등 관광의 진흥을 주내용으로 하고 있다.
복합・다양적 특성	관광현상은 복잡 다양하여 다른 분야의 규율과 법에 많은 연관을 맺고 있다.

관광법규는 관광행정에 관한 국내 공법이다. 이는 첫째, 관광이라는 독립된 영역을 가지고 관광에 관한 내용으로 하는 특별법 둘째, 같은 성격과 관광현상을 규제·조장하는 행정법적 성격 셋째, 관광활동으로 국민의 삶의 질을 향상시키고 풍요로운 사회를 지도·육성을 위한 성격 넷째, 관광현상의 복합성으로 여러 분야의 법을 포함하는 다양성을 지니고 있다.

2) 관광법규의 성격

(1) 행정법으로서의 성격

가) 자유재량성

관광법규는 관광행정 분야에 관한 행정법으로서 관광활동의 지원을 목적으로 하기 때문에 개방을 기본 이념으로 하는 한편, 행정기관에 자유재량의 여지를 크게 부여하고 있다. 행정법은 사법과 비교해볼 때 사법권의 작용을 엄격히 기속(羈束)하고 재량의 여지를 거의 주지 않는 데 비하여, 행정법은 법령의 범위 안에서 행정기관에게 광범위한 자유재량의 여지를 부여하는 특성이 있다.

따라서 행정법으로서의 관광법은 관광활동의 지원을 목적으로 하기 때문에 사법과 달리 행정기관에게 광범위한 재량의 여지를 크게 부여하는 특성이 있다.

나) 행정주체의 우위성

행정법은 행정주체의 공권력 행사에 관한 법률관계를 규율하는 법이지만, 관광법규는 관광행정의 목적 달성을 위해 행정주체가 개인에 대하여 그 의사에 관계없이 일방적으로 명령 및 강제할 수 있는 우위성을 규정하고 있다.

다) 강행성과 획일평등성

행정법은 행정의 상대편인 국민의 의사를 존중하기보다는 공공목적 달성을 위하여 획일평등하게 규율하려고 하는 까닭에, 행정주체의 일방적인 처분에 관한 규정이 많고 공법상의 계약에 관한 규정이 적은 특성이 있다.

행정법은 공공의 이익을 추구하여 다수인에 대해 획일평등하게 규율하는 법률이지만, 관광법규는 관광활동을 하는 개인 사이의 자유의사에 따른 계약에 대한 내용보다는 관광진흥이라는 행정목적을 달성하기 위해 행정기관의 의사대로 행하려는 강행성과 획일평등성을 가지고 있다.

라) 기술성

행정법은 행정목적을 합리적이며 공정한 방법으로 달성하려는 기술적 · 수단적 성질을 가지지만, 관광법규는 관광이라는 전문 분야의 행정목적을 합리적으로 단성하기 위하여 관광홍보, 관광사업의 육성, 관광공사원의 양성과 교육, 관광지 개발 등 기술적인 분야의 규정이 많이 있다. 이러한 성질로 인해 정치적 변동보다는 사회적 변동에 더욱 민감하게 반응한다.

마) 명령성

행정법은 의무를 명하는 내용이 많아 명령규정을 원칙으로 하지만, 관광법규는 관광행정의 목적 달성과 원활한 관광활동을 보장하기 위해 금지규정이나 단속규정 등 명령규제를 두고 있다. 명령규정의 위반제재로써 과징금 제도, 사업의 정지 · 취소, 벌금제도 등이 있다.

바) 계도성

현대의 국가는 국민의 경제생활에 관여하여 그 경제생환을 계도 · 조성시키는 역할을 부분적으로 맡고 있으며, 현대의 국가행정은 단순한 국민활동을 제한 · 감독 · 단속에서 벗어나 국민생활을 현재보다 좋은 상태로 개선 · 발전시키기 위해 정신적 · 물질적 도움을 주는 행정으로 변모하고 있다. 이처럼 관광법규는 국가가국민의 경제생활에 도움을 준다는 취지에서 급부행정으로서 국민생환을 장려 · 보호 · 육성 · 지도하는 계도법적 성격을 가진다.

(2) 관광법규 고유의 성격

가) 임무법적 성격

현대의 관광은 사적인 활동의 차원을 넘어 사회적 · 국가적 관심사로 등장하였다. 따라서 정부는 관광현상에 대한 적극적인 개입으로 관광발전의 선도자 역할을 담당하고 있다. 이처럼 정부가 관광에 대해 개입하는 이유는 다음과 같다.

① 관광이 국제수지 균형, 지역경제 발전, 고용창출의 잠재력이 크기 때문
② 관광에 대한 정부 개입이 관광산업의 활성화에 기여하기 때문
③ 관광객 보호를 위해
④ 불안정한 대외지향성에 대한 관광산업의 보호를 위해
⑤ 국민의 관광활동의 질적 만족을 위해
⑥ 관광의 산업화와 상업성으로 인하여 관광의 본질 왜곡 방지를 위해

행정주체가 능동적으로 국민생활의 기본적 욕구인 관광수요를 충족시킴으로써 정의사회의 실현과 함께 균형 있는 국민경제의 발전을 위하여 필요한 임무를 부여하고 있는 것이다.

이러한 측면에서 살펴볼 때 「관광기본법」은 국가가 수행해야 할 임무법적 내용에 대해서 언급하고 있는 법령이라고 할 수 있다.

나) 질서법적 성격

관광법규는 관광현상과 관련되는 모든 관광활동의 질서를 위한 법으로써 관광질서를 위해 관광사업자에 대한 각종 금지행위와 단속사항, 관광객에 대한 금지행위 및 종사자에 대한 금지행위 등의 성격을 가지고 있다.

다) 영리보장법적 성격

관광사업은 관광객이 관광활동을 위하여 관광자원이나 관광시설 등을 이용하게 하고 그 대가를 받아 영위하는 사업으로써 영리추구를 목적으로 존재하는 기업이다. 따라서 관광법규는 관광사업자의 영리목적 사업활동을 보장하기 위해 존재한다.

라) 공시주의적 성격

관광행정의 원활・신속을 도모하여 관광사업의 중요한 사항을 일반에게 공시할 것을 요구하고 있다. 이러한 예로서 관광사업을 경영하고자 하는 자는 등록관청에 등록을 하여야 하는 관광사업의 등록제를 실시하고 있다.

이처럼 관광법규는 관광사업자가 관광과 관련된 경제행위를 함에 있어 공시주의를 취하도록 요구하고 있는 것이다.

마) 신뢰보장법적 성격

영리추구를 위한 기업활동은 신뢰를 기초로 이루어진다. 관광사업의 신뢰보장을 위한 활동은 다음과 같다.

① 등록주의 채택

② 관광사업자의 자격제한

③ 사실행위의 건전성 보장, 사고발생 시 보험금 지급

④ 거래상의 사고에 대한 사후보상제도 확립

03. 관광법규의 구조

관광법규는 법이 적용되는 분야와 해당 주무부처에 따라 크게 두 가지로 나누어볼 수 있다. 관광 분야에만 적용되는 법으로서 협의의 관광법규가 있고, 관광 분야 뿐 아니라 다른 분야에도 광범위하게 적용되는 광의의 관광법규가 있다.

① 협의의 관광법규: 「관광기본법」, 「관광진흥법」, 「관광진흥개발기금법」, 국제회의산업 육성에 관한 법률, 「한국관광공사법」 등

② 광의의 관광법규: 「출입국관리법」, 「여권법」, 「공중위생관리법」, 「식품위생법」, 「문화재보호법」 등이 있다.

1) 협의의 관광법(문화체육관광부)

① 문화체육관광부 주관 관광부문 관계법령

② 관광활동을 직접적으로 보호·촉진하는 데 필요한 법

(1) 관광기본법(기본법)

① 전문 16조개 조문과 부칙으로 구성

② 관광정책의 기본적인 원칙 및 정부의 책임과 의무를 규정한 선언적·추상적 의미의 법

③ 관광의 행정주체인 문화체육관광부장관을 규제대상으로 하는 법

(2) 관광진흥법

① 중추법으로서 7개 장, 86조문 및 부칙으로 구성

② 관광단체에 관한 사항, 관광의 진흥과 홍보, 관광개발계획 및 관광지·관광단지 개발, 「관광진흥법」 위반에 관한 제재사항과 벌칙 규정 및 부칙 규정

(3) 관광진흥개발기금법

① 급격하게 증가하는 외래관광객의 수용태세 여건, 관광사업의 효율적 발전, 외화수입 증대에 이바지하기 위한 목적

② 1972년 제정

③ 기금의 설치 및 재원조달에 관한 사항, 기금의 용도와 관리에 관한 사항 규정

(4) 한국관광공사법

① 전문 19개조 조문과 부칙으로 구성

② 1982년 관광사업진흥법으로 제정되어 1986년 「한국관광공사법」으로 개정

③ 관광사업의 진흥업무, 관광자원 개발업무, 관광요원의 양성과 훈련, 기타 관광사업의 발전에 필요한 선도사업을 수행하는 내용 포함

(5) 국제회의산업 육성에 관한 법률

① 1996년 제정

② 국제회의 유치 촉진, 국제회의산업을 육성・진흥함으로써 관광산업의 발전과 국민경제의 향상 등에 이바지하려는 목적에서 만듦

2) 광의의 관광법규 외법

① 관광활동을 간접적으로 보호・촉진하는 데 필요한 법

② 관광과 관련되는 법규

(1) 여권법(외무부)

외국에 여행하고자 하는 국민에게 여권을 발급, 여권의 효력과 발급절차, 그 밖의 여권에 관한 필요한 사항 규정

(2) 출입국관리법(법무부)

입・출국하는 모든 사람의 출입국 관리와 대한민국 체류 외국인의 등록 등에 관한 사항을 규정함

(3) 공중위생관리법(보건복지부)

위생접객업 및 위생관련 영업의 시설 및 허가, 위생용품의 생산관리 및 제조업자 등에 관한 지도·감독, 공중위생관리 등을 규정

(4) 식품위생법(식품의약품안전처)

① 식품으로 인한 위생상의 손해방지, 식품영양의 질적 향상 도모
② 목적: 국민보건의 증진에 이바지

(5) 문화재보호법(문화재관리청)

국민의 문화적 향상을 도모함과 아울러 인류문화의 발전에 기여

(6) 교통 및 운수에 관한 법규

교통과 관련성이 있는 관광사업자와 모든 여행자는 교통 및 운수에 관련된 법의 적용을 받고 있다. 이에 해당되는 것으로는 '도로법,' '도로교통법,' '철도사업법,' '항공법,' '항공운송사업진흥법,' '해운법,' '유선 및 도선사업법,' '여객자동차운수사업법,' '수상레저안전법,' '궤도운송법' 등이 있다.

그림 2-1 **관광법규의 체계도**

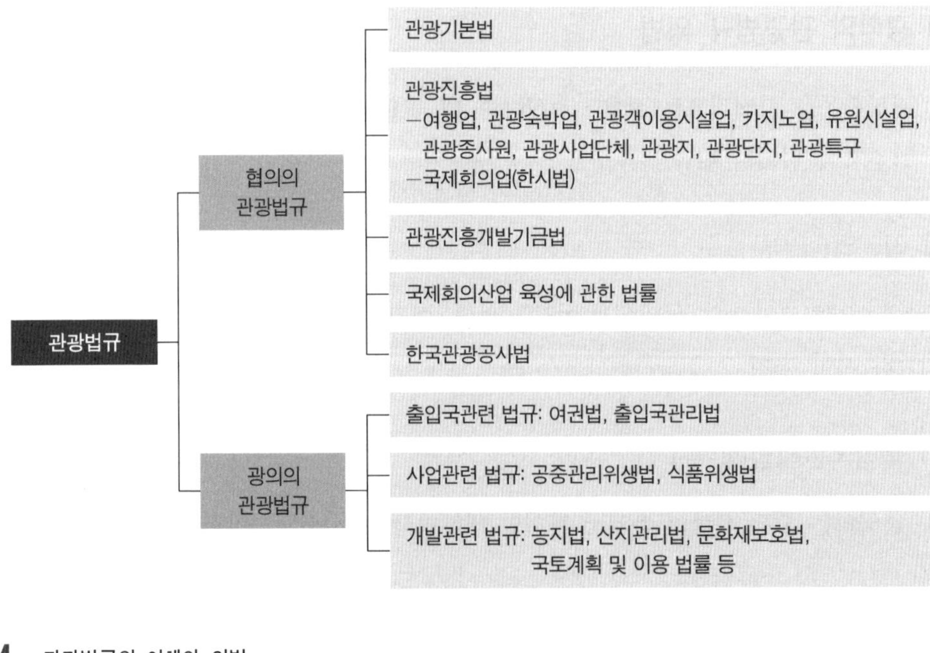

(7) 개발 및 이용에 관한 법규

관광지나 관광단지를 개발하고자 할 때에는, 우선 「국토의 계획 및 이용에 관한 법률」의 적용을 받게 된다. 이 법에서는 국토를 용도에 따라 도시지역, 관리지역, 농림지역, 자연환경보존지역으로 나누고 있다. 그리고 도시지역은 다시 세부적으로 주거지역, 상업지역, 공업지역, 녹지지역으로 구분한다.

04. 관광법규의 변천과정

그림 2-2 **관광법규의 변천과정**

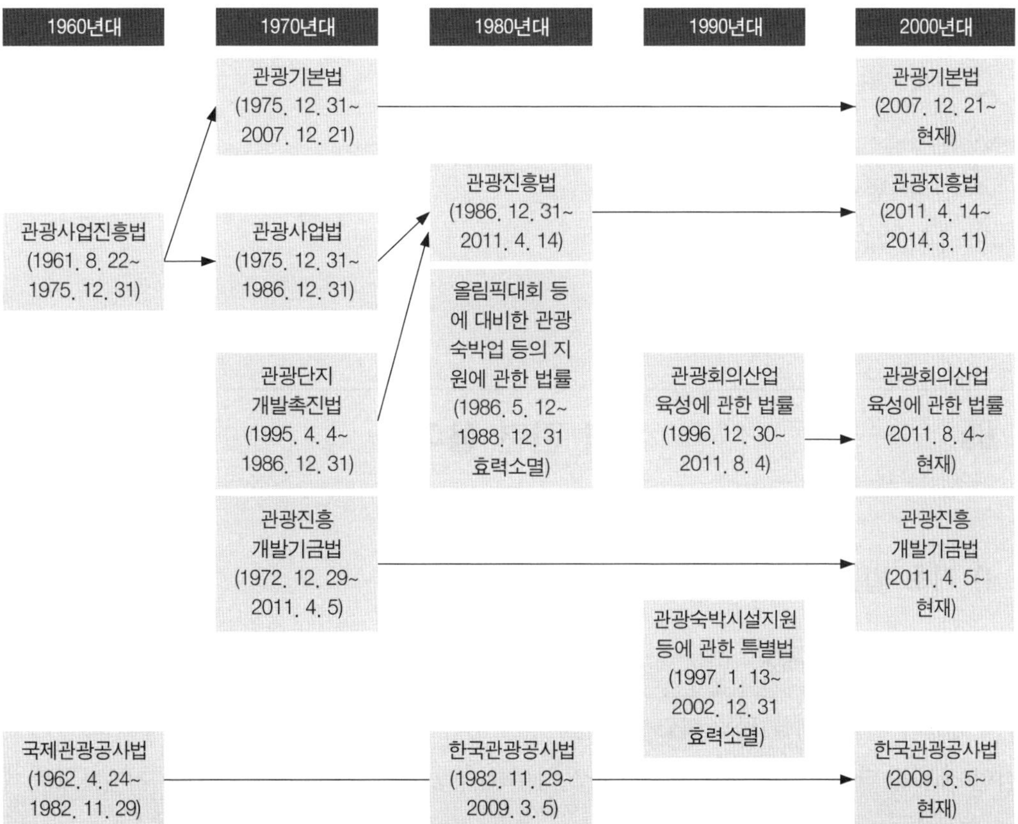

정부는 관광사업의 중요성이 커지고 그에 따라 다양한 관광현상에 대한 대책을 마련하기 위해 1961년 이것을 법으로 규정하고 관광산업 발전에 필요한 법적・제도적 기반을 조성하였다. 국제관광객을 유치하기 위해 관광단지개발촉진법을 제정한 바 있고, 관광환경 변화에 따라 여러 차례 개정을 거쳤으나, 근간을 이룬 관광사업법과 관광단지개발촉진법을 흡수・통합시켜 「관광진흥법」으로 개칭되었다. 우리나라의 관광법규의 변천사를 그림으로 보면 [그림 2-2]와 같다.

05. 법의 구성

법의 구성은 총칙과 본칙, 보칙, 벌칙, 부칙으로 구성된다.

① 총칙: '1조' → '①항' → '1.호' → '1.가' → '1.목'

② 본칙: '핵심'(2/3 해당 내용)

③ 보칙: 수수료, 보고, 건의사항

④ 벌칙: 벌금형, 체형

⑤ 부칙: 개정(된 내용)

06. 법 관련 용어

1) 기초 법률 용어

(1) 부동산 등기제도

부동산의 권리관계를 모든 사람에게 알려주기 위한 방법으로, 국가에서 등기부라고 하는 공적인 장부를 만들어놓고 등기 공무원으로 하여금 부동산의 표시와 권리관계를 기재하도록 하는 것이다.

(2) 주택임대차 보호제도

무주택자가 집주인으로부터 집을 세를 얻어 사는 경우 관계는 민법상의 전세권이나 임대차 규정에 의한다.

(3) 소액심판제도

단순한 사건에 대하여 보통 재판보다 신속·간편하며, 경제적으로 심판을 받을 수 있게 만든 제도(금액: 2,000만 원 이하, 재판: 2~3개월 이내)

(4) 법률구조제도

어려운 서민을 위해 변호사 선임비용 등 소송비용을 대신 내주는 법률 분야의 복지제도

(5) 배상명령제도

형사사건의 피해자가 재판과정에서 간편한 방법으로 손해배상 명령까지 받아낼 수 있는 제도

(6) 공증제도

생활 속에 생기는 여러 사항을 공적으로 증명하는 제도(증거보전제도, 재판절차를 거치 지 않고 권리실행)

(7) 국가배상제도

공무원의 직무상 불법행위나 공공시설의 설치 또는 관리의 잘못으로 손해를 입은 국민을 위하여 국가에서 신속한 적정 배상을 해주는 제도

(8) 산재보험제도

근로자가 근무 중 부상, 질병, 신체장애, 사망한 경우 의료보장이나 소득보상을 받게 하는 제도

2) 형사 관련 법률 용어

(1) 입건

수사의 개시에 따른 수사기관의 사건부에 번호를 붙여 기재하는 것

(2) 구속

수사결과 악죄질, 도주, 증거인멸 등의 우려가 있을 경우 시행

(3) 송치

사법경찰관에 의해 기록, 증거물, 구속 중의 피의자를 검찰청으로 보내는 것

(4) 구속적부심제도

구속 중의 피의자가 법원에 구속적부심을 심사받을 수 있는 제도

(5) 기소

피의자가 재판을 받아 마땅한 경우에 이를 법원에 치부하는 것(일명 공소제기)

(6) 보석

검사에 의해 구속기소 중인 피의자가 법원에 보증금 납부조건으로 석방을 청구하는 것

(7) 집행유예

판사가 형을 선고하면서 일정 기간 그 형의 집행을 미루어 두었다가 그 기간 동안 재범을 하지 않고 착실히 살면 형의 선고를 실효시켜 집행을 하지 않는 것

(8) 선고유예

선고 자체를 미루어 두었다가 일정 기간 무사히 지나면 면소된 것으로 간주하는 것

(9) 가석방

무기의 경우 10년, 유기의 경우 1/3 경과 후 법무부장관에 의해 조치됨

(10) 형집행 정지

사망 우려, 잉태, 고령 등의 경우 검사에 의해 조치

(11) 전과말소

형집행 종료나 면제 후 일정 기간 동안 재범을 하지 않으면 자동적으로 형을 실효시키도록 하는 것

(12) 고소

피해자 등이 신고하여 범인을 처벌해 달라고 요구하는 것

(13) 고발

제3자에 의해서 하는 신고(범인 이외의 사람이 수사기관에 대하여 하는 범죄사실 신고로, 누구 나 할 수 있음. 공무원은 직무상 범죄를 발견했을 경우 고발의 의무가 있음)

(14) 친고죄

피해자의 명예와 입장을 고려하여 고소가 없으면 처벌할 수 없는 범죄(강간죄, 간통죄, 모욕죄, 혼인빙자 간음죄)

(15) 반의사불벌죄

고소 없이 처벌할 수 있으나, 피해자가 처벌을 원치 않는다는 의사를 표시하면 처벌할 수 없는 죄

(16) 불고지죄

「국가보안법」상 범죄사실을 알면서도 신고를 하지 않은 경우 처벌하는 것

3) 심급제도 법률 용어

① 항소: 법원의 제1심의 판결에 불복하여 제2심을 신청하는 것
② 항고: 제1심의 결과가 결정, 변경인 경우 그에 대한 불복
③ 상고: 제2심인 고등법원에 판결에 불복하여 제3심(대법원)을 신청하는 것
④ 재항고: 제2심인 항고에 대한 불복을 재항고(제3심)라 한다.

4) 금전채권의 강제집행

(1) 가압류

금전 채권이나 장차 금전채권으로 될 수 있는 청구권에 관해 후일의 강제집행을 보전하기 위한 임시조치

(2) 가처분

분쟁표적의 물건에 대한 후일의 강제집행을 보전하기 위해 임시로 행하는 처분

5) 기타 법률 응어

(1) 위자료

정신적 손해액에 대한 판정

(2) 과실상계

피해자가 어느 정도의 잘못이 있을 경우 그 정도만큼 배상액을 감하는 것

(3) 죄형법정주의

범죄에 대한 처벌을 하려면 미리 범죄를 구성하는 행위와 그에 대한 형벌의 내용을 법률로 정하여 두어야 하며, 그렇지 않으면 사람을 처벌할 수 없다는 형법의 근본 원칙.

1215년 공포된 영국의 마르나카르타(대헌장)에 그 근원을 두고 있다. 또한 독일 형법학의 아버지라 불리는 포이에르바하가 법률이 없으면 형벌도 없고 범죄도 없다고 한 유명한 말로

그 사상을 잘 표현한 바 있다. 과거의 전제정치 시대에는 권력자가 어떤 행위를 부당하다고 생각하면 사후에 법령을 만들어서라도 처벌할 수 있었기 때문에, 국민들은 올바른 행위의 기준을 알 수가 없었다. 따라서 행위에 앞서서 범죄와 형벌에 대한 법적 규정이 이미 이루어져 있어야 함을 요구하는 죄형법정주의의 원칙은 진정한 인권의 보장이라는 측면에서 중요한 의미를 가지는 것이었다. 우리나라 헌법은 법정절차 보장(제12조 1항)과 소급처벌의 금지(제13조 1항)에 대한 규정을 두고 있다.

(4) 일사부재리의 원칙

동일한 범죄에 대한 형사상의 책임을 두 번 묻지 않는 일. 일사부재리의 원칙에 따라 국가는 피고인이 무죄관결을 받은 이후에는 동일한 범죄에 대하여 다시 기소하여 심리・재판하지 않는다는 원칙

(5) 형벌불소급의 원칙

행위 시 그 행위가 범죄로 규정되어 있지 않는 한, 그 후 정하여진 법률에 의하여 행위 시까지 소급하여 행위자를 처벌하는 것은 허용되지 않는다는 원칙이다. 죄형법정주의 원칙의 중요한 적용이다(헌법 13, 형법 1).

(6) 행위능력자

단독으로 완전히 유효한 법률행위를 할 수 있는 능력을 가진 자

(7) 행위무능력자

단독으로 완전히 유효한 법률행위를 할 수 없는 자를 말하며, 미성년자는 아직 만 20세가 되지 않은 자를 말한다.

(8) 금치산자

① 자기행위의 성질을 판단할 능력이 없는 정신상실자에 대하여 일정한 사람의 청구에 따라 법원에서 그 재산의 처분을 금하는 일
② 심신상실 상태이기에 법원에서 선고를 받은 경우→미성년자나 미성년자가 아니라도 둘 다 금치산자

③ 회복하더라도 합리적 판단이 없으면 금치산자로 인정

(9) 한정치산자

① 심신박약, 자기나 가족의 생활을 궁하게 할 염려가 있는 낭비벽 때문에 일정한 자의 청구에 의하여 법원으로부터 한정치산 선고를 받은 자
② 후견인을 붙인다.
③ 무능력자 일종, 행위능력이 미성년자와 동일하게 취급

(10) 파산자

① 파산선고를 받고, 현재 그 자에 대하여 파산절차가 진행되고 있는 상태
② 파산자는 파산재단에 속하는 재산을 관리・처분할 권능을 상실하여 그와 같은 재산에 관하여 파산자가 행한 또는 이에 대하여 행하여진 법률행위는 원칙적으로 무효이다.
③ 행위능력, 소송능력이 제한되는 것은 아니다.
④ 전에 선고를 받고 '파산법' 제3편 권리가 복권되지 아니한 자를 말한다.

CHAPTER 3

관광법

01. 관광기본법

1) 관광기본법의 제정 배경

1960년대 초 정부는 관광사업의 중요성을 인식하고 이를 진흥시키기 위해 우리나라 최초의 관광법규인 관광사업진흥법을 제정했다. 하지만 관광산업진흥법은 관광에 대한 정부의 종합적인 기본 방침이 분명하지 않아 장기적인 기본 정책 방향을 제시하지 못하고 국민관광 발전에 소극적이었다는 지적과 1970년대에 들어서는 국제관광의 규모가 양적으로 확대되고 국민소득의 증대 등으로 국민관광이 점차 활기를 띠게 되자, 이제는 국제관광뿐만 아니라 국민관광의 진흥 문제가 국민복지 차원에서 대두되기 시작하여 국제관광과 국민관광이 조화롭게 발전할 수 있는 법규의 정비가 필요하게 된 것이다.

이러한 변화에 대응하기 위하여 관광의 기본적인 이념을 반영할 수 있는 종합적인 관광진흥 기본 정책을 추진할 수 있는 제도적 보완이 필요하게 되었다. 이에 따라 1975년 12월 31일 우리나라 최초의 관광법규인 관광사업진흥법을 폐지하고 제정된 것이 「관광기본법」이다. 즉 「관광기본법」은 기본적인 사항을 규정함으로써 관광여건을 조성하고 국가전략사업으로서의 관광진흥에 관한 사항을 정하고자 관광시책의 방향을 명문화하고자 하였다.

2) 관광기본법의 의의와 특성

「관광기본법」은 우리나라 관광정책의 기본 방향을 정하고 관련 정책의 체계화를 도모하려는 목적을 가지고 있다. 관광 분야에 있어 관광정책의 목표와 이념 제시, 이러한 목표와 이념을 실현하기 위한 시책의 기본적인 항목을 제시하고, 필요 정책기구 등의 설치와 정책실현에 필요한 재원 마련 등에 대한 사항을 규정하는 것이 관광기본법의 내용이라 할 수 있다. 관광기본법의 경우는 다른 기본법들과 비교할 때는 관광관련 타 법제들에 대한 구속력이 약하다. 현행 「관광기본법」은 단순히 관광정책에 대한 사항들을 언명의 형식으로 나열해 놓고 있어 선언적 성격의 기본법으로 판단할 수 있다.

(1) 기본법

관광진흥의 방향과 시책의 기본을 규정하고 있으며, 관광 분야의 육성을 위한 진흥시책의 기본 방향을 정한 선언문적인 의미를 내포하고 있어 관광의 헌법과 같은 성격을 갖고 있다. 따라서 「관광기본법」이 갖는 목적을 달성하기 위해서는 타 법령에 의해 구체화를 할 필요가 있다. 즉 관광관련의 모체법으로서 관광 분야의 타 법률보다 우월성과 지도성을 가진다고 할 수 있다.

(2) 행정주체의 규제법

관광진흥을 위해 책임과 의무를 규정하고 있어 관광행정의 주체를 규제의 대상으로 하는 특성이 있다.

(3) 관광진흥

일반적으로 법률은 국민을 규제의 대상으로 하고 있으나 「관광기본법」은 국가・정부・지방자치단체에 대하여 관광진흥을 위해 수행해야 할 책임과 의무를 규정하고 있어 관광행정의 주체를 규제의 대상으로 하는 특성을 가지고 있다.

「관광기본법」은 관광진흥을 위한 지도적인 역할을 수행할 수 있도록 정부・국가・지방자치단체의 주도적인 역할을 강조하고 있다. 또한 관광행정기관에서 관광진흥을 위하여 여러 가지 관광진흥을 위해 방향과 시책을 강구하여 관광여건을 조성하는 데 노력하도록 하는 특성을 갖고 있다.

(4) 국민경제

관광은 국민소득의 창출, 고용 창출, 재정수입의 증대, 국제수지의 증대, 산업연관 효과가 크기 때문에 경제적 파급효과가 일반 경제의 수익성에 비하여 큰 사업이다. 특히 관광수입은 국민경제에 차지하는 여건이 크다. 따라서 부존자원이 빈약한 국가에서는 자연적·문화적·사회적 자원을 바탕으로 무형의 수출산업으로서의 관광산업을 장려하고 후원하여야 한다.

(5) 국민복지 증진

「관광기본법」은 정부로 하여금 관광진흥을 위하여 여러 가지 시책을 강구하도록 규정하고 있는데, 2001년 1월 12일에 개정된 관광기본법에서는 국민복지의 향상이라는 관광기본법의 목적을 명문화하고 있다. 헌법에서는 행복하게 생활할 수 있는 권리를 보장하고 있는데, 관광에서의 국민복지 증진의 의미는 비참여 계층(청소년·저소득층·노약자·신체장애자 등)에게 관광의 자유를 주어 인간의 행복을 느낄 수 있도록 권리를 보장함을 뜻한다.

3) 관광기본법의 목적

① 국제친선의 증진은 상호 간 교류, 출입국 절차의 간소화 및 여행 안전의 확보, 국제교통수단의 확충 등이 있다.

표 3-1 **관광기본법의 목적**

목적	내용
국제친선의 증진	• 이동하면서 상호 간 교류 • 출입국 절차의 간소화 및 여행 안전의 확보 • 국제교통수단의 확충(관광 인프라)
국민경제와 국민복지의 향상	• 승수효과로 인한 국민소득의 창출 • 고용 창출 • 재정수입의 증대 효과 • 삶의 질을 향상시키는 효과
건전한 국민관광 발전	• 건전한 국민관광의 발전을 도모함을 목적 • 관광의 발전을 위한 정부의 의지와 책임을 명시 • 국가가 국민에게 관광여건을 조성 • 관광지와 관광시설 등을 개발해 관광시설 및 오락·운동시설 등을 저렴한 가격으로 균등하게 이용케 함

② 국민경제와 국민복지의 향상으로는 승수효과로 인한 국민소득의 창출, 고용 창출, 재정 수입의 증대 효과, 삶의 질을 향상시키는 효과가 있다.

③ 건전한 국민관광의 발전은 건전한 국민관광의 발전과 도모함을 목적으로 하고, 국민관광의 발전을 위한 정부의 의지와 책임을 명시해 국가가 국민에게 관광여건을 조성, 관광지와 관광시설 등을 개발, 관광시설 및 오락 · 운동시설 등을 저렴한 가격으로 균등하게 이용하는 등의 목적을 두고 있다.

4) 관광기본법의 구성

「관광기본법」은 1975년 12월 31일 법률 제2877호로 모두 15개 조로 제정되었으나 2000년 1월 12일 법률 제6129호로 일부개정되어 전문 14개조와 부칙으로 구성되어 있다. 2017년 11월 28일 이후 16개조 〈표 3-2〉와 같이 개정되었다. 1차 개정 이유는 운영실적이 저조하여 존치의 필요성이 적은 동 위원회를 폐지한 것을 골자로 하고 있다. 또한 새로 개정된 「관광기본법」의 제정목적 가운데 국제친선의 증진, 국민경제의 향상, 국민관광의 발전을 도모하는 외에도 국민복지 향상이라고 하는 목적을 추가하여 부각시키고 있다.

2007년 12월 21일 법률 제8741호로 2차 일부개정이 이루어졌는데, 개정 이유는 국민이 법 문장을 이해하기 쉽게 정비하려는 의도에서 비롯되었다. 이러한 「관광기본법」은 정부의 관광정책에 대한 통일적이고 종합적인 시책의 기본을 규정한 선언적 · 규범적 특성을 가진 관광 행정의 헌법이라 할 수 있다. 가장 최근의 개정은 코로나-19로 인해 사회적 거리두기와 방역수칙이 시행됨에 따라 관광산업 전반이 침체되고, 코로나-19의 대유행과 장기화로 관광진흥의 기반 약화가 우려되면서, 감염병 등에 대한 장기적이고도 지속적인 관광시설 관리 및 예방대책 수립 필요성이 제기되어 이에 관광시설의 감염병 등에 대한 안전 · 위생 · 방역 관리에 관한 사항이 관광진흥에 관한 기본계획에 포함하기 위해 개정되었다.

5) 관광기본법의 연혁과 본문

1975년 제정된 「관광기본법」은 제3조 · 제15조 항이 위와 같이 제정되었으나, 6차례 개정되어 2020년 12월 22일 〈표 3-2〉와 같이 개정되었다.

표 3-2 **관광기본법의 연혁**

개정안	개정 내용
관광기본법 [법률 제2877호, 1975.12.31, 제정]	관광기본법의 첫 제정
관광기본법 [법률 제6129호, 2000.1.12, 일부개정]	**제3조(관광진흥계획수립)** ① 정부는 관광진흥장기계획 및 연도별 계획을 수립하여야 한다. ② 삭제 〈2000.1.12〉 **제15조** 삭제 〈2000.1.12〉
관광기본법 [법률 제8741호, 2007.12.21, 일부개정]	**제1조(목적)** 국제친선을 증진하고 국민경제와 국민복지를 향상시키며 건전한 국민관광의 발전을 도모하는 것을 목적 **제3조** 정부는 관광진흥장기계획과 연도별 계획을 각각 수립하여야 한다. **제7조(외국 관광객의 유치)** 정부는 외국 관광객의 유치를 촉진하기 위하여 해외 홍보를 강화하고 출입국 절차를 개선하며 그 밖에 필요한 시책을 강구하여야 한다.
관광기본법 [법률 제15056호, 2017.11.29, 일부개정]	**제3조(관광진흥계획의 수립)** ① 정부는 관광진흥의 기반을 조성하고 관광산업의 경쟁력을 강화하기 위하여 관광진흥에 관한 기본계획(이하 "기본계획"이라 한다)을 5년마다 수립·시행하여야 한다. 및 기본계획 세부사항 포함 **제16조(국가관광전략회의) [신설]** ① 관광진흥의 방향 및 주요 시책에 대한 수립·조정, 관광진흥계획의 수립 등에 관한 사항을 심의·조정하기 위하여 국무총리 소속으로 국가관광전략회의를 둔다. ② 국가관광전략회의의 구성 및 운영 등에 필요한 사항은 대통령령으로 정한다.
관광기본법 [법률 제16049호, 2018.12.24, 일부개정]	**제8조(관광 여건의 조성)** 정부는 관광 여건 조성을 위하여 관광객이 이용할 숙박·교통·휴식시설 등의 개선 및 확충, 휴일·휴가에 대한 제도 개선 등에 필요한 시책을 마련하여야 한다.
관광기본법 [법률 제17703호, 2020.12.22, 일부개정]	**제3조(관광진흥계획의 수립)** 8. 관광시설의 감염병 등에 대한 안전·위생·방역 관리에 관한 사항[신설] 9. 그 밖에 관광진흥을 위하여 필요한 사항
관광기본법 [법률 제17703호, 2021.6.23, 시행]	**제3조 시행**

관광기본법

[시행 2021. 6. 23] [법률 제17703호, 2020. 12. 22, 일부개정]

문화체육관광부(관광정책과) 044-203-2814

제1조(목적) 이 법은 관광진흥의 방향과 시책에 관한 사항을 규정함으로써 국제친선을 증진하고 국민경제와 국민복지를 향상시키며 건전한 국민관광의 발전을 도모하는 것을 목적으로 한다. [전문개정 2007. 12. 21.]

제2조(정부의 시책) 정부는 이 법의 목적을 달성하기 위하여 관광진흥에 관한 기본적이고 종합적인 시책을 강구하여야 한다. [전문개정 2007. 12. 21.]

제3조(관광진흥계획의 수립) ① 정부는 관광진흥의 기반을 조성하고 관광산업의 경쟁력을 강화하기 위하여 관광진흥에 관한 기본계획(이하 "기본계획"이라 한다)을 5년마다 수립·시행하여야 한다.

② 기본계획에는 다음 각 호의 사항이 포함되어야 한다. 〈개정 2020. 12. 22.〉

1. 관광진흥을 위한 정책의 기본방향

1의 2. 관광의 지속가능한 발전에 관한 사항

2. 국내외 관광여건과 관광 동향에 관한 사항

3. 관광진흥을 위한 기반 조성에 관한 사항

4. 관광진흥을 위한 관광사업의 부문별 정책에 관한 사항

5. 관광진흥을 위한 재원 확보 및 배분에 관한 사항

6. 관광진흥을 위한 제도 개선에 관한 사항

6의 2. 관광산업 인력 양성과 근로실태조사 등 관광 종사자의 근무환경 개선을 위한 기반 조성에 관한 사항

7. 관광진흥과 관련된 중앙행정기관의 역할 분담에 관한 사항

8. 관광시설의 감염병 등에 대한 안전·위생·방역 관리에 관한 사항

9. 그 밖에 관광진흥을 위하여 필요한 사항

③ 기본계획은 제16조제1항에 따른 국가관광전략회의의 심의를 거쳐 확정한다.

④ 정부는 기본계획에 따라 매년 시행계획을 수립·시행하고 그 추진실적을 평가하여 기본계획에 반영하여야 한다. [전문개정 2017. 11. 28.] [시행일: 2024. 7. 24.] 제3조

제4조(연차보고) 정부는 매년 관광진흥에 관한 시책과 동향에 대한 보고서를 정기국회가 시작하기 전까지 국회에 제출하여야 한다. [전문개정 2007. 12. 21.]

제5조(법제상의 조치) 국가는 제2조에 따른 시책을 실시하기 위하여 법제상·재정상의 조치와 그 밖에 필요한 행정상의 조치를 강구하여야 한다. [전문개정 2007. 12. 21.]

제6조(지방자치단체의 협조) 지방자치단체는 관광에 관한 국가시책에 필요한 시책을 강구하여야 한다. [전문개정 2007. 12. 21.]

제7조(외국 관광객의 유치) 정부는 외국 관광객의 유치를 촉진하기 위하여 해외 홍보를 강화하고 출입국 절차를 개선하며 그 밖에 필요한 시책을 강구하여야 한다. [전문개정 2007. 12. 21.]

제8조(관광 여건의 조성) 정부는 관광 여건 조성을 위하여 관광객이 이용할 숙박·교통·휴식시설 등의 개선 및 확충, 휴일·휴가에 대한 제도 개선 등에 필요한 시책을 마련하여야 한다. 〈개정 2018. 12. 24.〉 [전문개정 2007. 12. 21.] [제목개정 2018. 12. 24.]

제9조(관광자원의 보호 등) 정부는 관광자원을 보호하고 개발하는 데에 필요한 시책을 강구하여야 한다. [전문개정 2007. 12. 21.]

제9조(지속가능한 관광 시책의 추진) 정부는 관광자원의 보호와 환경친화적 개발·이용, 고용 창출 및 지역경제 발전 등 현재와 미래의 경제적·사회적·환경적 영향을 충분히 고려하는 지속가능한 관광에 필요한 시책을 추진하여야 한다. [전문개정 2024. 1. 23.] [시행일: 2024. 7. 24.] 제9조

제10조(관광사업의 지도·육성) 정부는 관광사업을 육성하기 위하여 관광사업을 지도·감독하고 그 밖에 필요한 시책을 강구하여야 한다. [전문개정 2007. 12. 21.]

제11조(관광 종사자의 자질 향상) 정부는 관광에 종사하는 자의 자질을 향상시키기 위하여 교육훈련과 그 밖에 필요한 시책을 강구하여야 한다. [전문개정 2007. 12. 21.]

제12조(관광지의 지정 및 개발) 정부는 관광에 적합한 지역을 관광지로 지정하여 필요한 개발을 하여야 한다. [전문개정 2007. 12. 21.]

제13조(국민관광의 발전) 정부는 관광에 대한 국민의 이해를 촉구하여 건전한 국민관광을 발전시키는 데에 필요한 시책을 강구하여야 한다. [전문개정 2007. 12. 21.]

제14조(관광진흥개발기금) 정부는 관광진흥을 위하여 관광진흥개발기금을 설치하여야 한다. [전문개정 2007. 12. 21.]

제15조 삭제 〈2000. 1. 12.〉

제16조(국가관광전략회의) ① 관광진흥의 방향 및 주요 시책에 대한 수립·조정, 관광진흥계획의 수립 등에 관한 사항을 심의·조정하기 위하여 국무총리 소속으로 국가관광전략회의를 둔다.
② 국가관광전략회의의 구성 및 운영 등에 필요한 사항은 대통령령으로 정한다. [본조신설 2017. 11. 28.]

부칙 〈제17703호, 2020. 12. 22.〉

이 법은 공포 후 6개월이 경과한 날부터 시행한다.

6) 국가 및 정부의 의무

(1) 국가의 의무

법을 만들거나 거기에 따른 예산을 확보하고 세부적인 행정조치들을 취하여야 하기 때문에 이러한 일련의 조치들을 강구하고 국가에 의무를 부여한 것이며, 입법부·사법부·행정부가

모두 포함되는 것을 주체로 한다.

① 법제상의 조치

ⓐ 관광진흥과 관련된 법령의 제정

ⓑ 개정에 관광조치로 정부의 관광시책을 실시

ⓒ 필요한 여러 가지의 관광법률을 제정할 근거를 위한 조합

② 재정상의 조치: 보조금의 지급 등에 필요한 재정 및 금융상의 지원을 제공하기 위한 근거를 마련

③ 기타 행정상의 조치: 관광진흥을 위해서 시책을 실시하는 데 필요한 행정상의 조치에 대해 근거한다.

(2) 정부의 의무

여러 가지의 의무와 선언적인 시책을 규정하며 관광진흥에 대한 방향과 시책을 규정하고 지도한다. 이에 따른 정부의 시책은 관광진흥에 관한 기본적이고 종합적인 시책을 강구하여야 한다고 규정하고, 국제친선의 증진, 국민경제 및 국민복지의 향상, 건전한 국민관광의 발전을 도모할 수 있는 기본적이고 종합적인 시책을 강구한다.

표 3-3 **관광기본법에서의 정부의 의무**

시책	내용
관광진흥 계획의 수립	• 관광진흥 장기계획 및 연도별 계획을 수립하여야 한다고 규정하였고, 장기계획과 연도별 계획을 수립할 것을 의무화했으며, 연도별 계획을 수립하게 한 것은 기본적·종합적인 관광시책의 계속성을 유지하기 위한 것이다.
연차보고	• 관광행정을 책임 있게 수행 하도록 하기 위하여 국회에 연차보고서를 제출한다.
외국관광객의 유치	• 해외홍보의 강화 및 출입국 절차의 개선, 기타 필요한 시책을 강구해 해외홍보의 강화, 관광대상 관광시설 관광매력 등을 알려 관광의욕을 유발하고, 각종 판촉활동을 강화한다. • 국민들이 임의로 타국의 영역에 출입국과 관련된 일련의 절차들을 개선하고자 하는 것이며, 외국관광객을 유치하기 위하여 해외홍보의 강화와 출입국 절차의 개선 이외의 관광시책을 강구해야 됨을 의미한다.
시설의 개선	• 숙박·교통·휴식시설 등의 개선 및 확충을 위하여 필요한 시책을 강구하고, 숙박·교통·휴식시설 등을 개선하고 확충할 임무를 정부에 부여하며, 쇼핑시설의 개선 및 확충, 스키장·골프장·박물관 기타 문화시설 들을 정비하고 확충한다.
관광자원의 보호	• 관광자원의 보호와 개발에 필요한 시책을 강구하도록 규정하고, 인간의 관광동기를 충족시켜줄 수 있는 유인성과 매력성을 가진 유·무형의 여러 자원, 자연관광자원, 사회관광자원, 문화관광자원, 산업관광자원 등이 있다.

관광사업의 지도 육성	• 사회 · 문화 및 경제적 측면에서의 효과로 인해 단순한 영리사업의 차원을 넘어 공익성이 강조되는 사업
관광종사자의 자질 향상	• 교육훈련 및 기타 필요한 시책을 강구하여야 한다고 규정해 서비스를 제공하는 관광종사원의 자질은 매우 중요하며, 인적 요소의 질을 향상시키는 것이 바로 교육훈련이다.
관광지의 지정 및 개발	• 정부는 관광에 적합한 지역을 관광지로 지정하여 필요한 개발을 하여야 한다고 규정 • 자연적 또는 문화적 관광자원을 갖추고 관광객을 위한 기본적인 편의시설을 설치하는 지역이며, 「관광진흥법」의 규정에 의하여 관광지로 지정한 곳
국민관광의 발전	• 건전한 국민관광을 발전시키는 데 필요한 시책을 강구하고, 관광에 대한 국민의 이해를 촉구하는 것이며, 건전한 국민관광을 발전시키는 데 필요한 시책을 강구
관광진흥개발기금	• 관광진흥개발기금을 설치하여야 한다고 규정하며, 자금조달방법의 하나로 관광진흥개발기금을 설치 · 운영할 것을 의무화 • 1972년 12월 29일 「관광진흥개발기금법」을 제정

02. 한국관광공사법

1) 한국관광공사법의 개요 및 목적

「한국관광공사법」은 최초에 1962년 4월 24일에 법률 제1060호로 국제관광공사법으로 제정 · 공포되었다. 이 법에 의하여 한국관광공사의 전신인 국제관광공사가 설립되었고, 1982년 11월 29일 법률 제3572호가 개정되면서 「한국관광공사법」으로 명칭을 변경함과 동시에, 이 법에 의하여 설립된 국제관광공사라는 명칭도 개칭하게 되었다.

「한국관광공사법」의 제정목적은 관광진흥, 관광자원개발, 관광산업의 연구개발 및 관광요원의 양성 · 훈련에 관한 사업을 수행하게 함으로써 국가경제발전과 국민복지증진에 이바지하게 함을 목적으로 한국관광공사의 설립 및 사업운영에 관한 사항을 규율하고 있다.

2) 한국관광공사법의 구성

「한국관광공사법」은 1962년 4월 24일에 법률 제1060호로 모두 29개조로 제정되었으나, 다변화해 가는 관광현상에 맞춰 개정과 신설을 통해 법을 더욱 완벽히 제정해 나갔고, 1982년 11월 29일 법률 제3572호가 개정되면서 국제관광공사법이었던 것이 「한국관광공사법」으로 개정되었다. 이후 7차례 개정이 있었고, 2023년 8월 8일 법률 제19592호로 전문 19개조와 부칙으로 개정되어 현재까지 유지되고 있다.

표 3-4 **한국관광공사법의 구성**

구분	내용
제1조	목적
제2조	법인격
제3조	사무소
제4조	자본금
제5조	등기
제6조	유사명칭의 사용금지
제7조	주식
제8조	정부주 매도의 제한
제9조	사장의 대표권 제한
제10조	대리인의 선임
제11조	비밀누설금지 등
제12조	사업
제13조	손익금의 처리
제14조	보조금
제15조	사채의 발행 등
제16조	감독
제17조	다른 법률과의 관계
제18조	벌칙
제19조	과태료

3) 한국관광공사법의 연혁과 본문

1962년 4월 24일 제정된 국제관광공사법은 위와 같이 제정되었으나, 〈표 3-5〉와 같이 여러 차례 개정되어 2023년 8월 8일 최종 개정된 후 현재 상태이다.

표 3-5 **한국관광공사법의 연혁**

개정안	내용
국제관광공사법 [시행1962.4.24.] [법률 제1060호, 1962.4.24., 제정]	국제관광공사법이란 이름으로 총 8장 29조로 제정됨
국제관광공사법 [시행1963.9.11.] [법률 제1398호, 1963.9.11., 일부개정]	제4조(자본과 출자)〈신설, 개정 1963.9.11〉 제9조(정부주매도의 제한) [전문개정 1963.9.11] 제10조(주식에 대한 배당)〈개정 1963.9.11〉 제11조(임원) 〈개정 1963.9.11〉 제12조(총재와 부총재) 〈개정 1963.9.11〉) 제13조(이사) 〈개정 1963.9.11〉 제15조(겸직금지) 〈개정 1963.9.11〉 제16조(임원신분보장) 〈개정 1963.9.11〉 제17조(대리인의 선임) 〈개정 1963.9.11〉 제21조 삭제 〈1963.9.11〉 제23조(이익금의 처분) 〈개정 1963.9.11〉
국제관광공사법 [시행1963.12.17.] [법률 제1607호, 1963.12.16., 일부개정]	제4조(자본과 출자) 〈개정 1963.9.11, 1963.12.16〉 제10조(주식에 대한 배당) 〈개정 1963.9.11, 1963.12.16〉 제12조(총재와 부총재 〈개정 1963.9.11〉) 〈개정 1963.9.11, 1963. 12.16〉
국제관광공사법 [시행1967.1.16.] [법률 제1882호, 1967.1.16., 일부개정]	제4조(자본과 출자)〈개정 1963.9.11, 1963.12.16, 1967.1.16〉 제6조(등기) 〈개정 1967.1.16〉 제7조(유사명칭사용금지)〈개정 1967.1.16〉 제14조(감사) 〈개정 1967.1.16〉 제18조(임원의 신분) [전문개정 1967.1.16] 제28조 삭제 〈1967.1.16〉 제29조(시행령) 〈개정 1967.1.16〉
국제관광공사법 [시행1973.2.8.] [법률 제2515호, 1973.2.8., 일부개정]	제11조(임원) 〈개정 1963.9.11, 1973.2.8〉 제12조(사장) 〈개정 1963.9.11, 1973.2.8〉)〈개정 1963.9.11, 1963. 12.1 6, 1973.2.8〉 제13조(이사) 〈개정 1963.9.11, 1973.2.8〉 제14조(감사) 〈개정 1973.2.8〉 제15조(겸직금지) 〈개정 1963.9.11, 1973.2.8〉 제16조(임원의 신분보장) 〈개정 1963.9.11, 1973.2.8〉 제17조(대리인의 선임) 〈개정 1963.9.11, 1973.2.8〉
국제관광공사법 [시행1975.4.4.] [법률 제2757호, 1975.4.4., 일부개정]	제1조(목적) [전문개정 1975.4.4] 제4조(자본과 출자) 〈개정 1963.9.11, 1963.12.16, 1967.1.16, 1975. 4.4〉 ② 삭제 〈1967.1.16〉 〈신설 1963.9.11, 1975.4.4〉 ④ 삭제 〈1975.4.4〉 ⑤ 삭제 〈1975.4.4〉 ⑥ 삭제 〈1975.4.4〉 ⑦ 삭제 〈1975.4.4〉

한국관광공사법 [시행1982.11.29.] [법률 제3572호, 1982.11.29., 일부개정]	제1조(목적) [전문개정 1982.11.29] 제4조(자본과 출자) 〈개정 1963.9.11, 1963.12.16, 1967.1.16, 1975. 4.4, 1982.11.29〉 제19조(업무) 〈개정 1975.4.4, 1982.11.29〉 제26조(벌칙) 〈개정 1975.4.4, 1982.11.29〉
한국관광공사법 [시행1986.5.12.] [법률 제3845호, 1986.5.12., 전부개정]	법이 전부개정됨
한국관광공사법 [시행1998.1.1.] [법률 제5454호, 1997.12.13., 타법개정]	16조(감독) 〈개정 1997.12.13〉
한국관광공사법 [시행2008.2.29.] [법률 제8852호, 2008.2.29., 타법개정]	타법개정됨
한국관광공사법 [시행2009.6.6.] [법률 제9474호, 2009.3.5., 일부개정]	제1조(목적) [전문개정 2009.3.5] 제2조(법인격 [전문개정 2009.3.5] 제3조(사무소) [전문개정 2009.3.5] 제4조(자본금) [전문개정 2009.3.5] 제5조(등기) [전문개정 2009.3.5] 제6조(유사명칭의 사용금지) [전문개정 2009.3.5] 제7조(주식) [전문개정 2009.3.5] 제8조(정부주 매도의 제한) [전문개정 2009.3.5] 제9조(사장의 대표권 제한) [전문개정 2009.3.5] 제10조(대리인의 선임) [전문개정 2009.3.5] 제11조(비밀누설 금지 등) [전문개정 2009.3.5] 제12조(사업) [전문개정 2009.3.5] 제13조(손익금의 처리) [전문개정 2009.3.5] 제14조(보조금) [전문개정 2009.3.5] 제15조(사채의 발행 등) [전문개정 2009.3.5] 제16조(감독) [전문개정 2009.3.5] 제17조(다른 법률과의 관계) [전문개정 2009.3.5] 제18조(벌칙) [전문개정 2009.3.5] 제19조(과태료) [본조신설 2009.3.5]
한국관광공사법 [시행 2016.12.20.] [법률 제14433호, 2016.12.20., 일부개정]	제12조(사업) 〈신설 2016.12.10.〉
한국관광공사법 [시행 2018.3.13.] [법률 제15171호, 2017.12.12., 일부개정]	제12조(사업) 〈신설 2017.12.12.〉 제14조(보조금) 〈개정 2017.12.12〉 제18조(벌칙) 〈개정 2017.12.12〉
한국관광공사법 [시행 2023.8.8.] [법률 제19592호, 2023.8.8., 타법개정]	제6조(다른 법률의 개정) 〈274〉 한국관광공사법 제16조 중 "문화체육부장관"을 "문화체육관광부장관"으로 한다. 부칙 〈법률 제19592호, 2023.8.8.〉 (법률용어 정비를 위한 문화체육관광위원회 소관 43개 법률 일부개정법률)

한국관광공사법

[시행 2023. 8. 8.] [법률 제19592호, 2023. 8. 8, 타법개정]

문화체육관광부(관광정책과) 044-203-2814

제1조(목적) 이 법은 한국관광공사를 설립하여 관광진흥, 관광자원 개발, 관광산업의 연구ㆍ개발 및 관광 관련 전문인력의 양성ㆍ훈련에 관한 사업을 수행하게 함으로써 국가경제 발전과 국민복지 증진에 이바지함을 목적으로 한다. [전문개정 2009. 3. 5.]

제2조(법인격) 한국관광공사(이하 "공사"라 한다)는 법인으로 한다. [전문개정 2009. 3. 5.]

제3조(사무소) ① 공사의 주된 사무소의 소재지는 정관으로 정한다.

② 공사는 그 업무수행을 위하여 필요하면 이사회의 의결을 거쳐 필요한 곳에 지사 또는 사무소를 둘 수 있다. [전문개정 2009. 3. 5.]

제4조(자본금) ① 공사의 자본금은 500억원으로 하고, 그 2분의 1 이상을 정부가 출자한다.

② 정부는 국유재산 중 관광사업 발전에 필요한 토지, 시설 및 물품 등을 공사에 현물로 출자할 수 있다. [전문개정 2009. 3. 5.]

제5조(등기) ① 공사는 주된 사무소의 소재지에서 설립등기를 함으로써 성립한다.

② 제1항에 따른 설립등기, 지사 또는 사무소의 설치등기, 이전등기, 변경등기, 그 밖에 공사의 등기에 필요한 사항은 대통령령으로 정한다.

③ 공사는 등기가 필요한 사항에 관하여는 등기 후가 아니면 제3자에게 대항하지 못한다. 〈개정 2023. 8. 8.〉 [전문개정 2009. 3. 5.]

제6조(유사명칭의 사용금지) 이 법에 따른 공사가 아닌 자는 한국관광공사 또는 이와 유사한 명칭을 사용하지 못한다. [전문개정 2009. 3. 5.]

제7조(주식) ① 공사의 자본금은 주식으로 분할한다.

② 주식은 기명으로 하고 그 종류와 1주당 금액은 정관으로 정한다. [전문개정 2009. 3. 5.]

제8조(정부주 매도의 제한) 정부소유의 주식을 다른 자에게 매도할 경우에는 다른 자가 소유하는 주식의 총액이 정부 소유주식의 총액을 초과하여서는 아니 된다. [전문개정 2009. 3. 5.]

제9조(사장의 대표권 제한) 공사의 이익과 사장의 이익이 상반되는 사항에 대하여는 사장이 공사를 대표하지 못하며, 감사가 공사를 대표한다. [전문개정 2009. 3. 5.]

제10조(대리인의 선임) 사장은 정관으로 정하는 바에 따라 직원 중에서 공사의 업무에 관하여 재판상 또는 재판외의 모든 행위를 할 수 있는 권한을 가진 대리인을 선임할 수 있다. [전문개정 2009. 3. 5.]

제11조(비밀누설 금지 등) 공사의 임직원이나 그 직에 있었던 사람은 그 직무상 알게 된 비밀을 누설하거나 도용

하여서는 아니 된다. 〈개정 2023. 8. 8.〉 [전문개정 2009. 3. 5.]

제12조(사업) ① 공사는 제1조의 목적을 달성하기 위하여 다음 각 호의 사업을 수행한다. 〈개정 2016. 12. 20.〉

1. 국제관광 진흥사업
   가. 외국인 관광객의 유치를 위한 홍보
   나. 국제관광시장의 조사 및 개척
   다. 관광에 관한 국제협력의 증진
   라. 국제관광에 관한 지도 및 교육
2. 국민관광 진흥사업
   가. 국민관광의 홍보
   나. 국민관광의 실태 조사
   다. 국민관광에 관한 지도 및 교육
   라. 장애인, 노약자 등 관광취약계층에 대한 관광 지원
3. 관광자원 개발사업
   가. 관광단지의 조성과 관리, 운영 및 처분
   나. 관광자원 및 관광시설의 개발을 위한 시범사업
   다. 관광지의 개발
   라. 관광자원의 조사
4. 관광산업의 연구·개발사업
   가. 관광산업에 관한 정보의 수집·분석 및 연구
   나. 관광산업의 연구에 관한 용역사업
5. 관광 관련 전문인력의 양성과 훈련 사업
6. 관광사업의 발전을 위하여 필요한 물품의 수출입업을 비롯한 부대사업으로서 이사회가 의결한 사업

② 공사는 제1항에 따른 사업 중 필요하다고 인정하는 사업은 이사회의 의결을 거쳐 타인에게 위탁하여 경영하게 할 수 있다.

③ 공사는 국가, 지방자치단체, 「공공기관의 운영에 관한 법률」에 따른 공공기관 및 그 밖의 공공단체 중 대통령령으로 정하는 기관으로부터 제1항 각 호의 어느 하나에 해당하는 사업을 위탁받아 시행할 수 있다. 〈신설 2017. 12. 12.〉 [전문개정 2009. 3. 5.]

제13조(손익금의 처리) ① 공사는 매 사업연도의 결산 결과 이익이 생기면 다음 각 호의 순서로 처리한다.

1. 이월손실금의 보전
2. 자본금의 2분의 1에 이를 때까지 이익금의 10분의 1 이상을 이익준비금으로 적립
3. 주주에 대한 배당
4. 제2호에 따른 이익준비금 외의 준비금으로 적립
5. 다음 연도로 이월

② 공사는 매 사업연도의 결산 결과 손실이 생기면 제1항제4호에 따른 적립금으로 보전하고 그 적립금으로도 부족하면 같은 항 제2호에 따른 적립금으로 이를 보전하되, 그 미달액은 다음 사업연도로 이월한다.

③ 제1항제2호 및 제4호에 따른 적립금은 대통령령으로 정하는 바에 따라 자본금으로 전입할 수 있다. [전문개정 2009. 3. 5.]

제14조(보조금) 정부는 예산의 범위에서 공사의 사업과 운영에 필요한 비용을 보조할 수 있다. 〈개정 2017. 12. 12.〉 [전문개정 2009. 3. 5.]

제15조(사채의 발행 등) ① 공사는 이사회의 의결을 거쳐 자본금과 적립금 합계액의 2배를 초과하지 아니하는 범위에서 사채(社債)를 발행할 수 있다.

② 정부는 제1항에 따라 공사가 발행하는 사채의 원리금의 상환을 보증할 수 있다. [전문개정 2009. 3. 5.]

제16조(감독) 문화체육관광부장관은 공사의 경영목표를 달성하기 위하여 필요한 범위에서 다음 각 호의 사항과 관련되는 공사의 업무에 관하여 지도·감독한다.

1. 국제관광 및 국민관광 진흥사업
2. 관광자원 개발사업
3. 관광산업의 연구·개발사업
4. 관광 관련 전문인력의 양성과 훈련 사업
5. 법령에 따라 문화체육관광부장관이 위탁 또는 대행하도록 한 사업
6. 그 밖에 관계 법령에서 정하는 사업 [전문개정 2009. 3. 5.]

제17조(다른 법률과의 관계) 이 법에 규정되지 아니한 공사의 조직과 경영 등에 관한 사항은 「공공기관의 운영에 관한 법률」에 따른다. [전문개정 2009. 3. 5.]

제18조(벌칙) 제11조를 위반하여 비밀을 누설하거나 도용한 자는 2년 이하의 징역 또는 2천만원 이하의 벌금에 처한다. 〈개정 2017. 12. 12.〉 [전문개정 2009. 3. 5.]

제19조(과태료) ① 제6조를 위반하여 한국관광공사 또는 이와 유사한 명칭을 사용한 자에게는 300만원 이하의 과태료를 부과한다.

② 제1항에 따른 과태료는 대통령령으로 정하는 바에 따라 문화체육관광부장관이 부과·징수한다. [본조신설 2009. 3. 5.]

부칙 〈제19592호, 2023. 8. 8., 타법개정〉

이 법은 공포한 날부터 시행한다. 다만, 제6조에 따라 개정되는 법률 중 이 법의 시행 전에 공포되었으나 시행일이 도래하지 아니한 법률을 개정한 부분은 각각 해당 법률의 시행일부터 시행한다.

03. 국제회의산업법(한시법)

1) 국제회의산업 육성에 관한 법률의 개요 및 목적

국제회의는 회의기구의 약 65%가 위치하고 있는 유럽에서 자리 잡아 왔다. 그 영향으로 유럽이 국제회의의 중심지가 되었다. 우리나라도 1960년대 이후 급속한 발전으로 세계 여러 국가들과 교류가 활발해지고 여러 분야의 국제적 행사 개최 수도 증가하고 있는 추세이다. 이러한 시점에서 우리나라는 국제회의시설, 전문인력, 관련정보 등에 대한 문제점이 상당히 많고 이러한 문제점들을 해결하기 위해 국제회의산업의 육성과 지원으로서 관광산업의 발전과 국민경제의 향상을 이바지할 목적으로 1996년 12월 30일 법률 제5210호로 제정하였다.

2) 국제회의산업 육성에 관한 법률의 구성

국제회의산업 육성법은 1996년 제정될 때 총 10개조로 제정되었던 법이 21차례 개정되어 2023년 5월 16일 전문 18개조로 개정되어 있다.

표 3-6 **국제회의산업법의 구성**

구분	내용
제1조	목적
제2조	정의
제3조	국가의 책무
제4조	삭제〈2009.3.18〉 자본금
제5조	국제회의 전담조직의 지정 및 설치
제6조	국제회의산업 육성기본계획의 수립 등
제7조	국제회의 유치 · 개최 지원
제8조	국제회의산업 육성기반의 조성
제9조	국제회의시설의 건립 및 운영 촉진 등
제10조	국제회의 전문인력의 교육 · 훈련 등

제11조	국제협력의 촉진
제12조	전자국제회의 기반의 확충
제13조	국제회의정보의 유통 촉진
제14조	국제회의도시의 지정 등
제15조	국제회의도시의 지원 국제회의복합지구의 지정 국제회의집적시설의 지정 부담금의 감면 등
제16조	재정 지원
제17조	다른 법률에 따른 허가 · 인가 등의 의제
제18조	권한의 위탁

3) 국제회의산업 육성에 관한 법률상의 용어

① "국제회의"란 상당수의 외국인이 참가하는 회의(세미나 · 토론회 · 전시회 등을 포함한다)로서 대통령령으로 정하는 종류와 규모에 해당하는 것을 말한다.

② "국제회의산업"이란 국제회의의 유치와 개최에 필요한 국제회의시설 · 서비스 등과 관련된 산업을 말한다.

③ "국제회의시설"이란 국제회의의 개최에 필요한 회의시설과 전시시설 및 이와 관련된 부대시설 등으로서 대통령령으로 정하는 종류와 규모에 해당하는 것을 말한다.

④ "국제회의도시"란 국제회의산업의 육성 · 진흥을 위하여 제14조에 따라 지정된 특별시 · 광역시 또는 시를 말한다.

⑤ "국제회의 전담조직"이란 국제회의산업의 진흥을 위하여 각종 사업을 수행하는 조직을 말한다.

⑥ "국제회의산업 육성기반"이란 국제회의시설, 국제회의 전문인력, 전자국제회의체제, 국제회의정보 등 국제회의의 유치 · 개최를 지원하고 촉진하는 시설 · 인력 · 체제 · 정보 등을 말한다.

⑦ "국제회의복합지구"란 국제회의시설 및 국제회의집적시설이 집적되어 있는 지역으로서 제15조의2에 따라 지정된 지역을 말한다.

⑧ "국제회의집적시설"이란 국제회의복합지구 안에서 국제회의시설의 집적화 및 운영 활성화에 기여하는 숙박시설, 판매시설, 공연장 등 대통령령으로 정하는 종류와 규모에 해당하는 시설로서 제15조의3에 따라 지정된 시설을 말한다.

4) 국제회의산업 육성에 관한 법률의 연혁과 본문

1996년 12월 30일 제정된 국제회의산업 육성에 관한 법률은 10개조로 제정되었으나 〈표 3-7〉과 같이 20차례 개정되어 2023년 5월 16일 최종 개정된 후 현재 상태이다.

표 3-7 **국제회의산업 육성에 관한 법률의 연혁**

개정안	내용
국제회의산업 육성에 관한 법률 [시행 1997.3.31] [법률 제5210호, 1996.12.30, 제정]	처음 제정됨
국제회의산업 육성에 관한 법률 [시행 2001.3.28] [법률 제6442호, 2001.3.28, 일부개정]	제4조(국제회의산업육성기본계획의 수립ㆍ시행) 〈개정 2001.3.28〉 제5조(국제회의 유치 등의 지원) 〈개정 2001.3.28〉 제6조(국제회의도시의 지정 등) 〈개정 2001.3.28〉 제7조(국제회의도시의 지원) 〈개정 2001.3.28〉 제9조(다른 법률과의 관계) 7. 삭제 〈2001.3.28〉 제10조(권한의 위탁) 〈개정 2001.3.28〉
국제회의산업 육성에 관한 법률 [시행 2004.2.7] [법률 제6961호, 2003.8.6, 일부개정]	제2조(정의) 이 법에서 사용하는 용어의 정의는 다음과 같다. 〈개정 2003.8.6〉 제4조(국제회의산업육성위원회의 설치ㆍ운영 등) [전문개정 2003.8.6] 제5조(국제회의 전담조직의 지정 및 설치) [전문개정 2003.8.6] 제6조(국제회의산업육성기본계획의 수립 등) [전문개정 2003.8.6] 제7조(국제회의 유치ㆍ개최 지원) [전문개정 2003.8.6] 제8조(국제회의산업육성기반 조성) [전문개정 2003.8.6] 제9조(국제회의시설의 건립 및 운영촉진 등) [본조신설 2003.8.6] [종전 제9조는 제17조로 이동 〈2003.8.6〉] 제10조(국제회의 전문인력의교육ㆍ훈련 등) [본조신설 2003.8.6] [종전 제10조는 제18조로이동 〈2003.8.6〉] 제12조(전자국제회의기반의 확충) [본조신설 2003.8.6] 제13조(국제회의 정보의 유통촉진) [본조신설 2003.8.6] 제14조(국제회의도시의 지정 등) [본조신설 2003.8.6] 제16조(재정 지원) [본조신설 2003.8.6] 제17조(다른 법률과의 관계) 〈개정 2001.3.28, 2003.8.6〉 [제10조에서 이동 〈2003.8.6〉]
국제회의산업 육성에 관한 법률 [시행 2004.5.30] [법률 제6893호, 2003.5.29, 타법개정]	[법률 제6893호, 2003.5.29, 타법개정]
⋮	⋮
국제회의산업 육성에 관한 법률 [시행 2008.3.21] [법률제8974호, 2008.3.21, 타법개정]	제4조(국제회의산업육성위원회의 설치ㆍ운영 등) 〈개정 2008.2.29〉 제5조(국제회의 전담조직의 지정 및 설치) 〈개정 2008.2.29〉 제6조(국제회의산업 육성기본계획의 수립 등) 〈개정 2008.2.29〉

	제7조(국제회의 유치ㆍ개최 지원) 〈개정 2008.2.29〉 제8조 〈개정 2008.2.29〉 제9조(국제회의시설의 건립 및 운영촉진 등)〈개정 2008.2.29〉 제10조(국제회의 전문인력의 교육ㆍ훈련 등) 〈개정 2008.2.29〉 제11조(국제협력의 촉진) 〈개정 2008.2.29〉 제12조(전자국제회의 기반의 확충) 〈개정 2008.2.29〉 제13조(국제회의 정보의 유통 촉진) 〈개정 2008.2.29〉 제14조(국제회의도시의 지정 등) ① 문화〈개정 2008.2.29〉 제15조(국제회의도시의 지원) 〈개정 2008.2.29〉 제16조(재정지원) 〈개정 2008.2.29〉 제17조(다른 법률과의 관계) 〈개정 2008.3.21〉 제18조(권한의 위탁) 〈개정 2008.2.29〉
국제회의산업 육성에 관한 법률 [시행 2009.3.18] [법률 제9492호, 2009.3.18, 일부개정]	제4조 삭제 〈2009.3.18〉 제14조(국제회의도시의 지정 등) 〈개정 2008.2.29, 2009.3.18〉
국제회의산업 육성에 관한 법률 [시행 2010.7.1] [법률 제9770호, 2009.6.9, 타법개정]	[법률 제9770호, 2009.6.9, 타법개정]
국제회의산업 육성에 관한 법률 [시행 2012.2.5] [법률 제11037호, 2011.8.4, 타법개정]	[법률 제11037호, 2011.8.4, 타법개정]
국제회의산업 육성에 관한 법률 [시행 2021.6.23.] [법률 제17705호, 2020.12.22., 일부개정]	[시행 2021. 6. 23.] [법률 제17705호, 2020. 12. 22., 일부개정]
국제회의산업 육성에 관한 법률 [시행 2023.5.16.] [법률 제19411호, 2023.5.16., 타법개정]	[시행 2023. 5. 16.] [법률 제19411호, 2023. 5. 16., 타법개정]

국제회의산업 육성에 관한 법률(약칭: '국제회의산업법')

[시행 2023. 5. 16] [법률 제19411호, 2023. 5. 16, 타법개정]

문화체육관광부(융합관광산업과) 044-203-2880

제1조(목적) 이 법은 국제회의의 유치를 촉진하고 그 원활한 개최를 지원하여 국제회의산업을 육성ㆍ진흥함으로써 관광산업의 발전과 국민경제의 향상 등에 이바지함을 목적으로 한다. [전문개정 2007. 12. 21.]

제2조(정의) 이 법에서 사용하는 용어의 뜻은 다음과 같다. 〈개정 2015. 3. 27., 2022. 9. 27.〉

1. "국제회의"란 상당수의 외국인이 참가하는 회의(세미나ㆍ토론회ㆍ전시회ㆍ기업회의 등을 포함한다)로서 대통령령으로 정하는 종류와 규모에 해당하는 것을 말한다.
2. "국제회의산업"이란 국제회의의 유치와 개최에 필요한 국제회의시설, 서비스 등과 관련된 산업을 말한다.

3. "국제회의시설"이란 국제회의의 개최에 필요한 회의시설, 전시시설 및 이와 관련된 지원시설·부대시설 등으로서 대통령령으로 정하는 종류와 규모에 해당하는 것을 말한다.
4. "국제회의도시"란 국제회의산업의 육성·진흥을 위하여 제14조에 따라 지정된 특별시·광역시 또는 시를 말한다.
5. "국제회의 전담조직"이란 국제회의산업의 진흥을 위하여 각종 사업을 수행하는 조직을 말한다.
6. "국제회의산업 육성기반"이란 국제회의시설, 국제회의 전문인력, 전자국제회의체제, 국제회의 정보 등 국제회의의 유치·개최를 지원하고 촉진하는 시설, 인력, 체제, 정보 등을 말한다.
7. "국제회의복합지구"란 국제회의시설 및 국제회의집적시설이 집적되어 있는 지역으로서 제15조의2에 따라 지정된 지역을 말한다.
8. "국제회의집적시설"이란 국제회의복합지구 안에서 국제회의시설의 집적화 및 운영 활성화에 기여하는 숙박시설, 판매시설, 공연장 등 대통령령으로 정하는 종류와 규모에 해당하는 시설로서 제15조의3에 따라 지정된 시설을 말한다. [전문개정 2007. 12. 21.]

제3조(국가의 책무) ① 국가는 국제회의산업의 육성·진흥을 위하여 필요한 계획의 수립 등 행정상·재정상의 지원조치를 강구하여야 한다.
② 제1항에 따른 지원조치에는 국제회의 참가자가 이용할 숙박시설, 교통시설 및 관광 편의시설 등의 설치·확충 또는 개선을 위하여 필요한 사항이 포함되어야 한다. [전문개정 2007. 12. 21.]

제4조 삭제 〈2009. 3. 18.〉

제5조(국제회의 전담조직의 지정 및 설치) ① 문화체육관광부장관은 국제회의산업의 육성을 위하여 필요하면 국제회의 전담조직(이하 "전담조직"이라 한다)을 지정할 수 있다. 〈개정 2008. 2. 29.〉
② 국제회의시설을 보유·관할하는 지방자치단체의 장은 국제회의 관련 업무를 효율적으로 추진하기 위하여 필요하다고 인정하면 전담조직을 설치·운영할 수 있으며, 그에 필요한 비용의 전부 또는 일부를 지원할 수 있다. 〈개정 2016. 12. 20.〉
③ 전담조직의 지정·설치 및 운영 등에 필요한 사항은 대통령령으로 정한다. [전문개정 2007. 12. 21.]

제6조(국제회의산업육성기본계획의 수립 등) ① 문화체육관광부장관은 국제회의산업의 육성·진흥을 위하여 다음 각 호의 사항이 포함되는 국제회의산업육성기본계획(이하 "기본계획"이라 한다)을 5년마다 수립·시행하여야 한다. 〈개정 2008. 2. 29., 2017. 11. 28., 2020. 12. 22., 2022. 9. 27.〉
1. 국제회의의 유치와 촉진에 관한 사항
2. 국제회의의 원활한 개최에 관한 사항
3. 국제회의에 필요한 인력의 양성에 관한 사항
4. 국제회의시설의 설치와 확충에 관한 사항
5. 국제회의시설의 감염병 등에 대한 안전·위생·방역 관리에 관한 사항
6. 국제회의산업 진흥을 위한 제도 및 법령 개선에 관한 사항
7. 그 밖에 국제회의산업의 육성·진흥에 관한 중요 사항

② 문화체육관광부장관은 기본계획에 따라 연도별 국제회의산업육성시행계획(이하 "시행계획"이라 한다)을 수립·시행하여야 한다. 〈신설 2017. 11. 28.〉
③ 문화체육관광부장관은 기본계획 및 시행계획의 효율적인 달성을 위하여 관계 중앙행정기관의 장, 지방자

치단체의 장 및 국제회의산업 육성과 관련된 기관의 장에게 필요한 자료 또는 정보의 제공, 의견의 제출 등을 요청할 수 있다. 이 경우 요청을 받은 자는 정당한 사유가 없으면 이에 따라야 한다. 〈개정 2017. 11. 28.〉

④ 문화체육관광부장관은 기본계획의 추진실적을 평가하고, 그 결과를 기본계획의 수립에 반영하여야 한다. 〈신설 2017. 11. 28.〉

⑤ 기본계획·시행계획의 수립 및 추진실적 평가의 방법·내용 등에 필요한 사항은 대통령령으로 정한다. 〈개정 2017. 11. 28.〉 [전문개정 2007. 12. 21.]

제7조(국제회의 유치·개최 지원) ① 문화체육관광부장관은 국제회의의 유치를 촉진하고 그 원활한 개최를 위하여 필요하다고 인정하면 국제회의를 유치하거나 개최하는 자에게 지원을 할 수 있다. 〈개정 2008. 2. 29.〉

② 제1항에 따른 지원을 받으려는 자는 문화체육관광부령으로 정하는 바에 따라 문화체육관광부장관에게 그 지원을 신청하여야 한다. 〈개정 2008. 2. 29.〉 [전문개정 2007. 12. 21.]

제8조(국제회의산업 육성기반의 조성) ① 문화체육관광부장관은 국제회의산업 육성기반을 조성하기 위하여 관계 중앙행정기관의 장과 협의하여 다음 각 호의 사업을 추진하여야 한다. 〈개정 2008. 2. 29., 2022. 9. 27.〉

1. 국제회의시설의 건립
2. 국제회의 전문인력의 양성
3. 국제회의산업 육성기반의 조성을 위한 국제협력
4. 인터넷 등 정보통신망을 통하여 수행하는 전자국제회의 기반의 구축
5. 국제회의산업에 관한 정보와 통계의 수집·분석 및 유통
6. 국제회의 기업 육성 및 서비스 연구개발
7. 그 밖에 국제회의산업 육성기반의 조성을 위하여 필요하다고 인정되는 사업으로서 대통령령으로 정하는 사업

② 문화체육관광부장관은 다음 각 호의 기관·법인 또는 단체(이하 "사업시행기관"이라 한다) 등으로 하여금 국제회의산업 육성기반의 조성을 위한 사업을 실시하게 할 수 있다. 〈개정 2008. 2. 29.〉

1. 제5조 제1항 및 제2항에 따라 지정·설치된 전담조직
2. 제14조 제1항에 따라 지정된 국제회의도시
3. 「한국관광공사법」에 따라 설립된 한국관광공사
4. 「고등교육법」에 따른 대학·산업대학 및 전문대학
5. 그 밖에 대통령령으로 정하는 법인·단체 [전문개정 2007. 12. 21.]

제9조(국제회의시설의 건립 및 운영 촉진 등) 문화체육관광부장관은 국제회의시설의 건립 및 운영 촉진 등을 위하여 사업시행기관이 추진하는 다음 각 호의 사업을 지원할 수 있다. 〈개정 2008. 2. 29.〉

1. 국제회의시설의 건립
2. 국제회의시설의 운영
3. 그 밖에 국제회의시설의 건립 및 운영 촉진을 위하여 필요하다고 인정하는 사업으로서 문화체육관광부령으로 정하는 사업 [전문개정 2007. 12. 21.]

제10조(국제회의 전문인력의 교육·훈련 등) 문화체육관광부장관은 국제회의 전문인력의 양성 등을 위하여 사업시행기관이 추진하는 다음 각 호의 사업을 지원할 수 있다. 〈개정 2008. 2. 29.〉

1. 국제회의 전문인력의 교육 · 훈련
2. 국제회의 전문인력 교육과정의 개발 · 운영
3. 그 밖에 국제회의의 전문인력의 교육 · 훈련과 관련하여 필요한 사업으로서 문화체육관광부령으로 정하는 사업 [전문개정 2007. 12. 21.]

제11조(국제협력의 촉진) 문화체육관광부장관은 국제회의산업 육성기반의 조성과 관련된 국제협력을 촉진하기 위하여 사업시행기관이 추진하는 다음 각 호의 사업을 지원할 수 있다. 〈개정 2008. 2. 29.〉

1. 국제회의 관련 국제협력을 위한 조사 · 연구
2. 국제회의 전문인력 및 정보의 국제 교류
3. 외국의 국제회의 관련 기관 · 단체의 국내 유치
4. 그 밖에 국제회의의 육성기반의 조성에 관한 국제협력을 촉진하기 위하여 필요한 사업으로서 문화체육관광부령으로 정하는 사업 [전문개정 2007. 12. 21.]

제12조(전자국제회의 기반의 확충) ① 정부는 전자국제회의 기반을 확충하기 위하여 필요한 시책을 강구하여야 한다.

② 문화체육관광부장관은 전자국제회의 기반의 구축을 촉진하기 위하여 사업시행기관이 추진하는 다음 각 호의 사업을 지원할 수 있다. 〈개정 2008. 2. 29.〉

1. 인터넷 등 정보통신망을 통한 사이버 공간에서의 국제회의 개최
2. 전자국제회의 개최를 위한 관리체제의 개발 및 운영
3. 그 밖에 전자국제회의 기반의 구축을 위하여 필요하다고 인정하는 사업으로서 문화체육관광부령으로 정하는 사업 [전문개정 2007. 12. 21.]

제13조(국제회의 정보의 유통 촉진) ① 정부는 국제회의 정보의 원활한 공급 · 활용 및 유통을 촉진하기 위하여 필요한 시책을 강구하여야 한다.

② 문화체육관광부장관은 국제회의 정보의 공급 · 활용 및 유통을 촉진하기 위하여 사업시행기관이 추진하는 다음 각 호의 사업을 지원할 수 있다. 〈개정 2008. 2. 29.〉

1. 국제회의 정보 및 통계의 수집 · 분석
2. 국제회의 정보의 가공 및 유통
3. 국제회의 정보망의 구축 및 운영
4. 그 밖에 국제회의 정보의 유통 촉진을 위하여 필요한 사업으로 문화체육관광부령으로 정하는 사업

③ 문화체육관광부장관은 국제회의 정보의 공급 · 활용 및 유통을 촉진하기 위하여 필요하면 문화체육관광부령으로 정하는 바에 따라 관계 행정기관과 국제회의 관련 기관 · 단체 또는 기업에 대하여 국제회의 정보의 제출을 요청하거나 국제회의 정보를 제공할 수 있다. 〈개정 2008. 2. 29., 2022. 9. 27.〉 [전문개정 2007. 12. 21.]

제14조(국제회의도시의 지정 등) ① 문화체육관광부장관은 대통령령으로 정하는 국제회의도시 지정기준에 맞는 특별시 · 광역시 및 시를 국제회의도시로 지정할 수 있다. 〈개정 2008. 2. 29., 2009. 3. 18.〉

② 문화체육관광부장관은 국제회의도시를 지정하는 경우 지역 간의 균형적 발전을 고려하여야 한다. 〈개정 2008. 2. 29.〉

③ 문화체육관광부장관은 국제회의도시가 제1항에 따른 지정기준에 맞지 아니하게 된 경우에는 그 지정을

취소할 수 있다. 〈개정 2008. 2. 29., 2009. 3. 18.〉

④ 문화체육관광부장관은 제1항과 제3항에 따른 국제회의도시의 지정 또는 지정취소를 한 경우에는 그 내용을 고시하여야 한다. 〈개정 2008. 2. 29.〉

⑤ 제1항과 제3항에 따른 국제회의도시의 지정 및 지정취소 등에 필요한 사항은 대통령령으로 정한다. [전문개정 2007. 12. 21.]

제15조(국제회의도시의 지원) 문화체육관광부장관은 제14조제1항에 따라 지정된 국제회의도시에 대하여는 다음 각 호의 사업에 우선 지원할 수 있다. 〈개정 2008. 2. 29.〉

1. 국제회의도시에서의 「관광진흥개발기금법」 제5조의 용도에 해당하는 사업
2. 제16조제2항 각 호의 어느 하나에 해당하는 사업 [전문개정 2007. 12. 21.]

제15조의 2(국제회의복합지구의 지정 등) ① 특별시장 · 광역시장 · 특별자치시장 · 도지사 · 특별자치도지사(이하 "시 · 도지사"라 한다)는 국제회의산업의 진흥을 위하여 필요한 경우에는 관할구역의 일정 지역을 국제회의복합지구로 지정할 수 있다.

② 시 · 도지사는 국제회의복합지구를 지정할 때에는 국제회의복합지구 육성 · 진흥계획을 수립하여 문화체육관광부장관의 승인을 받아야 한다. 대통령령으로 정하는 중요한 사항을 변경할 때에도 또한 같다.

③ 시 · 도지사는 제2항에 따른 국제회의복합지구 육성 · 진흥계획을 시행하여야 한다.

④ 시 · 도지사는 사업의 지연, 관리 부실 등의 사유로 지정목적을 달성할 수 없는 경우 국제회의복합지구 지정을 해제할 수 있다. 이 경우 문화체육관광부장관의 승인을 받아야 한다.

⑤ 시 · 도지사는 제1항 및 제2항에 따라 국제회의복합지구를 지정하거나 지정을 변경한 경우 또는 제4항에 따라 지정을 해제한 경우 대통령령으로 정하는 바에 따라 그 내용을 공고하여야 한다.

⑥ 제1항에 따라 지정된 국제회의복합지구는 「관광진흥법」 제70조에 따른 관광특구로 본다.

⑦ 제2항에 따른 국제회의복합지구 육성 · 진흥계획의 수립 · 시행, 국제회의복합지구 지정의 요건 및 절차 등에 필요한 사항은 대통령령으로 정한다. [본조신설 2015. 3. 27.]

제15조의 3(국제회의집적시설의 지정 등) ① 문화체육관광부장관은 국제회의복합지구에서 국제회의시설의 집적화 및 운영 활성화를 위하여 필요한 경우 시 · 도지사와 협의를 거쳐 국제회의집적시설을 지정할 수 있다.

② 제1항에 따른 국제회의집적시설로 지정을 받으려는 자(지방자치단체를 포함한다)는 문화체육관광부장관에게 지정을 신청하여야 한다.

③ 문화체육관광부장관은 국제회의집적시설이 지정요건에 미달하는 때에는 대통령령으로 정하는 바에 따라 그 지정을 해제할 수 있다.

④ 그 밖에 국제회의집적시설의 지정요건 및 지정신청 등에 필요한 사항은 대통령령으로 정한다. [본조신설 2015. 3. 27.]

제15조의 4(부담금의 감면 등) ① 국가 및 지방자치단체는 국제회의복합지구 육성 · 진흥사업을 원활하게 시행하기 위하여 필요한 경우에는 국제회의복합지구의 국제회의시설 및 국제회의집적시설에 대하여 관련 법률에서 정하는 바에 따라 다음 각 호의 부담금을 감면할 수 있다.

1. 「개발이익 환수에 관한 법률」 제3조에 따른 개발부담금
2. 「산지관리법」 제19조에 따른 대체산림자원조성비
3. 「농지법」 제38조에 따른 농지보전부담금

4. 「초지법」 제23조에 따른 대체초지조성비
5. 「도시교통정비 촉진법」 제36조에 따른 교통유발부담금
② 지방자치단체의 장은 국제회의복합지구의 육성·진흥을 위하여 필요한 경우 국제회의복합지구를 「국토의 계획 및 이용에 관한 법률」 제51조에 따른 지구단위계획구역으로 지정하고 같은 법 제52조 제3항에 따라 용적률을 완화하여 적용할 수 있다. [본조신설 2015. 3. 27.]

제16조(재정 지원) ① 문화체육관광부장관은 이 법의 목적을 달성하기 위하여 「관광진흥개발기금법」 제2조 제2항 제3호에 따른 국외 여행자의 출국납부금 총액의 100분의 10에 해당하는 금액의 범위에서 국제회의산업의 육성재원을 지원할 수 있다. 〈개정 2008. 2. 29.〉
② 문화체육관광부장관은 제1항에 따른 금액의 범위에서 다음 각 호에 해당되는 사업에 필요한 비용의 전부 또는 일부를 지원할 수 있다. 〈개정 2008. 2. 29., 2015. 3. 27.〉
1. 제5조 제1항 및 제2항에 따라 지정·설치된 전담조직의 운영
2. 제7조 제1항에 따른 국제회의 유치 또는 그 개최자에 대한 지원
3. 제8조 제2항 제2호부터 제5호까지의 규정에 따른 사업시행기관에서 실시하는 국제회의산업 육성기반 조성사업
4. 제10조부터 제13조까지의 각 호에 해당하는 사업
4의 2. 제15조의 2에 따라 지정된 국제회의복합지구의 육성·진흥을 위한 사업
4의 3. 제15조의 3에 따라 지정된 국제회의집적시설에 대한 지원 사업
5. 그 밖에 국제회의산업의 육성을 위하여 필요한 사항으로서 대통령령으로 정하는 사업
③ 제2항에 따른 지원금의 교부에 필요한 사항은 대통령령으로 정한다.
④ 제2항에 따른 지원을 받으려는 자는 대통령령으로 정하는 바에 따라 문화체육관광부장관 또는 제18조에 따라 사업을 위탁받은 기관의 장에게 지원을 신청하여야 한다. 〈개정 2008. 2. 29.〉 [전문개정 2007. 12. 21.]

제17조(다른 법률에 따른 허가·인가 등의 의제) ① 국제회의시설의 설치자가 국제회의시설에 대하여 「건축법」 제11조에 따른 건축허가를 받으면 같은 법 제11조 제5항 각 호의 사항 외에 특별자치도지사·시장·군수 또는 구청장(자치구의 구청장을 말한다. 이하 이 조에서 같다)이 다음 각 호의 허가·인가 등의 관계 행정기관의 장과 미리 협의한 사항에 대해서는 해당 허가·인가 등을 받거나 신고를 한 것으로 본다. 〈개정 2008. 3. 21., 2009. 6. 9., 2011. 8. 4., 2017. 1. 17., 2017. 11. 28., 2021. 11. 30., 2023. 5. 16.〉
1. 「하수도법」 제24조에 따른 시설이나 공작물 설치의 허가
2. 「수도법」 제52조에 따른 전용상수도 설치의 인가
3. 「소방시설 설치 및 관리에 관한 법률」 제6조 제1항에 따른 건축허가의 동의
4. 「폐기물관리법」 제29조 제2항에 따른 폐기물처리시설 설치의 승인 또는 신고
5. 「대기환경보전법」 제23조, 「물환경보전법」 제33조 및 「소음·진동관리법」 제8조에 따른 배출시설 설치의 허가 또는 신고
② 국제회의시설의 설치자가 국제회의시설에 대하여 「건축법」 제22조에 따른 사용승인을 받으면 같은 법 제22조 제4항 각 호의 사항 외에 특별자치도지사·시장·군수 또는 구청장이 다음 각 호의 검사·신고 등의 관계 행정기관의 장과 미리 협의한 사항에 대해서는 해당 검사를 받거나 신고를 한 것으로 본다. 〈개정 2008. 3. 21., 2009. 6. 9., 2017. 1. 17., 2023. 5. 16.〉

1. 「수도법」 제53조에 따른 전용상수도의 준공검사
2. 「소방시설공사업법」 제14조 제1항에 따른 소방시설의 완공검사
3. 「폐기물관리법」 제29조 제4항에 따른 폐기물처리시설의 사용개시 신고
4. 「대기환경보전법」 제30조 및 「물환경보전법」 제37조에 따른 배출시설 등의 가동개시(稼動開始) 신고

③ 제1항과 제2항에 따른 협의를 요청받은 행정기관의 장은 그 요청을 받은 날부터 15일 이내에 의견을 제출하여야 한다. 〈개정 2023. 5. 16.〉

④ 제1항부터 제3항까지에서 규정한 사항 외에 허가·인가, 검사 및 신고 등 의제의 기준 및 효과 등에 관하여는 「행정기본법」 제24조부터 제26조까지를 따른다. 이 경우 같은 법 제24조 제4항 전단 중 "20일"은 "15일"로 한다. 〈개정 2023. 5. 16.〉 [전문개정 2007. 12. 21.] [제목개정 2023. 5. 16.]

제18조(권한의 위탁) ① 문화체육관광부장관은 제7조에 따른 국제회의 유치·개최의 지원에 관한 업무를 대통령령으로 정하는 바에 따라 법인이나 단체에 위탁할 수 있다. 〈개정 2008. 2. 29.〉

② 문화체육관광부장관은 제1항에 따른 위탁을 한 경우에는 해당 법인이나 단체에 예산의 범위에서 필요한 경비(經費)를 보조할 수 있다. 〈개정 2008. 2. 29.〉 [전문개정 2007. 12. 21.]

부칙 〈제19411호, 2023. 5. 16.〉

이 법은 공포 후 6개월이 경과한 날부터 시행한다.

CHAPTER 4

관광사업의 관광진흥법

01. 관광진흥법

1) 관광진흥법의 목적

「관광진흥법」은 관광여건을 조성하고 관광자원을 개발하며 관광사업을 육성하여 관광진흥에 이바지하는 것을 목적으로 한다. 여기서 관광사업은 관광객들의 욕구를 만족시켜 주는 서비스 산업을 의미하며, 관광여행의 왕래를 유발 · 촉진하는 각종 요소에 의해 조화롭게 발달하고 이에 대한 이용을 증대시킴으로써 사회 · 문화 · 경제적인 효과를 가져 오는 현대적 · 조직적인 경영활동이라고 개념화해도 무방하며, 공공적 입장에서 행하는 공익사업과 영리 추구의 목적으로 행하는 사익사업을 포함한 넓은 의미의 개념으로 정의할 수 있다.

2) 관광진흥법의 구성

「관광진흥법」은 총 7장 86조로 구성되어 있으며, 〈표 4-1〉과 같다.

표 4-1 **관광진흥법의 구성**[시행령 2025.8.28.][법률 제20357호, 2024.2.27. 일부개정]

구분	내용		조문
제1장	총칙(목적과 정의)		제 1 조~제 2 조
제2장	관광사업	제1절 통칙 제2절 여행업 제3절 관광숙박업 및 관광객이용시설업 제4절 카지노업 제5절 테마파크업 제6절 영업에 대한 지도, 감독 제7절 관광종사원	제 3 조~제11조 제12조~제14조 제15조~제20조 제21조~제30조 제31조~제34조 제35조~제37조 제38조~제40조
제3장	관광사업자단체		제41조~제46조
제4장	관광의 진흥과 홍보		제47조~제48조
제5장	관광지 등의 개발	제1절 관광지 및 관광단지의 개발 제2절 관광특구	제49조~제69조 제70조~제74조
제6장	보칙		제75조~제80조
제7장	벌칙		제81조~제86조

관광진흥법

[시행 2024. 2. 27.] [법률 제20357호, 2024. 2. 27., 일부개정]

제3조(관광사업의 종류) ① 관광사업의 종류는 다음 각 호와 같다. 〈개정 2007. 7. 19., 2015. 2. 3., 2022. 9. 27., 2023. 8. 8., 2024. 2. 27.〉

1. 여행업: 여행자 또는 운송시설 · 숙박시설, 그 밖에 여행에 딸리는 시설의 경영자 등을 위하여 그 시설 이용 알선이나 계약 체결의 대리, 여행에 관한 안내, 그 밖의 여행 편의를 제공하는 업
2. 관광숙박업: 다음 각 목에서 규정하는 업
   가. 호텔업: 관광객의 숙박에 적합한 시설을 갖추어 이를 관광객에게 제공하거나 숙박에 딸리는 음식 · 운동 · 오락 · 휴양 · 공연 또는 연수에 적합한 시설 등을 함께 갖추어 이를 이용하게 하는 업
   나. 휴양 콘도미니엄업: 관광객의 숙박과 취사에 적합한 시설을 갖추어 이를 그 시설의 회원이나 소유자 등, 그 밖의 관광객에게 제공하거나 숙박에 딸리는 음식 · 운동 · 오락 · 휴양 · 공연 또는 연수에 적합한 시설 등을 함께 갖추어 이를 이용하게 하는 업
3. 관광객 이용시설업: 다음 각 목에서 규정하는 업
   가. 관광객을 위하여 음식 · 운동 · 오락 · 휴양 · 문화 · 예술 또는 레저 등에 적합한 시설을 갖추어 이를 관광객에게 이용하게 하는 업
   나. 대통령령으로 정하는 2종 이상의 시설과 관광숙박업의 시설(이하 "관광숙박시설"이라 한다) 등을 함께 갖추어 이를 회원이나 그 밖의 관광객에게 이용하게 하는 업

다. 야영장업: 야영에 적합한 시설 및 설비 등을 갖추고 야영편의를 제공하는 시설(「청소년활동 진흥법」 제10조제1호마목에 따른 청소년야영장은 제외한다)을 관광객에게 이용하게 하는 업

4. 국제회의업: 대규모 관광 수요를 유발하여 관광산업 진흥에 기여하는 국제회의(세미나·토론회·전시회·기업회의 등을 포함한다. 이하 같다)를 개최할 수 있는 시설을 설치·운영하거나 국제회의의 기획·준비·진행 및 그 밖에 이와 관련된 업무를 위탁받아 대행하는 업

5. 카지노업: 전문 영업장을 갖추고 주사위·트럼프·슬롯머신 등 특정한 기구 등을 이용하여 우연의 결과에 따라 특정인에게 재산상의 이익을 주고 다른 참가자에게 손실을 주는 행위 등을 하는 업

6. 테마파크업: 테마파크시설을 갖추어 이를 관광객에게 이용하게 하는 업(다른 영업을 경영하면서 관광객의 유치 또는 광고 등을 목적으로 테마파크시설을 설치하여 이를 이용하게 하는 경우를 포함한다)

7. 관광 편의시설업: 제1호부터 제6호까지의 규정에 따른 관광사업 외에 관광 진흥에 이바지할 수 있다고 인정되는 사업이나 시설 등을 운영하는 업

② 제1항제1호부터 제4호까지, 제6호 및 제7호에 따른 관광사업은 대통령령으로 정하는 바에 따라 세분할 수 있다.

제5조(허가와 신고) ① 제3조제1항제5호에 따른 카지노업을 경영하려는 자는 전용영업장 등 문화체육관광부령으로 정하는 시설과 기구를 갖추어 문화체육관광부장관의 허가를 받아야 한다. 〈개정 2008. 2. 29.〉

② 제3조제1항제6호에 따른 테마파크업 중 대통령령으로 정하는 테마파크업을 경영하려는 자는 문화체육관광부령으로 정하는 시설과 설비를 갖추어 특별자치시장·특별자치도지사·시장·군수·구청장의 허가를 받아야 한다. 〈개정 2008. 2. 29., 2008. 6. 5., 2018. 6. 12., 2024. 2. 27.〉

③ 제1항과 제2항에 따라 허가받은 사항 중 문화체육관광부령으로 정하는 중요 사항을 변경하려면 변경허가를 받아야 한다. 다만, 경미한 사항을 변경하려면 변경신고를 하여야 한다. 〈개정 2008. 2. 29.〉

④ 제2항에 따라 대통령령으로 정하는 테마파크업 외의 테마파크업을 경영하려는 자는 문화체육관광부령으로 정하는 시설과 설비를 갖추어 특별자치시장·특별자치도지사·시장·군수·구청장에게 신고하여야 한다. 신고한 사항 중 문화체육관광부령으로 정하는 중요 사항을 변경하려는 경우에도 또한 같다. 〈개정 2008. 2. 29., 2008. 6. 5., 2018. 6. 12., 2024. 2. 27.〉

⑤ 문화체육관광부장관 또는 특별자치시장·특별자치도지사·시장·군수·구청장은 제3항 단서에 따른 변경신고나 제4항에 따른 신고 또는 변경신고를 받은 경우 그 내용을 검토하여 이 법에 적합하면 신고를 수리하여야 한다. 〈신설 2018. 6. 12.〉

⑥ 제1항부터 제5항까지의 규정에 따른 허가 및 신고의 절차 등에 필요한 사항은 문화체육관광부령으로 정한다. 〈개정 2008. 2. 29., 2018. 6. 12.〉 [시행일: 2025. 8. 28.] 제5조

제11조(관광시설의 타인 경영 및 처분과 위탁 경영) ① 관광사업자는 관광사업의 시설 중 다음 각 호의 시설 및 기구 외의 부대시설을 타인에게 경영하도록 하거나, 그 용도로 계속하여 사용하는 것을 조건으로 타인에게 처분할 수 있다. 〈개정 2007. 7. 19., 2008. 2. 29., 2011. 4. 5., 2024. 2. 27.〉

1. 제4조제3항에 따른 관광숙박업의 등록에 필요한 객실
2. 제4조제3항에 따른 관광객 이용시설업의 등록에 필요한 시설 중 문화체육관광부령으로 정하는 시설
3. 제23조에 따른 카지노업의 허가를 받는 데 필요한 시설과 기구
4. 제33조제1항에 따라 안전성검사를 받아야 하는 테마파크시설

② 관광사업자는 관광사업의 효율적 경영을 위하여 제1항에도 불구하고 제1항제1호에 따른 관광숙박업의

객실을 타인에게 위탁하여 경영하게 할 수 있다. 이 경우 해당 시설의 경영은 관광사업자의 명의로 하여야 하고, 이용자 또는 제3자와의 거래행위에 따른 대외적 책임은 관광사업자가 부담하여야 한다. 〈신설 2011. 4. 5.〉 [제목개정 2007. 7. 19., 2011. 4. 5.] [시행일: 2025. 8. 28.] 제11조

제5절 테마파크업 〈개정 2024. 2. 27.〉 [시행일: 2025. 8. 28.]

제31조(조건부 영업허가) ① 특별자치시장・특별자치도지사・시장・군수・구청장은 테마파크업 허가를 할 때 5년의 범위에서 대통령령으로 정하는 기간에 제5조제2항에 따른 시설 및 설비를 갖출 것을 조건으로 허가할 수 있다. 다만, 천재지변이나 그 밖의 부득이한 사유가 있다고 인정하는 경우에는 해당 사업자의 신청에 따라 한 차례만 1년을 넘지 아니하는 범위에서 그 기간을 연장할 수 있다. 〈개정 2008. 6. 5., 2011. 4. 5., 2018. 6. 12., 2023. 8. 8., 2024. 2. 27.〉

② 특별자치시장・특별자치도지사・시장・군수・구청장은 제1항에 따른 허가를 받은 자가 정당한 사유 없이 제1항에 따른 기간에 허가 조건을 이행하지 아니하면 그 허가를 즉시 취소하여야 한다. 〈개정 2008. 6. 5., 2011. 4. 5., 2018. 6. 12.〉

③ 제1항에 따른 허가를 받은 자는 제1항에 따른 기간 내에 허가 조건에 해당하는 필요한 시설 및 기구를 갖춘 경우 그 내용을 특별자치시장・특별자치도지사・시장・군수・구청장에게 신고하여야 한다. 〈신설 2011. 4. 5., 2018. 6. 12.〉

④ 특별자치시장・특별자치도지사・시장・군수・구청장은 제3항에 따른 신고를 받은 날부터 문화체육관광부령으로 정하는 기간 내에 신고수리 여부를 신고인에게 통지하여야 한다. 〈신설 2018. 6. 12.〉

⑤ 특별자치시장・특별자치도지사・시장・군수・구청장이 제4항에서 정한 기간 내에 신고수리 여부 또는 민원 처리 관련 법령에 따른 처리기간의 연장을 신고인에게 통지하지 아니하면 그 기간(민원 처리 관련 법령에 따라 처리기간이 연장 또는 재연장된 경우에는 해당 처리기간을 말한다)이 끝난 날의 다음 날에 신고를 수리한 것으로 본다. 〈신설 2018. 6. 12.〉 [시행일: 2025. 8. 28.] 제31조

제32조(물놀이형 테마파크업자의 준수사항) 제5조제2항 또는 제4항에 따라 테마파크업의 허가를 받거나 신고를 한 자(이하 "테마파크업자"라 한다)중 물놀이형 테마파크시설을 설치한 자는 문화체육관광부령으로 정하는 안전・위생기준을 지켜야 한다. 〈개정 2024. 2. 27.〉 [전문개정 2009. 3. 25.] [제목개정 2024. 2. 27.] [시행일: 2025. 8. 28.] 제32조

제33조(안전성검사 등) ① 테마파크업자 및 테마파크업의 허가 또는 변경허가를 받으려는 자(조건부 영업허가를 받은 자로서 그 조건을 이행한 후 영업을 시작하려는 경우를 포함한다)는 문화체육관광부령으로 정하는 안전성검사 대상 테마파크시설에 대하여 문화체육관광부령에서 정하는 바에 따라 특별자치시장・특별자치도지사・시장・군수・구청장이 실시하는 안전성검사를 받아야 하고, 안전성검사 대상이 아닌 테마파크시설에 대하여는 안전성검사 대상에 해당되지 아니함을 확인하는 검사를 받아야 한다. 이 경우 특별자치시장・특별자치도지사・시장・군수・구청장은 성수기 등을 고려하여 검사시기를 지정할 수 있다. 〈개정 2008. 2. 29., 2009. 3. 25., 2011. 4. 5., 2018. 6. 12., 2024. 2. 27.〉

② 제1항에 따라 안전성검사를 받아야 하는 테마파크업자는 테마파크시설에 대한 안전관리를 위하여 사업장에 안전관리자를 항상 배치하여야 한다. 〈개정 2024. 2. 27.〉

③ 제2항에 따른 안전관리자는 문화체육관광부장관이 실시하는 테마파크시설의 안전관리에 관한 교육(이하

"안전교육"이라 한다)을 정기적으로 받아야 한다. 〈신설 2015. 2. 3., 2024. 2. 27.〉

④ 제2항에 따른 테마파크업자는 제2항에 따른 안전관리자가 안전교육을 받도록 하여야 한다. 〈신설 2015. 2. 3., 2024. 2. 27.〉

⑤ 제2항에 따른 안전관리자의 자격·배치 기준 및 임무, 안전교육의 내용·기간 및 방법 등에 필요한 사항은 문화체육관광부령으로 정한다. 〈개정 2008. 2. 29., 2015. 2. 3.〉 [시행일: 2025. 8. 28.] 제33조

제33조의 2(사고보고의무 및 사고조사) ① 테마파크업자는 그가 관리하는 테마파크시설로 인하여 대통령령으로 정하는 중대한 사고가 발생한 때에는 즉시 사용중지 등 필요한 조치를 취하고 문화체육관광부령으로 정하는 바에 따라 특별자치시장·특별자치도지사·시장·군수·구청장에게 통보하여야 한다. 〈개정 2018. 6. 12., 2024. 2. 27.〉

② 제1항에 따라 통보를 받은 특별자치시장·특별자치도지사·시장·군수·구청장은 필요하다고 판단하는 경우에는 대통령령으로 정하는 바에 따라 테마파크업자에게 자료의 제출을 명하거나 현장조사를 실시할 수 있다. 〈개정 2018. 6. 12., 2024. 2. 27.〉

③ 특별자치시장·특별자치도지사·시장·군수·구청장은 제2항에 따른 자료 및 현장조사 결과에 따라 해당 테마파크시설이 안전에 중대한 침해를 줄 수 있다고 판단하는 경우에는 그 테마파크업자에게 대통령령으로 정하는 바에 따라 사용중지·개선 또는 철거를 명할 수 있다. 〈개정 2018. 6. 12., 2024. 2. 27.〉 [본조신설 2015. 5. 18.] [시행일: 2025. 8. 28.] 제33조의 2

제34조(영업질서 유지 등) ① 테마파크업자는 영업질서 유지를 위하여 문화체육관광부령으로 정하는 사항을 지켜야 한다. 〈개정 2008. 2. 29., 2024. 2. 27.〉

② 테마파크업자는 법령을 위반하여 제조한 테마파크시설 또는 테마파크시설의 부분품(部分品)을 설치하거나 사용하여서는 아니 된다. 〈개정 2024. 2. 27.〉 [시행일: 2025. 8. 28.] 제34조

제34조의 2(테마파크시설안전정보시스템의 구축·운영 등) ① 문화체육관광부장관은 테마파크시설의 안전과 관련된 정보를 종합적으로 관리하고 해당 정보를 테마파크업자 및 관광객에게 제공하기 위하여 테마파크시설안전정보시스템을 구축·운영할 수 있다. 〈개정 2024. 2. 27.〉

② 제1항에 따른 테마파크시설안전정보시스템에는 다음 각 호의 정보가 포함되어야 한다. 〈개정 2024. 2. 27.〉

1. 제5조제2항에 따른 테마파크업의 허가(변경허가를 포함한다) 또는 같은 조 제4항에 따른 테마파크업의 신고(변경신고를 포함한다)에 관한 정보
2. 제9조에 따른 테마파크업자의 보험 가입 등에 관한 정보
3. 제32조에 따른 물놀이형 테마파크업자의 안전·위생에 관한 정보
4. 제33조제1항에 따른 안전성검사 또는 안전성검사 대상에 해당하지 아니함을 확인하는 검사에 관한 정보
5. 제33조제3항에 따른 안전관리자의 안전교육에 관한 정보
6. 제33조의2제1항에 따라 통보한 사고 및 그 조치에 관한 정보
7. 테마파크업자가 이 법을 위반하여 받은 행정처분에 관한 정보
8. 그 밖에 테마파크시설의 안전관리를 위하여 대통령령으로 정하는 정보

③ 문화체육관광부장관은 특별자치시장·특별자치도지사·시장·군수·구청장, 제80조제3항에 따라 업무를 위탁받은 기관의 장 및 테마파크업자에게 테마파크시설안전정보시스템의 구축·운영에 필요한 자료를

제출 또는 등록하도록 요청할 수 있다. 이 경우 요청을 받은 자는 정당한 사유가 없으면 이에 따라야 한다. 〈개정 2024. 2. 27.〉

④ 문화체육관광부장관은 제2항제3호 및 제4호에 따른 정보 등을 테마파크시설안전정보시스템을 통하여 공개할 수 있다. 〈개정 2024. 2. 27.〉

⑤ 제4항에 따른 공개의 대상, 범위, 방법 및 그 밖에 테마파크시설안전정보시스템의 구축・운영에 필요한 사항은 문화체육관광부령으로 정한다. 〈개정 2024. 2. 27.〉 [본조신설 2020. 12. 22.] [제목개정 2024. 2. 27.] [시행일: 2025. 8. 28.] 제34조의 2

제34조의 3(장애인의 테마파크 이용을 위한 편의 제공 등) ① 테마파크업을 경영하는 자는 장애인이 테마파크를 편리하고 안전하게 이용할 수 있도록 제작된 테마파크시설(이하 "장애인 이용가능 테마파크시설"이라 한다)의 설치를 위하여 노력하여야 한다. 이 경우 국가 및 지방자치단체는 해당 장애인 이용가능 테마파크시설의 설치에 필요한 비용을 지원할 수 있다. 〈개정 2024. 2. 27.〉

② 제1항에 따라 장애인 이용가능 테마파크시설을 설치하는 자는 대통령령으로 정하는 편의시설을 갖추고 장애인이 해당 장애인 이용가능 테마파크시설을 편리하게 이용할 수 있도록 하여야 한다. 〈개정 2024. 2. 27.〉 [본조신설 2023. 8. 8.] [제목개정 2024. 2. 27.] [시행일: 2025. 8. 28.] 제34조의 3

제35조(등록취소 등) ① 관할 등록기관등의 장은 관광사업의 등록등을 받거나 신고를 한 자 또는 사업계획의 승인을 받은 자가 다음 각 호의 어느 하나에 해당하면 그 등록등 또는 사업계획의 승인을 취소하거나 6개월 이내의 기간을 정하여 그 사업의 전부 또는 일부의 정지를 명하거나 시설・운영의 개선을 명할 수 있다. 〈개정 2007. 7. 19., 2009. 3. 25., 2011. 4. 5., 2014. 3. 11., 2015. 2. 3., 2015. 5. 18., 2015. 12. 22., 2017. 11. 28., 2018. 6. 12., 2018. 12. 11., 2023. 8. 8., 2024. 2. 27.〉

1. 제4조에 따른 등록기준에 적합하지 아니하게 된 경우 또는 변경등록기간 내에 변경등록을 하지 아니하거나 등록한 영업범위를 벗어난 경우

1의2. 제5조제2항 및 제4항에 따라 문화체육관광부령으로 정하는 시설과 설비를 갖추지 아니하게 되는 경우

2. 제5조제3항 및 제4항 후단에 따른 변경허가를 받지 아니하거나 변경신고를 하지 아니한 경우

2의2. 제6조제2항에 따른 지정 기준에 적합하지 아니하게 된 경우

3. 제8조제4항(같은 조 제6항에 따라 준용하는 경우를 포함한다)에 따른 기한 내에 신고를 하지 아니한 경우

3의2. 제8조제8항을 위반하여 휴업 또는 폐업을 하고 알리지 아니하거나 미리 신고하지 아니한 경우

4. 제9조에 따른 보험 또는 공제에 가입하지 아니하거나 영업보증금을 예치하지 아니한 경우

4의2. 제10조제2항을 위반하여 사실과 다르게 관광표지를 붙이거나 관광표지에 기재되는 내용을 사실과 다르게 표시 또는 광고하는 행위를 한 경우

5. 제11조를 위반하여 관광사업의 시설을 타인에게 처분하거나 타인에게 경영하도록 한 경우

6. 제12조에 따른 기획여행의 실시요건 또는 실시방법을 위반하여 기획여행을 실시한 경우

7. 제14조를 위반하여 안전정보 또는 변경된 안전정보를 제공하지 아니하거나, 여행계약서 및 보험 가입 등을 증명할 수 있는 서류를 여행자에게 내주지 아니한 경우 또는 여행자의 사전 동의 없이 여행일정(선택관광 일정을 포함한다)을 변경하는 경우

8. 제15조에 따라 사업계획의 승인을 얻은 자가 정당한 사유 없이 대통령령으로 정하는 기간 내에 착공 또는 준공을 하지 아니하거나 같은 조를 위반하여 변경승인을 얻지 아니하고 사업계획을 임의로 변경한 경우

8의2. 제18조의2에 따른 준수사항을 위반한 경우
8의3. 제19조제1항 단서를 위반하여 등급결정을 신청하지 아니한 경우
9. 제20조제1항 및 제4항을 위반하여 분양 또는 회원모집을 하거나 같은 조 제5항에 따른 소유자등·회원의 권익을 보호하기 위한 사항을 준수하지 아니한 경우
9의2. 제20조의2에 따른 준수사항을 위반한 경우
10. 제21조에 따른 카지노업의 허가 요건에 적합하지 아니하게 된 경우
11. 제23조제3항을 위반하여 카지노 시설 및 기구에 관한 유지·관리를 소홀히 한 경우
12. 제28조제1항 및 제2항에 따른 준수사항을 위반한 경우
13. 제30조를 위반하여 관광진흥개발기금을 납부하지 아니한 경우
14. 제32조에 따른 물놀이형 테마파크시설의 안전·위생기준을 지키지 아니한 경우
15. 제33조제1항에 따른 테마파크시설에 대한 안전성검사 및 안전성검사 대상에 해당되지 아니함을 확인하는 검사를 받지 아니하거나 같은 조 제2항에 따른 안전관리자를 배치하지 아니한 경우
16. 제34조제1항에 따른 영업질서 유지를 위한 준수사항을 지키지 아니하거나 같은 조 제2항을 위반하여 불법으로 제조한 부분품을 설치하거나 사용한 경우
16의2. 제38조제1항 단서를 위반하여 해당 자격이 없는 자를 종사하게 한 경우
17. 삭제 〈2011. 4. 5.〉
18. 제78조에 따른 보고 또는 서류제출명령을 이행하지 아니하거나 관계 공무원의 검사를 방해한 경우
19. 관광사업의 경영 또는 사업계획을 추진할 때 뇌물을 주고받은 경우
20. 고의로 여행계약을 위반한 경우(여행업자만 해당한다)

② 관할 등록기관등의 장은 관광사업의 등록등을 받은 자가 다음 각 호의 어느 하나에 해당하면 6개월 이내의 기간을 정하여 그 사업의 전부 또는 일부의 정지를 명할 수 있다. 〈신설 2007. 7. 19., 2008. 2. 29., 2011. 4. 5., 2023. 8. 8.〉

1. 제13조제2항에 따른 등록을 하지 아니한 사람에게 국외여행을 인솔하게 한 경우
2. 제27조에 따른 문화체육관광부장관의 지도와 명령을 이행하지 아니한 경우

③ 제1항 및 제2항에 따른 취소·정지처분 및 시설·운영개선명령의 세부적인 기준은 그 사유와 위반 정도를 고려하여 대통령령으로 정한다. 〈개정 2007. 7. 19.〉

④ 관할 등록기관등의 장은 관광사업에 사용할 것을 조건으로 「관세법」 등에 따라 관세의 감면을 받은 물품을 보유하고 있는 관광사업자로부터 그 물품의 수입면허를 받은 날부터 5년 이내에 그 사업의 양도·폐업의 신고 또는 통보를 받거나 그 관광사업자의 등록등의 취소를 한 경우에는 관할 세관장에게 그 사실을 즉시 통보하여야 한다. 〈개정 2007. 7. 19.〉

⑤ 관할 등록기관등의 장은 관광사업자에 대하여 제1항 및 제2항에 따라 등록등을 취소하거나 사업의 전부 또는 일부의 정지를 명한 경우에는 제18조제1항 각 호의 신고 또는 인·허가 등의 소관 행정기관의 장(외국인투자기업인 경우에는 기획재정부장관을 포함한다)에게 그 사실을 통보하여야 한다. 〈개정 2007. 7. 19., 2008. 2. 29., 2023. 5. 16.〉

⑥ 관할 등록기관등의 장 외의 소관 행정기관의 장이 관광사업자에 대하여 그 사업의 정지나 취소 또는 시설의 이용을 금지하거나 제한하려면 미리 관할 등록기관등의 장과 협의하여야 한다. 〈개정 2007. 7. 19.〉

⑦ 제1항 각 호의 어느 하나에 해당하는 관광숙박업자의 위반행위가 「공중위생관리법」 제11조제1항에 따른 위반행위에 해당하면 「공중위생관리법」의 규정에도 불구하고 이 법을 적용한다. 〈개정 2007. 7. 19.〉 [시

행일: 2025. 8. 28.] 제35조

제39조(교육) 문화체육관광부장관 또는 시·도지사는 관광종사원과 그 밖에 관광 업무에 종사하는 자의 업무능력 향상 및 지역의 문화와 관광자원 전반에 대한 전문성 향상을 위한 교육에 필요한 지원을 할 수 있다. 〈개정 2023. 10. 31.〉 [전문개정 2011. 4. 5.] [시행일: 2024. 5. 1.] 제39조

제48조의 3(지속가능한 관광활성화) ① 문화체육관광부장관은 에너지·자원의 사용을 최소화하고 기후변화에 대응하며 환경 훼손을 줄이고, 지역주민의 삶과 균형을 이루며 지역경제와 상생발전 할 수 있는 지속가능한 관광자원의 개발을 장려하기 위하여 정보제공 및 재정지원 등 필요한 조치를 강구할 수 있다. 〈개정 2019. 12. 3.〉

② 시·도지사나 시장·군수·구청장은 다음 각 호의 어느 하나에 해당하는 지역을 조례로 정하는 바에 따라 특별관리지역으로 지정할 수 있다. 이 경우 특별관리지역이 같은 시·도 내에서 둘 이상의 시·군·구에 걸쳐 있는 경우에는 시·도지사가 지정하고, 둘 이상의 시·도에 걸쳐 있는 경우에는 해당 시·도지사가 공동으로 지정한다. 〈신설 2019. 12. 3., 2021. 4. 13., 2023. 10. 31.〉

1. 수용 범위를 초과한 관광객의 방문으로 자연환경이 훼손되거나 주민의 평온한 생활환경을 해칠 우려가 있어 관리할 필요가 있다고 인정되는 지역
2. 차량을 이용한 숙박·취사 등의 행위로 자연환경이 훼손되거나 주민의 평온한 생활환경을 해칠 우려가 있어 관리할 필요가 있다고 인정되는 지역. 다만, 다른 법령에서 출입, 주차, 취사 및 야영 등을 금지하는 지역은 제외한다.

③ 문화체육관광부장관은 특별관리지역으로 지정할 필요가 있다고 인정하는 경우에는 시·도지사 또는 시장·군수·구청장으로 하여금 해당 지역을 특별관리지역으로 지정하도록 권고할 수 있다. 〈신설 2021. 4. 13.〉

④ 시·도지사나 시장·군수·구청장은 특별관리지역을 지정·변경 또는 해제할 때에는 대통령령으로 정하는 바에 따라 미리 주민의 의견을 들어야 하며, 문화체육관광부장관 및 관계 행정기관의 장과 협의하여야 한다. 다만, 대통령령으로 정하는 경미한 사항을 변경하려는 경우에는 예외로 한다. 〈신설 2019. 12. 3., 2021. 4. 13.〉

⑤ 시·도지사나 시장·군수·구청장은 특별관리지역을 지정·변경 또는 해제할 때에는 특별관리지역의 위치, 면적, 지정일시, 지정·변경·해제 사유, 특별관리지역 내 조치사항, 그 밖에 조례로 정하는 사항을 해당 지방자치단체 공보에 고시하고, 문화체육관광부장관에게 제출하여야 한다. 〈신설 2019. 12. 3., 2021. 4. 13.〉

⑥ 시·도지사나 시장·군수·구청장은 특별관리지역에 대하여 조례로 정하는 바에 따라 관광객 방문시간 제한, 편의시설 설치, 이용수칙 고지, 이용료 징수, 차량·관광객 통행 제한 등 필요한 조치를 할 수 있다. 〈신설 2019. 12. 3., 2021. 4. 13., 2023. 10. 31.〉

⑦ 시·도지사나 시장·군수·구청장은 제6항에 따른 조례를 위반한 사람에게 「지방자치법」 제27조에 따라 1천만원 이하의 과태료를 부과·징수할 수 있다. 〈신설 2021. 4. 13.〉

⑧ 시·도지사나 시장·군수·구청장은 특별관리지역에 해당 지역의 범위, 조치사항 등을 표시한 안내판을 설치하여야 한다. 〈신설 2021. 4. 13.〉

⑨ 문화체육관광부장관은 특별관리지역 지정 현황을 관리하고 이와 관련된 정보를 공개하여야 하며, 특별관리지역을 지정·운영하는 지방자치단체와 그 주민 등을 위하여 필요한 지원을 할 수 있다. 〈신설 2021.

4. 13.〉

⑩ 그 밖에 특별관리지역의 지정 요건, 지정 절차 등 특별관리지역 지정 및 운영에 필요한 사항은 해당 지방자치단체의 조례로 정한다. 〈신설 2021. 4. 13.〉 [본조신설 2009. 3. 25.] [시행일: 2024. 5. 1.] 제48조의3

제67조(입장료 등의 징수와 사용) ① 관광지등에서 조성사업을 하거나 건축, 그 밖의 시설을 한 자는 관광지등에 입장하는 자로부터 입장료를 징수할 수 있고, 관광시설을 관람하거나 이용하는 자로부터 관람료나 이용료를 징수할 수 있다.

② 제1항에 따른 입장료・관람료 또는 이용료의 징수 대상의 범위와 그 금액은 관광지등이 소재하는 지방자치단체의 조례로 정한다. 〈개정 2008. 6. 5., 2018. 6. 12., 2020. 6. 9.〉

③ 지방자치단체는 제1항에 따라 입장료・관람료 또는 이용료를 징수하면 이를 관광지등의 보존・관리와 그 개발에 필요한 비용에 충당하여야 한다.

④ 지방자치단체는 지역관광 활성화를 위하여 관광지등에서 조성사업을 하거나 건축, 그 밖의 시설을 한 자(국가 또는 지방자치단체는 제외한다)가 제1항에 따라 징수한 입장료・관람료 또는 이용료를 「지역사랑상품권 이용 활성화에 관한 법률」 제2조제1호에 따른 지역사랑상품권을 활용하여 관광객에게 환급하는 경우 조례로 정하는 바에 따라 환급한 입장료・관람료 또는 이용료의 전부 또는 일부에 해당하는 비용을 지원할 수 있다. 〈신설 2023. 10. 31.〉 [시행일: 2024. 5. 1.] 제67조

제69조의 2(관광지등에 설치・방치된 물건등의 제거) ① 누구든지 관광지등에서 이 법에 따른 등록・허가 또는 지정을 받지 아니하거나 신고를 하지 아니하고 야영용품이나 취사용품 등 대통령령으로 정하는 물건(이하 이 조에서 "물건등"이라 한다)을 무단으로 설치 또는 방치하여 관광객의 원활한 관광 및 휴양을 방해하여서는 아니 된다.

② 관광지등을 관할하는 특별자치시장・특별자치도지사・시장・군수・구청장은 제1항을 위반하여 관광지등의 이용・관리에 지장을 줄 것으로 인정되는 경우로서 문화체육관광부령으로 정하는 바에 따라 긴급하게 실시할 필요가 있고, 「행정대집행법」 제3조제1항 및 제2항의 절차에 따르면 그 목적을 달성하기가 곤란하다고 인정되는 경우에는 그 절차를 거치지 아니하고도 설치 또는 방치되어 있는 물건등을 제거하는 등 필요한 조치를 할 수 있다.

③ 제2항에 따른 조치는 관광지등의 이용・관리에 필요한 최소한도에 그쳐야 한다.

④ 제2항에 따른 조치로 제거된 물건등의 보관 및 처리에 필요한 사항은 대통령령으로 정한다. [본조신설 2024. 2. 27.] [시행일: 2024. 8. 28.] 제69조의2

제79조(수수료) 다음 각 호의 어느 하나에 해당하는 자는 문화체육관광부령으로 정하는 바에 따라 수수료를 내야 한다. 〈개정 2007. 7. 19., 2008. 2. 29., 2009. 3. 25., 2011. 4. 5., 2018. 3. 13., 2018. 6. 12., 2024. 2. 27.〉

1. 제4조제1항 및 제4항에 따라 여행업, 관광숙박업, 관광객 이용시설업 및 국제회의업의 등록 또는 변경등록을 신청하는 자
2. 제5조제1항 및 제3항에 따라 카지노업의 허가 또는 변경허가를 신청하는 자
3. 제5조제2항부터 제4항까지의 규정에 따라 테마파크업의 허가 또는 변경허가를 신청하거나 테마파크업의 신고 또는 변경신고를 하는 자
4. 제6조에 따라 관광 편의시설업 지정을 신청하는 자

5. 제8조제4항 및 제6항에 따라 지위 승계를 신고하는 자
6. 제15조제1항 및 제2항에 따라 관광숙박업, 관광객 이용시설업 및 국제회의업에 대한 사업계획의 승인 또는 변경승인을 신청하는 자
7. 제19조에 따라 관광숙박업의 등급 결정을 신청하는 자
8. 제23조제2항에 따라 카지노시설의 검사를 받으려는 자
9. 제25조제2항에 따라 카지노기구의 검정을 받으려는 자
10. 제25조제3항에 따라 카지노기구의 검사를 받으려는 자
11. 제33조제1항에 따라 안전성검사 또는 안전성검사 대상에 해당되지 아니함을 확인하는 검사를 받으려는 자
12. 제38조제2항에 따라 관광종사원 자격시험에 응시하려는 자
13. 제38조제2항에 따라 관광종사원의 등록을 신청하는 자
14. 제38조제4항에 따라 관광종사원 자격증의 재교부를 신청하는 자
15. 삭제 〈2018. 12. 11.〉
16. 제48조의10에 따라 한국관광 품질인증을 받으려는 자 [시행일: 2025. 8. 28.] 제79조

제82조(벌칙) 다음 각 호의 어느 하나에 해당하는 자는 3년 이하의 징역 또는 3천만원 이하의 벌금에 처한다. 이 경우 징역과 벌금은 병과할 수 있다. 〈개정 2009. 3. 25., 2015. 5. 18., 2024. 2. 27.〉

1. 제4조제1항에 따른 등록을 하지 아니하고 여행업·관광숙박업(제15조제1항에 따라 사업계획의 승인을 받은 관광숙박업만 해당한다)·국제회의업 및 제3조제1항제3호나목의 관광객 이용시설업을 경영한 자
2. 제5조제2항에 따른 허가를 받지 아니하고 테마파크업을 경영한 자
3. 제20조제1항 및 제2항을 위반하여 시설을 분양하거나 회원을 모집한 자
4. 제33조의2제3항에 따른 사용중지 등의 명령을 위반한 자 [시행일: 2025. 8. 28.] 제82조

제84조(벌칙) 다음 각 호의 어느 하나에 해당하는 자는 1년 이하의 징역 또는 1천만원 이하의 벌금에 처한다. 〈개정 2007. 7. 19., 2009. 3. 25., 2019. 12. 3., 2020. 6. 9., 2023. 8. 8., 2024. 2. 27.〉

1. 제5조제3항에 따른 테마파크업의 변경허가를 받지 아니하거나 변경신고를 하지 아니하고 영업을 한 자
2. 제5조제4항 전단에 따른 테마파크업의 신고를 하지 아니하고 영업을 한 자

2의2. 제13조제4항을 위반하여 자격증을 빌려주거나 빌린 자 또는 이를 알선한 자
2의3. 거짓이나 그 밖의 부정한 방법으로 제25조제3항 또는 제33조제1항에 따른 검사를 수행한 자
3. 제33조를 위반하여 안전성검사를 받지 아니하고 테마파크시설을 설치한 자
3의2. 거짓이나 그 밖의 부정한 방법으로 제33조제1항에 따른 검사를 받은 자
4. 제34조제2항을 위반하여 테마파크시설 또는 테마파크시설의 부분품(部分品)을 설치하거나 사용한 자
4의2. 제35조제1항제14호에 해당되어 관할 등록기관등의 장이 내린 명령을 위반한 자
5. 제35조제1항제20호에 해당되어 관할 등록기관등의 장이 내린 개선명령을 위반한 자
5의2. 제38조제8항을 위반하여 자격증을 빌려주거나 빌린 자 또는 이를 알선한 자
5의3. 제52조의2제1항에 따른 허가 또는 변경허가를 받지 아니하고 같은 항에 규정된 행위를 한 자
5의4. 제52조의2제1항에 따른 허가 또는 변경허가를 거짓이나 그 밖의 부정한 방법으로 받은 자
5의5. 제52조의2제4항에 따른 원상회복명령을 이행하지 아니한 자
6. 제55조제3항을 위반하여 조성사업을 한 자 [시행일: 2025. 8. 28.] 제84조

▮관광면세업(보세판매장 / 사후면세점)

관광진흥법 제3조 및 동법 시행령 제2조 또는 관세법에 따른 보세판매장의 특허증를 받은 자나 외국인관광객 등에 대한 부가가치세 및 개별소비세 특례규정 제5조에 따라 면세판매장의 지정을 받은 자가 판매시설을 갖추고 관광객에게 면세물품을 판매하는 업으로 시・군, 구청에서 허가를 지정받아야 한다. 또한 관광진흥법 제48조의 10에 및 동법 제41조의 9 제7호에 의거 한국 관광 품질 인증을 받은 사후 면세점을 운영 중인 자를 말한다. 관광사업에서 유통물류 및 판매업으로 전환이 필요한 업으로 관광사업과는 실질적으로 적합하지 않는 업으로 판단되어 변경이 필요하다.

1) 관세법 제196조에 따른 보세판매장의 특허를 받은 자

2) 외국인 관광객 등에 대한 부가가치세 및 개별 소비세 특례규정

▮관광지원서비스업

2019년 신설: 관광진흥법 시행령 및 시행규칙 개정안을 통해 관광혁신전략을 통한 방안으로 시행. 이를 지정 받기 위해서는 해당 사업이 관광진흥법 시행령 제2조 타목에 따라 '관광산업 특수분류' 상 사업의 종류에 포함돼야 하는데 쇼핑, 운수, 숙박, 음식, 공연, 문화오락레저・장비・교육 등 관광 관련 대다수의 사업을 포함하고 있다.

주로 관광객 또는 관광사업자 등을 위해 사업(여행업, 관광숙박업)이나 시설 등을 운영하는 업으로서 융복합 형태의 새로운 관광사업이나, 문화체육관광부장관이 통계법 제22조 제2항 단서에 따라 관광 관련 산업으로 분류한 쇼핑업, 운수업, 숙박업, 음식점업, 문화・오락・레저스포츠업, 건설업, 자동차임대업 및 교육서비스업 등을 포괄하는 관광사업의 신 형태를 말한다. 다만, 법에 따라 등록 허가 또는 지정(이 령 제2조 제6호 가목부터 카목까지의 규정에 따른 업으로 한정한다)을 받거나 신고를 해야 하는 관광사업은 제외한다

3) 관광진흥법 상의 용어(법제처)

① "관광사업"이란 관광객을 위하여 운송・숙박・음식・운동・오락・휴양 또는 용역을 제공하거나 그 밖에 관광에 딸린 시설을 갖추어 이를 이용하게 하는 업(業)을 말한다.

② "관광사업자"란 관광사업을 경영하기 위하여 등록・허가 또는 지정(이하 "등록 등"이라 한다)을 받거나 신고를 한 자를 말한다.

③ "기획여행"이란 여행업을 경영하는 자가 국외여행을 하려는 여행자를 위하여 여행의 목적지・일정, 여행자가 제공받을 운송 또는 숙박 등의 서비스 내용과 그 요금 등에 관한 사항을 미리 정하고 이에 참가하는 여행자를 모집하여 실시하는 여행을 말한다.

④ “회원”이란 관광사업의 시설을 일반 이용자보다 우선적으로 이용하거나 유리한 조건으로 이용하기로 해당 관광사업자(제15조 제1항 및 제2항에 따른 사업계획의 승인을 받은 자를 포함한다)와 약정한 자를 말한다.

⑤ “공유자”란 단독 소유나 공유(共有)의 형식으로 관광사업의 일부 시설을 관광사업자(제15조 제1항 및 제2항에 따른 사업계획의 승인을 받은 자를 포함한다)로부터 분양받은 자를 말한다.

⑥ “관광지”란 자연적 또는 문화적 관광자원을 갖추고 관광객을 위한 기본적인 편의시설을 설치하는 지역으로서 이 법에 따라 지정된 곳을 말한다.

⑦ “관광단지”란 관광객의 다양한 관광 및 휴양을 위하여 각종 관광시설을 종합적으로 개발하는 관광거점지역으로서 이 법에 따라 지정된 곳을 말한다.

⑧ “민간개발자”란 관광단지를 개발하려는 개인이나 「상법」 또는 「민법」에 따라 설립된 법인을 말한다.

⑨ “조성계획”이란 관광지나 관광단지의 보호 및 이용을 증진하기 위하여 필요한 관광시설의 조성과 관리에 관한 계획을 말한다.

⑩ “지원시설”이란 관광지나 관광단지의 관리·운영 및 기능 활성화에 필요한 관광지 및 관광단지 안팎의 시설을 말한다.

⑪ “관광특구”란 외국인 관광객의 유치 촉진 등을 위하여 관광활동과 관련된 관계 법령의 적용이 배제되거나 완화되고, 관광활동과 관련된 서비스·안내체계 및 홍보 등 관광여건을 집중적으로 조성할 필요가 있는 지역으로 이 법에 따라 지정된 곳을 말한다.

⑫ “문화관광해설사”란 관광객의 이해와 감상, 체험기회를 제고하기 위하여 역사·문화·예술·자연 등 관광자원 전반에 대한 전문적인 해설을 제공하는 자를 말한다.

4) 관광진흥법 상 관광사업의 종류(법제처)

① 여행업: 여행자 또는 운송시설·숙박시설, 그 밖에 여행에 딸리는 시설의 경영자 등을 위하여 그 시설 이용 알선이나 계약 체결의 대리, 여행에 관한 안내, 그 밖의 여행 편의를 제공하는 업

② 관광숙박업: 다음에서 규정하는 업

ⓐ 호텔업: 관광객의 숙박에 적합한 시설을 갖추어 이를 관광객에게 제공하거나 숙박에

딸리는 음식 · 운동 · 오락 · 휴양 · 공연 또는 연수에 적합한 시설 등을 함께 갖추어 이를 이용하게 하는 업

ⓑ 휴양 콘도미니엄업: 관광객의 숙박과 취사에 적합한 시설을 갖추어 이를 그 시설의 회원이나 공유자, 그 밖의 관광객에게 제공하거나 숙박에 딸리는 음식 · 운동 · 오락 · 휴양 · 공연 또는 연수에 적합한 시설 등을 함께 갖추어 이를 이용하게 하는 업

③ 관광객 이용시설업: 다음에서 규정하는 업

ⓐ 관광객을 위하여 음식 · 운동 · 오락 · 휴양 · 문화 · 예술 또는 레저 등에 적합한 시설을 갖추어 이를 관광객에게 이용하게 하는 업

ⓑ 대통령령으로 정하는 2종 이상의 시설과 관광숙박업의 시설(이하 "관광숙박시설"이라 한다) 등을 함께 갖추어 이를 회원이나 그 밖의 관광객에게 이용하게 하는 업

ⓒ 야영장업: 야영에 적합한 시설 및 설비 등을 갖추고 야영편의를 제공하는 시설(「청소년활동 진흥법」 제10조 제1호 마목에 따른 청소년야영장은 제외한다)을 관광객에게 이용하게 하는 업

④ 국제회의업(한시법): 대규모 관광수요를 유발하는 국제회의(세미나 · 토론회 · 전시회 등을 포함한다. 이하 같다)를 개최할 수 있는 시설을 설치 · 운영하거나 국제회의의 계획 · 준비 · 진행 등의 업무를 위탁받아 대행하는 업

⑤ 카지노업: 전문영업장을 갖추고 주사위 · 트럼프 · 슬롯머신 등 특정한 기구 등을 이용하여 우연의 결과에 따라 특정인에게 재산상의 이익을 주고 다른 참가자에게 손실을 주는 행위 등을 하는 업

⑥ 유원시설업(遊園施設業): 유기시설(遊技施設)이나 유기기구(遊技機具)를 갖추어 이를 관광객에게 이용하게 하는 업(다른 영업을 경영하면서 관광객의 유치 또는 광고 등을 목적으로 유기시설이나 유기기구를 설치하여 이를 이용하게 하는 경우를 포함한다)

⑦ 관광편의시설업: 「관광진흥법」 상 ①～⑥의 규정에 따른 관광사업 외에 관광진흥에 이바지할 수 있다고 인정되는 사업이나 시설 등을 운영하는 업

5) 관광진흥법의 연혁과 최근 개정 내용

「관광진흥법」의 연혁은 〈표 4-2〉와 같다.

표 4-2 **관광진흥법의 개정안과 내용**

개정안	내용
관광사업법 [법률 제2878호, 1975.12.31, 제정]	제정됨
관광사업법 [법률 제3088호, 1977.12.31, 일부개정]	제8조(여행알선업의 구분) 〈개정 1977.12.31〉 제11조(사업장의 승인) [전문개정 1977.12.31] 제18조(사업계획승인) ① 〈개정 1977.12.31〉 ② 〈신설 1977.12.31〉 제19조(건축허가 등) [전문개정 1977.12.31] 제21조(등록) 〈개정 1977.12.31〉 제23조(사업장별 승인 등) 〈개정 1977.12.31〉 제27조(사업의 양도 · 양수 등) 〈개정 1977.12.31〉 제38조(자격증의 휴대와 표식의 부착) 〈개정 1977.12.31〉 제50조(사전협의) 〈개정 1977.12.31〉
중략	⋮
관광진흥법 [법률 제3910호, 1986.12.31, 전부개정]	전부개정 조문 제1장 총칙 제2장 관광사업 제3장 관광의 진흥과 홍보 제4장 관광지의 개발 제5장 관광종사원 제6장 관광사업자단체 제7장 보칙 제8장 벌칙 부칙 〈제3910호, 1986.12.31〉
중략	⋮
관광진흥법 [법률 제5654호, 1999.1.21, 전부개정]	전부개정 조문 제1장 총칙 제2장 관광사업 제3장 관광사업자단체 제4장 관광의 진흥과 홍보 제5장 관광지 등의 개발 제6장 보칙 제7장 벌칙 부칙 〈제5654호, 1999.1.21〉
중략	⋮

관광진흥법 [법률 제8343호, 2007.4.11, 전부개정]	전부개정 제1장 총칙 제2장 관광사업 제3장 관광사업자 단체 제4장 관광의 진흥과 홍보 제5장 관광지 등의 개발 제6장 보칙 제7장 벌칙 부칙 〈제8343호, 2007.4.11〉
중략	⋮
관광진흥법 [법률 제10599호, 2011.4.14, 타법개정]	타법개정
관광진흥법 [법률 제12406호, 2014.3.11, 일부개정]	일부개정
관광진흥법 [법률 제12689호, 2014.5.28, 일부개정]	용어개정
중략	⋮
관광진흥법 [법률 제18009호, 2021. 4.13, 일부개정]	제19조(관광숙박업 등의 등급) 제48조의3(지속가능한 관광활성화) 제73조(관광특구에 대한 평가 등)
관광진흥법 [법률 제18248호, 2021.6.15, 일부개정]	제47조의8(스마트관광산업의 육성) 〈신설 2021.6.15.〉 제80조(권한의 위임 · 위탁 등) 〈개정 2021.6.15.〉
관광진흥법 [법률 제18377호, 2021.8.10, 일부개정]	제76조의2(감염병 확산 등에 따른 지원) 〈신설 2021.8.10.〉
관광진흥법 [법률 제18009호, 2021.4.13, 일부개정]	일부개정
관광진흥법 [법률 제18982호, 2022.9.27, 일부개정]	일부개정 [시행] 2022.9.27.
관광진흥법 [법률 제20357호, 2024.2.27, 일부개정]	일부개정 [시행] 2024.8.28.

「관광진흥법」은 그 범위가 매우 크며, 법 개정도 총 8장 66개 조로 첫 제정 이후로 94회에 걸쳐 개정되었으며, 현재는 총 7장 86개 조로 최종 개정되어 있다.

현행법은 관광여건을 조성하고 관광자원을 개발하며 관광사업을 육성하여 관광진흥에 이바지하는 것을 목적으로 하고 있다. 그런데 최근 코로나바이러스감염증(COVID-19)과 델타 변이 등의 유행으로 관광업계 및 관련 상권이 직격탄을 맞고 있는 상황에서 관광정책도 위드 코로나 시대를 대비해야 한다는 목소리가 지속적으로 제기되고 있으며, 이에 따른 개정 이유는 다음과 같다.

첫째, 정부가 추진 중인 스마트 관광산업의 정의와 육성관련 규정을 마련하여 새로운 시대에 대비한 스마트 관광산업을 안정적으로 육성할 수 있도록 하려는 것

둘째, 여행업협회(KATA)의 업계 피해 실태 전수조사 결과에 의하면 2020년 10월 말 기준 조사대상 17,664개 업체 중 폐업신고 완료 업체는 202개, 사실상 폐업 상태는 3,953개인 것으로 나타났고 지방의 소규모 업체들도 함께 고사 상태로 2020년 여행업 전체 매출은 1조 9,198억 원으로 2019년 11조 7,949억 원 대비 83.7퍼센트가 감소한 것으로 추정되며, 실직자 역시 4만 5천여 명에 이르는 것으로 파악되었으나 **현행법에는 관광사업자들에 대한 재난지원 사항이 명시되어 있지 않아 국가와 지방자치단체는 감염병 확산 등으로 관광사업자에게 경영상 중대한 위기가 발생한 경우 필요한 지원을 할 수 있는 근거를 마련**하기 위한 것

02. 관광진흥법의 주요 내용

관광진흥법 일부개정 주요 내용

▮ 의료관광의 활성화(법 제12조의 2 신설)

외국인 의료관광의 활성화를 위하여 외국인 의료관광 유치·지원기관에 대한 관광진흥개발기금의 지원 근거를 마련함

▮ 여행계약의 구체화(법 제14조)

- 여행자의 안전을 보호하고 여행과 관련된 각종 분쟁을 방지하기 위하여 여행계약 관련사항을 정비할 필요가 있음
- 여행업자가 여행자와 계약을 체결할 때에는 해당 여행지에 대한 안전정보를 제공하도록 하고, 서비스 내용을 적은 여행계약서를 여행자에게 내주도록 하며, 여행일정을 변경하려는 경우에는 여행자의 사전 동의를 받도록 함

▮우수숙박시설의 지정제도 도입(법 제19조의 2 신설)

- 관광산업의 경쟁력 강화를 위하여 급격히 증가하고 있는 외국관광객 등에게 서비스 수준을 보장할 수 있는 숙박시설을 제공할 수 있어야 함
- 문화체육관광부장관이나 지방자치단체의 장은 이 법에 따라 이미 지원을 받고 있는 호텔 및 휴양콘도미니엄을 제외한 숙박시설 중 대통령령 또는 해당 지방자치단체의 조례로 정하는 기준에 맞는 숙박시설을 우수숙박시설로 지정하고, 관광진흥개발기금의 대여 및 홍보 등의 지원을 할 수 있도록 함
- 우수숙박시설에 대한 지정 및 홍보를 통하여 외래관광객들에게 질 좋은 중저가 숙박시설을 제공할 수 있을 것으로 기대됨

▮물놀이형 유기시설 또는 유기기구의 안전 · 위생기준(법 제32조)

- 유원시설업자 중 물놀이형 유기시설 또는 유기기구를 설치한 자는 문화체육관광부령에 따른 안전 · 위생기준을 지키도록 함
- 이용객이 많은 성수기에 앞서 유기시설 등에 관한 안전성 검사가 이루어질 수 있도록 안전성 검사 기간을 지정할 수 있게 함으로써 유원시설의 안전한 이용과 사고예방을 기할 수 있을 것임

▮관광통역안내자격자의 관광안내(법 제38조 1항 단서 신설)

- 무자격 관광종사원이 외국인관광객들에게 우리나라의 역사와 문화를 왜곡하여 설명하는 등의 부 작용을 해소할 필요가 있음
- 외국인관광객을 대상으로 하는 여행업자는 관광통역안내의 자격을 가진 사람을 관광안내에 종사 하게 하도록 함
- 관광통역안내자격자가 관광안내를 함으로써 우리나라의 이미지와 우리나라 관광의 만족도를 높일 수 있을 것으로 기대됨

▮관광통계(법 제47조의 2 신설)

- 관광개발기본계획 및 권역별 관광개발계획을 효과적으로 수립 · 시행하고 관광산업에 활용하기 위하여 국내외 관광통계를 작성할 필요가 있음
- 문화체육관광부장관과 지방자치단체의 장은 관광통계 작성을 위한 실태조사를 할 수 있으며, 필요 하면 공공기관과 연구소 및 민간기업 등에 협조를 요청할 수 있음

1) 관광사업의 종류와 정의

관광사업의 종류는 크게 여행업 · 관광숙박업 · 관광객이용시설업 · 국제회의업 · 카지노업 · 유원시설업 · 관광편의시설업으로 볼 수 있으며, 자세히 들여다보면 [그림 4-1]과 같다.

그림 4-1 **관광사업의 종류**

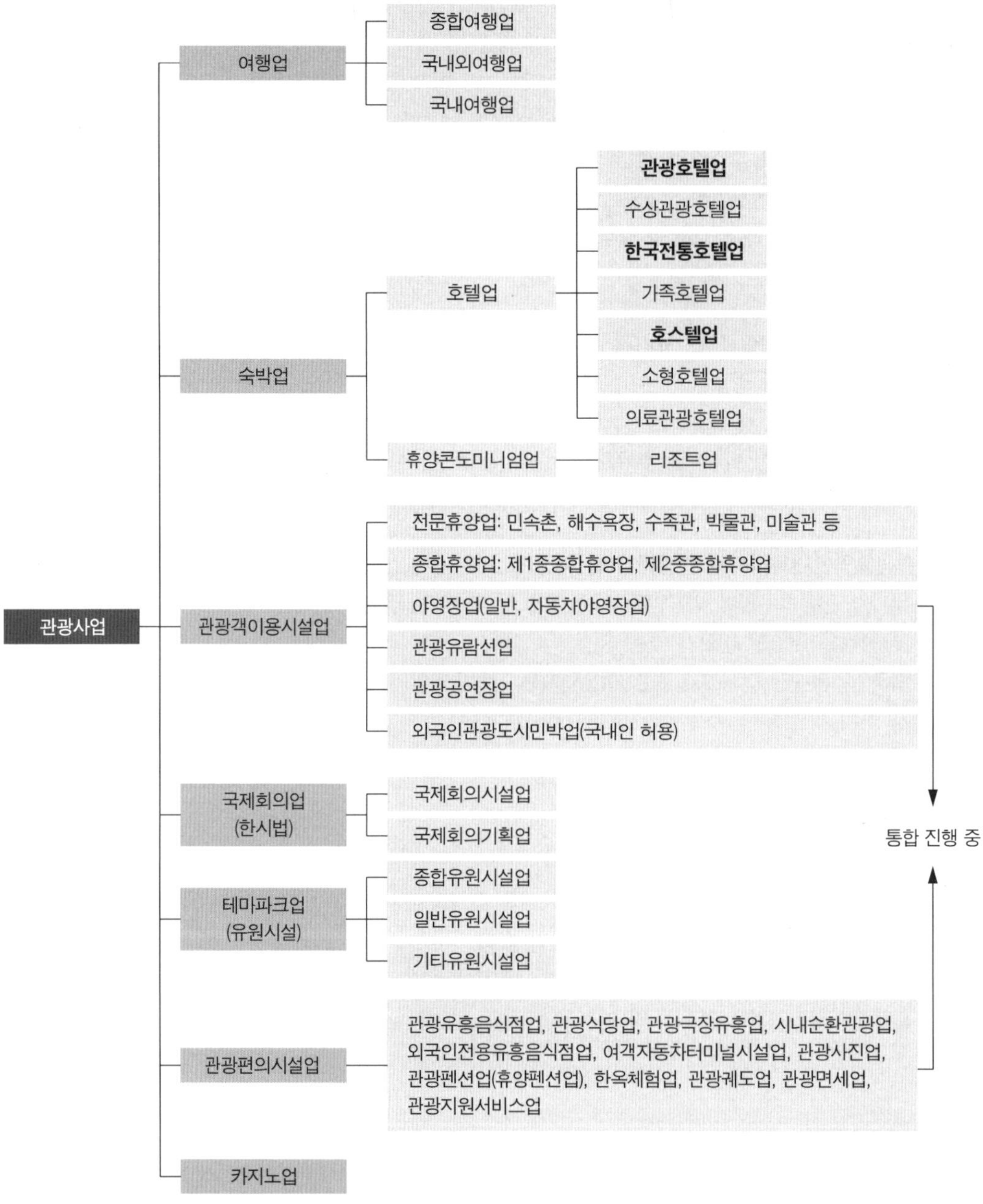

(1) 여행업

여행업이란 여행자 또는 운송시설 · 숙박시설 기타 여행에 부수되는 시설의 경영자 등을 위하여 당해 시설 이용의 알선이나 계약 체결의 대리, 여행에 관한 안내 기타 여행의 편의를 제공하는 업이다

① 종합여행업: 국내외를 여행하는 내국인 및 외국인을 대상으로 하는 여행업(자본금 5,000만 원)

② 국내외여행업: 국내외를 여행하는 내국인을 대상으로 하는 여행업(자본금 3,000만 원)

③ 국내여행업: 국내를 여행하는 내국인을 대상으로 하는 여행업(자본금 1,500만 원)

※종합여행업, 국내외여행업은 사증(査證)을 받는 절차를 대행하는 행위를 포함한다. [시행 2021. 10. 14]

(2) 관광숙박업

관광숙박업은 호텔업과 휴양콘도미니엄업으로 나눌 수 있다.

종류	내용
관광호텔업 (종합관광호텔업)	관광객의 숙박에 적합한 시설을 갖추어 관광객에게 이용하게 하고 숙박에 딸린 음식 · 운동 · 오락 · 휴양 · 공연 또는 연수에 적합한 시설 등(이하 “부대시설”이라 한다)을 함께 갖추어 관광객에게 이용하게 하는 업(業)
수상관광호텔업	수상에 구조물 또는 선박을 고정하거나 매어 놓고 관광객의 숙박에 적합한 시설을 갖추거나 부대시설을 함께 갖추어 관광객에게 이용하게 하는 업
한국전통호텔업	한국 전통의 건축물에 관광객의 숙박에 적합한 시설을 갖추거나 부대시설을 함께 갖추어 관광객에게 이용하게 하는 업
가족호텔업	가족단위 관광객의 숙박에 적합한 시설 및 취사도구를 갖추어 관광객에게 이용하게 하거나 숙박에 딸린 음식 · 운동 · 휴양 또는 연수에 적합한 시설을 함께 갖추어 관광객에게 이용하게 하는 업
호스텔업	배낭여행객 등 개별 관광객의 숙박에 적합한 시설로서 샤워장 · 취사장 등의 편의시설과 외국인 및 내국인 관광객을 위한 문화 · 정보 교류시설 등을 함께 갖추어 이용하게 하는 업
소형호텔업	관광객의 숙박에 적합한 시설을 소규모로 갖추고 숙박에 딸린 음식 · 운동 · 휴양 또는 연수에 적합한 시설을 함께 갖추어 관광객에게 이용하게 하는 업
의료관광호텔업	의료관광객의 숙박에 적합한 시설 및 취사도구를 갖추거나 숙박에 딸린 음식 · 운동 또는 휴양에 적합한 시설을 함께 갖추어 주로 외국인 관광객에게 이용하게 하는 업

주: ▒▒는 숙박업 변경 종류.

호텔업은 관광객의 숙박에 적합한 시설을 갖추어 이를 관광객에게 제공하거나 숙박에 부수되는 음식·운동·오락·휴양·공연 또는 연수에 적합한 시설 등을 함께 갖추어 이를 이용하게 하는 업이며, 휴양콘도미니엄업은 관광객의 숙박과 취사에 적합한 시설을 갖추어 이를 당해 시설의 회원·공유자 기타 관광객에게 제공하거나 숙박에 부수되는 음식·운동·오락·휴양·공연 또는 연수에 적합한 시설 등을 함께 갖추어 이를 이용하게 하는 업이다. 호텔업과는 달리 휴양콘도미니엄업에서는 취사가 가능하다는 것과 공유자 및 회원은 일반인보다 우선적으로 이용할 수 있다는 차이점이 있다.

(3) 관광객이용시설업

관광객이용시설업은 관광객을 위하여 음식·운동·오락·휴양·문화·예술 또는 레저 등 「관광진흥법」에 명시된 관광진흥에 이바지할 수 있다고 인정되는 사업이나 시설 등을 운영하는 사업, 2종류 이상의 시설 및 관광숙박시설 등을 함께 갖추어 회원 또는 그밖에 관광객에게 이용하게 하는 사업이다.

관광객이용시설업은 전문휴양업, 종합휴양업, 야영장업, 관광유람선업, 관광공연장업, 외국인관광 도시민박업, 한옥체험업 총 7개로 규정하고 있으며 세부적으로는 「관광진흥법 시행령」 제2조 3항에 규정되어 있다.

(4) 국제회의업

일반적으로 국제회의업이란 각종 국제회의 및 전시회의 개최관련 업무를 행사 주최측으로부터 위임받아 회의 주체측과 긴밀한 협조 하에서 부분적 또는 전체적으로 대행하여 주는 조직체로서 보다 효율적인 회의 준비와 운영을 위하여 회의기획가·통역사·속기사 등 국제회의 또는 전시회 행사와 관련되는 각종 전문용역을 제공하고 그 수익을 창출하는 사업을 말한다.

(5) 카지노업

카지노(casino)란 복권·경마 등과 유사한 것으로서 다양한 도박 게임을 상품화하여 소비자들에게 판매하는 영업체를 의미한다. 즉 카지노란 도박을 상업화하여 도박상품들을 소비자에게 제공하는 기업으로써 슬롯머신, 비디오포커, 블랙잭, 다이스, 포커, 키노, 죠커세븐, 마작, 빙고 등 다양한 도박 게임을 오락의 한 형태로서 즐길 수 있는 기회는 소비자들에게 제공하고 있다.

(6) 테마파크업

테마파크시설을 갖추어 이를 관광객에게 이용하게 하는 업(다른 영업을 경영하면서 관광객의 유치 또는 광고 등을 목적으로 테마파크시설을 설치하여 이를 이용하게 하는 경우를 포함한다)이다.

(7) 관광편의시설업

관광편의시설업은 여행업 · 관광숙박업 · 관광객이용시설업 · 국제회의업 외에 관광진흥에 이바지할 수 있다고 인정되는 사업이나 시설로서 「관광진흥법 시행규칙」에 정하는 바에 의하여 지정된 사업으로 관광유흥음식점업, 관광극장유흥업, 외국인전용 유흥음식점업, 관광식당업, 관광순환버스업, 관광사진업, 여객자동차터미널시설업, 관광펜션업, 관광궤도업, 관광면세업, 관광지원서비스업 총 11개이다.

2) 관광사업의 등록 · 허가 · 신고 · 지정(법제처)

「관광진흥법」 제4조에서 제6조까지 규정되어 있다.

제4조(등록) ① 제3조제1항제1호부터 제4호까지의 규정에 따른 여행업, 관광숙박업, 관광객 이용시설업 및 국제회의업을 경영하려는 자는 특별자치시장 · 특별자치도지사 · 시장 · 군수 · 구청장(자치구의 구청장을 말한다. 이하 같다)에게 등록하여야 한다. <개정 2009. 3. 25., 2018. 6. 12.>

② 삭제 <2009. 3. 25.>

③ 제1항에 따른 등록을 하려는 자는 대통령령으로 정하는 자본금 · 시설 및 설비 등을 갖추어야 한다. <신설 2007. 7. 19., 2009. 3. 25.>

④ 제1항에 따라 등록한 사항 중 대통령령으로 정하는 중요 사항을 변경하려면 변경등록을 하여야 한다. <개정 2007. 7. 19., 2009. 3. 25.>

⑤ 제1항 및 제4항에 따른 등록 또는 변경등록의 절차 등에 필요한 사항은 문화체육관광부령으로 정한다. <개정 2007. 7. 19., 2008. 2. 29., 2009. 3. 25.>

제5조(허가와 신고) ① 제3조제1항제5호에 따른 카지노업을 경영하려는 자는 전용영업장 등 문화체육관광부령으로 정하는 시설과 기구를 갖추어 문화체육관광부장관의 허가를 받아야 한다. <개정 2008. 2. 29.>

② 제3조제1항제6호에 따른 유원시설업 중 대통령령으로 정하는 유원시설업을 경영하려는 자는 문

화체육관광부령으로 정하는 시설과 설비를 갖추어 특별자치시장·특별자치도지사·시장·군수·구청장의 허가를 받아야 한다. <개정 2008. 2. 29., 2008. 6. 5., 2018. 6. 12.>

③ 제1항과 제2항에 따라 허가받은 사항 중 문화체육관광부령으로 정하는 중요 사항을 변경하려면 변경허가를 받아야 한다. 다만, 경미한 사항을 변경하려면 변경신고를 하여야 한다. <개정 2008. 2. 29.>

④ 제2항에 따라 대통령령으로 정하는 유원시설업 외의 유원시설업을 경영하려는 자는 문화체육관광부령으로 정하는 시설과 설비를 갖추어 특별자치시장·특별자치도지사·시장·군수·구청장에게 신고하여야 한다. 신고한 사항 중 문화체육관광부령으로 정하는 중요 사항을 변경하려는 경우에도 또한 같다. <개정 2008. 2. 29., 2008. 6. 5., 2018. 6. 12.>

⑤ 문화체육관광부장관 또는 특별자치시장·특별자치도지사·시장·군수·구청장은 제3항 단서에 따른 변경신고나 제4항에 따른 신고 또는 변경신고를 받은 경우 그 내용을 검토하여 이 법에 적합하면 신고를 수리하여야 한다. <신설 2018. 6. 12.>

⑥ 제1항부터 제5항까지의 규정에 따른 허가 및 신고의 절차 등에 필요한 사항은 문화체육관광부령으로 정한다. <개정 2008. 2. 29., 2018. 6. 12.>

제6조(지정) ① ① 제3조제1항제7호에 따른 관광 편의시설업을 경영하려는 자는 문화체육관광부령으로 정하는 바에 따라 특별시장·광역시장·특별자치시장·도지사·특별자치도지사(이하 "시·도지사"라 한다) 또는 시장·군수·구청장의 지정을 받아야 한다. <개정 2007. 7. 19., 2008. 2. 29., 2009. 3. 25., 2017. 11. 28., 2018. 6. 12.>

② 제1항에 따른 관광 편의시설업으로 지정을 받으려는 자는 관광객이 이용하기 적합한 시설이나 외국어 안내서비스 등 문화체육관광부령으로 정하는 기준을 갖추어야 한다. <신설 2017. 11. 28.>

03. 여행업

1) 여행업의 개념 및 특성

여행업(travel agency)이란 여행자와 운송시설·숙박시설 등의 여행에 관계를 갖는 사업과의 사이에 위치하여 여행자의 불편함을 최소화하고 편의를 증대시키는 갖가지 서비스를 제공하고 이에 대한 수수료를 얻는 업을 말한다.

우리나라 여행업의 개념은 1975년 관광사업법에서 ① 여행자를 위하여 운송, 숙박 기타 여행에 부수되는 시설의 이용을 알선하거나 그 시설을 경영하는 자와 이용에 관한 계약을 대리하는 행위, ② 운송, 숙박 기타 여행에 부수되는 시설의 경영자를 위하여 여행자의 이용을 알선하거나 여행자 이용에 관한 계약체결을 대리하는 행위, ③ 여행자를 위하여 안내 등 여행의 편의를 제공하는 행위, ④ 여행자를 위하여 여권 및 사증을 받는 절차를 대행하는 행위, ⑤ 여행자를 위하여 여행에 관한 상담에 응하거나 정보를 제공하는 행위 등으로 규정하면서 구체화 되었다고 할 수 있다. 이후 1986년 관광사업법이 폐지되고 제정된 「관광진흥법」에는 "여행자 또는 운송시설, 숙박시설 및 기타 여행에 부수되는 시설의 경영자 등을 위하여 당해 시설 이용의 알선이나 계약체결의 대리, 여행에 관한 안내 기타 여행의 편의를 제공하는 업"으로 규정하고 있다.

(1) 여행업의 특성

① 고정자본의 투자가 적다: 자본금 규모는 법규상에 업종별로 정해져 있지만 사실상 고정자본으로서의 투자액은 적다.

② 인간이 자본이다: 여행업의 업무는 처음부터 끝까지 여행사의 직원에 의하여 이루어진다.

③ 무형의 상품을 유형의 상품으로: 여행상품이란 볼 수도, 맛을 볼 수도 없는 무형의 상품으로 여행사의 생산과 관광자들의 참여로써 상품화되고 있다.

④ 계절성이 강하다: 관광은 계절에 따라 상품의 종류도 다르다. 또한 관광자의 수요도 계절에 따라 큰 차이를 나타내고 있어서 수요 변화에 따른 수급 조절이 중요한 과제이다.

⑤ 인적 판매의 비중이 높다: 여행상품은 여행사의 인적 구성에 따라 상품의 질이 달라진다.

⑥ 직원의 전문요원화: 여행사의 모든 직원은 관광에 대한 제반 지식, 관광상품의 구체적인 내용에 대해 관광자와 어떠한 대화도 함께 할 수 있는 만능요원이 되어야 한다.

⑦ 사무실의 위치의존도가 크다: 여행사는 고객의 눈에 많이 띄는 곳에 위치하는 것이 중요하다.

2) 여행업의 역할

(1) 여행편의 제공

여행업은 여행정보가 지식을 제공할 뿐만 아니라 해외여행 시 여권수속과 사증 발급을 대행해주고, 여기에 따르는 교통시설과 숙박시설 등의 예약을 대리해준다. 따라서 여행에 대한 지식이 없는 사람도 편리하게 여행할 수 있도록 제반 여행편의를 제공해준다.

(2) 신뢰성의 제공

여행자가 낯선 지역으로 여행을 떠날 때는 심리적 불안이 따를 수 있다. 이러한 불안을 해소하기 위해 여행사는 여행이 시작되면서부터 끝날 때까지의 전 여정에 안내원을 동반시켜 처리해 줌으로써 여행자가 안심하고 여행할 수 있도록 한다.

(3) 여행상품의 개발

여행업자는 여행자의 다양한 취향과 욕구를 파악하여 이에 맞는 적절한 상품을 개발・제공하여 새로운 여행수요를 유발시킨다.

(4) 국제친선 및 홍보효과

자국민의 해외여행을 통해 자국 홍보 및 민간외교의 역할을 하며, 외래관광객 유치를 통한 국제친선 효과 및 지역경제를 활성화시킨다.

3) 여행업의 기능

① 대리업무 기능: 여행업자가 고객을 대리하여 항공・철도・숙박・식당 등을 대리해 계약・예약・수배하고, 세계 각국의 사증(VISA) 등의 신청수속을 대리해주는 기능
② 서비스 업무 기능: 여행을 떠나려는 고객에게 여행 컨설팅, 여정 관리, 올바른 여행정보 제공 등을 서비스하는 기능
③ 판매업무 기능: 여행업자는 어떠한 여행상품이 잘 판매될 수 있는가를 조사하고 기획하며, 필요한 여행상품을 개발하여 판매하는 기능

4) 여행업의 업무

(1) 인바운드(Inbound) 여행업무

외국인의 국내여행을 대상으로 하는 여행업무를 말한다. 인바운드 업무조직은 여행기업의 특성에 따라 차이가 있지만, 일반적으로 국제영업・수배부・통역안내부・자금회계・관리부 등으로 구분할 수 있다.

인바운드의 일반적인 업무내용은 다음과 같다.

① 자료 수집 및 제공
② 일정표 작성 및 원가계산
③ 국외 지사관리
④ 여행경비 산출, 여행조건서 · 확정서와 추후정산서 발송
⑤ 안내보고서 접수처리
⑥ 예약 및 수배업무
⑦ 통역안내원의 자질 체크 및 T/C(Tour Conductor) 대우 등

(2) 아웃바운드(Outbound) 여행업무

내국인의 해외여행을 대상으로 하는 여행업무를 말하며, 홀세일러 여행사의 경우 해외여행의 조직을 대륙과 지역으로 구분하여 운영하고 있다. 주요 업무는 판매 · 수배 · 안내 · 기획 · 정산 업무로 나눌 수 있다.

① 기획여행: 여행업자가 미리 여행목적지 및 관광일정, 여행자에게 제공될 운송 및 숙식 서비스 내용, 여행요금을 정하여 광고 또는 기타 방법으로 여행자를 모집하여 실시하는 여행
② 희망여행: 여행자가 희망하는 여행조건에 따라 여행업자가 운송 · 숙식 · 관광 등 여행에 관한 전반적인 계획을 수립하여 실시하는 여행
③ 해외여행: 여행업자가 여행자로부터 소정의 소속 대행요금을 받기로 약정하고, 여행자의 위탁에 따라 다음에 열거하는 업무를 대행하는 것

아웃바운드의 수입원천은 다음과 같다.

① 여권 및 사증 발급대행에 따른 대행수수료
② 국제선 항공권 판매에 따른 수익
③ 기획여행상품에 따른 수익
④ 국외에서의 임의여행 판매에 따른 수수료
⑤ 국외 호텔의 이용에 따른 송객 수수료
⑥ 국외여행자의 쇼핑 알선에 따른 수수료
⑦ 타 여행업의 기획상품 판매에 따른 수수료 등

(3) 국내여행(Domestic) 업무

국내를 여행하는 내국인을 대상으로 하는 여행업을 말하며, 국내여행 표준약관에 의한 여행의 종류와 정의는 다음과 같다.

① 희망여행: 여행자가 희망하는 여행조건에 따라 여행업자가 실시하는 여행
② 일반모집여행: 여행업자가 수립한 여행조건에 따라 여행자를 모집하여 실시하는 여행
③ 위탁모집여행: 여행업자가 만든 모집여행상품의 여행자가 모집을 타 여행업체에 위탁하는 여행

5) 여행사의 종류

(1) 패키지 회사(홀세일러 여행사)(종합여행업)

일반적으로 말하는 여행사로, 항공사에 정기적인 항공좌석을 확보하고 현지 호텔을 정해놓고 고객들이 선호하는 상품들을 주력으로 항공+호텔+차량+가이드 등으로 만들어놓은 패키지 상품을 광고를 통해 모객을 하여 행사를 진행하는 여행사이다. 이 회사 종류에는 신문광고나 전단지로 일반 고객에게 직접 홍보를 하여 직접 모객하는 회사가 있으며(노랑풍선, 롯데관광, 레드캡, 한진관광 등), 이런 회사는 보통 큰 기업이나 회사와 계약을 하여 일정한 고객이 확보되어 있다.

다른 종류는 TV나 각종 매체를 홍보에 적극적으로 활용하면서 패키지 회사를 상품화하고 각 지역에 대리점 형태로 지점을 만들어놓고 고객을 모객하는 형식인데, 하나투어나 모두투어 등이 있다.

(2) 항공여행사(항공발권 전문)

일반적으로 항공이란 말이 들어가면 항공 티켓을 직접 예약·발권할 수 있는 회사를 말한다. 많이 이용하는 비행기 좌석을 미리 단체로 확보하여 일반 고객들에게 개인 비용보다 싸게 판매를 한다.

(3) 일반여행사(국내외 여행업)

일반 여행사는 일반 고객도 받지만 그 분업이 다양하다. 예를 들어 국내만 여행하는 국내

주말여행과 기차여행이 있고, 해외여행에는 해외 박람회 일반 가족 패키지 등이 있다.

(4) 온라인 여행사(OTA)

정보・통신・기술의 발달에 따라 일반 여행사와 기능과 역할을 차이가 없으나 제공하는 모든 서비스를 오프라인이 아닌 온라인 플랫폼을 통해 제공하는 여행업의 형태이다. 기존 여행사는 패키지 여행처럼 일정 전반에 대한 스케줄을 조정하면서 수익을 창출했다면 온라인 여행사(OTA)는 숙박업소・항공권・렌터카 예약을 대리하고, 기타 여행 서비스 제공하며, 이에 대한 수수료를 받는다. 한국을 포함한 글로벌 OTA 시장은 익스피디아 그룹과 부킹홀딩스(프라이스라인) 그룹이 지배적이다.

6) 여행업의 설립과 발전

(1) 여행의 시대

① 인류: 고대문명을 발전시키면서 잉여 생산물의 바탕 위에서 특권 계층을 중심으로 여행 활동을 시작하였다.

② 그리스인: 기원전 776년에 처음으로 개최되었던 올림픽 경기는 비노동적 관점, 즉 여가 활동 측면에서 많은 사람들을 집합시키는 역할을 수행하였다. 이들의 이동은 생존을 위한 이동이 아니라 바로 순수한 동기의 여행이었던 것이다.

③ 로마 시대: 로마인들은 다양한 형태의 여행을 하였다. 특히 도로망이 거의 완벽하게 갖추어져 마차를 이용한 이동이 매우 활발하게 이루어졌다.

④ 중세 후기: 여행의 역사는 새로운 변화를 맞이하였고, 모험적 여행가 마르코 폴로는 1271년 실크로드를 통해 몽고를 방문하고 돌아와 『동방견문록』을 저술했다.

이 밖에 중세 유럽은 로마교황을 중심으로 종교관광이 이루어졌다.

(2) 대여행의 시대

① 14세기: 이탈리아에서 시작된 르네상스 운동은 오랜 암흑기의 유럽에 새로운 변화를 가져 왔다. 고대 그리스와 로마의 문화가 다시 부활되었을 뿐만 아니라 새로운 변화가 창조되었다.

② 17~18세기: 영국・프랑스・독일 등에서는 귀족과 학자 계급을 중심으로 대여행(grand

tour)이 활발하게 이루어졌다. 대여행은 이탈리아를 주 목적지로 하여 문화의 중심지를 1년이 넘는 기간 동안 돌아보는 교육목적의 여행이었다. 이 시대의 여행은 특정 계급에 한정된 활동이었으며, 일반 대중에게 확산되지 못하는 한계를 지니고 있었다.

(3) 관광의 시대

① 산업혁명(18세기 후반): 단지 기계기술의 혁명뿐만 아니라 사회제도 전반에 변화를 가져왔다. 특히 기계공업의 발달은 교통기술에도 큰 변화를 가져 왔다.

② 1822년: 관광관련 사업으로 영국의 로버트 스마트사가 증기기선 승객들의 편의를 위해 예약업무를 수행하기 시작했다.

③ 1841년: 토마스 쿡(T. Cook)은 철도를 이용하여 특별여행상품을 기획하여 대성공을 거두었다. 이는 역사상 첫 번째의 패키지 여행상품이었다.

(4) 대중관광의 시대

① 산업혁명(18세기 후반)으로 시작된 대변혁의 물결은 순조롭게 진행되지 못하고 전쟁으로 이어졌다. 전쟁의 역사가 끝나면서 세계는 새로운 시대를 맞게 되었다. 기계와 동력기술이 제1차 · 제2차 세계대전 이후에 크게 발전하였다. 그 대표적인 예가 항공기술의 발달이다. 항공기술의 발달은 소위 지구촌 시대의 개막에 결정적인 역할을 하였다.

② 관광산업: 관광행동뿐만 아니라 관광 서비스 및 영향 요소로서 구성되는 종합 현상이 체계를 보여주고 있다. 이는 불특정 다수의 사람들이 참여하는 대중관광의 시대가 도래하였음을 의미하는 것이다.

(5) 4차산업의 시대

① 정보 · 통신의 발달, IT기술을 통한 온라인 여행사의 증가와 VR 시대의 도래에 따른 일일생활권 관광 시대의 도래

② OTA의 여행시장 점유율 확대, FIT 여행객의 지속적 증가

③ VR을 통한 여행검색, 예약 서비스, 관광명소 사전체험 등 기술 발전과 빅데이터를 활용한 맞춤 여행 시대

표 4-3 **한국 여행업의 발달과정**

연도	여행업구분	제도	내용
1914년			• 교통공사 조선지부의 한반도와 중국대륙 침략에 필요한 여행업무 제공
1945년			• 조선여행사(한국인이 운영했던 최초의 여행사)
1950년			• 국내 여행업의 효시 서울교통공사 설립
1960년대	일반 / 국내여행알선업	등록제	• 수많은 여행사 설립으로 여행업이 민간기업으로 탄생되는 토대 마련(세방여행, KTB〈공사〉) • 1961년 관광사업진흥법 신설
1970년대 중반	국제여행알선 여행대리점업	허가제	• 석유파동으로 인해 경제불황 지속, 폐업 속출 • 1971년 관광사업진흥법 개정
1980년대			• 여행업의 성장기, 중동건설 붐으로 건설업계의 여행업계 지출 증가
1982년 7월	국제여행 / 국내여행알선업	등록제	• 해외여행 자유화의 단계적 조치로 대학생 단기 해외연수 허가 • 관광사업법 제정(1975년): 기능분화 추진
1983년 1월			• 해외여행 예치금제도 시행, 만 50세 이상의 해외여행 자유화
1987년	일반 / 국외 / 국내여행업	등록제	• 「관광진흥법」 제정(1986년), 여행업을 세 가지 분류로 전문화 추진
1989년 1월			• 전 국민의 해외여행 자유화 • 여행업 개업을 허가제에서 등록제로 전환
1993년	일반 / 국외 / 국내여행업	등록제	• 기존 여행사의 영업방식 전환(인터넷 여행사) • 「관광진흥법」 개정: 기획여행신고제 실시 • 영업보증금 예치 및 보증보험 또는 여행공제회 가입 • 연락사무소(랜드오퍼레이터) 신고조항 신설 • 정부와 여행사 유통질서 및 업계 구조조정 현실화 • 소비자 보호관련 조치 강화, 가격경쟁으로부터 품질과 서비스 경쟁 전환 요구, 기능분화 추진
1999~2000년대			• 여행계약서 교부 및 설명의무 폐지 • 약관의 신고, 게시의무, 연락사무소 조항 폐지 • 규제조항 폐지 및 완화, 서비스품질 향상과 소비자보호 • 2001년 한국관광의 해와 2002년 월드컵의 파급효과로 외래관광객 유치 • 2002년 이후 대형 여행사 등장, 다양한 상품의 제공, 인터넷을 통한 여행정보 콘텐츠 제공, 원유가 상승, 환율변동, 기후변화, SARS, 각종 테러, 미국발 경제위기, 신종플루 등의 악재로 관광사업 위축

2022년 위드 코로나 이후 예상	종합 / 국내외 / 국내	제한적 등록제	• 여행수배업(랜드사) 관련조항 신설 • 국외여행을 국내외 여행으로, 기획여행(정의를 변경)에 국내외 여행 포함 • 온라인 여행 플랫폼 • 위드 코로나 시대 여행업계 재편성 • OTA의 시장 영향력 확대 • 4차산업 신기술을 접목한 여행업 • 자본금의 하향으로 여행사업 활성화 • 스마트 관광사업의 시작

7) 여행업의 통계

여행업의 통계는 다음과 같다.

표 4-4 **관광수입**

연도	계(US$백만)	성장률(%)
2015년	14,675	−15.3%
2016년	16,753	14.2%
2017년	13,263	−20.8%
2018년	18,461	39.2%
2019년	20,744	12.4%
2020년	10,181	−50.9%
2021년	10,622	4.3%
2022년	12,240	15.2%
2023년	15,111	23.5%

표 4-5 **관광지출**

연도	계(US$백만)	성장률(%)
2015년	21,528	10.6%
2016년	23,688	10%
2017년	27,959	18%
2018년	31,527	12.8%
2019년	28,260	−7.2%
2023년	24,970	39.1

표 4-6 **국민 해외관광객 수**

외래관광객	2015년	2016년	2017년	2018년	2019년	2023년
인원(계) / (천명)	19,310	22,383	26,496	28,696	28,714	22,716

주: • 2019년 12월 2,400만 명 돌파.
 • 2021년 코로나펜데믹 시장의 통계는 의미 없음으로 통계 수치 미기재.

8) 여행업의 등록(법제처)

(1) 등록

① 사업계획서

② 신청인(법인의 경우에는 대표자 및 임원)의 성명 및 주민등록번호를 기재한 서류

③ 부동산의 소유권 또는 사용권을 증명하는 서류

④ 「외국인투자촉진법」에 따른 외국인 투자를 증명하는 서류(외국인투자기업만 해당한다)

⑤ 법인 등기사항증명서(법인만 해당한다)

⑥ 부동산등기부 등본

여행업 및 국제회의기획업의 등록을 하려는 자는 상기 사항의 서류 외에 공인회계사 또는 세무사가 확인한 등록신청 당시의 대차대조표(개인의 경우에는 영업용 자산명세서 및 그 증명 서류)를 첨부하여야 한다.

(2) 등록기준

① 종합여행업

ⓐ 자본금(개인의 경우에는 자산평가액): 5천만 원 이상일 것

ⓑ 사무실: 소유권이나 사용권이 있을 것

② 국내외여행업

ⓐ 자본금(개인의 경우에는 자산평가액): 3천만 원 이상일 것

ⓑ 사무실: 소유권이나 사용권이 있을 것

③ 국내여행업

ⓐ 자본금(개인의 경우에는 자산평가액): 1천 500만 원 이상일 것

ⓑ 사무실: 소유권이나 사용권이 있을 것

04. 관광숙박업 · 관광객이용시설업

1) 관광숙박업의 개념 및 특성

(1) 관광숙박업의 개념

관광숙박업이란 관광객을 대상으로 하는 숙박업이다. 숙박업의 사전적인 의미는 "여관이나 호텔 따위와 같이 고객을 숙박시키고 요금을 받는 영업"이다. 즉 여행자들의 숙박에 대한 욕구를 충족시켜주는 사업활동으로 호텔업 · 여관업 등을 말한다. 숙박시설은 여행자에게 수면과 음식에 관계되는 서비스를 제공함으로써 목적지에서 체재를 가능케 하는 시설을 가리키며, 숙박시설에는 호텔 · 모텔 · 여관 · 펜션 · 휴양콘도미니엄 · 민박 · 그리고 공적 시설로는 유스호스텔 · 국민숙사 등 다양한 시설이 존재한다. 최근에는 모터 호텔, 호텔 콘도미니엄, 캠프장, 휴가촌과 같은 새로운 숙박관련 시설이 나타나게 되어 전통적으로 하나의 형태를 가진 호텔이 숙박시설의 대표였던 시대로부터 다양한 숙박시설이 존재하는 시대가 되었다.

2015년도부터 호텔 급수는 무궁화 표시에서 EU처럼 스타(★)로 바뀌었다.

그림 4-2 **호텔 급수의 분류**(2015년 1월 1일 이전, 한국관광협회중앙회)

1급	그린호텔	특2급	특1급	특1급 제주

그림 4-3 **호텔 급수의 분류**(2015년 1월 1일 이후)

5성(특1급)	4성(특2급)	3성(1급)	2성(2급)	1성(3급)

그림 4-4 **호텔 Room Type의 종류**

Suite Room	Kingsize Double Bed	Deluxe Kingsize Bed	Deluxe Twin Bed

Connecting Room	Standard Queen Bed	Standard Double Bed	Twin Bed

등급심사기준

제19조(관광숙박업 등의 등급) ① 문화체육관광부장관은 관광숙박시설 및 야영장 이용자의 편의를 돕고, 관광숙박시설·야영장 및 서비스의 수준을 효율적으로 유지·관리하기 위하여 관광숙박업자 및 야영장업자의 신청을 받아 관광숙박업 및 야영장업에 대한 등급을 정할 수 있다. 다만, 제4조제1항에 따라 호텔업 등록을 한 자 중 대통령령으로 정하는 자는 등급결정을 신청하여야 한다. <개정 2008.2.29, 2014.3.11, 2015.2.3>

② 문화체육관광부장관은 제1항에 따라 관광숙박업 및 야영장업에 대한 등급결정을 하는 경우 유효기간을 정하여 등급을 정할 수 있다. <개정 2014.3.11, 2015.2.3>

③ 문화체육관광부장관은 제1항에 따른 등급결정을 위하여 필요한 경우에는 관계 전문가에게 관광숙박업 및 야영장업의 시설 및 운영 실태에 관한 조사를 의뢰할 수 있다. <신설 2014.3.11, 2015.2.3>

④ 문화체육관광부장관은 제1항에 따른 등급결정 결과에 관한 사항을 공표할 수 있다. <신설 2014.3.11>

⑤ 관광숙박업 및 야영장업 등급의 구분에 관한 사항은 대통령령으로 정하고, 등급결정의 유효기간·신청 시기·절차 및 등급결정 결과 공표 등에 관한 사항은 문화체육관광부령으로 정한다. <신설 2014.3.11, 2015.2.3> [제목개정 2015.2.3]

표 4-7 **한국관광공사 호텔업등급결정사무국 호텔등급결정 기준표**

<table>
<tr><th colspan="2">구분</th><th>1성</th><th>2성</th><th>3성</th><th>4성</th><th>5성</th></tr>
<tr><td rowspan="4">평가 기준</td><td>현장평가</td><td>400점</td><td>400점</td><td>500점</td><td>585점</td><td>700점</td></tr>
<tr><td>불시평가</td><td>200점</td><td>200점</td><td>200점</td><td>-</td><td>-</td></tr>
<tr><td>암행평가</td><td>-</td><td>-</td><td>-</td><td>265점</td><td>300점</td></tr>
<tr><td>총 배점</td><td>600점</td><td>600점</td><td>700점</td><td>850점</td><td>1,000점</td></tr>
<tr><td rowspan="3">결정 기준</td><td>등급별 기준</td><td>평가점수가 총 배점의 50% 이상</td><td>평가점수가 총 배점의 60% 이상</td><td>평가점수가 총 배점의 70% 이상</td><td>평가점수가 총 배점의 80% 이상</td><td>평가점수가 총 배점의 90% 이상</td></tr>
<tr><td rowspan="2">공통 기준</td><td colspan="5">1. 호텔업 등급평가기준에 따른 등급별 등급평가기준 상의 필수 항목을 충족할 것</td></tr>
<tr><td colspan="5">2. 제11조(안전관련 법규 준수 여부 확인) 1항에 따른 점검 또는 검사가 유효할 것</td></tr>
</table>

(2) 관광숙박업의 특성

① 인적 서비스에 대한 의존성: 타 기업에 비하여 인적 자원에 대한 의존도가 크다.

② 부문 간 협동체제의 긴밀성: 호텔기업의 운영에 있어서 특성은 각 부서 간의 긴밀한 협동

③ 연중무휴 영업

④ 계절성: 호텔기업은 계절적 영향으로 성수기와 비수기의 수입격차가 심하다.

⑤ 시설 조기노후화: 호텔은 시설 자체가 하나의 제품으로서 고객에게 소구되어야 하기 때문에 결과적으로 노후화가 빠르다.

⑥ 공공장소 유지: 비생산적 공공장소를 필연적으로 마련해야 하는 단점이 있는데, 그 대표적인 예가 로비 등의 공공장소이다.

⑦ 고정자산 과다: 호텔 기업은 건물과 시설 자체가 하나의 상품으로 간주되기 때문에 고정자산의 점유율이 80~90%나 된다.

⑧ 비저장성과 비전매성 상품: 호텔의 제품은 저장이 곤란하다. 호텔 제품의 생산과 소비는 거의 동시에 이루어지므로 그날 생산된 객실상품은 그날 소비되어야 하며, 당일 판매하지 못한 상품은 자정이 지나면 그 가치가 소멸되고 만다.

(3) 관광진흥법 상의 숙박시설[1]

관광숙박업은 호텔업과 휴양콘도미니엄업으로 구분되며, 호텔업은 관광호텔업 수상관광호텔업, 한국전통호텔업, 가족호텔업, 호스텔업, 소형호텔업, 의료관광호텔업으로 구분된다.

가) 관광호텔업

① 관광호텔업: 관광객의 숙박에 적합한 시설을 갖추어 관광객에게 이용하게 하고 숙박에 딸린 음식·운동·오락·휴양·공연 또는 연수에 적합한 시설 등을 함께 갖추어 관광객에게 이용하게 하는 업

② 수상관광호텔업: 수상에 구조물 또는 선박을 고정하거나 매어놓고 관광객의 숙박에 적합한 시설을 갖추거나 부대시설을 함께 갖추어 관광객에게 이용하게 하는 업

③ 한국전통호텔업: 한국 전통의 건축물에 관광객의 숙박에 적합한 시설을 갖추거나 부대시설을 함께 갖추어 관광객에게 이용하게 하는 업

④ 가족호텔업: 가족단위 관광객의 숙박에 적합한 시설 및 취사도구를 갖추어 관광객에게 이용하게 하거나 숙박에 딸린 음식·운동·휴양 또는 연수에 적합한 시설을 함께 갖추어 관광객에게 이용하게 하는 업

⑤ 호스텔업: 배낭여행객 등 개별 관광객의 숙박에 적합한 시설로서 샤워장, 취사장 등의 편의시설과 외국인 및 내국인 관광객을 위한 문화·정보 교류시설 등을 함께 갖추어 이용하게 하는 업

⑥ 소형호텔업: 관광객의 숙박에 적합한 시설을 소규모로 갖추고 숙박에 딸린 음식·운동·휴양 또는 연수에 적합한 시설을 함께 갖추어 관광객에게 이용하게 하는 업

⑦ 의료관광호텔업: 의료관광객의 숙박에 적합한 시설 및 취사도구를 갖추거나 숙박에 딸린 음식·운동 또는 휴양에 적합한 시설을 함께 갖추어 주로 외국인 관광객에게 이용하게 하는 업

---

1 「관광진흥법」 상의 관광숙박업은 2020년 제5차 국가관광전략회의의 결과로 관광숙박업 분류를 개편하기로 하여 호텔업에 해당하는 관광호텔업, 수상관광호텔업, 가족호텔업, 의료관광호텔업, 소형호텔업을 통폐합하고 관광호텔업, 한국전통호텔업 2가지로 개편될 예정이다.

표 4-8 **기타 숙박시설**

숙박시설	비고
Motel과 Moto (Bellr Hotel (모텔이란 자동차여행자를 위한 모터 호텔)	• 1952년 윌슨(Kemmons Wilson)의 'Holiday Inn'이 최초로 설립한 호텔 • 특징 - 건전한 호텔의 인상 - 저렴한 숙박요금 - 편리한 주차시설 - 팁의 불필요(no tips) - 이용과 행동의 자유
버짓 호텔 (budget hotel)	• 모텔과 모터 호텔 사이에 나타난 새로운 경영방식으로 1963년 베커(William Becker)에 의해 시작(1970년대) • 객실 부문 및 호텔의 화려한 고급 서비스 부문의 비용은 최소한으로 줄이고, 이용률은 최대한 높이려는 경제적인 경영방법 • 특징 - 벨맨(bellman or doorman)과 연회장이 없고, 룸 서비스를 하지 않음 - 전화와 텔레비전 이용에 추가요금을 붙인다. - 로비 등 공공장소의 규모를 최대한 줄인다.
보텔(botel)	• 보트(boat)를 이용하여 여행하는 사람들이 이용하는 호텔
요텔(yachtel)	• 호반 · 해변 · 강변에 위치하고, 요트를 즐기는 여행자를 위해 만들어짐
빵숑(pension)	• 유럽에서 볼 수 있는 여인숙 같은 숙박시설 • 특징 - 부대시설이 매우 단조롭고 숙박요금이 호텔에 비해 훨씬 저렴함 - 규모가 작지만 가족적인 분위기, 저렴한 가격으로 고객을 유치
콘도미니엄 (condominium)	• 공동주택이나 혹은 개인주택으로 개인에 의해 소유하고 있으나 경영관리와 서비스의 단위는 공동의 한 부분으로 제공됨
유스호스텔 (youth hostel)	• 유스호스텔은 넓은 의미로 Social Tourism의 한 분야로 청소년들의 많은 여행을 흡수시키기 위한 제도의 시설 • 특징 - 인종 · 종교 · 언어의 구별이 없다. - 저가의 통일요금제도 - 젊은이에게 우선권 부여 - 회원증제도 - Self-service제도 - 교육의 연장 - 애국심 · 애향심의 고취
로텔(rotel)	• 1966년 독일의 슈투트가르트에서 최초로 출현(교통과 숙박을 겸한 버스)
캠핑카(camper)	• 차량에 숙박시설을 연결한 컨테이너를 이용하여 여행 중 차내에 숙박이 가능하게 연결한 소형 밴 형식이나 차에 연결하여 이동하는 캠핑카의 형식
게스트하우스 (Guest house)	• 외부 손님, 방문객이 머무를 수 있도록 하는 집으로 비교적 저렴한 가격으로 부엌, 화장실, 샤워실 등이 공용시설로 된 숙박시설

나) 휴양콘도미니엄업

관광객의 숙박과 취사에 적합한 시설을 갖추어 이를 그 시설의 회원이나 공유자, 그 밖의 관광객에게 제공하거나 숙박에 딸리는 음식·운동·오락·휴양·공연 또는 연수에 적합한 시설 등을 함께 갖추어 이를 이용하게 하는 업

2) 관광숙박업의 역사와 발전

숙박업은 인류가 이동하기 시작하면서 발생되었다고 할 수 있다. 인류의 이동은 생존을 위한 필수적인 행위로 인간이 정착지를 정하기까지의 이동행위는 원시적인 형태로서 주로 생활필수물자 획득이라고 하는 생명의 보존 및 종족 유지를 위한 이동이었다. 그러나 농경사회와 더불어 정착(定着)이라는 새로운 사회현상이 시작되었고, 부족한 생활필수품을 확보하기 위하여 물물교환이라는 상거래 형태가 개발되었다. 이러한 과정에서 여행이라고 하는 생활 양태가 자연스럽게 나타나게 되었다. 여행과정에서 숙박시설이 등장하는 것은 극히 당연한 일이었다. 이러한 사실은 동·서양의 고대문헌에서도 엿볼 수 있는데, 동양에서는 중국 고전인 『주역』에서 관광(觀光)이라는 용어가 나타나고, 서양에서는 『성서』와 호머의 '일리아드'나 '오디세이'에서도 기록이 남아 있다.

숙박시설의 역사는 인간의 이동 및 사회활동과 같이하여 발전하게 되었다. 기원전의 숙박시설로는 고개의 이집트나 그리스 시대에 이미 상인들을 위한 캐러번(caravan)이 있었고, 여행객들을 대상으로 하는 캐러번서리(caravanserrai)가 발생하여 숙박행위가 이루어지게 되었다. 바꾸어 말하면 여행 및 관광의 왕래 현상은 교통의 발달과 소득의 증가, 그리고 여가 형태의 변화로 인하여 추진되었고, 그 결과로서 숙박시설의 등장이 요구되었던 것이다.

현대관광은 일찍이 역사 속에서 그 특징이 형성되어서 오늘의 인류는 여행하면서(travelling) 자고(lodging), 먹고(eating), 즐긴다(entertaining)는 총체적인 관광의 개념 속에서 존재하게 되었다. 특히 여행 중에 쉬고 머문다는 것은 여행기간을 연장시키는 계기가 되었고, 관광현상을 확대시키는 결과로 발전하게 되었다.

숙소(Inn) 시대

- 맨션(mansions): 고대 로마 시대에 공용으로 출장가는 관리 또는 여행자가 관청에서 발행하는 증명서를 제시하고 숙박함
- 캐러번서리(caravansary): 고대 동양의 실크로드에 대상들의 숙소로서 광장을 중심으로 많은 숙소가 모여든 형식
- 인(inn): 1096년부터 시작된 십자군 원정을 계기로 성지순례 여행이 성행하였는데, 각지의 교회와 사원들이 숙박시설로서의 기능을 맡았고, 이들 숙소가 독립하여 Inn으로 불렸으며, 이 시대 숙소의 특징은 수면, 음식, 생명, 재산보호, 지역 간 교류 및 성지순례가 주 목적이었음

표 4-9 **세계 숙박업의 역사**

국가	내용
독일	• 1807년 바덴바덴에 설립된 독일 최초의 호텔인 바디쉬 호프(Der Badische Hof) • 1874년 베를린에 설립된 카이제르 호프(Caiser Hof) • 1876년 라인강변에 설립된 프랑크푸르트 호프(Frankfrut Hof) ※Hof: 건물 등에 둘러싸인 장소 또는 광대한 저택(inn에서 hotel로 변천하는 과정에서 과도기적인 명칭으로 쓰였던 호텔)
프랑스	• 1850년 파리에 설립된 프랑스 최초의 그랜드 호텔(Le Grand Hotel) • 1855년 나폴레옹 3세의 창안에 의해 설립된 루브르 호텔(Hotel du Louvre) • 1870년에 설립된 그랜드 내셔날 호텔(Hotel Grand National) • 1880년 세자르 리츠(Cesar Ritz)에 설립된 리츠 호텔(Ritz Hotel)
미국	• 미국 호텔업의 성장요인 - 가격이 저렴하여 대중성, 지불능력이 있는 고객은 누구나 사용 - 여행을 좋아하는 미국인에 의해 교통과 자동차 산업이 발달 • 제1차 황금기(1794~1829): 1794년 City Hotel → 미국 최초의 호텔 • 근대 호텔 출현기(1829~1900): 1829년 트레몬트 하우스(Tremont House) → 근대 호텔산업의 원조 - 지배인제도 채용 - Lobby 구비 - 프랑스 요리 제공 - 최초의 벨맨제도 - 최초의 객실 내 물 사용가능 - 객실 내에서 호출가능 - 최초의 각 객실별 열쇠 및 열쇠를 부착 • 제2차 황금기(1900~1930): 1908년 스타틀러(Statler)에 설립된, 스타틀러 호텔(Statler hotel) → 상용호텔의 시초 • 공황기: 전체 호텔의 85% 도산. Chain HTL(체인호텔) 등장, Hotel Chain System 도입: Hilton, Sheraton • 회복기(1940~1950) • 근대기(1950~): 휴양지 호텔, Motel 등장

	• 항공회사의 호텔경영 진출 - 대한항공-제주 · 서귀포 KAL Hotels - Pan America: Intercontinental Hotels - TWA: Hilton International - American 항공-Americana Hotels • 하워드 존슨의 Lodge 경영: 고속도로 레스토랑에 병설 • 메리어트의 다각경영: 외식산업 겸 자동차식당 • 리조트 호텔경영 등 다양화 - 휴양지 호텔: 여름, 해변 / 겨울, 산장 호텔 - 지중해 클럽: 세계 최대의 다목적 관광호텔 회사

표 4-10 **한국 숙박업의 역사 및 발전과정**

시대	내용
초기~ 고려시대	• 삼국사기: 숙박시설에 관한 최초의 기록 • 신라 소지왕 9년 '역관': 관리들이 지방순찰시 숙소로 이용 • 통일신라 장보고 '신라방': 당나라를 찾는 신라인의 숙소 • 고려시대 참역제: 역마를 두고 공무로 왕래하는 관리에게 교통 및 숙박의 편의 제공
조선시대	• 고려시대의 참역제 지속: 전국에 537개의 역 • 새로운 숙박시설인 관: 공무여행자와 관리를 위해 지방관위에 설치 • 하급 숙박시설 원: 점차 제한되어 점(주막)이 발달
개항~ 1950년대	• 19세기 말 서구문물 유입, 외국인 방문 → 전통적 숙박시설의 변화 • 1888년 인천 대불 호텔: 우리나라 최초의 호텔 • 1902년 서울 정동 손탁 호텔: 최초의 근대적 호텔, 처음으로 프랑스요리 제공 • 철도호텔 등장 - 1912년 부산 철도호텔: 최초의 철도호텔 - 1912년 신의주 철도호텔 - 1914년 조선 호텔: 호텔이 처음으로 회의장소로 이용 • 상용호텔 등장 - 1936년 반도 호텔: 최초의 상용호텔 - 이 시기는 우리 국민의 여행이 제한되어 일본인 · 외국인을 위한 시설 • 민영호텔 등장 - 1952년 대원 호텔: 최초의 민영호텔 - 1955년 금수장 호텔: 지금의 소피텔 엠버서더의 전신 - 1959년 MOT가 직영한 호텔(서울반도, 조선, 지방의 8개 호텔 등 10개)
1960년대 이후	• 1960년대 - 1961년 8월 관광사업진흥법: 시설기준이 우수한 호텔을 관광호텔로 지정(메트로 호텔, 아스토리아 호텔, 뉴코리아 호텔, 사보이 호텔, 그랜드 호텔) - 1963년 워커힐: 최초의 휴양지 호텔 - 1965년 서울 PATA 개최: 호텔의 중요성 인식 • 1970년대 - 1970 조선 호텔: 국내에서는 처음으로 자본과 경영을 분리경영 - 1970 관광호텔 등급제도, 관광호텔 지배인 자격시험제도 실시 - 1976 서울 프라자 호텔 - 1978 Hyatt 호텔, 부산 조선비치 호텔, 경주 코오롱 호텔

	– 1979 호텔 신라 개관을 시작으로 1979~1980년 사이에 호텔 롯데, 경주 조선 호텔, 경주 도큐 호텔, 부산 서라벌 호텔, 서울 가든 호텔 등 대형 호텔 개관 • 1980년 이후 – 1983년 Hilton 호텔, 제53차 ASTA 개최 – 1986년 1988년 이후 외국 체인호텔 개관: 스위스 그랜드 호텔, 인터컨티넨탈 호텔, 라마다 호텔, 롯데월드 호텔 등 – 1990년 제주신라가 Resort Hotel로 개관
1990년대 이후	• 1990년대 – 1996년 관광숙박시설지원 등에 대한 한시법 발효의 영향으로 ASEM, 2002 한일 월드컵, 부산 아시안게임 개최를 위해 호텔 등 숙박시설 확충 – 1990년 제주 신라가 Resort Hotel로 개관 – IMF 위기 이후 침체됐던 관광산업이 폭발적으로 성장했으며, 환율로 인한 외래관광객의 증가로 호텔 수익이 개선됨
2000년대 이후	• 2000년대 – 인터콘티넨탈, 메리어트, 제주 롯데, 서울 워커힐, 파크 하얏트, 메이필드 호텔 등 주요 호텔 체인이 국내에 건립됨 – 인천국제공항이 생기면서 수도권을 중심으로 호텔업의 호황을 이룸 – 2009년 호스텔업이 「관광진흥법」에 추가됨 • 2010년대 – 주 5일근무제와 여가시간의 증가로 인해 호텔의 문턱이 낮아짐 – 2012년 외래관광객 2천만 시대를 대비해 관광숙박시설확충 특별법 제정 – 2014년 호텔 등급 구분을 '성'급으로 변경, 불시평가를 시행, 호텔 등급제도를 강화 – 호텔이 단순히 숙박시설에 그치지 않고 복합적인 문화의 시설이 됨 – 가심비, 호캉스 등의 호텔에 대한 인식의 변화가 호텔 수익이 개선됨 • 2020년대 이후 – 주요 호텔 체인의 호텔뿐만 아니라 에어비앤비 등의 공유숙박에 대한 관심 증가 – 호캉스의 목적이 아니라면 캠핑, 게스트하우스 등 숙박을 하나의 즐길거리로 인식 – 여행업의 자회사 호텔업 진출 러쉬(롯데관광개발–제주 하얏트 그랜드 호텔 등) – AI(OTA) 관광사업의 본격적인 시작

3) 관광숙박업의 통계

관광숙박업의 통계는 다음과 같다. 2023년 12월 말 기준으로 관광호텔업의 등록 현황은 전국 1,217개 업체에 138,799실이다. 이를 지역별로 보면 서울 313개 업체에 52,517실, 제주 118개 업체에 15,521실, 경기 122개 업체에 13,595실, 부산 236개 업체에 14,895실, 인천 84개 업체에 10,738실 순으로 등록되어 있다. 등급별로 보면 5성급·특1등급이 72개 업체 28,888실, 4성급·특2등급이 128개 업체 29,388실, 3성급·1등급이 227개 업체 31,388실, 2성급·2등급이 286개 업체 19,756실, 1성급·3등급이 95개 업체 4,836실로 나타나고 있다(한국호텔협회, 2023).

표 4-11 **관광호텔 운영 추이**(2013~2023)

연도	호텔수		객실수	
	업체수(개)	증가율(%)	객실수(실)	증가율(%)
2013	740	8.3%	79,441	6.3%
2014	837	13.1%	92,150	16.0%
2015	907	8.4%	101,726	10.4%
2016	971	7.1%	109,880	8.0%
2017	1,026	5.6%	120,556	9.7%
2018	1,044	1.7%	126,422	4.9%
2019	1,049	0.5%	131,341	3.9%
2020	1,071	-0.2%	133,066	1.7%
2021	1,109	0.4%	139,351	6.3%
2022	1,158	0.5%	137,586	-1.8%
2023	1,217	0.6%	138,799	1.2%

표 4-12 **관광호텔 운영수입 및 외래객 이용 현황**(2015~2019)

연도	객실 숙박객	식음업장 이용객	객실 매출액	식음업장 매출액
2015	16,598,259	40,678,699	1,446,253,465	1,337,842,204
2016	29,410,994	47,478,185	2,236,333,286	1,665,783,298
2017	32,241,594	53,579,085	2,454,187,231	1,717,492,038
2018	40,871,082	50,796,831	2,741,373,418	1,666,084,403
2019	32,322,752	33,488,334	2,010,705,180	1,345,650,714
연도	**객실 이용율**	**판매객실 평균요금**	**객실당 수입**	**외국인숙박객 비율**
2015	59.75%	124,277	74,256	40.57%
2016	64.15%	115,848	74,316	45.58%
2017	60.71%	113,785	69,079	37.38%
2018	62.44%	116,305	72,630	45.50%
2019	67.05%	117,402	78,720	27.62%

자료: 한국호텔업협회 자료를 토대로 저자 작성.

표 4-13 시 · 도별 관광숙박업 등록 현황(2023년 12월 기준)

구분			서울	부산	대구	인천	광주	대전	울산	세종	경기	강원	충북	충남	전북	전남	경북	경남	제주	소계
관광호텔업	5성급 특1급	업체수	26	9	2	6	-	1	1	-	2	4	-	-	-	1	2	0	18	72
		객실수	10,717	2,993	515	3,759	-	171	200	-	1,258	1,329	-	-	-	311	754	0	6,881	28,888
	4성급 특2급	업체수	46	6	4	6	3	1	2	1	15	11	-	-	5	4	4	5	15	128
		객실수	12,760	2,005	535	1,531	420	306	403	281	3,640	2,053	-	-	664	537	1,027	830	2,396	29,388
	3성급 1등급	업체수	80	18	7	9	5	5	5	-	16	14	6	3	4	9	10	10	26	227
		객실수	15,151	2,580	399	1,148	382	470	1,162	-	2,499	1,104	850	536	444	657	774	1,052	2,180	31,388
	2성급 2등급	업체수	66	47	11	32	4	4	4	1	36	7	6	1	8	12	13	24	10	286
		객실수	5,328	3,840	762	2,461	220	199	496	31	2,313	384	448	52	387	603	648	1,102	482	19,756
	1성급 3등급	업체수	24	7	2	25	-	-	1	-	7	1	2	0	1	6	3	10	6	95
		객실수	1,166	279	114	1,322	-	-	44	-	376	35	96	0	65	287	118	498	436	4,836
	등급 없음	업체수	71	149	6	6	3	6	7	-	46	8	3	12	13	12	12	12	43	409
		객실수	7,395	3,198	510	517	205	643	468	-	3,509	683	197	875	832	1,055	666	644	3,146	24,543
	소계	업체수	313	236	32	84	15	17	20	2	122	45	17	16	31	44	44	61	118	1,217
		객실수	52,517	14,895	2,835	10,738	1,227	1,789	2,773	312	13,595	5,588	1,591	1,463	2,392	3,450	3,987	4,126	15,521	138,799
수상관광 호텔업		업체수	-	-	-	-	-	-	-	-	-	-	-	-	-	-	-	-	-	0
		객실수	-	-	-	-	-	-	-	-	-	-	-	-	-	-	-	-	-	0
한국전통 호텔업		업체수	-	-	-	2	-	-	-	-	1	2	-	-	1	2	1	-	1	10
		객실수	-	-	-	74	-	-	-	-	9	18	-	-	20	61	16	-	26	224
가족호텔업		업체수	19	-	-	2	-	1	-	-	15	15	2	4	7	10	3	10	61	149
		객실수	3,025	-	-	462	-	80	-	-	876	985	102	211	2,220	608	150	653	3,965	13,337
호스텔업		업체수	119	-	7	88	-	-	5	-	25	78	7	4	23	317	35	38	168	914
		객실수	3,756	-	129	975	-	-	33	-	895	662	108	26	315	3,476	493	496	4,268	15,632
소형호텔업		업체수	10	-	-	3	-	-	-	-	11	7	-	1	5	2	4	4	5	52
		객실수	256	-	-	69	-	-	-	-	275	170	-	23	102	55	95	94	115	1,254
의료관광 호텔업		업체수	1	-	-	-	-	-	-	-	-	-	-	-	-	-	-	-	-	1
		객실수	40	-	-	-	-	-	-	-	-	-	-	-	-	-	-	-	-	40
소계 (관광호텔업 외)		업체수	149	0	7	95	0	1	5	0	52	102	9	9	36	331	43	52	235	1,126
		객실수	7,077	0	129	1,580	0	80	33	0	2,055	1,835	210	260	2,657	4,200	754	1,243	8,374	30,487
호텔업 합계		업체수	462	236	39	179	15	18	25	2	174	147	26	25	67	375	87	113	353	2,343
		객실수	59,594	14,895	2,964	12,318	1,227	1,869	2,806	312	15,650	7,423	1,801	1,723	5,049	7,650	4,741	5,369	23,895	169,286
휴양 콘도미니엄업		업체수	1	8	-	1	-	-	-	1	20	78	8	16	5	12	16	17	65	248
		객실수	334	1,960	-	184	-	-	-	55	3,430	21,163	2,125	2,892	637	1,659	3,302	2,805	9,351	49,897
총계		업체수	463	244	39	180	15	18	25	3	194	225	34	41	72	387	103	130	418	2,591
		객실수	59,928	16,855	2,964	12,502	1,227	1,869	2,806	367	19,080	28,586	3,926	4,615	5,686	9,309	8,043	8,174	33,246	219,183

자료: 한국호텔협회, 2023.

4) 관광숙박업 등록 기준

구분		상세 내용
호텔업	관광 호텔업	• 욕실이나 샤워시설을 갖춘 객실을 30실 이상 갖추고 있을 것 • 외국인에게 서비스를 제공할 수 있는 체제를 갖추고 있을 것 • 대지 및 건물의 소유권 또는 사용권을 확보하고 있을 것. 다만, 회원을 모집하는 경우에는 소유권을 확보하여야 한다.
	수상관광 호텔업	• 수상관광호텔이 위치하는 수면은 「공유수면 관리 및 매립에 관한 법률」 또는 「하천법」에 따라 관리청으로부터 점용허가를 받을 것 • 욕실이나 샤워시설을 갖춘 객실이 30실 이상일 것 • 외국인에게 서비스를 제공할 수 있는 체제를 갖추고 있을 것 • 수상오염을 방지하기 위한 오수 저장・처리시설과 폐기물처리시설을 갖추고 있을 것 • 구조물 및 선박의 소유권 또는 사용권을 확보하고 있을 것. 다만, 회원을 모집하는 경우에는 소유권을 확보하여야 한다.
	한국전통 호텔업	• 건축물의 외관은 전통가옥의 형태를 갖추고 있을 것 • 이용자의 불편이 없도록 욕실이나 샤워시설을 갖추고 있을 것 • 외국인에게 서비스를 제공할 수 있는 체제를 갖추고 있을 것 • 대지 및 건물의 소유권 또는 사용권을 확보하고 있을 것. 다만, 회원을 모집하는 경우에는 소유권을 확보하여야 한다.
	가족 호텔업	• 가족단위 관광객이 이용할 수 있는 취사시설이 객실별로 설치되어 있거나 층별로 공동취사장이 설치되어 있을 것 • 욕실이나 샤워시설을 갖춘 객실이 30실 이상일 것 • 객실별 면적이 19제곱미터 이상일 것 • 외국인에게 서비스를 제공할 수 있는 체제를 갖추고 있을 것 • 대지 및 건물의 소유권 또는 사용권을 확보하고 있을 것. 다만, 회원을 모집하는 경우에는 소유권을 확보하여야 한다.
	소형 호텔업	• 욕실이나 샤워시설을 갖춘 객실을 20실 이상 30실 미만으로 갖추고 있을 것 • 부대시설의 면적 합계가 건축 연면적의 50퍼센트 이하일 것 • 두 종류 이상의 부대시설을 갖출 것. 다만, 「식품위생법 시행령」 제21조 제8호 다목에 따른 단란주점영업, 같은 호 라목에 따른 유흥주점영업 및 「사행행위 등 규제 및 처벌 특례법」 제2조 제1호에 따른 사행행위를 위한 시설은 둘 수 없다. • 조식 제공, 외국어 구사인력 고용 등 외국인에게 서비스를 제공할 수 있는 체제를 갖추고 있을 것 • 대지 및 건물의 소유권 또는 사용권을 확보하고 있을 것. 다만, 회원을 모집하는 경우에는 소유권을 확보하여야 한다.
	호스텔업	• 배낭여행객 등 개별 관광객의 숙박에 적합한 객실을 갖추고 있을 것 • 이용자의 불편이 없도록 화장실, 샤워장, 취사장 등의 편의시설을 갖추고 있을 것. 다만, 이러한 편의시설은 공동으로 이용하게 할 수 있다. • 외국인 및 내국인 관광객에게 서비스를 제공할 수 있는 문화・정보 교류시설을 갖추고 있을 것 • 대지 및 건물의 소유권 또는 사용권을 확보하고 있을 것
		• 의료관광객이 이용할 수 있는 취사시설이 객실별로 설치되어 있거나 층별로 공동취사장이 설치되어 있을 것 • 욕실이나 샤워시설을 갖춘 객실이 20실 이상일 것

	의료관광 호텔업	• 객실별 면적이 19제곱미터 이상일 것 • 「교육환경 보호에 관한 법률」 제9조 제13호 · 제22호 · 제23호 및 제26호에 따른 영업이 이루어지는 시설을 부대시설로 두지 않을 것 • 의료관광객의 출입이 편리한 체계를 갖추고 있을 것 • 외국어 구사인력 고용 등 외국인에게 서비스를 제공할 수 있는 체제를 갖추고 있을 것 • 의료관광호텔 시설(의료관광호텔의 부대시설로 「의료법」 제3조 제1항에 따른 의료기관을 설치할 경우에는 그 의료기관을 제외한 시설을 말한다)은 의료기관 시설과 분리될 것. 이 경우 분리에 관하여 필요한 사항은 문화체육관광부장관이 정하여 고시한다. • 대지 및 건물의 소유권 또는 사용권을 확보하고 있을 것 • 의료관광호텔업을 등록하려는 자가 다음의 구분에 따른 요건을 충족하는 외국인 환자 유치 의료기관의 개설자 또는 유치업자일 것
휴양 콘도 미디엄	객실	• 같은 단지 안에 객실이 30실 이상일 것. 다만, 2016년 7월 1일부터 2018년 6월 30일까지 제3조 제1항에 따라 등록 신청하는 경우에는 20실 이상으로 한다. • 관광객의 취사 · 체류 및 숙박에 필요한 설비를 갖추고 있을 것
	매점	• 매점이나 간이매장이 있을 것. 다만, 여러 개의 동으로 단지를 구성할 경우에는 공동으로 설치할 수 있다.
	문화체육 공간	• 공연장 · 전시관 · 미술관 · 박물관 · 수영장 · 테니스장 · 축구장 · 농구장, 그 밖에 관광객이 이용하기 적합한 문화체육공간을 1개소 이상 갖출 것. 다만, 수개의 동으로 단지를 구성할 경우에는 공동으로 설치할 수 있으며, 관광지 · 관광단지 또는 종합휴양업의 시설 안에 있는 휴양콘도미니엄의 경우에는 이를 설치하지 아니할 수 있다.

5) 관광객이용시설업

관광객이용시설업은 관광객을 위하여 음식 · 운동 · 오락 · 휴양 · 문화 · 예술 또는 레저 등에 적합한 시설을 갖추어 이를 관광객에게 이용하게 하며, 「관광진흥법」에 명시된 관광사업의 하나로 관광진흥에 이바지할 수 있다고 인정되는 사업이나 시설 등을 운영하는 사업, 2종류 이상의 시설 및 관광숙박시설 등을 함께 갖추어 회원 또는 그밖에 관광객에게 이용하게 하는 사업을 말한다.

(1) 관광객이용시설업의 특성

구분	상세 내용
서비스 지향성	• 관광시설 기본적 요소에 서비스 요소를 추가해 부가가치 향상
입지 의존성	• 관광객이 관광자원이 있는 곳으로 이동해 입지 의존성 상향 • 기후적 조건, 계절적 요인이 관광사업에 영향을 미치고 입지가 이를 결정짓는 중요한 요인으로 작용
복합성	• 관광사업과 다양한 각종 관련 사업들이 복합으로 형성 • 영리 추구뿐 아니라 공익목적 포함으로 복합적 연계 형성

공익성 및 수익성	• 국가경제나 지역사회 전반에 영향 • 사회기반시설 확충으로 관광객과 주민들의 생활에 기여 • 이윤 추구와 국민 복지적 차원에서의 공익성을 동시에 고려
변동성	• 국내외 다변하는 경제 · 정치환경 등 다양한 환경의 영향을 받음
매체성	• 공간적 매체로서의 역할과 기능적 매체로서의 역할 담당

(2) 관광객 이용시설업의 분류

관광객이용시설업은 전문휴양업, 종합휴양업, 야영장업, 관광유람선업, 관광공연장업, 외국인관광 도시민박업, 한옥체험업 총 7개로 규정하고 있으며 세부적으로는 「관광진흥법 시행령」 제2조 제3항에 규정되어 있다. 아래 내용은 법률상의 내용을 요약 · 정리한 규정이다.

(1) 전문휴양업: 관광객의 휴양이나 여가 선용을 위하여 숙박업 시설이나 휴게음식점영업, 일반음식점영업 또는 제과점영업 등의 음식점시설을 갖추고 전문휴양시중 한 종류의 시설을 갖추어 관광객에게 이용하게 하는 업

- 전문휴양시설 1종류 이상+관광숙박시설 or 음식점시설

(2) 종합휴양업

① 제1종 종합휴양업: 관광객의 휴양이나 여가 선용을 위하여 숙박시설 또는 음식점시설을 갖추고 전문휴양시설 중 두 종류 이상의 시설을 갖추어 관광객에게 이용하게 하는 업이나, 숙박시설 또는 음식점시설을 갖추고 전문휴양시설 중 한 종류 이상의 시설과 종합유원시설업의 시설을 갖추어 관광객에게 이용하게 하는 업

- 전문휴양시설 2종류 이상+관광숙박시설 or 음식점시설
- 전문휴양시설 1종류 이상+종합유원시설업+관광숙박시설 or 음식점시설

② 제2종 종합휴양업: 관광객의 휴양이나 여가 선용을 위하여 관광숙박업의 등록에 필요한 시설과 제1종 종합휴양업의 등록에 필요한 전문휴양시설 중 두 종류 이상의 시설 또는 전문휴양시설 중 한 종류 이상의 시설 및 종합유원시설업의 시설을 함께 갖추어 관광객에게 이용하게 하는 업

- 관광숙박시설+전문휴양시설 2종류 이상
- 관광숙박시설+전문휴양시설 1종류 이상+종합유원시설업

(3) 야영장업

① 일반야영장업: 야영장비 등을 설치할 수 있는 공간을 갖추고 야영에 적합한 시설을 함께 갖추어 관광객에게 이용하게 하는 업

② 자동차야영장업: 자동차를 주차하고 그 옆에 야영장비 등을 설치할 수 있는 공간을 갖추고 취사 등에 적합한 시설을 함께 갖추어 자동차를 이용하는 관광객에게 이용하게 하는 업

(4) 관광유람선업

① 일반관광유람선업: 선박을 이용하여 관광객에게 관광을 할 수 있도록 하는 업

② 크루즈업: 순항여객운송사업 or 복합해상여객운송사업의 면허로 숙박시설, 위락시설 등 편의시설을 갖춘 선박을 이용하여 관광객에게 관광을 할 수 있도록 하는 업

(5) 관광공연장업: 관광객을 위하여 적합한 공연시설을 갖추고 공연물을 공연하면서 관광객에게 식사와 주류를 판매하는 업

(6) 외국인관광 도시민박업: 「국토의 계획 및 이용에 관한 법률」 따른 도시지역의 주민이 자신이 거주하고 있는 다음의 어느 하나에 해당하는 주택을 이용하여 외국인 관광객에게 한국의 가정문화를 체험할 수 있도록 적합한 시설을 갖추고 숙식 등을 제공

(7) 한옥체험업: 한옥에 관광객의 숙박 체험에 적합한 시설을 갖추고 관광객에게 이용하게 하거나, 전통 놀이 및 공예 등 전통문화 체험에 적합한 시설을 갖추어 관광객에게 이용하게 하는 업

(3) 전문휴양시설의 종류와 기준

구분	상세 내용
민속촌	• 한국 고유의 건축물(초가집 및 기와집)이 20동 이상으로서 각 건물에는 전래되어 온 생활도구가 갖추어져 있거나 한국 또는 외국의 고유문화를 소개할 수 있는 축소된 건축물 모형 50점 이상이 적정한 장소에 배치되어 있을 것
해수욕장	• 수영을 하기에 적합한 조건을 갖춘 해변이 있을 것 • 수용인원에 적합한 간이목욕시설 · 탈의장이 있을 것 • 인명구조용 구명보트 · 감시탑 및 응급처리시 설비 등의 시설이 있을 것 • 담수욕장을 갖추고 있을 것 • 인명구조원을 배치하고 있을 것
수렵장	• 「야생생물 보호 및 관리에 관한 법률」에 따른 시설을 갖추고 있을 것
동물원	• 「박물관 및 미술관 진흥법 시행령」 별표 2에 따른 시설을 갖추고 있을 것
식물원	• 「박물관 및 미술관 진흥법 시행령」 별표 2에 따른 시설을 갖추고 있을 것 • 온실면적은 2,000제곱미터 이상일 것 • 식물종류는 1,000종 이상일 것
수족관	• 「박물관 및 미술관 진흥법 시행령」 별표 2에 따른 시설을 갖추고 있을 것 • 건축연면적은 2,000제곱미터 이상일 것 • 어종(어류가 아닌 것은 제외한다)은 100종 이상일 것
온천장	• 온천수를 이용한 대중목욕시설이 있을 것 • 정구장 · 탁구장 · 볼링장 · 활터 · 미니골프장 · 배드민턴장 · 롤러스케이트장 · 보트장 등의 레크리에이션 시설 중 두 종류 이상의 시설을 갖추거나 제2조 제5호에 따른 유원시설업 시설이 있을 것
동굴자원	• 관광객이 관람할 수 있는 천연동굴이 있고 편리하게 관람할 수 있는 시설이 있을 것

수영장	•「체육시설의 설치·이용에 관한 법률」에 따른 신고 체육시설업 중 수영장시설을 갖추고 있을 것
농어촌휴양시설	•「농어촌정비법」에 따른 농어촌 관광휴양단지 또는 관광농원의 시설을 갖추고 있을 것 • 관광객의 관람이나 휴식에 이용될 수 있는 특용작물·나무 등을 재배하거나 어류·희귀동물 등을 기르고 있을 것 • 재배지 또는 양육장의 면적은 2천제곱미터 이상일 것
활공장	• 활공을 할 수 있는 장소(이륙장 및 착륙장)가 있을 것 • 인명구조원을 배치하고 응급처리를 할 수 있는 설비를 갖추고 있을 것 • 행글라이더·패러글라이더·열기구 또는 초경량 비행기 등 두 종류 이상의 관광비행사업용 활공장비를 갖추고 있을 것
등록 및 신고 체육시설	•「체육시설의 설치·이용에 관한 법률」에 따른 스키장·요트장·골프장·조정장·카누장·빙상장·자동차경주장·승마장 또는 종합체육시설 등 9종의 등록 및 신고 체육시설업에 해당되는 체육시설을 갖추고 있을 것
산림휴양시설	•「산림문화·휴양에 관한 법률」에 따른 자연휴양림, 치유의 숲 또는「수목원·정원의 조성 및 진흥에 관한 법률」에 따른 수목원의 시설을 갖추고 있을 것
박물관	•「박물관 및 미술관 진흥법 시행령」 별표 2 제2호 가목에 따른 종합박물관 또는 전문박물관의 시설을 갖추고 있을 것
미술관	•「박물관 및 미술관 진흥법 시행령」 별표 2 제2호 가목에 따른 미술관의 시설을 갖추고 있을 것

(4) 관광객이용시설업 현황

관광객이용시설업은 관광객을 위하여 운동, 오락, 음식 또는 휴양 등에 적합한 시설을 갖추어 관광객에게 이용하게 하는 업으로「관광진흥법 시행령」 제2조에 따라 전문휴양업, 종합휴양업, 야영장업, 관광유람선업, 관광공연장업, 외국인관광 도시민박업 등으로 구분되어 있다. 2019년 말 기준 관광객이용시설업의 등록 현황을 보면 전문휴양업 98개, 종합휴양업 27개, 야영장업은 2,356개 업체이며, 관광유람선업 39개, 관광공연장업 9개 등 총 4,577개 업체이다. 시·도별 관광객 이용시설업의 등록 현황은 다음과 같다.

표 4-14 **관광이용객시설업 일반 현황**

구분	전문휴양업 (2019)	종합휴양업 (2019)	야영장업 (2022)	관광유람선업 (2023)	관광공연장업 (2024)	외국인관광 도시민박업 (2023)
서울	–	2	13	1	437	3,010
부산	1	1	12	2	70	359
대구	–	1	19	0	62	64
인천	1	–	90	3	49	163

광주	–	–	5	0	40	83
대전	1	1	10	0	66	30
울산	–	–	24	0	26	31
세종	–	–	6	0	4	5
경기	13	4	678	0	189	265
강원	8	8	588	3	56	243
충북	5	1	200	0	30	18
충남	5	2	237	2	50	25
전북	4	1	135	6	70	739
전남	4	1	158	5	68	106
경북	11	1	348	1	71	124
경남	2	1	288	10	91	120
제주	43	3	49	8	34	0
계	98	27	2,860	41	1,413	5,385

전문휴양업은 1987년에 신설하여 관광객의 휴양이나 여가선용을 위해 숙박 또는 음식점 시설과 함께 위의 15개 종의 전문휴양시설 중 1종류 이상의 시설을 갖추고 관광객이 이용토록 하는 관광사업으로 민간자본에 의해 다양한 시설들이 개발되고 있다. 2019년 기준 98개 업체가 등록 운영 중에 있다. 종합휴양업은 숙박 또는 음식점시설을 갖추고 전문휴양시설 또는 종합유원시설업 시설 중 2종류 이상의 시설을 갖춘 제1종 종합휴양업과 관광숙박시설과 제1종 종합휴양업 시설을 함께 갖춘 제2종 종합휴양업으로 구분되며, 2019년 말 기준 27개 업체가 등록 운영 중에 있다.

표 4-15 **전문 · 종합휴양업 시설 현황**(2019년 기준)

구분	제1종 종합휴양업	제2종 종합휴양업	전문휴양업
서울	롯데월드, (주)한화호텔앤드리조트		
부산	(주)신세계센텀		(주)멀린엔터테인먼트코리아
대구	(주)스파밸리		
인천			(주)신태진
대전	대전오월드		(주)신라애니멀그룹(대전아쿠아리움)

경기	(주)웅진플레이도시, 조원관광진흥(한국민속촌), 삼성물산(주), GA코리아		(주)오아시스씨앤씨, 종이미술관, 돌석도예박물관, 테르메덴, (주)동승골프앤리조트, 덕평공룡수목원, 장흥자생수목원, 신북리조트, (주)아리지, (주)서울랜드, 퍼스트가든, 율암온천, (주)이천설봉온천
강원	(주)남이섬, 한화호텔앤드리조트, 비발디파크, 인제 스피디움, 엘리시안 강촌, 웰리힐리파크	용평호텔앤리조트, 휘닉스 중앙	제이드가든, (주)경포아쿠아리움, (주)타임뮤지엄, 소노펠리체 컨트리클럽, 고려궁, 강원도산림과학연구원, (주)솔로몬, 삼탄아트마인, 알프스리조트
충북	(주)상수허브랜드		(주)시그너스컨트리클럽, 킹스데일골프클럽, 임페리얼레이크컨트리클럽, (주)청송개발, 젠스필드CC
충남		천안상록리조트, 소노벨 천안	오션수영장, 아산스파비스, (주)파라디아스도고지점, 그림 같은 수목원, 덕산싸이판온천
전북		(주)무주덕유산리조트	힐조타운관광농원, 상록해수욕장, (주)스파라쿠아, (유)제이와이프롬
전남		(주)여수관광레저	송시마을체험장, (주)금호리조트, (주)조아, 광주관광개발(주)
경북	경주월드		신라밀레니엄파크, (주)퍼블릭개발, (주)경주버드파크, 옥산개발주식회사, 소백산풍기온천리조트, 전통문화마을 성보촌, (주)사일온천, 신우개발(주), 북삼관광온천, 오송관광농원, 휴온천
경남	거제도해수온천		삼삼컨트리클럽, 부경동물원
제주	휘닉스제주섭지코지	아덴힐리조트&골프 클럽, 세인트포 골프&리조트	(주)대유산업, 여미지식물원, (주)테디베어뮤지엄, (주)소인국테마파크, (주)삼영관광일출랜드, (주)아프리카박물관, (주)아쿠아랜드, 석부작박물관, 제주민속촌, 세계 성 문화박물관, 제주허브동산, 박물관은 살아있다, 주식회사 마린파크, (주)상효원, (주)제주해양과학관, 헬로키티아일랜드, 더베니스랜드, 제주 부영리조트, 녹지 한라산타운 콘도미니엄, (주)호반호텔&리조트, 건강과 성 박물관, 루체빌리조트, 제주유리박물관, 제주커피박물관바움, 빅토리 힐 리조트, 제주숲속의 뽀로로 테마파크, 제주센트럴파크, (주)한림공원, 마이테르관광, 방림원, 생각하는 정원, 제주러브랜드, 선녀와나무꾼, 제주유리의성, (주)라온랜드, 셰프라인월드, 메이즈랜드, (주)제주뮤지엄컴플렉스, 마레보수영장, 한국폴로컨트리클럽, 라온프라이빗타운, (주)솔트리, 와흘을그리다

(5) 그 외 시설 현황

가) 야영장업

야영장은 단순하게 캠핑장이라고 생각할 수 있다. 「관광진흥법」 상의 야영장업은 "야영에 적합한 시설 및 설비를 갖추고 이를 관광객에게 이용하게 하는 업"이라고 명시되어 있다.

일반 야영장업

야영장비 등을 설치할 수 있는 공간을 갖추고 야영에 적합한 시설을 갖추어 관광객에게 이용하게 하는 업

자동차 야영장업

자동차를 주차하여 그 옆에 야영장비 등을 설치할 수 있는 공간을 갖추고 취사 등에 적합한 시설을 함께 갖추어 자동차를 이용하는 관광객에게 이용하게 하는 업. 이는 빠르게 증가하고 있는 자동차와 이를 이용한 여행자들의 수요에 맞추어 나타난 관광객이용시설업이라 할 수 있다.

노블 캠핑장

자라섬 캐러밴 캠핑장

야영업의 발전 요인 및 현황

2010년대 초반부터 국내 캠핑 열풍이 몰아치며 관련사업 증진 및 안전관리 감독 강화를 위해 2015년 법률적 기준이 마련되었다. 자동차를 이용한 야영활동은 개인의 소득수준의 향상과 여가시간의 증대로 인해 환경친화적 야외활동에 대한 욕구가 증대되었다. 또한 이용수단 측면에서 자동차의 편리성과 신속성을 제공함으로써 자동차 야영활동이 지속적으로 증대한 것이 그 요인이다. (사)캠핑아웃도어진흥원의 통계에 따르면 캠핑시장 규모는 약 2조 원에 이를 것으로 예상되며, 젊은 층의 라이프스타일의 변화가 캠핑산업의 붐을 일으켰고, 앞으로도 캠핑장과 캠핑용품에 대한 수요가 늘어날 것으로 예측하고 있다. 현재 등록된 국내 캠핑장은 공공 야영장 434개, 민간 야영장 1,922개로 2,356개의 다양한 캠핑장이 운영 중에 있으며 주로 경기・강원에 많이 위치해 있다.

표 4-16 **야영장업 등록 현황**(2022년 기준)

구분	합계	공공 야영장	민간 야영장
서울	13	7	6
부산	12	3	9
대구	19	9	10
인천	90	10	80
광주	5	3	2
대전	10	5	5
울산	24	10	14
세종	6	3	3
경기	678	84	594
강원	588	94	494
충북	200	29	171
충남	237	42	195
전북	135	40	95
전남	158	40	118
경북	348	53	295
경남	288	57	231
제주	49	11	38
합계	2,860	500	2,360

자료: 문화체육관광부.

나) 관광유람선업

관광유람선업은 유선사업의 면허를 받거나 신고한 자가 선박을 이용하여 관광객에게 관광을 할 수 있도록 하는 업으로, 2019년 말 기준 39개 업체가 운영 중이다.

코스타크루즈 '세레나호'

하블라니 유람선

표 4-17 **관광유람선업 등록 현황**(2023년 기준)

(단위: 개소)

구분	업체수	구분	업체수
서울	1	강원	3
부산	2	충북	-
대구	-	충남	2
인천	3	전북	6
광주	-	전남	5
대전	-	경북	1
울산	-	경남	10
세종	-	제주	8
경기	-	계	41

자료: 문화체육관광부.

다) 관광공연장업

관광객을 위하여 적합한 공연시설을 갖추고 공연물을 공연하면서 관광객에게 식사와 주류를 판매하는 업으로, 관광호텔의 부대시설로 운영 중인 대형 공연장(유흥주점)을 관광사업자로 수용하여 전통 공연을 활성화하고 단체 관광객을 유치하기 위해 1999년 5월 신설한 업종이다. 2019년 말 기준 전국 8개 업체가 등록·운영 중에 있다.

코스타 크루즈 '빅토리아호'

한국 소리문화의 전당

표 4-18 **관광공연장업 등록 현황**(2024년 기준)

(단위: 개소)

구분	업체수	구분	업체수
서울	437	강원	56
부산	70	충북	30
대구	62	충남	50
인천	49	전북	70
광주	40	전남	68
대전	66	경북	71
울산	26	경남	91
세종	4	제주	34
경기	189	계	1,413

자료: 문화체육관광부.

라) 외국인관광 도시민박업(공유숙박): 내국인 도시민박 제도화(2024. 2.)

2011년 12월 관광편의시설업에 신설되었으나 2016년 3월 관광객이용시설업으로 재분류되었다. 도시지역의 주민이 자신이 거주하고 있는 주택(단독주택 · 아파트 · 연립 · 다세대)을 이용하여 외국인 관광객에게 한국의 가정문화를 체험할 수 있도록 적합한 시설을 갖추고 숙식 등을 제공하는 업이다.

2019년 말 기준 전국 2,049개가 등록 · 운영 중에 있으나 최근 도시민박업과 관련해 에어비엔비 등 공유숙박업, 온라인 플랫폼을 통한 등록기준 마련 등 제도화해야 한다는 내용이 제5차 국가관광전략회의에서 제시되었고, 2020년 6월 기준 공유숙박 자문단을 구성해 충분한 검토를 거쳐 「관광진흥법」 개정안에 포함시키겠다는 내용이 언급되었다.

북촌 한옥공간 '곳'

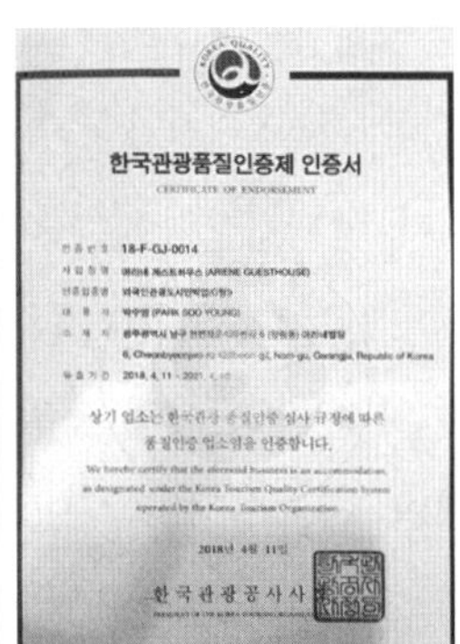

아리네 게스트하우스

표 4-19 **외국인관광 도시민박업 등록 현황**(2023년 9월 30일 기준)

(단위: 개소)

구분	업체수		구분	업체수	
	2023년	2022년		2023년	2022년
서울	1,433	1,150	강원	149	108
부산	183	142	충북	8	5
대구	49	33	충남	17	12
인천	44	36	전북	211	173
광주	26	23	전남	71	58
대전	17	9	경북	78	76
울산	15	14	경남	73	67
세종	–	2	제주	–	–
경기	97	64	계	2,471	1,972

자료: Wehome.

05. 국제회의업(한시법, 특별법)

1) 국제회의업의 개념 및 특성

국제회의란 통상적으로 공인된 단체가 정기적 또는 부정기적으로 주최하며, 3개국 이상의 대표가 참가하는 회의를 말한다. 국제회의란 국제적인 이해에 관한 사항을 논의하기 위하여 국제기구 혹은 국제기구에 가입한 단체 및 국내 단체가 주최·후원하는 국제적인 규모의 회의를 말하며, 3개국 이상의 참가국과 2일 이상의 회의기간이 소요되는 회의를 국제회의라고 할 수 있다. 그러나 국제기구나 국가마다 국제회의에 관한 자료를 집하고 있는 한국관광공사의 기준과 국제회의연합(UIA)의 기준에는 차이점이 있다.

회의 성격은 국가 간의 이해 조정을 위한 교섭회의, 전문학술회의, 참가자 간의 우호 증진이 목적인 친선회의, 국제기구의 사업결정을 위한 정기회의 등 다양하다고 할 수 있다. 회의 개최지의 선정은 일반적으로 각 국가의 유치경쟁과 관례적인 순번에 의해서 결정이 되지만, 정치적·지리적·이유 등도 개최지 선정에 변수로 작용하게 되는 경우도 있다.

(1) 국제회의의 특성

국제회의는 복합성, 경제성과 공익성, 전문성, 시설 서비스 의존성, 타 산업에 미치는 파급효과가 매우 큰 특성을 가지고 있다.

① 국제회의는 복합성을 가지고 있다. 국제회의는 준비 과정이나 운영 등에 있어서 회의 장소 및 시설, 숙박 · 교통 · 쇼핑 · 관광 등 행사 진행에 있어 복합적인 요소가 결합된 하나의 세트(set)이다.

② 국제회의는 경제성과 공익성을 동시에 요구하고 있다. 국제회의를 개최하여 지역 및 국가 발전에 크게 기여하는 측면이 있어 경제적인 이익 창출도 중요하나, 회의참가자들이 각 국가의 엘리트 계층으로서 여론을 주도하는 계층이므로 지역사회와 국가 홍보 및 이미지에도 큰 영향을 주고 있다.

③ 국제회의는 전문성을 요구한다. 국제회의를 성공적으로 수익성을 유도하기 위해서는 조직과 통역 · 연회 · 전시 · 경호 · 영상 등 각 분야별 전문가의 연출이 필요하고, 이를 종합적으로 운영하는 전문 관리자의 필요성이 강조된다.

④ 국제회의는 시설 서비스에 의존한다. 국제회의 개최는 훌륭한 인적 서비스가 존재한다고 하여도 기본적으로 시설 서비스가 완벽하게 갖추어지지 못한 장소 및 지역에서는 국제회의를 개최할 수 없다.

⑤ 국제회의는 타 분야에 미치는 파급효과가 크다. 국제회의 개최는 일정 기간 동안 많은 사람들이 일시에 참석하는 대규모 행사이기 때문에 개최 지역이나 국가에 미치는 경제적 · 사회문화적 · 정치적 · 관광적 측면에서 큰 영향을 미치고 있다.

(2) 국제회의업의 분류

국제회의업은 국제회의시설업과 국제회의 기획업으로 분류된다.

① 국제회의시설업은 대규모 관광수요를 유발하는 국제회의를 개최할 수 있는 시설을 설치 · 운영하는 업을 말한다.

② 국제회의기획업은 대규모 관광수요를 유발하는 국제회의의 계획 · 준비 · 진행 등 필요한 업무를 행사 주관자로부터 위탁받아 대행하는 업을 말한다.

(3) 국제회의업의 종류

가) 국제회의의 형태별 분류

용어	의미
Convention	회의 분야에서 가장 일반적으로 사용되는 용어로서 사전에 결정된 일정에 의해 진행되는 공식적인 회의·전시·이벤트 등을 수반하는 일련의 집회로서 일반적으로 정기적이고 연례적으로 개최되고 많은 관계자들이 참여한다.
Seminar	특정 주제에 관하여 전문가에 의해 행해지는 연수회·강연회나 특정한 주제를 가지고 토론·연구하는 교육 방식을 말하기도 한다.
Meeting	모든 종류의 회의를 총칭하는 포괄적인 용어로서 사전에 결정된 목표나 목적을 달성하기 위하여 동일한 관심을 가진 사람들이 일정한 장소 또는 시청각 시설을 갖춘 곳에서 하는 회의이다.
Workshop	문제해결능력의 일환으로서 참여를 강조하고 소집단(30~35명) 정도의 인원이 특정 문제나 과제에 관하여 새로운 지식·기술·아이디어 등을 교환하는 회의로서 강력한 교육적인 프로그램이다.
Conference	일반적인 관심사의 문제를 논의하기 위한 2명 내지 그 이상의 회합으로서 공식적으로 의견을 상호 교환한다.
Congress	컨벤션과 같은 의미로서, 특히 유럽에서 국제적인 회의를 설명할 때 주로 사용하며, 본 회의와 사교행사 또는 관광행사가 동반되는 큰 행사이다.
Clinic	특정 분야에 있어 특별한 지식과 기술을 배우거나 습득하는 교육적인 모임이거나 구체적인 문제해결 결과분석을 위해 개최되는 집단회의이다.
Fair	축제나 마을 축하행사가 있을 때 많이 쓰인다(5일장의 형태).
Show	극장이나 TV 프로그램의 연주행사
Event	사람들이 모이도록 모임을 개최하여 정해진 목적을 실현시키기 위하여 행해지는 행사
Forum	일정한 주제에 대하여 상반된 견해를 가진 동일분야의 전문가들이 사회자의 주도 하에 청중 앞에서 행하는 공개 토론회로서, 청중이 자유롭게 질의에 참여할 수 있고 사회자가 의견을 종합한다.
Expo	전시 또는 쇼에 출품, 박람회, 견본시를 뜻함. 상품의 물물교환 또는 문화와 정보를 교환하는 장에서 비롯되었으며 전시회나 설명회 등을 의미
Symposium	제시된 안건에 대하여 전문가들이 청중 앞에 벌이는 공개 토론회로서, 포럼에 비하여 다소의 형식을 갖추고 있고 연사나 전문가들은 청중들의 질문에 답변해야 한다.
Panel Discussion	일정한 문제에 관하여 토론집단인 전문 패널의 견해를 차례로 발표하게 하는 전문가집단 회의이다.
Lecture	한 사람의 전문가가 한 주제에 관하여 공식적인 설명과 강의를 하고 청중들의 질문을 받는 회의이다.
Exhibition	무역·산업·교육 분야 또는 상품·서비스 판매업자들을 초청하여 대규모 전시회를 개최하여 제품 및 서비스에 대한 상호 간의 정보를 제공하면서 회의를 수반하는 행사를 말한다.

Trade Show	협회 또는 무역업자·관광업자들이 자사상품을 판매·촉진하기 위하여 일련의 전시관을 구성하여 상품 전시회와 회의를 개최하는 것으로, 여행업자들의 국제행사는 이런 형태를 많이 취하고 있다.
Tele-conferencing	화상회의는 원거리의 서로 다른 지역 간에 통신을 이용하여 회의 참여자가 화면을 통해 서로의 얼굴을 보면서 진행하는 형태의 회의를 말하며, 최근에 와서는 IT산업 정보기술의 진보에 의해 타 지역과의 다원영상회의가 점차 보편화되어 가고 있다. 이러한 화상회의는 원거리 여행의 비용과 시간 등을 소비하지 않고 회의를 할 수 있어 필요한 경비 절감과 직원 이동에 따른 인력 손실을 해소할 수 있다는 장점이 있다.
무역박람회	무역박람회는 교역전이라고도 불리는데, 부스를 이용하여 여러 판매자가 자사의 상품을 전시하는 형태의 행사를 말한다. 전시회와 매우 유사하나 다른 점은 컨벤션의 일부가 아닌 독립된 행사로 열린다는 것이다. 여러 날 지속되는 대형 박람회에는 참가자의 수가 최고 50만 명을 넘는 경우도 있다.
인센티브 관광	인센티브 관광이란 기업에서 주어진 목적이나 목표 달성을 위해 종업원(특히 판매원), 거래상(대리점업자), 거액 구매고객들에게 관광이라는 형태로 동기유발을 시키거나 보상함으로써 생산효율성을 증대하고, 고객을 대상으로 광고효과를 유발하는 하나의 경영도구이다.

나) 회의의 개최조직별 분류

용어	의미
기업회의 (corporate meeting)	기업이 비용을 부담하여 개최하는 회의를 말한다. 기업의 경영전략방침, 마케팅 전략 수립, 판매촉진, 신상품 설명회, 사원의 사기 향상 등을 목적으로 개최하는 각종 회의를 가리킨다.
협회회의 (association meeting)	협회와 관련된 공동 관심사와 운영 전략, 유관협회 회의를 목적으로 개최하는 회의를 말한다. 협회회의는 일반적으로 6개월 또는 몇 년 간격으로 정기적으로 개최되지만, 회원들의 요구 및 필요에 의해 세미나 또는 워크숍 등과 같이 비정기적으로 열리기도 한다. 이러한 협회회의의 주최로는 크게 전문협회·교육회의·우애협회·종교단체·정치단체·노동조합 등을 들 수 있다.
비영리단체회의	비영리 단체인 사회단체 또는 각 재단 등의 연·월차 회의 또는 상호 공동 관심사를 논의하기 위한 목적으로 개최하는 회의를 가리킨다.
정부주관회의	정부 또는 정부 산하조직이 주관하는 회의를 말한다. 정부와 관련된 사회·경제·문화·외교·통일·등에 관한 연·월차 회의와 국가전략 및 국가 간의 상호 공동 관심사에 관한 회의가 이에 속한다.
기타 회의	기업회의나 기타 조직의 회의로 정부기관회의·종교단체회의·정치단체회의·노동조합회의·예술단체회의 등이 있다.

다) 회의 진행 상 분류

회의 진행 상 분류는 국제회의가 이루어지는 과정에서 일어나는 여러 가지 형태의 회의를 다음과 같이 분류한 것이다.

용어	의미
개회식 (opening session)	본회의가 시작되기 전에 공식적으로 개최되며, 개회사를 비롯하여 일정한 형식과 의례가 따른다. 교향악·전통무용 등의 연예행사가 준비된다. 정식 회원은 모두 초청되며, 그들의 수행원이나 정부유관인사·지방유지 등 본회의와 관련이 없는 사람이라도 초청할 수 있다.
총회 (general assembly)	모든 회원들이 참석할 수 있는 회의로서 정관에 따라 개최된다. 제출된 의제에 관하여 모든 회원들은 발표·표결할 권한을 갖는다. 이러한 사항 중에는 정관 수정, 방침 결정 또는 집행위원의 지명·해명 등이 포함된다.
폐회식 (closing session)	이것은 회의를 종결하는 최종 회의로서 회의성과 및 채택될 사항을 예약 보고한다. 이때 폐회사를 하고, 회의주최자에 대하여 감사의 표시를 전하는 것이 관례이다.
기타	커미션(commission), 카운실(council), 커미티(committee), 집행위원회(executive committee), 실무그룹(working group), 버즈그룹(buzz group)이 있다.

라) 회의 개최주기에 따른 분류

용어	의미
정기회의	회의의 회기가 1년·2년·3년·4년·5년 등 다양하며, 비교적 대규모 회의인 경우에는 회의 개최회기의 간격이 길다.
부정기적 회의	주기가 일정치 않으며, 필요에 따라 부정기적으로 개최하는 회의를 말한다.
임시회의	정기회의 또는 부정기적 회의 이외에 긴급을 요하는 특별사안이 발생되었을 경우 임시로 소집·개최되는 회의를 말한다.

마) 회의목적별 분류

용어	의미
정보전달회의	주로 지식이나 정보를 제공하는 데 중점을 두는 회의이다. 정보전달회의를 통해 새로운 정보를 얻을 수 있으며, 다양한 관점에 대한 더 나은 이해를 얻을 수 있다. 정보전달회의의 대표적인 예는 기업의 신상품 소개와 종사원에 대한 교육훈련 등이 있다.
토의회의	광범위한 문제나 특정 문제에 대해 집중적으로 토론하는 데 중점을 둔다. 참가자들 간에 다양한 의견이 상호 교환되어 정해진 안건에 대한 결정이 이루어진다. 토의회의는 문제해결을 위한 수단으로 주로 이용된다.
친목회의	정보 전달이나 특정 문제의 해결을 목적으로 하는 회의와는 달리 회원 간의 유대감이나 친목을 모도하기 위한 것에 중점을 두는 회의이다. 주로 친목단체에서 개최하는데, 회원들은 공통의 관심과 이익을 추구하므로 서로 간의 네트워크 형성에 좋은 기회가 된다.

(4) 국제회의의 개최 효과

국제회의의 개최는 개최국이나 개최지역에 많은 긍정적 영향을 미치게 되는데, 특히 경제적·사회문화적·관광산업적 측면의 파급효과가 매우 크다. 일반적으로 국제회의를 통해 국가홍보 및 이미지 제고 효과를 얻을 수 있다. 대규모 국제회의의 경우 개최국가는 자국을 세계 각국에 알리는 계기로 삼을 수 있으며, 국제회의가 성공적으로 종결되었을 경우 자국의 국가적 위상이 새롭게 부각되어 또 다른 국제회의 유치를 위한 도약의 기회로 삼을 수 있다. 국제회의의 개최 효과를 경제적·사회문화적·정치적·관광산업적 측면에서 살펴보면 〈표 4-20〉과 같다.

표 4-20 **국제회의의 개최 효과**

구분	긍정적 효과	부정적 효과
정치·외교적 측면	• 국가홍보 효과 • 개최국의 이미지 효과 • 평화외교 수립 • 국제지위 향상	• 개최국의 정치이용 • 경제적 부담과 희생
경제적 측면	• 국제수지 개선 • 고용 증대 • 세수입 증대 • 최신 정보기술 입수	• 물가 상승 • 유흥업소의 성행 • 부동산 투기
사회·문화적 측면	• 지역문화의 발전 • 개최국민의 자존심 • 신민의식 향상 • 국제경쟁력 배양 • 국제친선 도모 • 사회기반시설의 발전 • 지방의 국제화	• 각종 범죄지로 사회문제 • 국민생활 불편 • 전통가치관 상실 • 소비문화 조장
관광산업 측면	• 대량의 외래관광객 유치 • 양질의 관광객 유치 • 관광관련 산업의 발전 • 관광진흥 • 비수기 타개책 • 체재일수 연장 • 지역 이미지 재고 • 국제회의전문가 양성	• 인구밀집 현상 • 관광상품의 상업화 • 교통·소음·오염 등의 공해 • 자연환경의 파괴

(5) MICE의 개념

MICE란 1990년대 중반 산업적으로 받아들여진 개념으로 Meeting, Incentive Tour, Convention, Exhibition의 약자이며, MICE 산업이란 말 그대로 회의산업, 인센티브 투어, 컨벤션, 전시회 산업을 칭하는 것이다. 이와 같은 개념으로 발전한 MICE는 국제기관·협회 등 정보교류 및 토론을 목적으로 하는 회의와 비즈니스를 주 타깃으로 기업주최회의를 칭하는 용어로써 불리게 되었다. 서로 성격이 다른 이 산업을 MICE 산업이라고 함께 묶어서 부르는 이유는 모두가 다 국제적인 규모로 이루어지는 동시에, 회의와 전시회 그리고 회의와 컨벤션을 모두 따로 분리해서 진행되는 것이 아니라 모두가 다 종합적으로 동일 시간대에 동일 장소에서 이루어지는 경우가 많아지고 있기 때문이다. 즉 의료관련 국제회의가 열리면서 바로 옆 공간에서 의료관련 전시회가 열리면서 회의의 성과도 높이고 전시회의 참여율도 높이는 긍정적인 효과가 크기 때문이다.

MICE는 Meetings(회의), Incentives Travel(포상여행), Conventions(컨벤션), Exhibitions/Events(전시/이벤트)의 약자로서 다음과 같이 정의하고 있다.

① Meetings: 아이디어 교환, 토론, 정보교환, 사회적 네트워크 형성을 위한 각종 회의
② Incentives Travel: 조직원들의 성과에 대한 보상 및 동기부여를 위한 순수 보상여행 및 보상관광회의
③ Conventions: 아이디어 교환, 토론, 정보교환, 사회적 네트워크 형성을 위한 각종 회의
④ Exhibitions/Events: 유통·무역업자, 소비자, 일반인 등을 대상으로 판매, 홍보, 마케팅 활동을 하는 각종 전시회

표 4-21 **MICE 용어**

용어	내용
Meetings	국제회의
Incentive Tour	포상관광
Convention	컨벤션
Exhibition	국제전시 및 행사
Event	이벤트

2) 우리나라의 국제회의업

(1) 국제회의 유치의 중요성

국제회의 참가자들은 장기간 체재하면서 회의기간 중 또는 그 전후에 국내 관광과 쇼핑 등을 함으로써 일반 관광객에 비해 많은 소비를 하므로 교통·항공·숙박·유흥업 등 관광관련 사업의 발전에도 크게 기여한다. 일반 관광객들의 한국 체재일수는 평균 4박 5일인 데 비해, 국제회의 참가자의 경우 통상 7일 이상 되고, 이에 따른 평균 소비액은 미화 2,488달러로 일반 관광객의 2.8배 이상이 되는 등 국제회의 유치에 따른 경제적 효과는 막대한 것으로 조사되었다.

특히 국제회의는 계절변화의 영향을 적게 받으므로 관광 비수기 타개책으로 활용되고, 관광업계의 마케팅 및 신시장 개척에도 직접 기여할 뿐만 아니라 제반 경제 · 사회 분야의 국제화 및 국위선양에도 이바지한다. 또한 국제회의 참가자는 대부분 해당국의 정치 · 경제 · 과학 · 기술 · 문화 등 관련 분야의 전문가로서 지도적인 위치에 있으므로 홍보효과 및 경제교류 촉진에도 상당한 성과를 거둘 수 있다. 1996년에 「국제회의산업 육성에 관한 법률」이 제정되면서 우리나라의 국제회의산업이 비약적으로 발전하고 있는데, 그에 따라 국제회의업의 역할도 크게 늘어날 것으로 예상된다.

전 세계적으로 국제회의 개최는 매년 증가추세에 있으며, 종전 구미 지역 중심에서 벗어나 점차 아시아 지역에서의 개최지 선정이 활발해지고 있다. 2000년에는 '제3차 아시아 · 유럽 정상회의'(ASEM), 2000년 '제1회 APEC관광장관회의,' 2001년 '세계관광기구'(WTO) 총회, 2002년에는 '월드컵축구대회' 등을 성공적으로 개최하였고, 2003년 '대구 유니버시아드대회,' '2004년 PATA 제주총회,' '2005년 APEC 정상회의,' '2006년 국가올림픽위원회의 연합회'(ANOC) 총회, '2007년 세계폐암학회학술대회,' '제46차 동양 및 동남아 라이온스대회,' '2010 G20 정상회의' 등 대규모 국제행사 역시 성황리에 치러져 우리나라의 국제적 위상 제고 및 아시아 지역 주요 국제회의 개최국으로의 부상하고 있으며, 문화체육관광부는 2006년 5월 '국제회의산업 육성 기본계획'을 수립하여 국제회의산업의 육성을 위한 20대 과제를 도출하고, 2007년 본격적인 과제 시행을 추진하였다.

최근 10년간(1999~2008)의 국제회의 증감률은 2008년 아시아가 85.4%의 성장을 보이면서 아시아 전체 2,402(21.7%)건으로 유럽의 5,864(52,7%)건 다음으로 많은 성장률을 보이고 있고, 아메리카는 1,976(17.8%)건의 순으로 나타났다. UIA(2009)에 따르면 전 세계 국제회의 건수는 총 11,085건으로 최근 10년간 6.2%의 성장률을 보였다. 정부는 2009년 신성장 동력 추진계획(MICE · 관광)을 발표했으며, GDP 대비 MICE 산업 비중 1.5%(2018)를 목표로 향후 5~10년 동안 한국 경제를 견인할 녹색 · 융합 · 고부가가치 · 첨단을 대표하는 신성장 동력의 하나로 MICE 산업을 지정하며 정책적인 지원을 아끼지 않을 것을 발표하였다. 2018년에 UIA를 통해 발표된 '2017 국제회의 개최 통계'에서 세계 1위를 기록함으로써 한국은 2016년에 이어 2년 연속 글로벌 TOP 지위를 달성하였다.

(2) 국제회의 유치 증진을 위한 활동

국제회의를 개최하기 위해서는 전문 회의장과 부대시설, 숙박시설, 전문 진행요원, 참가자들이 즐길 각종 관광시설 등이 필요하지만, 현재 우리나라의 국제회의 수용 인프라는 충분하지 못한 실정이다. 그러나 '국제회의산업 육성법' 제정, 2000년 'ASEM,' 2001년 '세계관광기구'(UNWTO) 총회 및 2002년 '월드컵축구대회' 개최와 더불어 2000년 5월 '코엑스,' 2001년 4월 '대구전시컨벤션센터,' 2001년 9월 '부산전시컨벤션센터,' 2003년 3월 '제주국제컨벤션센터,' 2005년 '킨텍스,' '김대중컨벤션센터,' '창원컨벤션센터' 및 2008년 4월 '대전컨벤션센터'가 개관되었고, 2008년 10월 인천의 송도 컨벤시아가 개관하였으며, 호텔 신축이 추진되는 등 시설관련 수용태세는 점차 개선되고 있다.

문화체육관광부는 한국관광공사 및 사단법인 한국컨벤션산업협회를 통하여 국제회의 기획업체 등에 전문인력의 양성을 지원하는 한편, 현재의 여건으로도 수용 가능한 국제회의를 유치하기 위하여 다각적인 지원활동을 전개하고 있으며, 구체적인 사업내용은 다음과 같다.

① 국제기구에 가입한 국내단체가 관련 국제회의 및 행사를 유치・개최하고자 할 때에는 유치・개최 자문과 홍보물 지원 및 보조금 지원에 이르기까지 국제회의 및 행사의 국내 유치와 개최가 원활히 이루어지도록 원스톱 서비스 체계를 구축하여 다양한 지원활동을 전개하고 있다.

② 해외의 국제회의, 인센티브관련 단체 및 업계를 대상으로 메일발송・설명회・세일즈콜 등을 실시하여 국제회의 개최지로서의 한국의 이미지를 제고하는 한편, 한국으로의 유치를 적극 추진하고 있다.

③ 각종 국제회의 및 전시박람회에 참가하여 컨벤션 개최지로서의 한국을 홍보하고 관련 정보를 제공하며 상담인사들과 지속적으로 접촉하여 사후관리에도 심혈을 기울이고 있다. 동시에 해외 컨벤션 전문지 기사화 및 광고 게재 등 다양한 방향의 해외 홍보활동을 전개하고 있다.

④ 국제회의전문가 양성교육, 지방 국제회의 유치촉진 설명회 실시, 국제회의 캘린더 및 개최 현황 발간, 컨벤션 DB 구축 및 운영 등 국제회의 유치 촉진을 위한 수용태세를 개선해 나가고 있다.

⑤ 국제회의 참가자 소비액 조사, 국제회의 개최 계획 및 실적 조사, 컨벤션관련 국제기구의 교육 프로그램 참가 등 각종 조사・연구사업을 통해 변화하는 컨벤션 시장환경에 능동적으로 대처해 나가고 있다.

⑥ 한국을 아시아 최고의 국제회의 개최지로 부각시키기 위하여 관련 기관, 지자체 및 컨벤션 업계 간 네트워크 강화에 힘쓰고 있으며, 이를 위해 컨벤션협의회를 운영하고 있다.

구체적 사업으로는 컨벤션산업전, 공동광고, 해외 전문전시박람회 참가, 미주 및 아주 지역 설명회, 세일즈콜 등에서 관련 기관과 긴밀한 협조를 통해 마케팅 효과의 극대화를 유도하고 있다.

(3) 세계 각국의 MICE 전략

가) 일본

'2030년까지 아시아 1위 컨벤션 개최국'이라는 장기적 목표 달성을 위해 정부차원의 MICE 산업 확대 정책을 발표, 중앙 컨벤션뷰로를 필두로 각 지역의 컨벤션뷰로를 설치해 지역별로 MICE 유치에 힘쓰고 있다. 각 지역의 컨벤션뷰로는 광고·운영·개최비용 지원 등 다양한 형태의 지원 프로그램 등을 만들어 MICE 주최 측에 제공함으로써 주최 측과의 접점을 만들어내고 있다. 또한 지역의 컨벤션센터뿐만 아니라 일본의 역사와 문화적 특색이 있는 장소에서 국제회의 및 이벤트 개최를 독려해 독특하고 새로운 MICE 경험을 제공하고자 노력하고 있다.

일본의 컨벤션 세계 순위

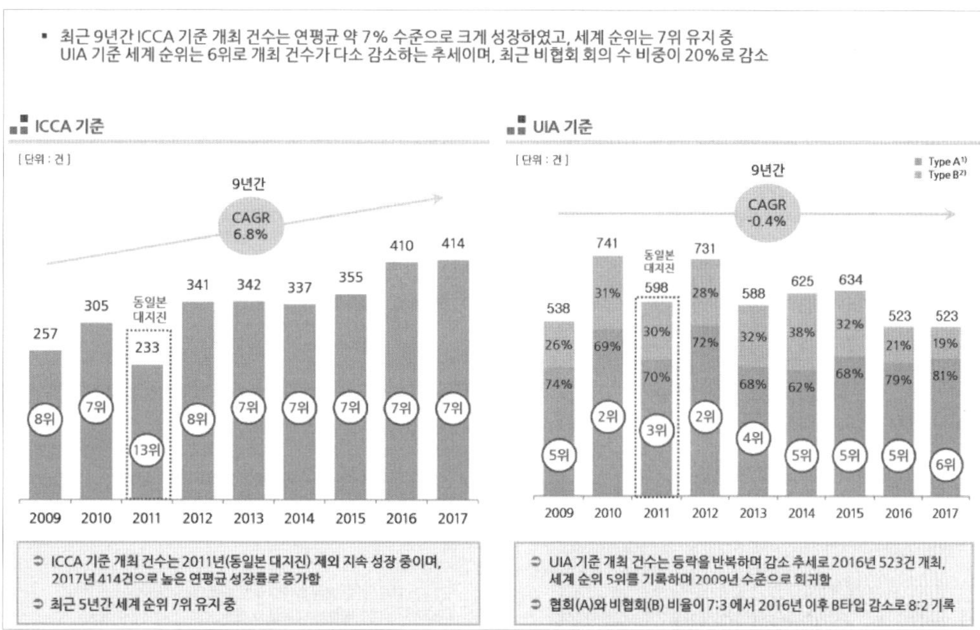

자료: 한국관광공사, 2018.

일본의 컨벤션 주요 도시

- 일본의 주요 컨벤션 도시로는 수도인 도쿄 외에도 교토, 요코하마, 오사카, 나고야, 삿포로, 후쿠오카 등이 있으며 각 도시들은 세계적 수준의 컨벤션 시설과 지역별 컨벤션뷰로를 통해 다양한 보조금 및 서비스 지원 프로그램을 운영 중

주요 컨벤션 도시

1

도쿄(Tokyo)

- 수도로 경제·정치·문화·교통의 중심이자 뉴욕&런던에 버금가는 세계적 도시
- 요코하마-지바현과 연계하여 초대형 컨벤션 소화 가능
- 도쿄 컨벤션&방문객 협회(TCVB)
- 하네다 국제공항에서 게이큐선으로 11분

2

교토(Kyoto)

- 17개의 유네스코 세계 문화 유산과 2,000개가 넘는 불교 사원과 신사가 있는 역사·문화의 관광 도시
- 글로벌 최첨단 연구기관, 대학, 기업들이 집적해있어 매년 250개 이상의 국제 과학 기술 컨퍼런스를 개최함
- 교토 관광컨벤션협회
- 간사이 국제공항에서 JR로 약 75분 소요

3

요코하마(Yokohama)

- 도쿄 근거리에 위치한 항구 도시로 서구 문화를 처음 개방한 곳
- 컨벤션 센터, 스타디움 등의 다양한 MICE 시설 외에도 28개 대학과 NPO, NGO 본사 및 주요 R&D 투자 센터 보유
- 요코하마 컨벤션&방문객 협회
- 하네다 국제공항에서 기차로 25분

4

오사카(Osaka)

- 17세기~19세기초 에도시대의 문화·경제 중심지로 일본에서 두번째로 큰 도시
- 일본의 '부엌' 으로 알려질 만큼 다양한 음식과 최고급 재료가 산재, 쇼핑도시
- 세계 각지로부터의 직항이 모이는 최상급 국제 공항 허브 보유
- 오사카 컨벤션&관광 협회
- 간사이 국제공항에서 급행열차로 34분

자료: 한국관광공사, 2018.

일본의 MICE 목표 및 정책

- 일본은 2030년까지 '아시아 1위 컨벤션 개최국'이라는 장기적 목표를 달성하기 위해 MICE 산업 확대 정책을 발표하고 다양한 형태로 지원하고 있으며, 매년 잠재적 의사결정자들을 대상으로 지역을 견학시키고 컨벤션뷰로와 네트워크 할 수 있는 팸투어 'Meet Japan'을 제공하고 있음

일본 정부관광국(JNTO) MICE 산업 지원 정책

JNTO Japan National Tourism Organization

"2030년까지 국제 회의 건수 아시아 1위 국가로서의 영구적인 지위를 확고히 한다"

MICE 산업 확대 정책 수립

- Global MICE Cities 프로그램
- 국제 회의관광도시 지정(52개 도시)
- 지역 공공기관 및 학계, 산업계 협력 도모
- 과학·기술·의학 관련 국제 회의 집중 유치
- MICE 목적지로 브랜드 마케팅 강화
- 지역별 다양한 형태의 지원
- MICE 전담 지역 컨벤션뷰로 조직
- JCB(일본 컨벤션뷰로)와 공동 행사 주최 및 주관

Meet Japan 프로그램

JNTO

Meet Japan

- 프로그램명 : Meet Japan
- 주관부서 : JNTO(일본 정부관광국) & JCB(일본 컨벤션뷰로)
- 개최시기 : 매년
- 프로그램 기간 : 약 7일

국제 회의 개최지 의사결정자 대상 주요 컨벤션 도시 및 시설에 대한 팸투어(Familiarization Tour)

참가자격

- 5년 이내에 일본 개최를 위해 입찰할 가능성이 있는 국제 회의의 대표자
- 개최 예정인 회의의 참가자는 200명 이상이어야 하며, 참가자의 30% 이상이 외국인이어야함
- 일본 내 개최 도시는 미정인 상태

2019 행사일정

- 2/24 : 나리타 공항 또는 하네다 공항 도착, 환영 리셉션
- 2/25 - 2/27 : 컨벤션 도시 방문 및 현장 시찰 (JNTO 에서 코스 확정 후 약 3주 전 상세 공지 예정)
- 2/28 : Japan Convention Trade-Mart(도쿄 국제 포럼)에 참가하여 각 지역 컨벤션뷰로와 미팅 후 송별 만찬
- 3/1 : 일정 종료 및 출국

자료: 한국관광공사, 2018.

나) 중국

중국의 MICE 산업의 시작은 가파른 성장세를 보여주고 있으나 ICCA, UIA 각각의 통계치는 갭이 크게 나타나는 것으로 나타났다. MICE 산업은 주로 베이징 · 상해 2개 도시가 컨벤션 도시로 발달했다. 국제회의보다는 전시회 규모가 지속적으로 상승하고 있으며, 이는 상해에 집중되어 있다.

중국은 2015년부터 국제회의산업을 발전시키기 위한 전략을 수립하였고, 2020년에는 기초 · 구조 · 인프라 등의 기본적 시스템을 갖추는 데 초점을 맞추고 있다. 각 지방정부 또한 보조금 지원 등 다양한 지원 프로그램을 통해 국제회의 및 전시회 유치에 힘쓰고 있다. 또한 전문인력 양성을 위해 중국국제무역촉지위원회(CCPIT)를 주축으로 관련 대학, 양성교육 프로그램 등이 확대되어 약 15,000명 수준으로 예측된다. 그러나 급속도로 성장하면서 넓은 영토를 가진 나라답게 MICE 산업 유치를 위한 경쟁이 주변국보다는 자국 내 도시 간의 경쟁이 심화될 것으로 예측된다.

중국의 컨벤션 세계 순위

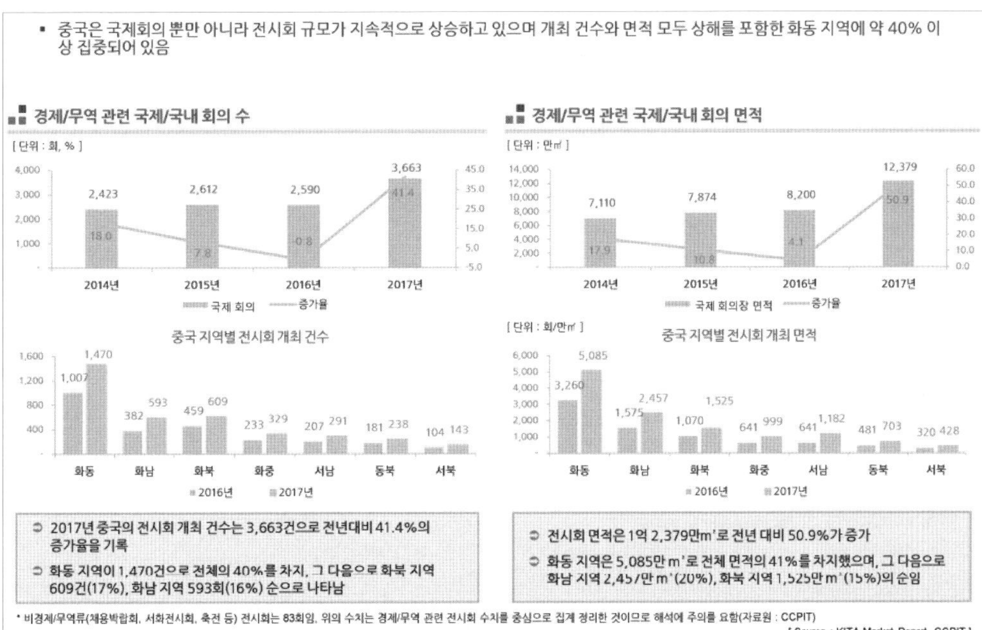

자료: 한국관광공사, 2018.

중국의 주요 컨벤션 도시

- 상해, 북경, 광저우 등 주요 도시를 중심으로 전시회가 집중되고 있는 모습을 보임

성/직할시별 전시회 개최 건수 및 국제 회의장 면적

[단위 : 회/만㎡ , 자료원 : CCPIT]

순위	성/직할시	개최 건수	순위	성/직할시	면적
1	상하이시	659	1	상하이시	2,568
2	광둥(廣東)성	534	2	광둥(廣東)성	2,338
3	베이징시	373	3	산둥(山東)성	1,082
4	산둥(山東)성	342	4	베이징시	990
5	저장(浙江)성	182	5	쓰촨(四川)성	646
6	장쑤(江蘇)성	173	6	저장(浙江)성	506
7	허난(河南)성	156	7	장쑤(江蘇)성	502
8	쓰촨(四川)성	138	8	허난(河南)성	441
9	랴오닝(遼寧)성	132	9	랴오닝(遼寧)성	360
10	허베이(河北)성	99	10	후베이(湖北)성	323

- 2017년 한 해 동안 100건 이상의 전시회를 개최한 성/직할시는 9곳으로, 9개 지역의 총 개최 건수는 2,689건으로 전체의 73%를 차지
- 전시회 개최 건수는 상하이시(659건), 광둥성(534건), 베이징시(373건) 순이며, 면적은 상하이시(2,568만 m²), 광둥성(2,338만 m²), 산둥성(1,082만 m²) 순으로 나타남

* 위의 수치는 경제/무역 관련 전시회 수치를 중심으로 집계 정리한 것이므로 해석에 주의를 요함(자료원 : CCPIT)

주요 도시별 전시회 개최 건수 및 국제 회의장 면적

[단위 : 회, 만㎡]

순위	도시	개최 건수	순위	도시	면적
1	상하이시	659	1	상하이시	2,568
2	베이징시	373	2	베이징시	1,487
3	광저우시	314	3	광저우시	990
4	선전시	147	4	선전시	563
5	정저우(鄭州)시	142	5	정저우(鄭州)시	534
6	청두(成都)시	130	6	청두(成都)시	403
7	칭다오(青島)시	123	7	칭다오(青島)시	375
8	우한(武漢)시	93	8	우한(武漢)시	320
9	지난(濟南)시	92	9	지난(濟南)시	308
10	충칭(重慶)시	89	10	충칭(重慶)시	277

- 2017년 한 해 동안 50건 이상의 전시회를 개최한 도시는 18곳에 달했으며, 총 개최 건수는 2,676건으로 전체의 73%를 차지
- 전시회 개최 건수는 상하이시(659건)가 가장 많았으며, 베이징시(373건), 광저우시(314건), 선전시(147건), 정저우시(142건) 순임

[Source : KITA Market Report, CCPIT]

자료: 한국관광공사, 2018.

중국의 도시별 지원 정책

- 각 지방 정부 또한 MICE 산업 정책을 발표하고 보조금을 지원함으로써 유명 국제 회의 유치 및 육성 등 산업 발전을 지속 추진중

중국 주요 도시별 국제 회의 지원 정책

지역	지원 내용
정저우(鄭州)	• 매년 1,500만 위안의 예산을 산업 발전 자금으로 사용
베이징(北京)	• 매년 3,000만 위안의 예산을 산업 발전 자금으로 사용
우한(武汉)	• 매년 2,000만 위안의 예산을 산업 발전 자금으로 사용
시안(西安)	• 국내 회의 : 참가 인원 수에 따라 10~40만 위안의 보조금 지원 • 국제 회의 : 참가 국가 및 참가 인원 수에 따라 10~40만 위안의 보조금 지원
상하이 청포구(上海 青浦區)	• 해외 참가국가 5개 국가, 참가 인원 500명 이상의 국제 회의에 50만 위안의 보조금 지급
샤먼(廈門)	• 참가 인원에 따라 2~50만위안의 보조금 지급
주하이(珠海)	• ICCA 등 국제 전시 조직의 인증을 받은 국제 회의는 회원 비용의 50%, 30%, 20%를 3년에 나눠서 지급
선전(深圳)	• 주요 국제 회의 개최 시 임대 비용의 50%, 광고 비용의 30%를 보조금으로 지급
칭다오(青島)	• 참가 국가가 3개 혹은 그 이상일 경우 참가 인원에 따라 5~15만 위안의 보조금 지급
하이난성(海南省)	• 참가 인원에 따라 숙박 비용 제공, ICCA 인증을 받은 국제 회의에는 5만 위안의 보조금 지급
쑤저우(蘇州)	• 참가 인원, 참가 국가 수에 따라 2.5~50만 위안의 보조금 지급
닝보(寧波)	• 전시 기간, 규모, 참가 국가 등을 종합적으로 평가해 5~30만 위안의 보조금 지급
청두(成都)	• 참가 인원, 참가 국가에 따라 30~100만 위안의 보조금 지급
톈진(天津)	• 국제적 영향력이 있는 회의(참가 인원, 참가 국가, 전시 기간 기준) 주최측에 임대료, 광고비 등 지출의 50% 지원(최대 20만 위안)
난징(南京)	• 참가 인원, 전시 기간에 따라 장소 임대료의 50% 지원(최대 50만 위안)
허페이(合肥)	• 대형 회의(포럼, 국제 회의)에 최고 30만 위안의 숙박비 제공
항저우(杭州)	• 참가 인원, 참가 국가, 기간에 따라 참가 인원 대상 소비할인권 제공

[Source : CCPIT]

자료: 한국관광공사, 2018.

다) 싱가포르

싱가포르는 MICE 산업 강국답게 높은 순위를 기록하고 있으나 ICCA 기준의 개최 건수는 200건 미만으로 다소 순위가 낮게 나타났다. 즉 정기적 컨벤션 개최에 다소 약점을 보이는 것으로 예상된다. 싱가포르는 관광청과 경제청이 함께 MICE 산업의 지속적인 성장을 위해 상품 개발과 글로벌 마케팅에 집중하고 있다. 전문적인 개발을 위해 관광청을 세분화했으며, 관광청은 Tourism 2015를 발표해 2005년 약 900만 명에서 2015년까지 1,530만 명으로 약 70% 성장하며 글로벌 관광 허브로 자리매김하였다. 이후 MICE 2020을 수립해 더 큰 발전을 꾀하고 있다. 싱가포르의 지원 프로그램은 이중과세공제프로그램(DTD)을 통한 주최 측의 수익 보전을 위한 제도가 인상적이며, 자국의 지속가능한 도시 개발 및 유지를 위해 국제회의 친환경화(전시 폐기물 절감 방안)를 지속적으로 제안하면서 주최 측에 역으로 마케팅되는 긍정적 효과를 얻는 것으로 판단된다.

싱가포르의 컨벤션 세계 순위

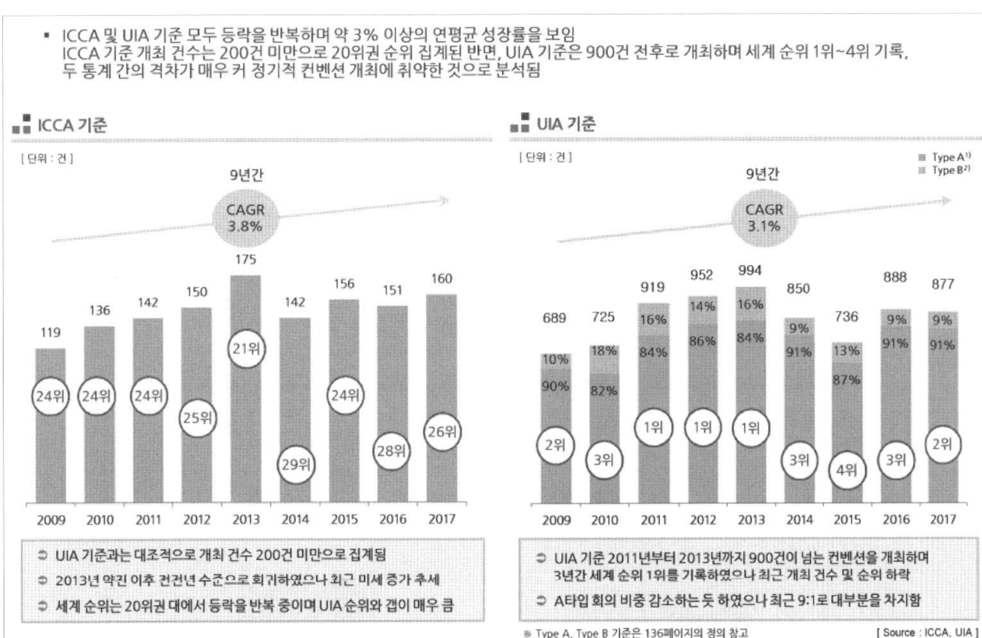

자료: 한국관광공사, 2018.

싱가포르의 MICE 육성 전략

▪ 싱가포르 관광청은 'Tourism 2015'를 발표한 2005년 관광객 수 894만명에서 2015년에 1,523만 명으로 약 70% 성장하며 글로벌 관광 허브로 자리매김하였고, 최근 MICE 2020 전략 수립을 통해 산업의 더 큰 발전을 꾀하고 있음

MICE 2020 핵심 전략

Connected City	Singapore MICE Experience	MICEHQ.SG
방문자가 막힘없이 원하는 곳으로 이동하고 원하는 것을 할 수 있는 '스마트 MICE 도시' 구축	개성 강한 지역적 특색과 다양한 감성적 경험 제공을 통한 방문자의 감정적 '목적지 선호도' 증대	MICE 관련 전문 인력, 지식/정보, 최고 수준의 기관 및 협회 육성을 통한 '아시아 MICE 자원의 중심지' 化
정부와 민간기관의 협력을 통한 컨벤션 베뉴 Wi-Fi 인프라 확대	새로운 경험의 기획/개발을 위한 EDS(Experience Development Series) 툴 제공	MICE 산업의 가치 사슬을 확대하기 위한 투자 및 연구 주도
		연구 개발 확대를 위한 보조금 지원 전문 지식 및 정보의 공유
방문자 어플리케이션과의 파트너십 통한 빅데이터 수집, 분석 및 활용	도시 전역에서 다양한 캠페인 및 행사 운영	강력한 MICE 업체 및 싱가포르 기반 협회 육성

[Source : STB, The Economist]

자료: 한국관광공사, 2018.

싱가포르의 MICE 지원 프로그램

▪ 대형 국제 전시 및 회의에서 발생되는 폐기물을 절감하기 위한 다양한 방법을 제시하고 성공 사례를 공유하고 있음 친환경적인 국제 행사에 대한 정부의 노력이 관련 협회 및 기관에 역으로 마케팅 되는 긍정적인 효과가 있는 것으로 판단됨

자원 절약의 성공 사례 발굴 및 전파

3R Toolkit for the Meetings, Incentives, Conventions & Exhibitions Industry

➲ 문제의식 : 2016년 싱가포르에서 발생한 폐기물은 총 780만 톤으로 매년 증가하고 있음
➲ 이러한 추세가 지속될 경우 국가 내부에서 수용할 수 있는 수용력은 2035년까지로 예측되어 위기감 고조
➲ 대규모 사람들이 방문하는 국제 회의 분야에서도 이러한 폐기물을 줄일 수 있도록 다양한 성공 사례와 방법에 대하여 공유

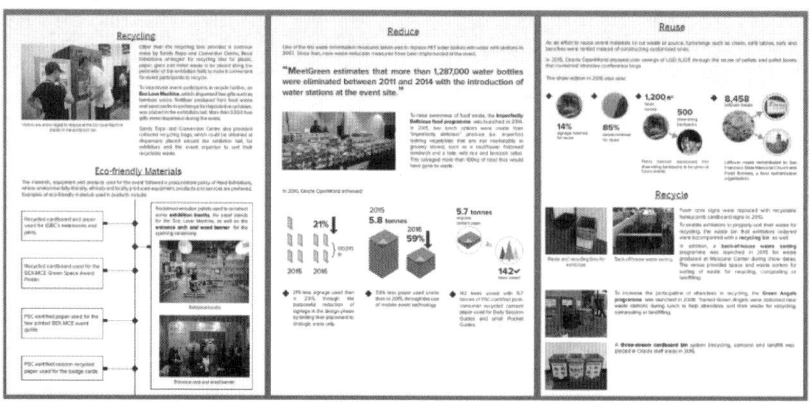

자료: 한국관광공사, 2018.

3) 국제회의업의 통계

국제회의업의 통계는 다음과 같다.

표 4-22 **시설유형 · 수용능력별 현황**

시설 유형	시설 수	시설 수용능력					
		1~29명	30~199명	200~499명	500~999명	1,000명 이상	합계
전문 회의시설	14	32	189	65	28	26	340
준회의시설	133	184	543	179	43	29	978
중소규모 회의시설	465	324	515	164	104	31	1,138
호텔 1	219	95	354	97	11	6	563
호텔 2	213	215	585	161	56	24	1,041
호텔 3	95	141	406	133	48	24	752
휴양콘도미니엄	165	104	577	140	37	14	872
전체	1,304	1,095	3,169	939	327	154	5,684

자료: 한국관광공사, 2018.

표 4-23 **국내 컨벤션센터 현황**

지역	시설명	규모	
		회의장 수	전시장
서울	코엑스(COEX) aT Center	55개 5개	36,027m^2 8,047m^2
경기 / 인천	송도컨벤시아 한국국제전시장(KINTEX) 파라다이스시티	7개 35개 12개	8,426m^2 108,566m^2 170,354m^2
대전	대전컨벤션센터	9개	24,281m^2
대구	대구전시컨벤션센터(EXCO)	15개	26,944m^2
광주	김대중 컨벤션센터	8개	12,027m^2
부산	부산전시컨벤션센터(BEXCO)	17개	76,910m^2
경상	창원전시컨벤션센터(CECO) 경주하이코(HICO) 구미전시컨벤션센터(구미코)	12개 9개 3개	60,240m^2 31,336m^2 14,392m^2
전라	군산새만큼컨벤션센터 2012여수게계박람회재단	12개 17개	23,179m^2 19,769m^2
제주	제주국제컨벤션센터	14개	63,477m^2

표 4-24 **국제회의도시 지정 현황**

연도	지정 도시	지정일	지정도시 수
2005	서울특별시, 부산광역시, 대구광역시, 제주특별자치도	2005. 10. 12	4개
2007	광주광역시	2007. 9. 5	1개
2009	대전광역시, 경남 창원시	2009. 3. 12	2개
2011	인천광역시	2011. 5. 25	1개
2014	경기도 고양시, 강원도 평창시, 경북 경주시	2014. 12. 17	3개
계	–	–	8개

자료: 문화체육관광부.

표 4-25 **연도별 국제회의 개최 현황**(2010~2022, ICCA 기준)

❖ 온라인으로 개최된 국제회의 포함, 2022년 한국의 ICCA 개최 건수(온라인, 오프라인, 하이브리드)는 198건으로 전년 대비 33.8% 증가함.

(단위: 건, %)

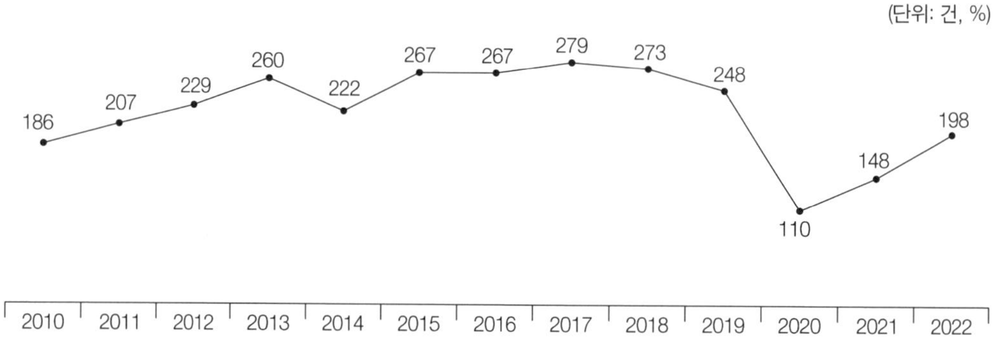

연도	빈도(건)	증감률(%)
2022	198	33.8
2021	148	34.5
2020	110	△55.6
2019	248	△9.2
2018	273	△2.2
2017	279	4.5
2016	267	–
2015	267	20.3
2014	222	△14.6
2013	260	13.5

2012	229	10.6
2011	207	11.3
2010	186	5.7

※"－"은 수치가 없거나 구할 수 없음을 의미, "0," "0.0"은 수치가 있으나 소수점 첫째 또는 둘째자리 반올림으로 인해 0 또는 0.0으로 표기
자료: 한국관광공사, 2023.

표 4-26 **연도별 · 도시별 개최 현황**(ICCA 기준)

❖ 온라인으로 개최된 국제회의 포함, 국내 도시별 분석 결과 서울(89건)이 가장 높고, 다음으로 제주(30건), 부산(17건), 대구(12건) 등의 순임.

(상위 10, 단위: 건, %)

순위	도시	2022		2021		2020	
		건수	증감률	건수	증감률	건수	증감률
1	서울	89	39.1	64	8.5	59	△48.2
2	제주	30	0.0	30	130.8	13	△45.8
3	부산	17	88.9	9	△43.8	16	△48.4
4	대구	12	9.1	11	37.5	8	△38.5
5	경북	11	83.3	6	100.0	3	△62.5
6	대전	10	△9.1	11	57.1	7	△69.6
7	경기	8	300.0	2	0.0	2	△71.4
7	인천	8	100.0	4	300.0	1	△90.9
9	충남	3	50.0	2	–	–	△100.0
9	무응답	3	50.0	2	–	–	
11	강원	2	0.0	2	100.0	1	△66.7
11	전남	2	–	–	–	–	△100.0
13	광주	1	△80.0	5	400.0	1	△83.3
13	울산	1	–	–	–	–	△100.0
13	전북	1	0.0	1	–	–	△100.0

※증감률은 소수점 둘째 자리에서 반올림함.
※1개 행사가 2개 이상의 도시에서 개최될 경우 한국 전체에서는 1개 행사로 인정되지만, 도시별로는 각각 인정됨.
※"－"은 수치가 없거나 구할 수 없음을 의미, "0," "0.0"은 수치가 있으나 소수점 첫째 또는 둘째자리 반올림으로 인해 0 또는 0.0으로 표기

표 4-27 **연도별 · 도시별 참가자 수 현황**(ICCA 기준)

❖ 참가자수는 개최 건수와 마찬가지로 서울이 58천 명으로 가장 높고, 이어 제주(41천 명), 경기(13천 명), 부산(11천 명) 등의 순임.

(상위 10, 단위: 건, %)

순위	도시	2022		2021		2020	
		참가자수	증감률	참가자수	증감률	참가자수	증감률
1	서울	58	97.0	29	△3.8	31	△38.8
2	제주	41	288.5	11	141.9	4	△68.1
3	경기	13	2,430.7	1	△46.6	1	△55.9
4	부산	11	124.2	5	△27.7	7	△59.7
5	대구	10	153.9	4	△58.7	10	12.1
6	경북	7	491.4	1	10.9	1	△71.3
7	대전	5	125.3	2	△56.9	5	△25.5
8	인천	3	186.7	1	1,043.4	0	△95.9
9	충남	1	179.6	0	–	–	△100.0
10	광주	1	△67.2	3	1,425.0	0	△90.8

※참가자수는 소수점 첫째 자리, 증감률은 소수점 둘째 자리에서 반올림함.
※참가자수가 동일한 경우 표기는 동일하나 소수점에서 차이가 있음.
※"–"은 수치가 없거나 구할 수 없음을 의미, "0," "0.0"은 수치가 있으나 소수점 첫째 또는 둘째자리 반올림으로 인해 0 또는 0.0으로 표기
자료: 한국관광공사, 2023.

표 4-28 **세계 국제회의 개최 현황**(2011~2022, ICCA 기준)

❖ 온라인 포함, 2022년 전 세계 국제회의의 개최 건수는 9,873건이고, 이는 전년 대비 4,562건(85.9%) 증가한 수치임.

❖ 코로나19 이전인 2019년 대비 3,396건(-25.6%) 감소한 수치이며, 2021년 이후로 지속적 회복세를 보임.

(단위: 건, %)

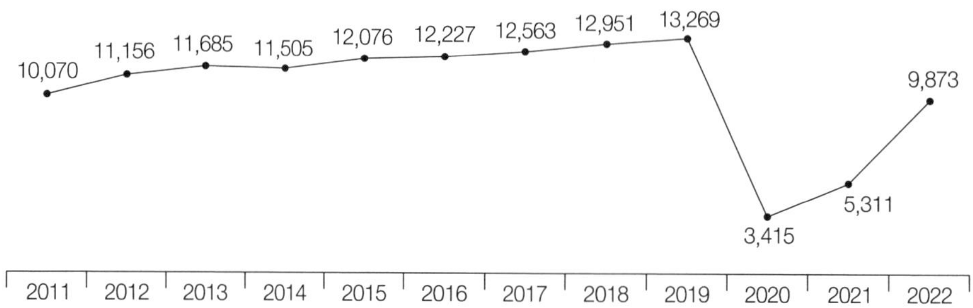

연도	개최건수	증감률(%)
2022	9,873	85.9
2021	5,311	55.5
2020	3,415	△74.3
2019	13,269	2.5
2018	12,951	3.1
2017	12,563	2.7
2016	12,227	1.3
2015	12,076	5.0
2014	11,505	△1.5
2013	11,685	4.7
2012	11,156	10.8
2011	10,070	10.4

※연도별 인정 건수는 당해연도 ICCA 발간 보고서의 국가별 인정 건수의 합임.
※2020 이후 인정 건수는 온라인, 오프라인, 하이브리드의 합임.
자료: 한국관광공사, 2023.

표 4-29 **대륙별 국제회의 개최 현황**(2011～2022, ICCA 기준)

❖ 온라인으로 개최된 국제회의 포함, 2022년 개최 건수 중 과반인 60.4%는 유럽(5,946건)에서 개최되었고, 다음으로 아시아(1,421건, 14.4%), 북 아메리카(1,164건, 11.8%) 등의 순임.
- 개최 형태는 오프라인(6,871건, 69.8%)이 높고, 이어 하이브리드(2,147건, 21.8%), 온라인(824건, 8.4%) 순임.

❖ 2022년 참가자수 역시 유럽(2,250천 명, 55.2%)이 전 세계의 과반을 차지하고 있고, 이어 아시아(667천 명, 16.3%), 북 아메리카(581천 명, 14.2%) 등의 순임.
- 개최 형태별로 살펴보면, 오프라인(2,502천 명, 61.3%), 하이브리드(1,234천 명, 30.3%), 온라인(343천 명, 8.4%) 순임.

구분	개최건수				참가자수			
	오프라인	온라인	하이브리드	전체	오프라인	온라인	하이브리드	전체
아시아	535	340	546	1,421	273	143	251	667
유럽	4,607	270	1,069	5,946	1,474	91	685	2,250
북아메리카	796	93	275	1,164	363	32	185	581
라틴 아메리카	547	66	116	729	212	33	54	299
오세아니아	91	35	56	182	41	35	26	102
중동	95	6	27	128	70	1	16	87

아프리카	200	14	58	272	70	8	17	94
전체	6,871	824	2,147	9,842	2,502	343	1,234	4,080

※참가자수는 소수점 첫째 자리에서 반올림되어 각 항목의 합은 전체와 상이함.
※〈표 4-28〉에서 제시된 2022년 전체 개최 건수는 중복 인정된 수치임으로 각 대륙별 개최 건수의 전체 합계와는 상이함.
자료: 한국관광공사, 2023.

표 4-30 **세계 연도별 · 도시별 국제회의 개최 현황**(ICCA 기준)

✣ 온라인으로 개최된 국제회의 포함, 연도별 · 도시별 개최 건수 분석 결과, 상위 10개 도시는 모두 증가세를 보이는 가운데, 프랑스의 파리(176.0%), 독일의 베를린(122.6%), 체코의 프라하(119.7%), 벨기에의 브뤼셀(119.2%), 스페인의 바르셀로나(114.3%)와 마드리드(112.9%)는 증가율이 100%를 상회하여 상대적으로 높음.

(상위 10, 단위: 건, %)

순위	도시	2022		2021		2020	
		개최건수	증감률	개최건수	증감률	개최건수	증감률
1	비엔나	169	83.7	92	50.8	61	△59.1
2	리스본	147	61.5	91	111.6	43	△77.4
3	파리	138	176.0	50	8.7	46	△80.6
4	바르셀로나	135	114.3	63	14.5	55	△64.7
5	프라하	134	119.7	61	90.6	32	△76.8
6	마드리드	132	112.9	62	72.2	36	△76.6
7	싱가포르	127	69.3	75	114.3	35	△76.4
8	베를린	118	122.6	53	△5.4	56	△68.2
9	아테네	114	72.7	66	112.9	31	△71.0
9	브뤼셀	114	119.2	52	52.9	34	△60.5
17	서울	89	39.1	64	8.5	59	△48.2

※증감률은 소수점 둘째 자리에서 반올림함.
자료: 한국관광공사, 2023.

4) 전문국제회의시설 정보

시설명	회의 및 부대시설	전시시설	운영방식 및 연혁
코엑스 (COEX) 서울 강남구 삼성동 무역센터 ☏ 02-6000-1122 Fax: 02-6000-1303 www.coex.co.kr	• 대지: 106,612m^2 • 건축 규모 - 지상 5층, 지하 5층 - 연면적: 447,370m^2 • 회의시설(총면적: 18,404m^2, 컨벤션홀 포함) - 대회의실: 극장식 7,000명(전시홀 겸용) - 회의실 수: 53개 실(컨벤션홀 포함, 분할 시 92개) • 주요 부대시설 - 사무시설: 2개 동 - 호텔: 3개 동(1,461개) - 주차시설: 4,000대 - 각종 편의시설	• 총면적: 36,027m^2 - Hall A(구 태평양홀): 10,368 m^2(4개 분할 가능) - Hall B(구 인도양홀): 8,010 m^2(2개 분할 가능) - Hall C(구 대서양홀): 10,368 m^2(3개 분할 가능) - Hall D(구 컨벤션홀): 7,281 m^2(2개 분할 가능, 회의실 사용 가능)	• 건립: 한국무역협회 • 부지: 한국무역협회 • 운영: (주)코엑스(한국무역협회 출자) • 1988. 9 : 구관 개관 • 1996. 11 : 확장 추진 • 2000. 5 : 확장 개관 • 2004. 2 : ISO 9001 인증 • 2006. 5 : 코엑스 20주년
벡스코 (BEXCO) 부산 해운대구 APEC로 43번지 ☏ 051-740-7300 Fax: 051-740-7320 www.bexco.co.kr	• 대지: 114,556.40m^2 • 건축 규모 - 지상 7층, 지하 1층 - 연면적: 92,786.19m^2 • 회의시설(총면적: 4,962m^2) - 대회의실: 2,400명(극장식) - 회의실 수: 37개 실 • 주요 부대시설 - 사무시설: 1개 동 - 주차시설: 701대 - 각종 편의시설	• 총면적: 36,508m^2 - 1홀: 8,836m^2 - 2홀: 8,836m^2(3개 분할 가능) - 3홀: 8,836m^2(2개 분할 가능) - 다목적홀: 1,877m^2(4개 실 분할 사용 가능) - Glass Hall: 4,859m^2 - 옥외 전시장: 13,323m^2	• 건립: 벡스코(BEXCO) • 부지: 부산시 무상 제공 • 운영: 벡스코(BEXCO, 부산시 출자) • 1998. 10 : 착공 • 2001. 5 : 준공 • 2001. 9 : 개관
엑스코 (EXCO) 대구 북구 산격 2동 1676번지 ☏ 053-601-5000 Fax: 053-601-5029 www.excodaegu.co.kr	• 대지: 30,472m^2 • 건축 규모 - 지상 5층, 지하 4층 - 연면적: 87,294m^2 • 회의시설(총면적: 5,930m^2) - 컨벤션홀: 4,200명(극장식) - 회의실 수: 12개 실(지하 1층~지상 5층) • 주요 부대시설 - 옥외 전시장 - 연회시설: 지하 1층(7개 실 분할, 1,223m^2) - 주차시설: 777대 - 각종 편의시설	• 총면적: 11,616m^2 - 1층: 3,872m^2(2개 분할 가능) - 3층: 3,872m^2(2개 분할 가능) - 5층: 3,872m^2(2개 분할 가능)	• 건립: 대구시 • 부지: 대구시 • 운영: EXCO(대구시 출자) • 1997. 5 : 착공 • 2000. 12 : 완공 • 2001. 4 : 개관

<table>
<tr>
<td>제주국제
컨벤션센터
(ICC JEJU)

제주특별자치도
서귀포시
중문동 2700번지

☏ 064-735-1000
Fax: 064-735-8988
www.iccjeju.co.kr</td>
<td>• 대지: 54,876m^2(전체 사업부지 108,230m^2)
• 건축 규모
- 지하 2층, 지상 5층
- 연면적: 62,125m^2
• 회의시설(총면적: 7,000m^2)
- 대회의실: 4,500명(극장식)
- 회의실 수: 17개 실(분할 시 29개 실)
• 부대시설
- 주차시설: 359대
- 각종 편의시설</td>
<td>• 면적: 7,940m^2(1층 Event Hall & 3층 Lobby)

• 야외 행사장: 5,115m^2</td>
<td>• 건립: 제주특별자치도
• 부지: 한국관광공사 현물 출자
• 운영: (주)ICC JEJU

• 1999. 12 : 착공
• 2003. 2 : 완공
• 2003. 3 : 개관</td>
</tr>
<tr>
<td>킨텍스
(KINTEX)

경기 고양시
일산서구 대화동
2306번지

☏ 031-810-8114
Fax: 031-810-8083
www.kintex.com</td>
<td>• 대지: 333,580m^2
• 건축 규모
- 지상 3층
- 연면적: 274,381m^2
• 회의시설(총면적: 6,301m^2)
- 대회의실: 2,000명(극장식)
- 회의실 수: 20개 실
• 부대시설
- 주차시설: 1,800대(인근 공용 주차장: 5,000대)
- 각종 편의시설</td>
<td>• 총면적: 53,541m^2
- 1, 5홀: 10,611m^2
- 2, 3, 4홀: 10,773m^2

• 야외 전시장: 8,295m^2(총 3개 홀)</td>
<td>• 건립: 경기도, 고양시, KOTRA
• 운영: KINTEX

• 1999. 4: 확정
• 2003. 4: 착공
• 2005. 4. 1: 개관

[2단계 건립]
• 2008. 12: 착공
• 2011. 9: 2개 관 10만 m^2 이상</td>
</tr>
<tr>
<td>킨텍스
제2전시장</td>
<td>- 2011년 9월 킨텍스 제2전시장 개장
- 제1전시장과 더해지면 10만 m^2가 되어 대한민국은 아시아 5위, 세계 34위 규모의 세계적인 전시·컨벤션센터를 보유하게 됨
- 지상 4층
- 4개의 전시홀과 1개의 이벤트홀 그리고 킨텍스 오피스동으로 구성

- 부지면적: 200,566m^2
- 연면적: 218,048m^2
- 전시면적: 54,508m^2
- 회의면적: 5,510m^2
- 부대시설: 21,859m^2
- 식음시설: 8,256m^2
- 전시 활성화 시설: 9,612m^2
- 주차장: 2,285대
- 업무시설: 18,241m^2
- 공용시설: 31,620m^2
- 지원시설: 2,984m^2</td>
<td colspan="2">• 킨텍스 2전시장 오피스동
• 연면적: 23,246m^2
- 건물 규모: 지상 15층, 지하 1층
- 용도: 업무시설

<table>
<tr><th colspan="2">구분</th><th>대회의실</th><th>통합
회의실</th><th>중회의실</th><th>분할
회의실</th></tr>
<tr><td rowspan="4">수용
능력</td><td>강의식</td><td>150명</td><td>320명</td><td>90명</td><td>40명</td></tr>
<tr><td>극장식</td><td>260명</td><td>530명</td><td>160명</td><td>80명</td></tr>
<tr><td>연회식</td><td>120명</td><td>250명</td><td>80명</td><td>40명</td></tr>
<tr><td>리셉션식</td><td>200명</td><td>400명</td><td>60명</td><td>60명</td></tr>
<tr><td colspan="2">규모</td><td>314m^2
(95평)</td><td>680m^2
(190평)</td><td>188m^2
(57평)</td><td>94m^2
(28평)</td></tr>
</table>

<table>
<tr><th>구분</th><th>전시6홀</th><th>전시7홀</th><th>전시8홀</th><th>전시9홀</th><th>전시10홀</th></tr>
<tr><td>규모</td><td>5,618.1m^2</td><td>11,290m^2</td><td>11,290m^2</td><td>13,238m^2</td><td>13,072m^2</td></tr>
<tr><td>전시
부스</td><td>200부스</td><td>510부스</td><td>510부스</td><td>550부스</td><td>550부스</td></tr>
</table>
</td>
</tr>
</table>

김대중 컨벤션센터 (Kimdaejung Convention Center) 광주 서구 치평동 상무평화길 151 ☎ 062-611-2000 Fax: 062-611-2009 www.kdjcenter.or.kr	• 대지: 53,302m^2 • 건축 규모 - 지상 4층, 지하 1층 - 연면적: 39,558m^2 • 회의시설(총면적: 2,308m^2) - 대회의실: 1,500명(극장식) - 회의실 수: 11개 실 • 부대시설 - 주차시설: 1,550대 - 각종 편의시설	• 총면적: 9,072m^2 - 3개 홀: 각 3,024m^2(분할 사용 가능)	• 건립: 광주시 • 운영: 김대중컨벤션센터 • 2001. 11: 계획 확정 • 2003. 11: 착공 • 2004. 11: 지방공사 광주전시컨벤션센터 설립 • 2005. 5: 명칭 변경 "김대중컨벤션센터" • 2005. 8: 준공 • 2005. 9. 6 : 개관
창원컨벤션센터 (CECO) 경남 창원 두 대동 298-7번지 (반송로 50) ☎ 055-212-1000 Fax: 055-212-1200 www.ceco.co.kr	• 건축 규모 - 지상 6층 - 연면적: 59,920m^2 • 회의시설(총면적: 2,946m^2) - 컨벤션홀: 2,000명(극장식) - 회의실 수: 12개 실 • 부대시설 - 주차시설: 728대 - 빛의 광장 등 각종 편의시설	• 총면적: 10,627m^2 - 전문전시장: 7,827m^2(분할 사용 가능) - 옥외 전시장: 2,800m^2	• 건립: 경상남도, 창원시 • 운영: (주)코엑스(위탁운영) • 2001: 계획 확정 • 2002. 12: 착공 • 2005. 9. 9: 개관 • 2008. 9: 컨벤션 홀 완공 * 2008. 6: CECO 연계 시설(호텔, 쇼핑&엔터테인먼트 시설 등) 완공
대전컨벤션센터 (DCC) 대전 유성구 도룡동 4-19 스마트시티 내 (컨벤션복합지구) ☎ 042-821-0142~3 Fax: 042-821-0109 www.dcckorea.or.kr	• 대지: 24,281.3m^2 • 건축 규모 - 지하 1층, 지상 4층 - 연면적: 29,228.85m^2 • 회의시설(총면적: 7,382m^2) - 대회의실: 2,500명(극장식) - 회의실 수: 24개 실 • 부대시설 - 주차시설: 400대 - 각종 편의시설	• 총면적: 2,520m^2(전시홀)	• 건립: 대전광역시 • 운영: (재)대전컨벤션뷰로 • 2004. 12 : 착공 • 2008. 4: 개관
송도컨벤시아 (Songdo Convensia) 인천광역시 연수구 송도동 6-1번지 ☎ 032-210-1114~5 Fax: 032-221-5008 www.songdoconvensia.com	• 대지: 102,166m^2 • 건축 규모 - 지하 1층, 지상 4층 - 연면적: 57,196m^2 • 회의시설(총면적: 4,175m^2) - 대회의실: 2,000명(극장식) - 회의실 수: 10개 실(23개 실로 분할 사용 가능) • 부대시설 - 주차시설: 668대 - 각종 편의시설	• 총면적: 8,426m^2(2분할 사용, 무주공간)	• 건립: 송도국제도시개발 유한회사(NSIC) • 운영: 인천관광공사 • 2005. 3: 착공 • 2008. 10. 7: 개관

세텍 (SETEC) 서울 강남구 대치3동 514번지 ☎ 02-2222-3811 Fax: 03-2222-3820 www.setec.or.kr	• 대지: 34,710m² • 건축 규모 - 지상 2층 - 연면적: 15,537m² • 회의시설(총면적: 839m²) - 대회의실: 300명 - 회의실 수: 4개 실 • 주요 부대시설 - 주차시설: 600대 - 각종 편의시설	• 총면적: 9,313m² - 제1전시실: 3,130m² - 제2전시실: 1,684m² - 제3전시실: 3,134m² - 옥외1전시장: 595m² - 옥외2전시장: 770m²	• 부지: 서울시 • 운영: SBA(서울산업통상진흥원) • 1998. 9: 착공 • 1999. 5: 준공 • 2006. 4: 컨벤션센터 개관
aT센터 서울시 서초구 양재동 232번지 ☎ 02-6300-1114 Fax: 02-6300-1611 www.atcenter.co.kr	• 대지: 18,810m² • 건축 규모 - 지상 15층, 지하 3층 - 연면적: 58,294m² • 회의시설(총면적: 1,075m²) - 대회의실: 400명(평면식) - 회의실 수: 6개 실 • 부대시설 - 지원 및 사무시설 - 주차시설: 524대 - 각종 편의시설	• 총면적: 8,047m² - 제1전시장: 3,793m² - 제2전시장: 4,254m²	• 건립: 농수산물유통공사 • 운영: 농수산물유통공사 • 1998. 8: 착공 • 2002. 10: 준공
대전무역전시관 (KOTREX) 대전시 유성구 도룡동 3-8번지 ☎ 042-365-3000 Fax: 042-365-3007 www.kotrex.com	• 대지: 29,195m² • 건축 규모 - 지상 1층 - 연면적: 5,998m² • 회의시설(총면적: 216m², 약 65평) - 대회의실: 150명 - 회의실 수: 1개 실 • 부대시설 - 주차시설: 700대 - 각종 편의시설	• 총면적: 11,950m² - 옥내 전시장: 4,200m² - 옥외1전시장: 3,750m² - 옥외2전시장: 4,000m²	• 건립: KOTRA • 부지: KOTRA • 운영: KOTRA • 1993. 11: 착공 • 1995. 5: 개관
제주국제컨벤션센터 (ICC JEJU)	• 대지: 54,876m² • 건축 규모 - 지상 7층 - 연면적: 63,477m² • 부대시설 - 면세점, 레스토랑, 편의점, 예식장 등	• 회의실: 총 14개 • 주차시설: 850대 • 수용인원: 4,500명	• 건립: ICC 창립 총회 • 부지: ICC 창립 총회 • 1998. 03: 착공 • 2003. 03: 개관

5) 국제회의업의 등록

(1) 등록

① 사업계획서

② 신청인(법인의 경우에는 대표자 및 임원)의 성명 및 주민등록번호를 기재한 서류

③ 부동산의 소유권 또는 사용권을 증명하는 서류

④ 「외국인투자촉진법」에 따른 외국인 투자를 증명하는 서류(외국인투자기업만 해당한다)

⑤ 법인 등기사항증명서(법인만 해당한다)

⑥ 부동산등기부등본

⑦ 전기안전점검확인서(호텔업 또는 국제회의시설업의 등록만 해당한다)

관광숙박업과 관광객이용시설업 및 국제회의시설업의 등록을 하려는 자는 위의 사항에 따른 서류 외에 다음의 서류를 첨부하여야 하며, 사업계획승인된 내용에 변경이 없는 사항의 경우에는 위의 사항의 서류 중 그와 관련된 서류를 제출하지 아니한다.

① 법 제15조에 따라 승인을 받은 사업계획(이하 "사업계획"이라 한다)에 포함된 부대영업을 하기 위하여 다른 법령에 따라 소관관청에 신고를 하였거나 인·허가 등을 받은 경우에는 각각 이를 증명하는 서류(제2호 또는 제3호의 서류에 따라 증명되는 경우에는 제외한다)

② 법 제18조 제1항에 따라 신고를 하였거나 인·허가 등을 받은 것으로 의제되는 경우에는 각각 그 신고서 또는 신청서와 그 첨부서류

③ 법 제18조 제1항 각 호에서 규정된 신고를 하였거나 인·허가 등을 받은 경우에는 각각 이를 증명하는 서류

④ 시설의 평면도 및 배치도

⑤ 국제회의시설업: 별지 제4호 서식의 시설별 일람표

표 4-31 **국제회의시설업 시설별 일람표**(별지 제4호 서식)

위치			
착공년월일	. . .	준공년월일	. . .
건설자금	내자: 외자: 자기자금: 융자금: 계:		
건축규모	구조: 조, 지상: 층, 지하: 층		
면적	대지면적: 제곱미터 건축면적: 제곱미터 연면적: 제곱미터		
종업원수	남: 여: 계: 명		
회의시설내용	5천 명 이상을 수용할 수 있는 대회의실: 개 2천~5천 명 미만을 수용할 수 있는 대회의실: 개 1천~2천 명 미만을 수용할 수 있는 대회의실: 개 300명 이상을 수용할 수 있는 중회의실: 개 200~300명 미만을 수용할 수 있는 중회의실: 개 50명 이하를 수용할 수 있는 소회의실: 개		
전시시설내용	2,500제곱미터 이상의 옥내 전시장: 개 2,500제곱미터 미만의 옥내 전시장: 개		
지원시설 및 부대시설을 명기하시기 바랍니다.			

210mm×297mm[일반용지 60g/m^2(재활용품)]

(2) 등록기준

① 국제회의시설업

ⓐ「국제회의산업 육성에 관한 법률 시행령」제3조에 따른 회의시설 및 전시시설의 요건을 갖추고 있을 것

ⓑ 국제회의 개최 및 전시의 편의를 위하여 부대시설로 주차시설과 쇼핑·휴식시설을 갖추고 있을 것

② 국제회의기획업

ⓐ 자본금: 5천만 원 이상일 것

ⓑ 사무실: 소유권이나 사용권이 있을 것

06. 카지노업

1) 카지노업의 개념 및 특성

카지노(casino)란 도박 · 음악 · 쇼 · 댄스 등 여러 가지의 오락시설을 갖춘 연회장이라는 의미로서 '작은 집'이라는 의미의 이탈리아어 Casa가 어원이고, 르네상스 시대 귀족들이 소유하였던 사교 · 오락용(댄스 · 당구 · 도박 등)의 별관을 뜻하였다. 처음에는 대중적 사교장이었으나, 오늘날은 해변가 · 온천지 · 휴양지 등에 있는 일반 옥내 도박장을 말한다. 나라에 따라 과세 · 관광시설 · 외화획득의 목적으로 개설을 공인한 데도 있다. 「관광진흥법」 제3조 제1항 5호에 "카지노업은 전문영업장을 갖추고 주사위 · 트럼프 · 슬롯머신 등 특정한 기구 등을 이용하여 우연의 결과에 따라 특정인에게 재산상의 이익을 주고 다른 참가자에게 손실을 주는 행위 등을 하는 업"으로 규정되고 있다.

(1) 카지노 게임종류

가) 블랙잭

카지노 테이블 게임 중 가장 인기가 높은 게임이며, 숫자 '21'으로도 불리는 게임으로서 딜러가 자신과 플레이어에게 순차적으로 카드를 분배하여 그 합이 21에 가깝도록 만드는 과정에서 룰을 따라야 한다. 블랙잭에서는 게임을 어떻게 진행할 것인지 자신의 패를 보고 플레이어가 결정할 수 있기 때문에 개인적으로 전략을 잘 세운다면 위험요소를 많이 줄일 수 있고, 한꺼번에 돈을 많이 따기도 한다. 딜러는 1명이고, 5명의 플레이어가 참가하는 게임이다.

나) 바카라

동양권에서 가장 선호하는 바카라는 카지노에서도 매력적인 게임이다. 게임 룸이 별도로 있으며, 게임을 주관하는 사람이 대개 턱시도를 입고 하이 롤러(고액 베팅자)들을 대상으로 하는 게임으로, 카지노 게임 중에서 플레이어에게 확률이 가장 높은 게임 중 하나이다. 바카라는 플레이어와 뱅커라 불리는 자칫 그 의미를 헷갈리기 쉬운 두 패만을 사용한다. 또한 뱅

커편 베팅, 플레이어편 베팅 외에도 양쪽이 비기는 것을 예상한 타이 베팅이 있다. 타이 베팅은 비겼을 때 베팅한 액수의 8배를 받고, 뱅커 쪽 베팅과 플레이어 쪽 베팅은 이겼을 때 베팅한 액수만큼 받을 수 있다.

다) 룰렛

'돌아가는 작은 바퀴'라는 뜻의 프랑스어에서 유래하였고, 베팅방법은 0에서 36까지의 어느 숫자 위에 볼이 떨어지는가에 거는 1/37 또는 1/38에 해당하는 확률의 베팅 방법 이외에 36개의 눈금이 하나 걸러 빨강과 검정으로 색이 나뉘어져 있어 그 색의 눈금 위에서 멈출 것을 기대하는 1/2의 확률에 거는 베팅 방법 등 낮은 확률로부터 높은 확률까지 11종류의 베팅 방법이 있다.

라) 빅휠

일명 빅 식스(big six), 휠 오브 포춘(wheel of fortune), 또는 머니 휠(money wheel)이라 불리기도 한다. 회전하는 수레바퀴 모양의 이 게임기 상단부에는 단단한 가죽으로 만들어진 스토퍼(stopper: 가죽 띠)가 달려 있어 회전하는 휠에 브레이크가 걸려 서서히 회전하는 속도가 떨어지다가 멈추게 된다. 이때 가죽 띠가 가리키는 곳이 당첨이 되는 배우기 쉬운 게임이다.

마) 다이사이

중국에서 유래된 다이사이 게임은 Dice Shaker(주사위를 넣어서 흔드는 용기)를 진동하여 결정된 3개의 주사위 합과 플레이어가 베팅한 숫자 혹은 숫자의 조합과 일치하면 정해진 배당률에 의해 배당금이 지급되는 게임이다.

바) 케리비안 스터드포커

플레이어와 딜러가 5장의 카드를 가지고 게임을 하여 높은 서열의 패를 가진 쪽이 승리하는 게임이다. 단, 플레이어의 패가 아무리 높아도 딜러의 패가 Ace · King의 조합 또는 그 이상의 패를 가져야 게임이 성립된다.

(2) 카지노의 업무

가) 카지노 딜러

카지노 딜러란 카지노 영업장의 게임 테이블에서 게임을 진행시키는 사람을 말한다. 카지노 딜러는 기본적으로 바카라 · 룰렛 · 포커 · 블랙잭 등의 게임규칙을 완벽하게 숙지한 상태에서 한 개의 테이블에서 게임을 진행한다. 카드 게임의 경우 사용하는 카드를 능숙하게 다루는 기술을 보유하여 고객에게 신뢰성과 흥미성을 전달하여야 한다. 이들은 우선 고객에게 게임규칙과 베팅에 대해 설명하고, 참가자들의 착석이나 규정된 만큼의 돈을 걸었는지 확인해야 한다. 그 후 카드나 룰렛 휠을 돌리거나, 주사위를 던지면서 게임을 진행시킨다. 이때 딜링의 동작은 신속 · 정확하고 멋을 가미해 처리한다. 카지노 딜러는 큰 액수의 금액을 취급하는 자로서 항상 정직한 마음자세로 게임에 임하여야 하며, 주의를 요한다.

나) 갬블러

도박문화가 정착된 미국 카지노 업계에선 세계 승부사만 모이는 '세계 포커선수권전'을 가질 만큼 갬블링의 의미가 단순한 '도박'을 즐기기 위한 용어가 아닌 프로직업의 한 부분을 차지할 정도이다. 프로 갬블러로서의 직업은 일종의 전문직으로 한순간 카지노 게임을 통하여 승부의 쾌감을 느끼는 것이 아닌, 카지노와 관련한 다른 직업과 마찬가지로 인식하고 인정해야 한다.

다) 플로어 매니저

플로어 매니저(floor manager)란 말은 우리나라 말로 카지노 객장(casino floor)을 관리하는 1차 감독자로서 카지노 감독자(casino inspector)라고도 불린다. 이들은 딜러와 마찬가지로 모든 게임을 능숙하게 딜링(dealing)할 수 있는 능력을 보유하고 있어야 하며, 외국의 경우 이러한 감독자(inspector)와 딜러(dealer)의 역할을 동시에 겸하고 있는 이들도 많다. 이들은 주로 딜러와 같이 테이블 게임에 임하여 게임을 감시하는 역할을 한다.

라) 슈퍼바이저

카지노 슈퍼바이저(casino supervisor) 또는 피트 매니저(pit manager)라고도 불리며, 이들의 주 역할은 카지노 객장의 2차 감독자로서 모든 테이블 게임의 룰(rule)에 대하여 완벽하게 숙지하고 있어야 하며, 딜러들과 고객들을 관리하는 능력을 갖추고 있어야 한다.

또한 이들은 객장에서 소란을 피우거나 게임을 방해하는 고객을 신속히 가려내는 일들을 처리하며, 딜러들의 실수(dealer miss)를 찾아내는 역할도 하는데, 즉 딜러가 고객에게 고의로 져주거나 칩(chip)을 바꾸어주고 전달할 때 계산을 잘못하는지도 감시한다. 또한 이들은 객장에 방문하는 모든 고객의 불만의 소리를 듣고 해결하여야 하며, 객장을 찾는 외국인과 대화가 이루어지도록 외국어에도 능숙하여 의사소통에 무리가 없을 정도의 능력을 갖추고 있어야 한다.

(3) 카지노의 효과

가) 경제에 미치는 영향

우리나라는 외화획득 목적으로 카지노가 개설되었고, 블랙잭(blackjack), 바카라(baccarat) 등 카드 게임과 휠 또는 구슬 게임으로 룰렛(roulette), 주사위 게임으로 큰 휠을 돌려 숫자에 멈추게 하는 빅식스 등 7~9종류가 행해지고 있다. 카지노 고객은 호텔 및 면세점 그리고 기타 관광지와 관광 시설물을 이용하는 고객이 점점 늘어가는 추세에 있다. 다른 시·도는 카지노가 많지 않아 제주도처럼 큰 영향이 미치지 않지만, 앞으로 카지노 육성정책에 따라 카지노가 많이 개설되면 관광산업에 미치는 영향이 커진다고 생각할 수 있다.

나) 호텔에 미치는 영향

제주도 내 카지노가 있는 특급 호텔 대부분이 카지노 임대료 수입과 부대수입에 크게 의존하여 적자폭을 줄여나가고 있거나 흑자 국면으로 전환시켜 나가고 있는 것으로 알려지고 있다. 카지노 고객이 호텔을 이용하는 객실점유율은 호텔 연 객실점유율 약 15~25% 내외가 되는 것으로 알려지고 있으며, 또한 식음료 이용도 호텔 일반 고객 및 일반 단체 고객이 호텔 내 이용하는 비용보다 더 많은 비용을 쓰고 있다. 카지노 고객은 무료 서비스를 받는 경우가 많아서 값비싸고 좋은 객실을 사용하려고 하며, 또 비싼 음식을 먹는 경우가 많아 호텔 측은 카지노 고객에게 객실을 판매하는 것이 많은 매출을 올릴 수 있다.

2) 카지노의 역사

우리나라 카지노는 카지노업 허용을 통해 외국인 관광객을 유치하고 외화수입을 확대하는 등 관광산업 진작의 일환으로 도입되었다. 카지노의 설립 근거가 된 최초의 법은 1961년 11월에 제정된 '복표발행현상기타사행행위단속법'이며, 1962년 9월 동법의 개정 사항에 외국인을 상대로 하는 오락시설로서 외화 획득에 기여할 수 있다고 인정될 때 이를 허가할 수 있게 규정하였다.

당초 카지노 사업은 사행사업이라 하여 경찰청에서 관리하였으나, 1994년 8월 3일 「관광진흥법」이 개정되면서 관광산업으로 전환되어 이때부터 문화체육관광부에서 허가권과 지도·감독권을 갖게 되었다. 단, 제주도는 '제주특별법'에 따라 2006년 7월부터 제주 지역 카지노에

표 4-32 **한국 카지노의 역사**

구분	내용
1961년	• '복표발행현상기타사행행위단속법' 제정(11월) – 카지노 설립의 법적 근거
1967년	• 최초로 인천 오림포스 호텔 카지노 개장(현 파라다이스 인천역 호텔)
1968년	• 주한 외국인 및 외래 관광객 전용인 서울 워커힐 호텔 카지노 개장(현 파라다이스 카지노 워커힐)
1969년	• '복표발행현상기타사행행위단속법' 개정을 통해 내국인의 카지노 출입금지 조치(6월)
1971년	• 충북 보은 '속리산 관광호텔 카지노' 개장 • 제주 '제주 칼 호텔 카지노' 개장(현 공즈 카지노) • 부산 '파라다이스비치 호텔 카지노' 개장(현 파라다이스 카지노 부산지점) • 경주 '코오롱 관광호텔 카지노' 개장(현 인터불고 대구 카지노)
1980년	• 설악파크, 제주 하얏트 개장 • 제주 '하얏트 호텔 카지노' 개장(현 파라다이스 카지노 제주 롯데)
1990년	• 제주 지역에 카지노업 규제완화 조치 • 제주 '그랜드 호텔 카지노' 개장(현 파라다이스 카지노 제주지점) • 제주 '크라운 프라자 호텔 카지노' 개장(현 제주 썬 카지노) • 제주 '서귀포 칼 호텔 카지노' 개장(현 랜딩 카지노) • 제주 '오리엔탈 호텔 카지노' 개장(현 로얄 팔레스 카지노) • 내무부에서 현 문화체육관광부로 주무관청 이관 – 사행행위단속법 → 「관광진흥법」 • 5월 외국인 카지노 투자 합법화
2000년	• 강원 정선 '강원랜드 스몰 카지노' 개장(10월)
2003년	• 강원도 폐광 카지노 메인 개장
2005년	• 2월 GKL 세븐럭 카지노 허가
2006년	• 7월 제주 지역 카지노 인허가권 제주특별자치도에 이양
2010년	• 3월 전북 새만금에 해양 카지노 사업 추진
2011년	• 12월 「폐광지역 개발 지원에 관한 특별법」 제정(2025년 12월 31일까지 강원랜드 카지노 연장영업)
2013년	• 「새만금사업 추진 및 지원에 관한 특별법」(법률 제11542호, 2013년 9월 12일 시행) 제63조 새만금사업 지역에서의 관광사업에 투자하려는 외국인 투자금액이 미합중국 화폐 5억 달러 이상인 경우에 외국인 전용 카지노업 허가(2018 관광동향에 관한 연차보고서, 문체부)
2015년	• 「크루즈산업의 육성 및 지원에 관한 법률」(법률 제13192호, 2015.8.4. 시행) 제11조 신설 – 국제순항 국적 크루즈선으로서 국제 총 톤수가 2만 톤 이상인 경우에 외국인 전용 카지노업(2018 관광동향에 관한 연차보고서, 문체부)
2016년	• Inspire – IR, 인천 경제자유규역 내 카지노업 사전심사 적합 통보
2017년	• (주)파라다이스, 그랜드 인천 하얏트에서 영종도 파라다이스 호텔 골드레쉬 이전
2020년	• 제주도 첫 복합리조트 '제주신화월드(랜딩카지노)' 개장 (2월) • 국내 3번째 카지노 복합리조트 그랜드하얏트제주 '드림타워 카지노'(21년 6월 오픈) • 전국에 17개 업체가 운영 중에 있으며, 지역별로는 서울 3개소, 부산 2개소, 인천 1개소, 강원 1개소, 대구 1개소, 제주 8개소이다. 내국인출입 카지노는 강원랜드 카지노 1개소가 운영 중이다. 카지노업 종사원 수는 7,925명이다(2019 관광동향에 관한 연차보고서, 문체부).

대하여는 제주특별자치도가 허가 및 지도·감독 기능을 갖고 있다. 「관광진흥법」에 따라 카지노업은 내국인 출입을 허용하지 않는 것을 기본으로 하고 있으며, 예외적으로 「폐광지역 개발 지원에 관한 특별법」에 의거 폐광지역의 경제 활성화를 위해 강원랜드 카지노는 내국인 출입이 가능한 카지노로 허가되어 2000년 10월 개장되었고 2025년까지 한시적으로 운영될 예정이다.

현재 카지노업을 규율하고 있는 규정은 관광진흥법령, 카지노업 영업준칙(문화체육관광부 고시 제2019-33호, 2019년 8월 6일), 카지노전산시설기준(문화체육관광부 고시 제2018-28호, 2018년 8월 16일), 카지노기구기준(문화체육관광부 고시 제2019－34호, 2019년 8월 6일), 카지노기구검사업무규정(2018년 5월31일, 문화체육관광부 승인), 카지노전산시설검사업무규정(2018년 9월 7일, 문화체육관광부 승인) 등이 있다.

세계적인 카지노 추세는 복합 리조트 형태의 카지노로 가고 있으나 우리나라는 호텔에 부속된 단순한 영업 형태로 영세성을 벗어나지 못하고 있는 실정이었다. 이에 문화체육관광부는 세계적 추세에 맞춰 외국인 투자 유치를 촉진하고, 해당 지역의 대규모 개발을 유도하기 위하여 복합 리조트 조성을 추진하고 있으며, 그 결과 인천 경제자유구역 내에 2개의 카지노 복합 리조트가 조성되었다(인천 하얏트 그랜드, Goldrush, 파라다이스세가사미).

카지노 산업의 전 세계적인 흐름은 이미 1990년대 말과 2000년대에 들어오면서 과거의 단순 갬블링(gambling) 중심에서 벗어나 가족 및 일반 대중 관광객을 대상으로 한 여가·컨벤

표 4-33 **세계 카지노의 역사**

구분	내용
17～18세기	• 유럽에서 처음 시작
1930년대	• 대공항 이후 미국 네바다 라스베이거스(벅시), 리노 등장
1934년	• 마카오 카지노 도입
1976년	• 미국 애틀랜틱 시티에 카지노 합법화 이후 카지노 합법화 붐
1989년	• Resort Casino 개념의 카지노 등장(라스베이거스 Mirage)
1997년	• 미국 전체 관광수입 중 20%가 카지노 수익
현재	• 미국 26개 주가 카지노 합법화: 라스베이거스, 테마공원 • 리조트화를 통한 대중화: 지역발전을 위해 인디언 보호구역에 카지노 붐 • 갬블 4대국: 미국, 프랑스, 영국, 독일 • 세계적 카지노 도시: 라스베이거스, 애틀랜틱시티, 몬테카를로, 칸느, 바덴바덴, 디본누 등 • 아시아 3대 카지노: 한국 워커힐 카지노, 중국 마카오, 말레이시아 겐팅 하이랜드

션·테마파크·리조트 중심의 볼거리와 즐길거리를 동시에 제공하는 복합시설로 변모하고 있으며, 최근에 들어와서는 복합 리조트 중심의 종합 엔터테인먼트 산업으로 진화하고 있다. 특히 2000년대 초부터 국가 간, 카지노 업체 간 경쟁이 본격적으로 심화되면서 세계 각국, 특히 동아시아 지역의 주요 국가들은 관광산업 육성정책의 일환으로 카지노 산업의 합법화 대열에 합류하여 정부 주도로 막대한 자금을 투자하고 카지노의 대형화·테마화·차별화 등을 모색하면서 카지노 산업의 경쟁력을 강화하기 위해 노력하고 있다.

이러한 세계적인 흐름과 각국의 노력에 의해 카지노 산업에 대한 인식은 점차 사행산업에서 관광산업의 일환으로 변모해가고 있으며, 카지노 산업은 이제 관광산업의 중요한 분야로 자리매김하면서 관광객을 유인하는 촉매제가 되고 있다(박정인·유현우, 2019: 153~178).

3) 카지노의 통계

카지노의 통계는 다음과 같다.

표 4-34 **카지노 업체 현황**

시·도	업체명(법인명)	허가일	운영형태(등급)	대표자	종사원수(명)	2023 매출액(백만원)	2023 입장객(명)	허가면적(m^2)
서울	파라다이스카지노 워커힐점【(주)파라다이스】	1968. 3. 5	임대(5성)	최성욱 최종환	968	354,482	423,304	2,694.23
	세븐럭카지노 강남코엑스점【그랜드코리아레저(주)】	2005. 1. 28	임대(컨벤션)	김영산	893	192,143	262,789	2,158.32
	세븐럭카지노 서울드래곤시티점【그랜드코리아레저(주)】	2005. 1. 28	임대(5성)	김영산	525	151,683	397,984	2,137.20
부산	세븐럭카지노 부산롯데점【그랜드코리아레저(주)】	2005. 1. 28	임대(5성)	김영산	337	53,524	129,052	1,583.73
	파라다이스카지노 부산지점【(주)파라다이스】	1978. 10. 29	임대(5성)	최성욱 최종환	265	46,199	78,186	1,483.66
인천	파라다이스카지노(파라다이스시티)【(주)파라다이스세가사미】	1967. 8. 10	직영(5성)	최종환	852	329,132	298,076	8,726.80
	인스파이어 카지노(인스파이어)【(주)인스파이어 인티그레이티드 리조트】	2024. 1. 23	직영(5성)	첸시	1,063	–	–	14,372.00
강원	알펜시아카지노【(주)지바스】	1980. 12. 9	임대(5성)	박주언	5	0	73	632.69
대구	호텔인터불고대구카지노【(주)골든크라운】	1979. 4. 11	임대(5성)	안위수	154	21,965	70,376	1,485.24

제주	공즈카지노 【길상창휘(유)】	1975. 10. 15	임대 (5성)	쭈시앙보	65	1,188	4,129	1,604.84
	파라다이스카지노 제주지점 【(주)파라다이스】	1990. 9. 1	임대 (5성)	최성욱 최종환	187	14,810	47,327	1,159.92
	세븐스타카지노 【(주)청해】	1991. 7. 31	임대 (5성)	박성철	170	25,888	17,926	1,175.85
	제주오리엔탈카지노 【(주)건하】	1990. 11. 6	임대 (5성)	박성호	50	2,149	5,885	865.25
	드림타워카지노(제주드림타워) 【(주)엘티엔터테인먼트】	1985. 4. 11	임대 (5성)	김한준	742	189,691	266,864	5,529.63
	제주썬카지노 【(주)지앤엘】	1990. 9. 1	직영 (5성)	이성열	63	727	6,237	1,509.12
	랜딩카지노(제주신화월드) 【람정엔터테인먼트코리아(주)】	1990. 9. 1	임대 (5성)	홍재성	311	23,263	58,169	5,641.10
	메가럭카지노 【(주)메가럭】	1995. 12. 28	임대 (5성)	이근배	33	203	707	1,347.72
13개 법인, 17개 영업장(외국인 전용)			직영: 3 임대: 14	–	6,683	1,407,047	2,067,084	54,107.3
강원	강원랜드카지노(하이원리조트) 【(주)강원랜드】	2000. 10. 12	직영 (5성)	이삼걸	2,077	1,320,219	2,413,082	15,481.19
14개 법인, 18개 영업장(내 · 외국인)			직영: 4 임대: 14	–	8,760	2,727,266	4,480,166	69,588.49

※매출액: 관광기금 부과대상 매출액 기준
※종사원수(2024년 4월 기준): 정규직 외 계약직 등 전체 인원 기준이며, 종사원수는 수시 변동함.
- 워커힐카지노에 본사 인원 포함 / 세븐럭카지노 강남코엑스점에 본사 및 마케팅 인원 포함
- 파라다이스시티, 인스파이어카지노, 드림타워카지노, 랜딩카지노는 복합리조트 중 카지노 인원 기준
- 강원랜드카지노는 복합리조트 중 카지노(영업 · 영업기타) 인원 기준

자료: 문화체육관광부, 2024. 4.

관광진흥법 제30조(기금 납부) ① 카지노사업자는 총매출액의 100분의 10의 범위에서 일정 비율에 해당하는 금액을 「관광진흥개발기금법」에 따른 관광진흥개발기금에 내야 한다.

② 카지노사업자가 제1항에 따른 납부금을 납부기한까지 내지 아니하면 문화체육관광부장관은 10일 이상의 기간을 정하여 이를 독촉하여야 한다. 이 경우 체납된 납부금에 대하여는 100분의 3에 해당하는 가산금을 부과하여야 한다. <개정 2008.2.29>

③ 제2항에 따른 독촉을 받은 자가 그 기간에 납부금을 내지 아니하면 국세 체납처분의 예에 따라 징수한다.

④ 제1항에 따른 총매출액, 징수비율 및 부과 · 징수절차 등에 필요한 사항은 대통령령으로 정한다.

⑤ 제1항에 따른 납부금 또는 제2항 후단에 따른 가산금을 부과받은 자가 부과된 납부금 또는 가산금에 대하여 이의가 있는 경우에는 부과받은 날부터 30일 이내에 문화체육관광부장관에게 이의를 신청할 수 있다. <신설 2011.4.5>

⑥ 문화체육관광부장관은 제5항에 따라 이의신청을 받았을 때에는 그 신청을 받은 날부터 15일 이내에 이를 심의하여 그 결과를 신청인에게 서면으로 알려야 한다. <신설 2011.4.5>

표 4-35 **카지노사업자 관광진흥개발기금 납부 현황**

(단위: 백만원)

구분	2014	2015	2016	2017	2018	2019	2020	2021	2022	2023
파라다이스 워커힐	41,040	35,005	33,927	26,612	29,081	28,583	16,865	13,876	15,334	34,908
세븐럭 강남코엑스	25,303	20,988	22,915	19,349	18,974	18,261	8,109	2,648	13,518	18,674
세븐럭 서울드래곤시티	19,484	19,081	21,466	20,181	19,751	21,606	7,239	4,258	9,645	14,628
세븐럭 부산롯데	7,026	7,976	8,081	7,999	7,896	7,824	1,634	446	1,734	4,812
파라다이스 부산	7,507	6,775	9,616	6,699	6,410	7,093	1,928	1,161	2,393	4,080
파라다이스 시티	10,324	8,971	9,048	17,046	24,401	37,152	12,153	8,146	15,299	32,373
알펜시아	6	2	0	0.4	2	2	0.3	0	0	0
인터불고	714	774	1,133	1,173	1,094	1,532	1,139	1,316	1,670	1,657
육지지역 외국인전용 계	111,404	99,572	106,186	99,059	107,609	122,053	49,067	31,851	59,593	111,132
공즈	1,944	1,241	229	2,736	3,268	2,679	435	9.9	0	19
파라다이스 제주	5,731	4,410	4,983	2,729	1,920	3,503	451	55	112	941
세븐스타	3,498	3,478	1,999	580	1,044	343	118	0	8.5	2,049
오리엔탈	1,416	1,091	1,517	1,442	822	1,140	20	0	0	67
드림타워	3,191	3,135	1,884	959	177	193	27	2,414	5,981	18,429
제주썬	838	166	90	367	393	372	55	0	0	7.3
랜딩	357	2,680	2,621	3,514	37,941	5,705	3,695	1,097	644	1,786
메가럭	1,295	731	562	1,133	1,581	1,250	0.4	0	0	2.0
제주지역 외국인전용 계	18,270	16,932	13,885	13,460	47,146	15,185	4,801	3,576	6,746	23,300
외국인전용 합계	129,674	116,504	120,071	112,519	154,755	137,238	53,868	35,427	66,339	134,432
강원랜드	141,660	155,575	162,221	151,770	139,468	147,615	43,815	76,960	121,806	131,482
총계	271,334	272,079	282,292	264,289	294,223	284,853	97,683	112,387	188,145	265,914

자료: 문화체육관광부, 2024.

표 4-36 **카지노 이용객 현황**

(단위: 명, %)

연도	외래방한객 (A)	카지노이용객 (B)	외래방한객 대비 점유율(B/A)	카지노 이용객 전년대비 증감률(%)
1993	3,331,226	650,420	19.5	△4.4
1994	3,580,024	625,865	17.5	△3.8
1995	3,753,197	633,174	16.9	1.2
1996	3,683,779	517,672	14.1	△18.2
1997	3,908,140	518,178	13.1	0.1
1998	4,250,216	689,254	16.0	33.0
1999	4,659,785	694,899	14.9	0.8
2000	5,321,792	636,005	12.0	△8.4
2001	5,147,204	626,851	12.1	△1.4
2002	5,347,468	647,722	12.1	3.3
2003	4,752,762	630,474	13.2	△2.6
2004	5,818,138	677,145	11.6	7.4
2005	6,022,752	574,094	9.5	△15.2
2006	6,155,046	988,718	16.0	72.2
2007	6,448,240	1,176,338	18.2	19.0
2008	6,890,841	1,276,772	18.5	8.5
2009	7,817,533	1,676,207	21.4	31.2
2010	8,797,658	1,945,819	22.1	16.0
2011	9,794,796	2,100,698	21.4	8.0
2012	11,140,028	2,384,214	21.4	13.5
2013	12,175,550	2,707,315	22.2	13.6
2014	14,201,516	2,961,833	20.9	9.4
2015	13,231,651	2,613,620	19.8	△11.8
2016	17,241,823	2,362,544	13.7	△9.6
2017	13,335,758	2,216,459	16.6	△6.2
2018	15,346,879	2,839,017	18.5	28.1
2019	17,502,756	3,233,761	18.5	13.9
2020	2,519,118	1,160,967	46.1	△64.1
2021	967,003	708,571	73.3	△39.0
2022	3,198,017	1,105,293	34.6	56.0
2023	11,031,665	2,067,084	18.7	87.0

※2023년 외래방한객(출처: 한국관광공사)
※카지노이용객은 외국인전용 카지노(육지+제주) 기준
자료: 문화체육관광부, 2024. 4.

표 4-37 **카지노 매출액 현황**

(단위: 천$, %)

연도	관광외화수입 (천$) (A)	증감률(%)	카지노외화수입 (천$) (B)	증감률(%)	점유율(%) (B/A)
1993	2,929,500	8.9	173,176	27.0	5.9
1994	3,316,500	13.2	250,763	44.8	7.6
1995	5,060,200	52.6	286,342	14.2	5.7
1996	4,855,400	△4.0	265,560	△7.2	5.5
1997	4,710,200	△3.0	243,013	△8.5	5.2
1998	6,865,400	45.8	203,877	△16.1	2.9
1999	6,801,900	△0.9	251,787	23.5	3.7
2000	6,811,300	0.1	301,153	20.0	4.4
2001	6,370,700	△6.5	296,355	△0.8	4.6
2002	5,915,000	△7.2	327,075	10.4	5.5
2003	5,339,900	△9.7	334,335	2.2	6.3
2004	6,049,300	13.3	378,576	13.2	6.3
2005	5,785,100	△4.4	423,413	11.8	7.3
2006	5,689,000	△1.7	501,928	18.5	8.8
2007	6,057,600	6.5	659,634	31.4	10.9
2008	9,680,500	59.8	684,263	3.7	7.1
2009	9,737,000	0.6	720,520	5.3	7.4
2010	10,225,400	5.0	869,679	20.5	8.5
2011	12,233,900	19.6	1,015,982	16.8	8.3
2012	13,201,100	7.9	1,110,244	9.3	8.4
2013	14,288,400	8.2	1,250,093	12.6	8.7
2014	17,335,900	21.3	1,307,776	4.6	7.5
2015	14,675,800	△15.3	1,098,778	△16.0	7.5
2016	16,753,900	14.2	1,099,266	0.04	6.6
2017	13,263,900	△20.8	1,066,442	△3.0	8.0
2018	18,461,800	39.2	1,477,265	38.5	8.0
2019	20,744,900	12.4	1,243,280	△15.9	6.0
2020	10,181,100	△50.9	506,559	△59.3	5.0
2021	10,622,500	4.3	353,659	△30.2	3.3
2022	12,240,600	13.2	552,063	56.1	4.5
2023	15,111,500	23.5	1,077,858	95.2	7.1

※2023년 관광수입은 추정치(출처: 한국관광공사)
※카지노외화수입은 외국인전용 카지노(육지+제주) 기준
자료: 문화체육관광부, 2024. 4.

표 4-38 **카지노 게임시설 현황**

육지 지역	업체명(법인명) 및 전용영업장 면적(m^2)	테이블게임		전자 테이블게임			머신게임		총 수량
		종류	대수	종류	대수	단말기수	종류	대수	
서울	파라다이스카지노 워커힐점 【(주)파라다이스】 (2,694.23)	RL	6	D-BC	2	80	SM	2	8종 235대
		BJ	8	A-RL	1		VG	137	
		BC	68						
		PO	11						
		TS	-						
		소계	93	소계	3	80	소계	139	
	세븐럭카지노 서울강남코엑스점 【그랜드코리아레저(주)】 (2,158.32)	RL	2	D-BC	1	45	SM	-	10종 190대
		BJ	8	A-BC	1		VG	108	
		BC	62	A-RL	1				
		PO	5	A-TS	1				
		TS	1						
		소계	78	소계	4	45	소계	108	
	세븐럭카지노 서울드래곤시티점 【그랜드코리아레저(주)】 (2,137.20)	RL	6	D-BC	1	71	SM	9	11종 204대
		BJ	6	A-BC	1		VG	137	
		BC	37	A-RL	1				
		PO	2						
		TS	2						
		CW	2						
		소계	55	소계	3	71	소계	146	
부산	세븐럭카지노 부산롯데점 【그랜드코리아레저(주)】 (1,583.73)	RL	3	D-BC	1	29	SM	5	10종 145대
		BJ	6	A-BC	1		VG	95	
		BC	30	A-RL	1				
		PO	2						
		TS	1						
		소계	42	소계	3	29	소계	100	
	파라다이스카지노 부산지점 【(주)파라다이스】 (1,483.66)	RL	2	D-BC	2	41	SM	-	7종 101대
		BJ	2	D-RL	1		VG	64	
		BC	29						
		PO	1						
		소계	34	소계	3	41	소계	64	

인천	파라다이스카지노 【(주)파라다이스세가사미】 (8,726.80) (파라다이스시티)	RL	12	D-BC	3	144	SM	19	14종 523대
		BJ	18	D-RL	1		VG	313	
		BC	131	A-RL	3				
		PO	17	A-TS	2				
		TS	1	A-BW	1				
		CW	1	A-CR	1				
		소계	661	소계	2	0	소계	0	
	인스파이어카지노 【(주)인스파이어 인티크레이티드 리조트】 (14,372.00) (인스파이어 엔터테인먼트 리조트)	RL	9	D-BC	5	176	SM	2	12종 530대
		BJ	18	D-RL	2		VG	372	
		BC	106	A-CW	1				
		PO	11	A-RL	1				
		TS	2	A-TS	1				
		소계	0	소계	0	0	소계	0	
강원 평창	알펜시아카지노 【(주)지바스】 (632.69)	RL	1				SM	-	5종 53대
		BJ	2				VG	30	
		BC	19						
		TS	1						
		소계	0				소계	0	
대구	인터불고대구카지노 【(주)골든크라운】 (1,485.24)	BJ	5	D-BC	2	30	SM	4	7종 118대
		BC	19	A-RL	1		VG	81	
		PO	6						
		소계	0	소계	0	0	소계	0	
강원 정선	강원랜드카지노 ㈜강원랜드 (15,481.19) (하이원리조트)	RL	13	D-BC	2	272	SM	115	15종 1,560대
		BJ	62	D-RL	1		VG	1,245	
		BC	93	D-BJ	1				
		PO	12	A-BC	1				
		TS	8	A-RL	1				
		BW	2	A-TS	1				
		CW	3						
		소계	0	소계	0	0	소계	0	
육지지역 합계		RL	54	D-BC	19	888	SM	156	18종 3,659대
		BJ	135	D-RL	5		VG	2,582	
		BC	594	D-BJ	1				
		PO	67	A-CW	1				

구분	테이블게임 종류	대수	전자 테이블게임 종류	대수	단말기수	머신게임 종류	대수	총 수량
육지지역 합계	TS	16	A-BC	4				
	BW	2	A-RL	10				
	CW	6	A-TS	5				
			A-BW	1				
			A-CR	1				
	소계	0	소계	0	0	소계	0	

제주 지역	업체명(법인명) 및 전용영업장 면적(m^2)	테이블게임		전자 테이블게임			머신게임		총 수량
		종류	대수	종류	대수	단말기수	종류	대수	
제주	공즈카지노 【길상창휘(유)】 (1,604.84)	BJ	2	A-BC	1	14	SM	-	8종 67대
		BC	31	A-RL	1		VG	24	
		PO	5	A-TS	1				
		MA	2						
		소계	0	소계	0	0	소계	0	
	파라다이스카지노 제주지점 【(주)파라다이스】 (1,159.92)	RL	1				SM	-	5종 74대
		BJ	3				VG	38	
		BC	31						
		TS	1						
		소계	0				소계	0	
	세븐스타카지노 【(주)청해】 (1,175.85)	RL	1						5종 33대
		BJ	2						
		BC	26						
		PO	3						
		TS	1						
		소계	0						
	제주오리엔탈카지노 【(주)건하】 (865.25)	RL	1				SM	-	6종 55대
		BJ	4				VG	20	
		BC	27						
		PO	2						
		TS	1						
		소계	0				소계	0	

제주	드림타워카지노 【(주)엘티엔터테인먼트】 (5,529.63) (제주드림타워)	RL	7	A-BC	6	71	SM	-	9종 347대
		BJ	16	A-RL	1		VG	190	
		BC	107	A-TS	1				
		PO	8						
		TS	11						
		소계	0	소계	0	0	소계	0	
	제주썬카지노 【(주)지앤엘】 (1,509.12)	RL	2				SM	-	6종 80대
		BJ	4				VG	33	
		BC	38						
		PO	2						
		TS	1						
		소계	0				소계	0	
	랜딩카지노 【람정엔터테인먼트코리아(주)】 (5,641.10) (제주신화월드)	RL	5	D-BC	2	56	SM	-	11종 240대
		BJ	2	A-BC	2		VG	63	
		BC	81	A-RL	2				
		PO	79	A-TS	2				
		TS	1						
		NIU	1						
		소계	0	소계	0	0	소계	0	
	메가럭카지노 【(주)메가럭】 (1,347.72)	RL	1	A-RL	1	16	SM	-	7종 33대
		BJ	1	A-TS	1		VG	8	
		BC	19						
		TS	1						
		소계	0	소계	0	0	소계	0	
제주지역 합계		RL	18	D-BC	2	187	SM	-	12종 928대
		BJ	34	A-BC	9		VG	376	
		BC	360	A-RL	5				
		PO	99	A-TS	5				
		TS	17						
		MA	2						
		NIU	1						
		소계	0	소계	0	0	소계	0	

※게임기구는 수시 변동함.
자료: 문화체육관광부, 2024. 4.

※참고: 게임기구 용어정리

구분	게임기구 용어정리		비고
테이블게임 및 전자테이블게임	RL	룰렛(Roulette)	○ 전자테이블게임 운영 구분 - D: 딜러 운영 전자테이블게임 - A: 무인(완전자동) 전자테이블게임
	BJ	블랙잭(Blackjack)	
	BC	바카라(baccarat)	
	PO	포커(Poker)	
	TS	다이 사이(Tai Sai) 또는 식보(Sicbo)	
	BW	빅 휠(Big Wheel)	
	CW	카지노 워(Casino War)	
	CR	크랩스(Craps) 또는 다이스(Dice)	
	MA	마작(Mahjong)	
	NIU	니우 니우(Niu Niu)	
머신게임	SM	슬롯머신(Slot Machine)	
	VG	비디오게임(Video Game)	

4) 카지노의 허가

카지노의 허가요건은 다음과 같다.

① 관광호텔업이나 국제회의시설업의 부대시설에서 카지노업을 하려는 경우

ⓐ 해당 관광호텔업이나 국제회의시설업의 전년도 외래관광객 유치실적이 문화체육관광부장관이 공고하는 기준에 맞을 것

ⓑ 외래관광객 유치계획 및 장기수지전망 등을 포함한 사업계획서가 적정할 것

ⓒ ②에 규정된 사업계획의 수행에 필요한 재정능력이 있을 것

ⓓ 현금 및 칩의 관리 등 영업거래에 관한 내부통제방안이 수립되어 있을 것

ⓔ 그 밖에 카지노업의 건전한 육성을 위하여 문화체육관광부장관이 공고하는 기준에 맞을 것

② 우리나라와 외국 간을 왕래하는 여객선에서 카지노업을 하려는 경우

ⓐ 여객선이 1만 톤급 이상일 것

ⓑ 여객선의 전년도 외국인수송실적이 문화체육관광부장관이 공고하는 기준에 맞을 것

ⓒ ①의 ⓑ부터 ⑤까지의 규정에 적합할 것

문화체육관광부장관은 법에 따라 최근 신규 허가를 한 날 이후에 전국 단위의 외래관광객이 60만 명 이상 증가한 경우에만 신규허가를 할 수 있되, 다음 각 호의 사항을 고려하여 그 증가 인원 60만 명당 2개 사업 이하의 범위에서 할 수 있다.

① 전국 단위의 외래관광객 증가 추세 및 지역의 외래관광객 증가 추세
② 카지노 이용객의 증가 추세
③ 기존 카지노사업자의 총 수용능력
④ 기존 카지노사업자의 총 외화획득실적
⑤ 그 밖에 카지노업의 건전한 발전을 위하여 필요한 사항

문화체육관광부장관은 위의 사항에 따라 신규허가를 하려면 미리 다음의 사항을 정하여 공고하여야 한다.

① 카지노 허가요건 ①의 ⓐ~ⓔ 및 같은 항 ②의 ⓑ의 세부허가기준
② 허가가능업체 수
③ 허가신청 기간 및 요령

5) 카지노의 영업준칙

관광진흥법 시행규칙 [별표 9] <개정 2019. 10. 7.>

카지노업 영업준칙(제36조 관련)

1. 카지노사업자는 카지노업의 건전한 발전과 원활한 영업활동, 효율적인 내부 통제를 위하여 이사회·카지노총지배인·영업부서·안전관리부서·환전·전산전문요원 등 필요한 조직과 인력을 갖추어 1일 8시간 이상 영업하여야 한다.
2. 카지노사업자는 전산시설·출납창구·환전소·카운트룸[드롭박스(Drop box: 게임테이블에 부착된 현금함)의 내용물을 계산하는 계산실]·폐쇄회로·고객편의시설·통제구역 등 영업시설을 갖추어 영업을 하고, 관리기록을 유지하여야 한다.
3. 카지노영업장에는 게임기구와 칩스(Chips: 카지노에서 베팅에 사용되는 도구)·카드 등의 기구를 갖추어 게임 진행의 원활을 기하고, 게임테이블에는 드롭박스를 부착하여야 하며, 베팅금액 한도표를 설치하여야 한다.
4. 카지노사업자는 고객출입관리, 환전, 재환전, 드롭박스의 보관·관리와 계산요원의 복장 및 근무요령을 마련하여 영업의 투명성을 제고하여야 한다.
5. 머신게임을 운영하는 사업자는 투명성 및 내부통제를 위한 기구·시설·조직 및 인원을 갖추어 운

영하여야 하며, 머신게임의 이론적 배당률을 75% 이상으로 하고 배당률과 실제 배당률이 5% 이상 차이가 있는 경우 카지노검사기관에 즉시 통보하여 카지노검사기관의 조치에 응하여야 한다.

6. 카지노사업자는 회계기록 · 콤프(카지노사업자가 고객 유치를 위해 고객에게 숙식 등을 무료로 제공하는 서비스) 비용 · 크레딧(카지노사업자가 고객에게 게임 참여를 조건으로 칩스를 신용대여하는 것) 제공 · 예치금 인출 · 알선수수료 · 계약게임 등의 기록을 유지하여야 한다.
7. 카지노사업자는 게임을 할 때 게임 종류별 일반규칙과 개별규칙에 따라 게임을 진행하여야 한다.
8. 카지노종사원은 게임에 참여할 수 없으며, 고객과 결탁한 부정행위 또는 국내외의 불법영업에 관여하거나 그 밖에 관광종사자로서의 품위에 어긋나는 행위를 하여서는 아니 된다.
9. 카지노사업자는 카지노 영업소 출입자의 신분을 확인하여야 하며, 다음 각 목에 해당하는 자는 출입을 제한하여야 한다.
   가. 당사자의 배우자 또는 직계혈족이 문서로써 카지노사업자에게 도박 중독 등을 이유로 출입 금지를 요청한 경우의 그 당사자. 다만, 배우자 · 부모 또는 자녀 관계를 확인할 수 있는 증빙 서류를 첨부하여 요청한 경우만 해당한다.
   나. 그 밖에 카지노 영업소의 질서 유지 및 카지노 이용자의 안전을 위하여 카지노사업자가 정하는 출입금지 대상자

※카지노업 신규 영업(게임) 종류에 대해 6개월 이내의 시범운영을 허가
관광진흥법 시행규칙에 규정된 18개 게임으로 제한된 것을 오픈
새로운 게임이 개발되어도 시범운영을 통한 검증과 신규 게임 도입이 어려운 현황

6) 폐광지역 개발 지원에 관한 특별법('폐특법')

1995년 석탄산업의 사양화로 낙후된 폐광지역의 경제 진흥을 위해 제정된 '폐특법'은 당초 2005년 만료되었다. 대체산업 육성 실패로 두 차례 더 연장, 2025년 또다시 일몰 위기에 처해 있다. 법이 마련된 지 25년이 지났지만 폐광지역 경제 회생이라는 목적을 달성하지 못한 상태다. 그 사이 인구는 반 토막 나고 적지 않은 투자에도 지역의 앞날은 여전히 흐림이다. 이에 지역사회에서는 폐광지역이 자생력을 갖추고 회생하기 위해서는 영구적인 법제화가 필요하다고 주장한다. '폐특법'조차 '새만금사업법,' '제주특별법' 등 다른 특별법에는 없는 종료시한 규정이 존재한다.

'폐특법' 개정은 지역사회의 오랜 숙원이며 매번 반복되는 연장 논란이 종식되어야 한다는 목소리가 크다. '폐특법'은 광산 근로자와 그들의 가족, 폐광지역에 대한 최소한의 보상이다. 따라서 국회에서 가장 먼저 처리해야 할 강원도의 최우선 당면과제로 이야기된다. '폐특법'의 원 목적과 같이 석탄광 이외의 뚜렷한 대체산업을 찾기 어려운 폐광지역에 내국인 카지노를

설립, 이를 통해 창출되는 수입을 폐광지역에 재투자하는 것에 집중하고 개선해야 한다.

'폐특법'이 종료될 경우 강원랜드 한 해 매출액이 1조 5,000억 원대에서 150억 원대로 100분의 1가량으로 급감할 것이라는 분석이 최근 나왔다. 강원도는 이렇게 되면 폐광・관광기금은 물론 국세・지방세 등 한 해 6,500억 원 이상이 증발하여 지역공동화 위기가 현실화될 것으로 예상되며, 이런 상황에서 '폐특법'이 만료되면 이 법에 근거해 운영되는 국내 유일의 카지노는 존립 기반이 근본부터 흔들려 문을 닫을 수밖에 없다. 이는 주민의 생존권을 위협하는 것으로 이어질 것은 불 보듯 하다. 따라서 '폐특법'의 항구화는 아직도 자생력을 갖추지 못한 지역 발전과 주민의 생존권을 보장하는 최소한의 조치다. 내국인 카지노의 법적 근거인 '폐특법' 개정은 곧 강원도 주민의 일자리를 지키는 일이라는 것을 깊이 인식할 필요가 있다(강원일보, 2021. 1).

07. 테마파크업

1) 테마파크업의 개념 및 특성

테마파크업은 유기시설이나 유기기구를 갖추어 이를 관광객에게 이용하게 하는 업을 말하며, 테마파크업은 종전의 공중위생법에 의하여 유기장업으로 포함되었으나 1999년 「관광진흥법」의 개정으로 유원시설원이라 명칭을 변경하여 관광사업의 일종으로 규정한 것이다. 「관광진흥법」 상의 테마파크업의 정의는 다음과 같다. 테마파크업은 '「관광진흥법」 제3조 6'에 명시되어 있는 관광사업의 하나로, 테마파크시설을 갖추어 이를 관광객에게 이용하게 하는 업(다른 영업을 경영하면서 관광객의 유치 또는 광고 등을 목적으로 테마파크시설을 설치하여 이를 이용하게 하는 경우를 포함한다)이다. 또한 다른 영업을 경영하면서 관광객 유치, 광고 등의 목적으로 유기시설 및 기구를 갖추어 운영하는 경우도 포함된다(유원시설업은 2025년 8월 28일까지 유지).

'「관광진흥법 시행령」 제2조 5'에 명시된 테마파크업의 종류는 '종합테마파크업'과 '일반테마파크업,' '기타테마파크업'으로 구분된다.

① 종합테마파크업: 유기시설이나 유기기구를 갖추어 관광객에게 이용하게 하는 업으로서

대규모의 대지 또는 실내에서 안전성 검사대상 테마파크시설 6종류 이상을 설치하여 운영하는 업

② 일반테마파크업: 유기시설이나 유기기구를 갖추어 관광객에게 이용하게 하는 업으로서 안전성 검사대상 테마파크시설 1종류 이상을 설치하여 운영하는 업

③ 기타테마파크업: 유기시설이나 유기기구를 갖추어 관광객에게 이용하게 하는 업으로서 안전성 검사대상이 아닌 테마파크시설을 설치하여 운영하는 업

※종류의 차이: 종합 · 일반 · 기타테마파크업 간의 차이는 시설의 규모(대규모 대지 또는 실내), 시설 및 기구의 종류, 시설 및 기구의 안전성 검사대상 여부로 정리된다. 테마파크업의 시설은 「건축법」에 의한 용도별 건축물의 종류상 위락시설에 해당한다. 다만, 테마파크업의 시설 중 안전검사의 대상이 되는 물놀이형 시설로서 바닥 면적의 합계가 500m^2

표 4-39 **관광진흥법 상 테마파크업관련 내용 정리**

관할부처	문화체육관광부
유원시설 대상	• 유기기구 및 유기시설업의 범위 • 기구학적 운동구조 또는 기계
허가 대상 및 기관	• 테마파크업의 영업허가 • 시장 · 군수 · 구청장의 허가
허가절차	• 허가 전 검사(설계심사), 완공검사 후 영업허가 • 안전성 검사
부품인증	• 부품인증 없는 허가 전 검사 시 구조계산 방법의 인증 • 안전성 검사기관이 인증
안전성 검사기관	• 문화체육관광부장관 지정 • 한국종합유원시설협회
유지관리	• 테마파크업자 준수사항(의무) • 비검사대상 확인 검사 • 안전관리자 배치 의무 • 연 1회 이상 정기검사 • 정기검사 • 재검사 • 지정기관에서 검사 후 보고(협회검사자) • 검사기준이 육안 및 조작이 대부분
수리 · 보수업	• 제조업체 7개 업체가 수리 · 보수도 담당 • 수입업체가 대부분
보험	• 보험가입 의무(제9조)
벌칙	• 3년 이하, 3천만 원 이하: 미허가 영업업자 • 1년 이하, 1천만 원 이하 –변경 미허가 영업업자 –불법제조부품사용 설치자 –안전성 미검사의 유기기구 설치자 –감독관청 명령위반자 • 관할등록기관의 장이 등록취소 · 영업정지

자료: 문화체육관광부, 2011.

미만인 것은 제2종 근린생활시설에, 바닥 면적의 합계가 500m^2 이상인 물놀이형 시설은 운동시설에 해당한다.

2) 테마파크업의 시설 및 설비 기준

테마파크업의 경우 「관광진흥법 시행규칙」 제7조 제1항에 따라 다음의 시설 및 설비 기준에 부합해야 한다. 종합테마파크업은 1만 제곱미터 이상의 대지면적과 안정성 검사대상 유기시설·유기기구 6종 이상으로 구비조건을 모두 갖추어야 한다.

구분	시설 및 설비 기준
종합테마파크업	• 대지 면적(실내에 설치한 테마파크업의 경우에는 건축물 연면적)은 1만제곱미터 이상이어야 한다. • 법 제33조 제1항에 따른 안전성 검사대상 테마파크시설 6종 이상을 설치하여야 한다. • 정전 등 비상시 테마파크시설 이외 사업장 전체의 안전에 필요한 설비를 작동하기 위한 예비 전원시설과 의무시설(구급약품, 침상 등이 비치된 별도의 공간) 및 안내소를 설치하여야 한다. • 음식점 시설 또는 매점을 설치하여야 한다.
일반테마파크업	• 법 제33조 제1항에 따른 안전성 검사대상 테마파크시설 1종 이상을 설치하여야 한다. • 안내소를 설치하고, 구급약품을 비치하여야 한다.
기타테마파크업	• 대지 면적(실내에 설치한 테마파크업의 경우에는 건축물 연면적)은 40제곱미터 이상이어야 한다(시행규칙 제40조 제1항 관련 별표 11 제2호 나목 2)에 해당되는 테마파크시설을 설치하는 경우는 제외한다). • 법 제33조 제1항에 따른 안전성 검사대상이 아닌 테마파크시설 1종 이상을 설치하여야 한다. • 구급약품을 비치하여야 한다.

자료: 국가법령정보센터.

표 4-40 **테마파크업의 영향**

구분	긍정적 요인	부정적 요인
사회적 환경	• 여가시간의 증대 • 대형 리조트 복합화 • 가족 중심 여가 패턴 • 아이콘 브랜드 시대	• 저출산 · 고령화시대 • 게임 · 인터넷 산업 확대 • 건강에 대한 관심 증대 • 여가 패턴의 다양화 • 세대별 여가활동 차이 확대
경제적 환경	• 소득(가처분소득) 증가 • 3차 산업 비중 증가 • 경제개발의 수단	• 세계 경제위기 영향 • 기업의 재투자 감소 • 과다경쟁

자료: 오훈성, 2011.

3) 테마파크업의 허가와 안전성 검사

(1) 테마파크업의 허가절차

테마파크업은 문화체육관광부령으로 정하는 안전성 검사대상 테마파크시설에 대하여 안전성 검사기관을 통해 허가 전 검사받고 적합 판정을 받은 뒤 특별자치시장·도지사·시장·군수·구청장의 허가를 받아야 한다.

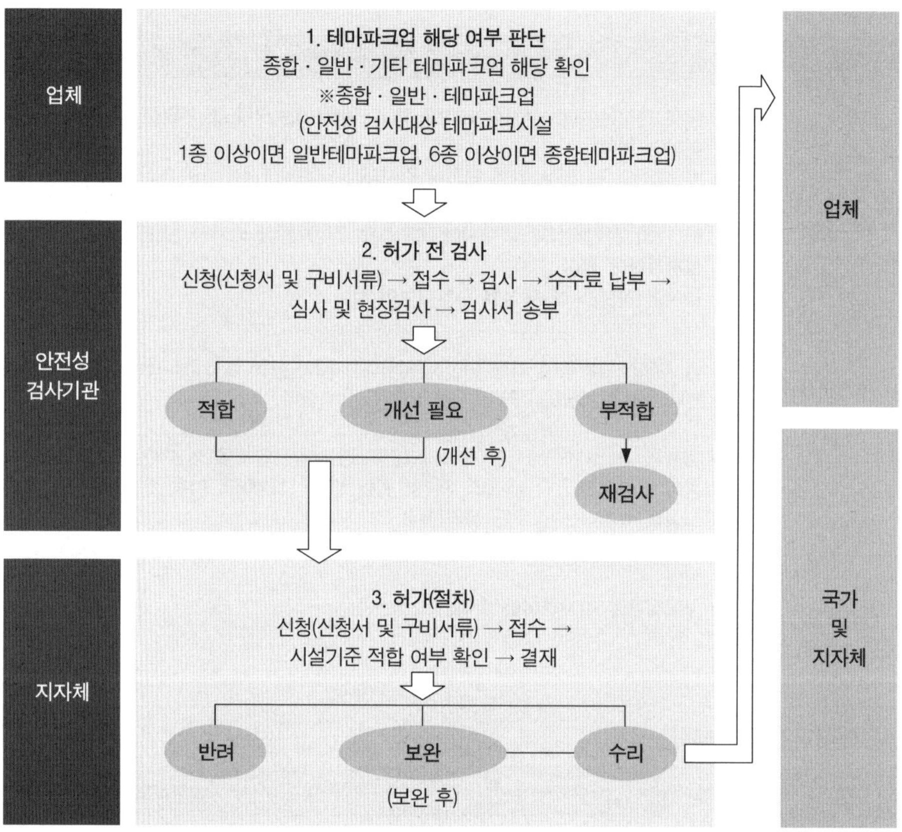

자료: 문화체육관광부.

(2) 테마파크업 안전성 검사

관광진흥법

제33조(안전성 검사 등) ① 테마파크업자 및 테마파크업의 허가 또는 변경허가를 받으려는 자(조건부 영업허가를 받은 자로서 그 조건을 이행한 후 영업을 시작하려는 경우를 포함한다)는 문화체육관광부령으로 정하는 안전성 검사대상 테마파크시설에 대하여 문화체육관광부령에서 정하는 바에 따라 특별자치도지사·시장·군수·구청장이 실시하는 안전성 검사를 받아야 하고, 안전성 검사대상이 아닌 테마파크시설에 대하여는 안전성 검사대상에 해당되지 아니함을 확인하는 검사를 받아야 한다. 이 경우 특별자치도지사·시장·군수·구청장은 성수기 등을 고려하여 검사시기를 지정할 수 있다.

② 제1항에 따라 안전성 검사를 받아야 하는 테마파크업자는 테마파크시설에 대한 안전관리를 위하여 사업장에 안전관리자를 항상 배치하여야 한다.

③ 제2항에 따른 안전관리자의 자격·배치 기준 및 임무 등에 필요한 사항은 문화체육관광부령으로 정한다.

제31조(조건부 영업허가) ① 특별자치도지사·시장·군수·구청장은 테마파크업 허가를 할 때 5년의 범위에서 대통령령으로 정하는 기간에 제5조 제2항에 따른 시설 및 설비를 갖출 것을 조건으로 허가할 수 있다. 다만 천재지변이나 그 밖의 부득이한 사유가 있다고 인정하는 경우에는 해당 사업자의 신청에 따라 한 차례에 한하여 1년을 넘지 아니하는 범위에서 그 기간을 연장할 수 있다.

② 특별자치도지사·시장·군수·구청장은 제1항에 따른 허가를 받은 자가 정당한 사유 없이 제1항에 따른 기간에 허가조건을 이행하지 아니하면 그 허가를 즉시 취소하여야 한다.

③ 제1항에 따른 허가를 받은 자는 제1항에 따른 기간 내에 허가조건에 해당하는 필요한 시설 및 기구를 갖춘 경우 그 내용을 특별자치도지사·시장·군수·구청장에게 신고하여야 한다.

1. 종합테마파크업을 하려는 경우: 5년 이내
2. 일반테마파크업을 하려는 경우: 3년 이내

④ 법 제31조 제1항 단서에서 "그 밖의 부득이한 사유"란 다음 각 호의 어느 하나에 해당하는 사유를 말한다.

1. 천재지변에 준하는 불가항력적인 사유가 있는 경우
2. 조건부 영업허가를 받은 자의 귀책사유가 아닌 사정으로 부지의 조성, 시설 및 설비의 설치가 지연되는 경우
3. 그 밖의 기술적인 문제로 시설 및 설비의 설치가 지연되는 경우

표 4-41 **안전성 검사대상 테마파크시설 및 안전성 검사항목과 안전성 검사대상이 아닌 테마파크 시설**(제40조 제1항 관련)

1. 안전성 검사대상 테마파크시설

가. 대상

안전성 검사대상 테마파크시설은 안전에 유의하여 관리하여야 하는 테마파크시설로서 제3호의 안전성 검사의 대상이 아닌 테마파크시설에 해당하는 것을 제외한 테마파크시설을 말한다.

나. 구분

안전성 검사대상 테마파크시설은 다음과 같이 구분한다.

1) 주행형

분류	내용	대표 유기기구	유사기구명
궤도 주행형	일정한 궤도 (레일·로프 등)를 가지고 있으며, 궤도를 이용하여 승용물이 운행되는 테마파크시설	스카이사이클	공중자전거, 사이클 모노레일 등
		모노레일	월드모노레일, 미니레일, 다크라이드, 관광열차 등
		스카이제트	하늘차 등
		꼬마기차	판타지드림트레인, 개구쟁이열차, 순환열차, 축제열차, 동물열차 등
		미니자동차	빅트럭, 서키트2000, 클레식카, 해적소굴, 해피스카이, 스피드웨이, 자동차왕국, 로데오칸보이 등
		정글마우스	크레이지마우스, 워터점핑, 매직캐슬, 깜짝마우스, 탑코스터 등
		미니코스터	비룡열차, 슈퍼루프, 우주열차, 그랜드캐년, 드래곤코스터, 꿈돌이코스터, 와일드 윈드, 자이언트루프, 링 오브 화이어 등
		제트코스터	카멜백코스터, 스페이스2000, 독수리요새, 혜성특급, 다크코스터, 환상특급, 폭풍열차, 마운틴코스터 등
		루프코스터	공포특급, 루프스파이럴코스터, 판타지아스페셜, 부메랑코스터, 블랙홀2000 등
		공중궤도라이드	바룬라이드 등
		궤도자전거	철로자전거 등
주로 주행형	일정한 주로(도로 또는 이와 유사한 주로)를 가지고 있으며, 그 주로를 이용하여 승용물이 운행되는 테마파크시설	미니스포츠카	전동카, 스노우모빌, 고카트 등
		무궤도열차	패밀리열차, 코끼리열차, 트램카 등
		봅슬레이	슈퍼봅슬레이, 알파인슬라이드 등
수로 주행형	일정한 수로를 가지고 있으며, 그 수로를 이용하여 승용물이 운행되는 테마파크시설	후룸라이드	후룸라이드, 급류타기 등
		신밧드의 모험	지구마을 등
		래피드라이드	보트라이드, 아마존익스프레스 등

자유 주행형	일정한 지역(공간 등)을 가지고 있으며, 그 지역(지면·수면)을 이용하여 승용물이 운행되는 테마파크시설	스포츠카	스포츠카 등
		범퍼카	어린이범퍼카, 크레이지범퍼카, 박치기차 등
		범퍼보트	박치기보트 등

2) 고정형

분류	내용	대표 유기기구	유사기구명
종회전 고정형	수평축을 중심으로 하여 승용물이 수직방향으로 수직원운동 또는 요동운동을 하는 테마파크시설	회전관람차	풍차놀이, 어린이관람차, 허니문카, 우주관람차, 나비휠, 대관람차 등
		플라잉카펫	나는 소방차, 나는 양탄자, 춤추는 비행기, 개구쟁이 버스, 지위즈, 자마이카 등
		아폴로	샤크, 레인저, 우주유람선, 스카이마스터 등
		레인보우	무지개여행, 알라딘, 타임머신 등
		바이킹	미니바이킹, 콜럼버스대탐험, 스윙보트 등
		고공파도타기	터미네이트, 스페이스루프, 인디아나존스, 탑스핀 등
		스카이코스터	스카이코스터 등
횡회전 고정형	수직축을 중심으로 승용물이 수평방향으로 수평원운동을 하는 테마파크시설	회전그네	파도그네, 체인타워, 비행의자 등
		회전목마	메리고라운드, 이층목마, 환상의궁전 등
		티컵	회전컵, 스피닝버렐, 어린이왕국, 꼬마비행기, 데이트컵 등
		회전보트	젯트보트, 회전오리, 거북선, 오리보트 등
		점프라이드	마린베이, 오토바이, 피에로, 딱정벌레, 도래미악단, 어린이광장, 어린이라이드 등
		뮤직익스프레스	해피세일러, 서프라이드, 나는썰매, 피터팬, 사랑열차, 록카페, 번개놀이 등
		스윙댄스	크레이지크라운, 유에프오, 디스코라운드, 댄싱플라이 등
		타가다디스코	타가다, 디스코타가다 등
		닌자거북이	스페이스파이타, 라이온킹, 스페이스스테이션, 나는개구리, 터틀레이스 등
복합 회전 고정형	수평 및 수직방향으로 동시에 승용물이 회전·반회전 또는 직선운동을 하는 테마파크시설	회전비행기	탑비행기 등
		우주전투기	미니플라이트, 독수리요새, 아스트로파이타, 텔레콤베트, 아파치, 나는코끼리, 아라비안나이트, 삼바 등
		점프보트	점핑보트, 점프앤스마일 등
		다람쥐통	록큰롤, 투이스타 등
		스페이스자이로	팽이놀이, 스카이댄싱, 도라반도, 회전의자 등
		엔터프라이즈	비행기, 파라트루프 등
		문어다리	문어다리 등

		왕문어춤	문어댄스, 하늘여행, 슈퍼아암 등
		슈퍼스윙	미니스윙거, 아폴로2000 등
		베이스볼	플리퍼, 회전바구니, 월드컵2002, 카오스 등
		브레이크댄스	크레이지댄스, 스피디, 스타댄스, 매직댄스 등
		풍선타기	둥실비행선, 바룬레이스, 플라워레이스 등
		슈퍼라이드	허리케인, 칸칸, 토네이도, 에볼루션, 삼각바퀴, 첼린저, 우주선 등
		사이버인스페이스	자이로 캡슐 등
승강 고정형	수평 및 수직방향으로 승용물이 상하운동 및 좌우운동으로 운행되는 테마파크시설	패러슈터타워	낙하산타기, 개구리점프 등
		타워라이드	슈퍼반스토마, 자이로드롭, 콘돌, 스페이스샷, 스카이타워 등
		프레쉬팡팡	프레쉬팡팡 등

3) 관람형

분류	내용	대표 유기기구	유사기구명
기계관람형	음향·영상 또는 보조기구를 이용하여 일정한 기계구조물 내에서 시뮬레이션을 체험하는 테마파크시설	영상모험관	아스트로제트, 사이버에어베이스, 시뮬레이션, 우주여행, 환상여행, 가상체험 등
입체관람형	음향·영상 또는 보조기구를 이용하여 일정한 시설(건축물·일정한 공간 등)내에서 시뮬레이션을 체험하는 테마파크시설	쇼킹하우스	환상의집, 요술집, 착각의집, 귀신동굴 등
		다이나믹시트	다이나믹시어터, 시네마판타지아, 깜짝모험관 등
		전래동화관	전래동화관 등

4) 놀이형

분류	내용	대표 유기기구	유사기구명
일반놀이형	이용객 스스로가 일정한 시설(건축물, 공간 등)에서 설치된 기계·기구를 이용하는 테마파크시설	펀하우스	미로탐험, 유령의집, 오즈의성 등
		미로	미로 등
		모험놀이	어린이광장, 짝궁놀이터, 에어바운스 등
물놀이형	물을 매개체로 하여 일정한 규격(틀 등)을 갖추어 이용자 스스로 물놀이기계·기구 등을 이용하는 테마파크시설	파도풀	케리비안웨이브, 웨이브풀 등
		유수풀	리버웨이 등
		바디슬라이더	바디슬라이드, 워터봅슬레이, 에어슬라이드 등
		튜브라이더	튜브슬라이드, 마스터블라스트, 에어슬라이드 등
		서핑라이더	플로우라이더 등
		수중모험놀이	모험놀이, 어린이풀, 워터에어바운스 등

2. 안전성 검사항목

가. 허가 전 검사항목

구분	검사항목	
1) 기초부	(1) 기초 (3) 지주	(2) 기초연결부재(앵커볼트 등) (4) 철구조(목재구조 등)
2) 승용물장치	(1) 승용물 (3) 승용물 안전장치	(2) 승용물 연결부
3) 궤도(수로,주로)장치	(1) 주행궤도(수로, 주로 등) (3) 궤도안전장치(역주행방지장치)	(2) 궤도받침부재
4) 구동장치	(1) 전동장치 (3) 동력전달장치(체인, 벨트 등) (5) 로프(강재로프, 섬유로프 등) (7) 차륜장치 (9) 공압장치	(2) 감속장치 (4) 기계요소장치 (6) 컨베이어장치 (8) 유압장치 (10) 수압장치
5) 제동장치	(1) 제동장치	(2) 완충장치
6) 물놀이 장치	(1) 튜브슬라이드 (3) 파도풀 (5) 서핑라이드 (7) 급수 및 배수장치	(2) 바디슬라이드 (4) 유수풀 (6) 수중모험놀이 (8) 부력기구
7) 에어바운스 장치	(1) 에어바운스	(2) 송풍기
8) 전기장치	(1) 배전반, 제어반 등의 설치 (3) 제어회로의 보호 (5) 배전 및 배선기구 (7) 접지설비 (9) 절연저항	(2) 배전반 설비 등의 보호 (4) 구동부의 보호 (6) 피뢰설비 (8) 조명설비 (10) 신호장치
9) 운전조작장치	(1) 운전조작장치	(2) 비상조작장치
10) 기타 사항	(1) 부하시험 (3) 안전울타리 (5) 안내표지판 (7) 풍속계	(2) 승강장 (4) 비상출구 (6) 안전점검판 (8) 기타

나. 정기검사 항목표

구분	검사항목	
1) 기초부 및 앵커볼트	(1) 지반 및 기초 (3) 지주, 구조부재 (5) 체결부	(2) 앵커볼트 (4) 보조부재
2) 승용물장치	(1) 승용물구조 (3) 승용물 안전장치	(2) 승용물 체결부 (4) 승용물 기타장치
3) 궤도, 수로, 주로장치	(1) 궤도, 수로, 주로 (3) 역주행방지장치	(2) 받침지주
4) 구동장치	(1) 감속기 (3) 전동기	(2) 축, 기계요소 (4) 클러치

	(5) 축 및 베어링 (7) 체인 및 스프로켓 (9) 로프 (11) 차륜장치	(6) 기어 (8) 벨트 및 풀리 (10) 컨베이어장치
5) 유압, 공압, 수압장치	(1) 유압장치 (3) 수압장치	(2) 공압장치 (4) 밸브 및 배관장치
6) 제동장치	(1) 브레이크장치	(2) 완충장치
7) 물놀이 장치	(1) 슬라이드 (3) 파도풀 (5) 급수장치 (7) 신호장치	(2) 착지풀 (4) 유수풀 (6) 부력기구
8) 에어바운스장치	(1) 에어바운스	(2) 송풍기
9) 전기장치	(1) 배전반, 제어반 등의 설치 (3) 제어회로의 보호 (5) 배전 및 배선기구 (7) 접지설비 (9) 절연저항	(2) 배전반 설비 등의 보호 (4) 구동부의 보호 (6) 피뢰설비 (8) 조명설비 (10) 신호장치
10) 운전조작장치	(1) 운전조작장치	(2) 비상조작장치
11) 기타 시설	(1) 승강장 (3) 비상구 (5) 풍속계 (7) 기타 테마파크시설	(2) 안전울타리 (4) 안전유도 표시 (6) 안전점검판

3. 안전성 검사대상이 아닌 테마파크시설

유형	내용	예시
가. 주행형	일정 궤도·주로·지역(공간)을 가지고 있으며, 시속 5킬로미터 이하 속도로 이용자 스스로가 참여하여 운행되는 테마파크시설	배터리카, 미니기차, 미니자동차, 멜로디페트, 이티로보트, 수상사이클 등
나. 고정형	회전반경이 3미터 이내로 이용자 스스로가 참여하여 작동되는 테마파크시설	솔저로보트, 우주전차, 아기돼지, 롤스로이스, 에어울프, 미니기, 다람쥐, 우주왕복선, 경찰오토바이, 아파치헬기, 슈퍼스포츠카, 스텔스기, 슈퍼미니차, 코끼리, 마징가제트, 풀리스카, 잠수정, 공룡, 마린보트, 스카이돌핀, 목마(말), 닭, 당나귀, 펠리컨 등
다. 관람형	일정한 시설물(기계·기구·건축물·보조기구 등) 내에서 이용자 스스로가 참여하여 체험하는 테마파크시설	도깨비집, 거울집, 3D 또는 4D입체영화관(좌석고정영상시설), 투시경, 미니시뮬레이션, 만다라 등
라. 놀이형	일정한 시설(기계·기구·공간 등) 내에서 보조기구 또는 장치를 이용하거나 기구에 포함된 구성물을 작동하여 이용자 스스로가 이용하거나 체험할 수 있는 기구로서 누구나 이용할 수 있고 사행성이 없는 테마파크시설	미니사격, 베이비골프, 미니골프, 활쏘기, 투환, 공쏘기, 광선총, 미니볼링, 미니농구, 공던지기, 로데오타기, 공굴리기, 공차기, 에어하키, 망치치기, 펀치, 플레이스페이스, 붕붕뜀틀, 점프대, 가상체험, 표적맞추기, 물쏘기, 미니야구, 스키타기, 팔씨름, 오토바이타기, 자동차경주, 미니에어바운스, 자전거타기, 보트타기, 말타기, 뮤직댄스, 수상기구타기, 건슈팅, 인형뽑기 등

표 4-42 **안전성 검사기관 등록요건**(제70조 관련)

구분	등록요건
1. 인력기준	다음 각 목의 자격기준에 해당하는 자 중 7명 이상을 채용하되, 기계분야 자격자 4명(가목 해당자 1명 이상을 포함하여야 한다), 전기분야 자격자 2명 및 산업안전분야 자격자 1명을 포함하여야 한다. 가. 「국가기술자격법」에 따른 기계·전기 또는 기계안전분야의 기술사 또는 공학박사 나. 「국가기술자격법」에 따른 기계·전기·전자 또는 산업안전분야의 기사 이상 자격자로서 해당실무경력이 3년 이상인 자 다. 기계·전기·전자 또는 산업안전 분야의 석사 이상의 학위소지자로서 해당실무경력이 3년 이상인 자 라. 「국가기술자격법」에 따른 기계·전기·전자 또는 산업안전분야의 산업기사 이상 자격자로서 해당실무경력이 5년 이상인 자 마. 「고등교육법」에 따른 대학졸업자(이와 동등 이상의 학력이 인정되는 자를 포함한다)로서 기계·전기·전자 또는 산업안전 관련분야를 전공하고 유원시설관련 실무경력이 5년 이상인 자 바. 고등교육법에 따른 전문대학의 졸업자(이와 동등 이상의 학력이 인정되는 자를 포함한다)로서 기계·전기·전자 또는 산업안전 관련분야를 전공하고 유원시설관련 실무경력이 7년 이상인 자 사. 가목부터 바목까지의 규정에 해당하는 자와 동등 이상의 자격이 있다고 문화체육관광부장관이 인정하는 자
2. 장비기준	다음 각 목의 검사·시험 등을 위한 장비를 각각 1대 이상 보유하여야 한다. 가. 검사기기: 회전속도계, 절연저항계, 전류계, 전압계, 소음계, 온도계, 와이어로프결함테스터, 초음파두께측정기, 조도계, 접지저항계, 광파거리측정기, 경도측정기, 오실로스코프(oscilloscope), 베어링검사기, 가속도측정기, 토크렌치(torque wrench), 유압테스터, 레이저거리측정기 나. 시험기기: 자분탐상(磁粉探狀)시험기, 초음파탐상기, 진동계, 진동분석장비[FFT분석기·임팩트해머(impact hammer) 및 모덜(modal)프로그램 포함] 다. 컴퓨터프로그램: 구조해석용 프로그램
3. 그 밖의 기준	다음 각 목의 요건을 갖추어야 한다. 가. 비영리법인일 것. 나. 자체 사무실을 보유하고 2명 이상의 상근 관리직원을 둘 것. 다. 안전성 검사와 관련하여 테마파크업 관광객에게 피해를 준 경우 그 손해를 배상할 것을 내용으로 하는 보증보험에 가입할 것. 라. 검사신청 및 절차, 검사조직 운영, 검사결과 통지, 검사수수료 등이 포함된 안전성 검사를 위한 세부규정을 마련하고 있을 것.

표 4-43 **테마파크시설 안전성 검사기관 등록증**

[별지 제45호 서식] 〈개정 2009.12.31〉

제　　호

테마파크시설 안전성 검사기관 등록증

1. 협회(기관)명

2. 대표자 성명　　　　　　　　　　(생년월일:　　　　　)

3. 대표자 생년월일

4. 협회(기관)의 주소

5. 협회(기관)의 전화번호

6. 등록유효기간

「관광진흥법 시행령」 제65조 제1항 제3호 및 같은 법 시행규칙 제71조에 따라 위와 같이 등록하였음을 증명합니다.

년　　월　　일

문화체육관광부장관　㊞

210mm×297mm[보존용지(1종) 120g/m^2]

표 4-44 테마파크업 허가신청서 및 조건부 영업허가 신청서

테마파크업 **[ ] 허가신청서**
[ ] 조건부 영업허가 신청서

※[ ]에는 ∨ 표시를 하며, 색상이 어두운 란은 신청인이 적지 않습니다. (앞쪽)

접수번호	접수일	발급일	처리기간 3일

신청인	성 명(대표자)	생년월일(외국인등록번호)
	주 소	전화번호
영업소	대표자	생년월일(외국인등록번호)
	소재지	전화번호
	명칭(상호)	영업의 종류
테마파크 시설 기구 종수	안전검사 대상 테마파크시설	종
	안전검사 대상이 아닌 테마파크시설	종
	시설 및 설비 설치 완료(예정)일	년 월 일
	영업기간(6개월 미만의 경우에만 표시)	

「관광진흥법」 제5조제2항·제31조 및 같은 법 시행규칙 제7조·제37조에 따라 위와 같이 신청합니다.

년 월 일

신청인 (서명 또는 인)

특별자치시장·특별자치도지사·시장·군수·구청장 귀하

대장 및 공부확인	일 자	결 과	서 명
건축물대장등본/토지이용계획확인원			

제출서류	뒤쪽 참조	수 수 료 지방자치단체의 조례

유의사항

1. 건축물의 용도 등 관계 법령에 적합하지 아니하거나 시설 및 설비기준에 적합하지 아니한 경우에는 영업허가가 제한됩니다.
2. 허가를 받지 아니하고 영업을 하는 경우에는 다음과 같은 불이익처분을 받습니다.
   가. 「관광진흥법」 제36조에 따른 폐쇄조치
   나. 「관광진흥법」 제82조에 따른 3년 이하의 징역 또는 3천만원 이하의 벌금

처리절차

신청서 작성	➔	접 수	➔	검 토	➔	결 정	➔	허가증 발급
신청인		처리기관 (특별자치시장·특별자치도지사·시장·군수·구청장)		처리기관 (특별자치시장·특별자치도지사·시장·군수·구청장)		처리기관 (특별자치시장·특별자치도지사·시장·군수·구청장)		

210mm×297mm[백상지(80g/㎡) 또는 중질지(80g/㎡)]

(뒤쪽)

구분	신청인(대표자) 제출서류	담당공무원 확인사항
테마파크업 허가의 경우	1. 영업시설 및 설비개요서(「관광진흥법 시행규칙」 별표 1의2에 따른 시설 및 설비가 포함되어야 합니다) 1부 2. 신청인(법인의 경우에는 대표자 및 임원)이 내국인인 경우에는 성명 및 주민등록번호를 기재한 서류 1부 3. 신청인(법인의 경우에는 대표자 및 임원)이 외국인인 경우에는 「관광진흥법」 제7조제1항 각 호에 해당하지 아니함을 증명하는 다음 각 목의 어느 하나에 해당하는 서류. 다만, 「관광진흥법」 또는 다른 법령에 따라 인·허가 등을 받아 사업자등록을 하고 해당 영업 또는 사업을 영위하고 있는 자(법인의 경우에는 최근 1년 이내에 법인세를 납부한 시점부터 허가 신청 시점까지의 기간 동안 대표자 및 임원의 변경이 없는 경우로 한정합니다)는 해당 영업 또는 사업의 인·허가증 등 인·허가 등을 받았음을 증명하는 서류와 최근 1년 이내에 소득세(법인의 경우에는 법인세를 말합니다)를 납부한 사실을 증명하는 서류를 제출하는 경우에는 그 영위하고 있는 영업 또는 사업의 결격사유 규정과 중복되는 「관광진흥법」 제7조제1항의 결격사유에 한하여 다음 각 목의 서류를 제출하지 아니할 수 있습니다. 가. 해당 국가의 정부나 그 밖의 권한 있는 기관이 발행한 서류 또는 공증인이 공증한 신청인의 진술서로서 「재외공관 공증법」에 따라 해당 국가에 주재하는 대한민국공관의 영사관이 확인한 서류 1부 나. 「외국공문서에 대한 인증의 요구를 폐지하는 협약」을 체결한 국가의 경우에는 해당 국가의 정부나 그 밖의 권한 있는 기관이 발행한 서류 또는 공증인이 공증한 신청인의 진술서로서 해당 국가의 아포스티유(Apostille) 확인서 발급 권한이 있는 기관이 그 확인서를 발급한 서류 1부 4. 정관(법인만 해당합니다) 1부 5. 유기시설 또는 유기기구의 허가 전 안전성검사를 받은 사실을 증명하는 서류(안전성검사의 대상이 아닌 경우에는 이를 증명하는 서류) 1부 6. 「관광진흥법」 제9조에 따른 보험가입 등을 증명하는 서류 1부 7. 「관광진흥법」 제33조제2항에 따른 안전관리자에 관한 별지 제12호서식에 따른 인적사항 1부 8. 임대차계약서 사본(대지 또는 건물을 임차한 경우만 해당합니다) 1부 9. 다음 각 목의 사항이 포함된 안전관리계획서 1부 가. 안전점검 계획 나. 비상연락체계 다. 비상 시 조치계획 라. 안전요원 배치계획(물놀이형 유기시설 또는 유기기구를 설치하는 경우만 해당합니다) 마. 유기시설 또는 유기기구 주요 부품의 주기적 교체 계획	법인 등기사항증명서(법인만 해당합니다)
테마파크업 조건부영업 허가의 경우	1. 유원시설업 허가의 경우의 제2호부터 제4호까지의 서류 2. 사업계획서	법인 등기사항증명서(법인만 해당합니다)

표 4-45 **테마파크업자의 준수사항**(제42조 관련)

1. 테마파크업자 및 테마파크업의 법 제33조 제1항에 따라 안전관리자를 항상 배치하고, 2항에 따라 안전관리자가 그 업무를 적절하게 수행하도록 지도·감독하는 등 테마파크시설을 안전하게 관리하여야 하며, 안전관리자가 작성한 안전점검일지를 2년 이상 보관하여야 한다.
2. 기타테마파크업자는 본인 스스로 또는 운행자로 하여금 매일 1회 이상 테마파크시설에 대한 안전점검을 하고, 그 결과를 안전점검기록부에 기록하여 2년 이상 보관하여야 하며, 이용자가 보기 쉬운 곳에 테마파크 시설별로 안전점검표시판을 게시하여야 한다.
3. 1년 미만으로 영업허가를 받거나 신고한 테마파크업자는 안전점검일지 또는 일일 안전점검기록부를 매주 특별자치도지사·시장·군수·구청장에게 제출하여야 한다.
4. 이용자를 태우는 테마파크시설의 경우 정원을 초과하여 이용자를 태우지 아니하도록 하고, 운전개시 전에 안전상태를 확인하여야 하며, 특히 안전띠 또는 안전대의 안전성 여부와 착용상태를 확인하여야 한다.
5. 운행 전에는 이용자가 외관상 객관적으로 판단하여 정신적·신체적으로 이용에 부적합하다고 인정되거나 유기기구 내에서 본인 또는 타인의 안전을 저해할 우려가 있는 경우에는 게시 및 안내를 통하여 이용을 거부하거나 제한하여야 하고, 운행 중에는 이용자가 정위치에 있는지와 이상행동을 하는지를 주의하여 관찰하여야 하며, 유기기구 안에서 장난 또는 가무행위 등 안전에 저해되는 행위를 하지 못하게 하여야 한다.
6. 이용자가 보기 쉬운 곳에 이용요금표·준수사항 및 이용시 주의하여야 할 사항을 게시하여야 한다.
7. 테마파크업자는 종사자에 대한 안전교육을 매주 1회 이상 하도록 하고, 그 교육일지를 기록·비치하여야 하며, 비정규직원의 신규채용시에는 사전교육을 4시간 이상 하고 그 교육일지를 기록·비치하여야 한다.
8. 영업소의 명칭은 허가 또는 신고된 영업소의 명칭(상호)을 표시하여야 한다.
9. 조명은 60럭스 이상이 되도록 유지하여야 한다. 다만 조명효과를 이용하는 유기시설은 제외한다.
10. 테마파크업자는 유관기관(허가관청·경찰서·소방서·의료기관·안전성 검사등록기관 등)과 안전관리에 관한 연락체계를 구축하고, 안전사고의 발생 즉시 등록관청에 보고하여야 하며, 안전사고의 원인 조사 및 재발 방지대책을 수립하여야 한다.
11. 테마파크업자는 제40조 제7항에 따른 행정청의 권고사항을 준수하여야 한다.

4) 테마파크업의 통계

표 4-46 **테마파크업의 통계**(2019년 12월 31일 기준)

시·도	종합	일반	기타	계
서울	3	11	299	313
부산	–	13	145	158
대구	2	14	76	92
인천	–	10	140	150
대전	1	3	79	83
울산	–	9	65	74
광주	1	4	57	62
경기	10	52	693	755

강원	8	28	95	131
충북	–	16	99	115
충남	4	26	112	142
전북	–	16	102	118
전남	4	41	84	129
경북	3	28	149	180
경남	3	35	184	222
제주	4	18	54	76
세종	–	–	22	22
계	43	324	2,455	2,822

자료: 문화체육관광부(휴업 업체 포함).

표 4-47 **세계 10대 테마파크 현황**

순위	공원명	위치	사업주체	개장년도	특징	연입장객수 (만 명)
1	매직킹덤	미국 플로리다 레이크부에나	월트 디즈니	1971. 10	LA 디즈니의 축소판	2,096
2	디즈니랜드	미국 캘리포니아 애너하임	월트 디즈니	1955. 07	최초 가족지향적인 타는 시설보다 보는 시설 위주	1,866
3	도쿄 디즈니랜드	일본 도쿄	(주)오리엔탈랜드	1983. 04	꿈과 마법의 왕국	1,791
4	도쿄 디즈니씨	일본 도쿄	(주)오리엔탈랜드	2001. 09	영원히 완성되지 않는 테마파크	1,465
5	유니버셜 스튜디오 재팬	일본 오사카	USJ(주)	2001. 03	블록버스터 영화 세트	1,450
6	디즈니 애니멀킹덤	미국 플로리다 레이크부에나	월트 디즈니	1998. 04	일반적 동물원과 차별화	1,388
7	엡콧센터	미국 플로리다 레이크부에나	월트 디즈니	1982. 10	미래상상세계, 세계 역사촌 재현	1,244
8	치멜롱 오션 킹덤	중국 주하이 헝친	치멜롱 그룹	2014. 01	세계 1등 바다의 왕국	1,173
9	디즈니 헐리우드 스튜디오	미국 플로리다 레이크부에나	월트 디즈니	1989. 05	디즈니제작, 영화중심의 세트장	1,148
10	상하이 디즈니랜드	중국 상하이	월트 디즈니 상하이 션디그룹	2016. 06	대륙의 꿈과 마법의 왕국	1,121

표 4-48 **세계 테마파크 입장객 TOP 25**(2019)

TOP 25 AMUSEMENT/THEME PARKS WORLDWIDE

RANK	PARK, LOCATION	% CHANGE	ATTENDANCE 2019	ATTENDANCE 2018
1	MAGIC KINGDOM THEME PARK AT WALT DISNEY WORLD RESORT, LAKE BUENA VISTA, FL, U.S.	0.5%	20,963,000	20,859,000
2	DISNEYLAND PARK, ANAHEIM, CA, U.S.	0.0%	18,666,000	18,666,000
3	TOKYO DISNEYLAND, TOKYO, JAPAN	0.0%	17,910,000	17,907,000
4	TOKYO DISNEYSEA, TOKYO, JAPAN	0.0%	14,650,000	14,651,000
5	UNIVERSAL STUDIOS JAPAN, OSAKA, JAPAN	1.4%	14,500,000	14,300,000
6	DISNEY'S ANIMAL KINGDOM AT WALT DISNEY WORLD, LAKE BUENA VISTA, FL, U.S.	1.0%	13,888,000	13,750,000
7	EPCOT AT WALT DISNEY WORLD, LAKE BUENA VISTA, FL, U.S.	0.0%	12,444,000	12,444,000
8	CHIMELONG OCEAN KINGDOM, HENGQIN, CHINA	8.4%	11,736,000	10,830,000
9	DISNEY'S HOLLYWOOD STUDIOS AT WALT DISNEY WORLD, LAKE BUENA VISTA, FL, U.S.	2.0%	11,483,000	11,258,000
10	SHANGHAI DISNEYLAND, SHANGHAI, CHINA	-5.0%	11,210,000	11,800,000
11	UNIVERSAL STUDIOS FLORIDA AT UNIVERSAL ORLANDO, FL, U.S.	2.0%	10,922,000	10,708,000
12	UNIVERSAL'S ISLANDS OF ADVENTURE AT UNIVERSAL ORLANDO, FL, U.S.	6.0%	10,375,000	9,788,000
13	DISNEY CALIFORNIA ADVENTURE PARK, ANAHEIM, CA, U.S.	0.0%	9,861,000	9,861,000
14	DISNEYLAND PARK AT DISNEYLAND PARIS, MARNE-LA-VALLEE, FRANCE	-1.0%	9,745,000	9,843,000
15	UNIVERSAL STUDIOS HOLLYWOOD, UNIVERSAL CITY, CA, U.S.	0.0%	9,147,000	9,147,000
16	EVERLAND, SEOUL, SOUTH KOREA	12.9%	6,606,000	5,850,000
17	LOTTE WORLD, SEOUL, SOUTH KOREA	-0.1%	5,953,000	5,960,000
18	NAGASHIMA SPA LAND, KUWANA, JAPAN	0.5%	5,950,000	5,920,000
19	EUROPA-PARK, RUST, GERMANY	0.5%	5,750,000	5,720,000
20	OCEAN PARK, HONG KONG SAR	-1.7%	5,700,000	5,800,000
21	HONG KONG DISNEYLAND, HONG KONG SAR	-15.0%	5,695,000	6,700,000
22	DE EFTELING, KAATSHEUVEL, NETHERLANDS	-1.7%	5,260,000	5,350,000*
23	WALT DISNEY STUDIOS PARK AT DISNEYLAND PARIS, MARNE-LA-VALLEE, FRANCE	-1.0%	5,245,000	5,298,000
24	OCT HAPPY VALLEY, BEIJING, CHINA	29.6%	5,160,000	3,980,000
25	CHIMELONG PARADISE, GUANGZHOU, CHINA	4.8%	4,905,000	4,680,000
	TOP 25 TOTAL ATTENDANCE 2019		253,724,000	251,070,000
	TOP 25 ATTENDANCE GROWTH 2018–19	0.7%	253,724,000	251,990,000

주: TOP 25 테마파크 중 세계적인 강세를 나타내던 미국과 유럽의 테마파크의 성장세보다 중국의 테마파크 성장세게 눈에 띄게 가파른 성장세를 보이고 있다.

자료: TEA, 2019.

08. 관광편의시설업

1) 관광편의시설업의 개념

관광편의시설업은 법에 명시된 관광사업 외에 관광진흥에 이바지하고 도움이 된다고 인정되는 모든 사업이다. 관광편의시설업은 '「관광진흥법」 제3조 7'에 「관광진흥법」 상의 관광사업 중 "제1호부터 제6호까지의 규정에 따른 관광사업 외에 관광 진흥에 이바지할 수 있다고 인정되는 사업이나 시설 등을 운영하는 업"이라고 명시되어 있다.

2) 관광편의시설업의 종류

관광편의시설업은 '「관광진흥법 시행령」 제2조 6'에 2018년 이후 2차례에 걸쳐 개정되면서 종류가 변경된 사례가 있으며, 현재는 관광유흥음식점업, 관광극장유흥업, 외국인전용 유흥음식점업, 관광식당업, 관광순환버스업, 관광사진업, 여객자동차터미널시설업, 관광펜션업, 관광궤도업, 관광면세업, 관광지원서비스업 총 11개이다.

표 4-49 **관광편의시설업의 세부 정의**

구분	내용
관광유흥음식점업	식품위생법령에 따른 유흥주점 영업의 허가를 받은 자가 관광객이 이용하기 적합한 한국 전통 분위기의 시설을 갖추어 그 시설을 이용하는 자에게 음식을 제공하고 노래와 춤을 감상하게 하거나 춤을 추게 하는 업
관광극장유흥업	식품위생법령에 따른 유흥주점 영업의 허가를 받은 자가 관광객이 이용하기 적합한 무도시설을 갖추어 그 시설을 이용하는 자에게 음식을 제공하고 노래와 춤을 감상하게 하거나 춤을 추게 하는 업
외국인전용 유흥음식점업	식품위생법령에 따른 유흥주점영업의 허가를 받은 자가 외국인이 이용하기 적합한 시설을 갖추어 외국인만을 대상으로 주류나 그 밖의 음식을 제공하고 노래와 춤을 감상하게 하거나 춤을 추게 하는 업
관광식당업	식품위생 법령에 따른 일반음식점영업의 허가를 받은 자가 관광객이 이용하기 적합한 음식 제공시설을 갖추고 관광객에게 특정 국가의 음식을 전문적으로 제공하는 업

관광순환버스업	「여객자동차운수사업법」에 따른 여객자동차운송사업의 면허를 받거나 등록을 한 자가 버스를 이용하여 관광객에게 시내와 그 주변 관광지를 정기적으로 순회하면서 관광할 수 있도록 하는 업
관광사진업	외국인 관광객과 동행하며 기념사진을 촬영하여 판매하는 업
여객자동차 터미널시설업	「여객자동차운수사업법」에 따른 여객자동차터미널사업의 면허를 받은 자가 관광객이 이용하기 적합한 여객자동차터미널시설을 갖추고 이들에게 휴게시설 · 안내시설 등 편익시설을 제공하는 업
관광펜션업	숙박시설을 운영하고 있는 자가 자연 · 문화 체험관광에 적합한 시설을 갖추어 관광객에게 이용하게 하는 업
관광궤도업	「궤도운송법」에 따른 궤도사업의 허가를 받은 자가 주변 관람과 운송에 적합한 시설을 갖추어 관광객에게 이용하게 하는 업
관광면세업	다음의 어느 하나에 해당하는 자가 판매시설을 갖추고 관광객에게 면세물품을 판매하는 업 1) 「관세법」 제196조에 따른 보세판매장의 특허를 받은 자 2) 「외국인관광객 등에 대한 부가가치세 및 개별소비세 특례규정」 제5조에 따라 면세판매장의 지정을 받은 자
관광지원서비스업	주로 관광객 또는 관광사업자 등을 위하여 사업이나 시설 등을 운영하는 업으로서 문화체육관광부장관이 「통계법」 제22조 제2항 단서에 따라 관광 관련 산업으로 분류한 쇼핑업, 운수업, 숙박업, 음식점업, 문화 · 오락 · 레저스포츠업, 건설업, 자동차임대업 및 교육서비스업 등. 다만, 법에 따라 등록 · 허가 또는 지정(이 영 제2조 제6호 가목부터 카목까지의 규정에 따른 업으로 한정한다)을 받거나 신고를 해야 하는 관광사업은 제외한다.

3) 관광편의시설에 관한 법률 개정 내용 및 사유

(1) 관광지원서비스업

주로 관광객, 관광사업자 등을 위한 사업과 시설을 운영하는 업으로 통계법에 따라 관광과 관련한 산업으로 분류된 쇼핑업, 운수업, 숙박업, 음식점업, 문화 · 오락 · 레저스포츠업, 건설업, 자동차임대업 및 교육서비스업 등을 관광지원서비스업으로써 신설한 것이다.

관광환경의 변화와 기술의 발전에 따라 새로운 유형의 관광관련 사업을 관광사업의 한 종류로 정의하고 「관광진흥법」에 따른 지원, 현행 제도의 미비점을 보완 · 개선하고자 함이다.

(2) 한옥체험업

「공중위생관리법」에 따른 숙박업 신고 없이 지정 가능한 업종이며, 대부분의 한옥체험업 업체에서는 전통 숙박 체험을 제공하고 있다. 그러나 「관광진흥법」에는 「공중위생관리법」 상 숙박업소에 준하는 안전 및 위생기준이 부재하여 한옥체험업에 대한 관리가 미비하였고, 이에 한옥체험업을 지정업종인 관광편의시설에서 등록업종인 관광객이용시설로 변경하고 면적·건축·안전·위생 등의 등록기준을 규정하여 이용객의 안전을 도모하고, 불량 한옥의 양산을 방지하는 등 한옥체험업에 대한 관리를 강화하고자 함이다.

「관광진흥법 시행령」으로 지정된 관광편의시설업 (2018년 12월 기준)	① 관광유흥음식점업 ② 관광극장유흥업 ③ 외국인 전용 유흥음식점업 ④ 관광식당업 ⑤ 관광순환관광업 ⑥ 관광사진업 ⑦ 여객자동차터미널시설업 ⑧ 관광펜션업 ⑨ 관광궤도업 ⑩ 한옥체험업 ⑪ 관광면세업
「관광진흥법」으로 지정된 관광편의시설업 (2019년 4월 기준)	① 관광유흥음식점업 ② 관광극장유흥업 ③ 외국인전용유흥음식점업 ④ 관광식당업 ⑤ 관광순환버스업 ⑥ 관광사진업 ⑦ 여객자동차터미널시설업 ⑧ 관광펜션업 ⑨ 관광궤도업 ⑩ 한옥체험업 ⑪ 관광면세업 ⑫ 관광지원서비스업〈신설〉
「관광진흥법」으로 지정된 관광편의시설업 (2020년 4월 기준)	① 관광유흥음식점업 ② 관광극장유흥업 ③ 외국인전용유흥음식점업 ④ 관광식당업 ⑤ 관광순환버스업 ⑥ 관광사진업 ⑦ 여객자동차터미널시설업 ⑧ 관광펜션업 ⑨ 관광궤도업 ⑩ 관광면세업 ⑪ 관광지원서비스업

(3) 제주특별자치도의 관광편의시설업

표 4-50 **관광진흥법과 제주특별자치도 관광진흥 조례 비교**

「관광진흥법」으로 지정된 관광편의시설업 (2021년 9월 16일 기준)	「제주특별자치도 조례」로 지정된 관광편의시설업 (2020년 12월 31일 기준)
① 관광유흥음식점업 ② 관광극장유흥업 ③ 외국인전용유흥음식점업 ④ 관광식당업 ⑤ 관광순환버스업 ⑥ 관광사진업 ⑦ 여객자동차터미널시설업 ⑧ 관광펜션업 ⑨ 관광궤도업 ⑩ 관광면세업 ⑪ 관광지원서비스업	① 관광유흥음식점업 ② 관광극장유흥업 ③ 외국인전용유흥음식점업 ④ 관광순환버스업 ⑤ 관광버스업 ⑥ 관광궤도업 ⑦ 관광면세업 ⑧ 기타관광편의시설업 및 관광지원서비스업: 도지사 ⑨ 관광식당업 ⑩ 관광사진업 및 여객자동차터미널시설업

⑧ 관광펜션업	⑧ 휴양펜션업
숙박시설을 운영하고 있는 자가 자연・문화 체험관광에 적합한 시설을 갖추어 관광객에게 이용하게 하는 업	관광객의 숙박・취사와 자연체험관광에 적합한 시설을 갖추어 해당 시설의 회원, 공유자나 그 밖의 관광객에게 제공하거나 숙박 등에 이용하게 하는 업

⑩ 한옥체험업	⑩ 한옥체험업
(삭제・이동 → 관광객이용시설업) 한옥(「한옥 등 건축자산의 진흥에 관한 법률」 제2조 제2호에 따른 한옥을 말한다)에 관광객의 숙박 체험에 적합한 시설을 갖추고 관광객에게 이용하게 하거나, 전통놀이 및 공예 등 전통문화 체험에 적합한 시설을 갖추어 관광객에게 이용하게 하는 업	한옥(주요 구조부가 목조구조로서 한식기와 등을 사용한 건축물 중 고유의 전통미를 간직하고 있는 건축물과 그 부속시설을 말한다)에 숙박 체험에 적합한 시설을 갖추어 관광객에게 이용하게 하는 업

⑪ 관광지원서비스업	⑫ 기타관광편의시설업
관광객 또는 관광사업자 등을 위하여 사업이나 시설 등을 운영하는 업으로서 문화체육관광부장관이 「통계법」 제22조 제2항 단서에 따라 관광관련 산업으로 분류한 쇼핑업, 운수업, 숙박업, 음식점업, 문화・오락・레저스포츠업, 건설업, 자동차임대업 및 교육서비스업 등. 다만, 법에 따라 등록・허가 또는 지정(이 영 제2조 제6호 가목부터 카목까지의 규정에 따른 업으로 한정한다)을 받거나 신고를 해야 하는 관광사업은 제외한다.	「수상레저안전법 시행령」 제2조에 따른 수상레저기구, 스킨스쿠버, 사륜형 자동차(ATV) 시설 또는 체험장을 갖추고 그 시설을 이용하는 관광객에게 오락을 제공하는 업

4) 관광편의시설의 지정

관광편의시설업은 「관광진흥법」 상의 관광사업과 다르게 관광사업 등록이 아니라 지정을 받아야 한다. 관광편의시설의 지정은 문화체육관광부령에 따라 다음과 같이 관련 업무가 위탁되어 있다.

관광편의시설 지정절차는 다음과 같다.

관광편의시설업의 지정을 받으려는 자는 관광편의시설업 지정신청서에 다음 서류를 첨부하여 특별자치시장・특별자치도지사・시장・군수・구청장 또는 지역별 관광협회에 제출하여야 한다.

특별자치시장, 특별자치도지사, 시장, 군수, 구청장	지역별 관광협회
관광유흥음식점 관광극장유흥업 외국인전용 유흥음식점업 관광순환버스업 관광펜션업 관광궤도업 한옥체험업 관광면세업	관광식당업 관광사진업 여객자동차터미널시설업

그림 4-5 **관광편의시설업 지정절차**

표 4-51 **관광편의시설업 지정 · 지정변경 신청서**(별지 제21호 서식)

관광 편의시설업 [ ] 지정 신청서 / [ ] 지정사항 변경 신청서

※[ ]에는 V 표시를 하며,색상이 어두운 란은 신청인이 적지 않습니다. (앞쪽)

접수번호	접수일	발급일	처리기간 14일

신청인	성 명(대표자)	생년월일(외국인등록번호)
	주 소	전화번호

상호(명칭)		
업종		
영업소 소재지		
자본금		
영업개시 예정 연월일		
사업자등록번호		
변경사항	변 경 전	변 경 후

「관광진흥법」 제6조 및 같은 법 시행규칙 제14조에 따라 관광 편의시설업의 [ ]지정, [ ]지정사항 변경을 신청합니다.

년 월 일

신청인 성명 (서명 또는 인)

특별자치시장
특별자치도지사
시장 · 군수 · 구청장
지역별 관광협회장 귀하

제출서류	뒤쪽 참조	수수료 20,000원

처 리 절 차

신청서 작성	➔	접 수	➔	심 의	➔	지 정 (지정변경)	➔	지정증 발급
신청인		처 리 기 관 (특별자치시 · 특별자치도 · 시 · 도, 시 · 군 · 구 또는 시 · 도별 관광협회)		처 리 기 관 (특별자치시 · 특별자치도 · 시 · 도, 시 · 군 · 구 또는 시 · 도별 관광협회)		처 리 기 관 (특별자치시 · 특별자치도 · 시 · 도, 시 · 군 · 구 또는 시 · 도별 관광협회)		

210mm×297mm[백상지 80g/㎡(재활용품)]

(뒤쪽)

신청인 (대표자) 제출서류	1. 신청인(법인의 경우에는 대표자 및 임원)이 내국인인 경우에는 성명 및 주민등록번호를 기재한 서류 1부 2. 신청인(법인의 경우에는 대표자 및 임원)이 외국인인 경우에는 「관광진흥법」 제7조제1항 각 호에 해당하지 아니함을 증명하는 다음 각 목의 어느 하나에 해당하는 서류. 다만, 「관광진흥법」 또는 다른 법령에 따라 인·허가 등을 받아 사업자등록을 하고 해당 영업 또는 사업을 영위하고 있는 자(법인의 경우에는 최근 1년 이내에 법인세를 납부한 시점부터 지정 신청 시점까지의 기간 동안 대표자 및 임원의 변경이 없는 경우로 한정합니다)는 해당 영업 또는 사업의 인·허가증 등 인·허가 등을 받았음을 증명하는 서류와 최근 1년 이내에 소득세(법인의 경우에는 법인세를 말합니다)를 납부한 사실을 증명하는 서류를 제출하는 경우에는 그 영위하고 있는 영업 또는 사업의 결격사유 규정과 중복되는 「관광진흥법」 제7조제1항의 결격사유에 한하여 다음 각 목의 서류를 제출하지 아니할 수 있습니다. 가. 해당 국가의 정부나 그 밖의 권한 있는 기관이 발행한 서류 또는 공증인이 공증한 신청인의 진술서로서 「재외공관 공증법」에 따라 해당 국가에 주재하는 대한민국공관의 영사관이 확인한 서류 1부 나. 「외국공문서에 대한 인증의 요구를 폐지하는 협약」을 체결한 국가의 경우에는 해당 국가의 정부나 그 밖의 권한 있는 기관이 발행한 서류 또는 공증인이 공증한 신청인의 진술서로서 해당 국가의 아포스티유(Apostille) 확인서 발급 권한이 있는 기관이 그 확인서를 발급한 서류 1부 3. 업종별 면허증·허가증·특허장·지정증·인가증·등록증·신고증명서 사본 1부(다른 법령에 따라 면허·허가·특허·지정·인가를 받거나 등록·신고를 해야 하는 사업만 해당합니다) 4. 시설의 배치도 또는 사진 및 평면도 1부 5. 다음 각 목의 어느 하나에 해당하는 서류(관광지원서비스업만 해당합니다) 가. 평균매출액 검토의견서(공인회계사, 세무사 또는 「중소기업진흥에 관한 법률」 제46조에 따른 경영지도사가 작성한 것으로 한정합니다) 1부 나. 사업장이 법 제52조에 따라 관광지 또는 관광단지로 지정받은 지역에 소재하고 있음을 증명하는 서류 1부 다. 법 제48조의10제1항에 따라 한국관광 품질인증을 받았음을 증명하는 서류 1부 라. 중앙행정기관의 장 또는 지방자치단체의 장이 공모 등의 방법을 통해 우수 관광사업으로 선정한 사업임을 증명하는 서류 1부 6. 지정변경의 경우에는 변경사항을 증명하는 서류 1부
담당 공무원 확인사항 (「관광진흥법 시행령」 제65조에 따라 관광협회에 위탁된 업종의 경우에는 해당 서류를 제출합니다)	1. 법인 등기사항증명서(법인만 해당합니다) 2. 사업자등록증

행정정보 공동이용 동의서

본인은 이 건 업무처리와 관련하여 담당 공무원이 「전자정부법」 제36조제1항에 따른 행정정보의 공동이용을 통하여 위의 담당 공무원 확인사항을 확인하는 것에 동의합니다.

* 동의하지 아니하는 경우에는 신청인이 직접 관련 서류를 제출하여야 합니다.

신청인(대표자) (서명 또는 인)

표 4-52 **관광편의시설업 지정증**(별지 제22호 서식)

제 호	No.
관광 편의시설업 지정증	**TOURISM SERVICE FACILITIES BUSINESS CERTIFICATE OF REGISTRATION**
상호(명칭)	COMPANY:
성명(법인인 경우에는 그 대표자 성명)	REPRESENTATIVE:
주 소	ADDRESS:
업 종	TYPE OF BUSINESS:
「관광진흥법」 제6조에 따라 위와 같이 지정합니다.	This is to certify that the above company is registered as a tourist service facility in accordance with Article 6 of the Tourism Promotion Law.
년 월 일	Date
	Signature
특별자치시장 ⑩ **특별자치도지사 ⑩** **시장·군수·구청장 ⑩** **지역별 관광협회장 ⑩**	**Governor of (province name)** **Mayor of (city·county·district name)** President of Tourism Association

210mm×297mm[보존용지(1종) 120g/㎡]

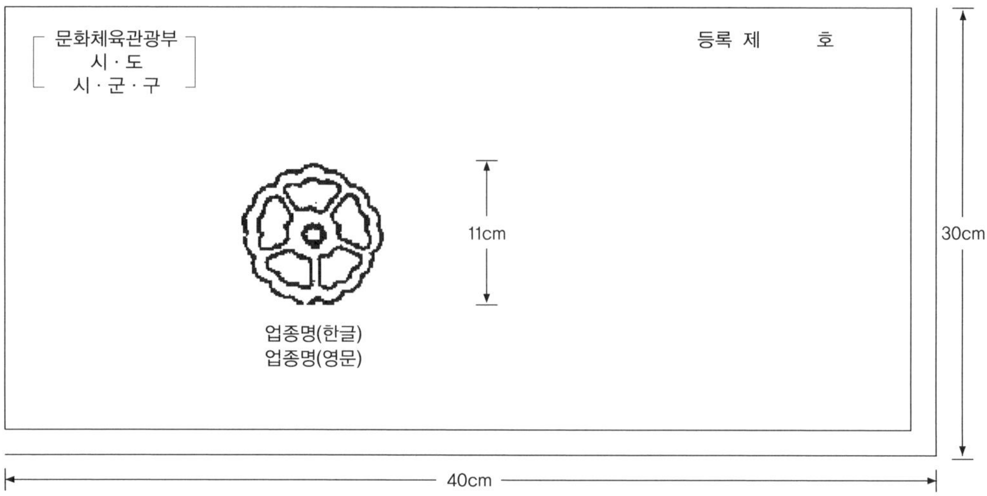

〈제작상 유의사항〉
1. 소재는 놋쇠로 한다.
2. 그림을 제외한 바탕색은 녹색으로 한다.
3. 표지의 두께는 5mm로 한다.

5) 한국관광 품질인증제도

(1) 제도의 배경

문화체육관광부는 관광객의 편의를 돕고 관광 서비스의 수준을 향상시키기 위해 관광사업 및 이와 밀접한 관련이 있는 사업 중 대통령령으로 정하는 사업을 위한 시설 및 서비스 등을 대상으로 '한국관광 품질인증' 제도를 마련하여 인증 및 마크를 부여하고 있다.

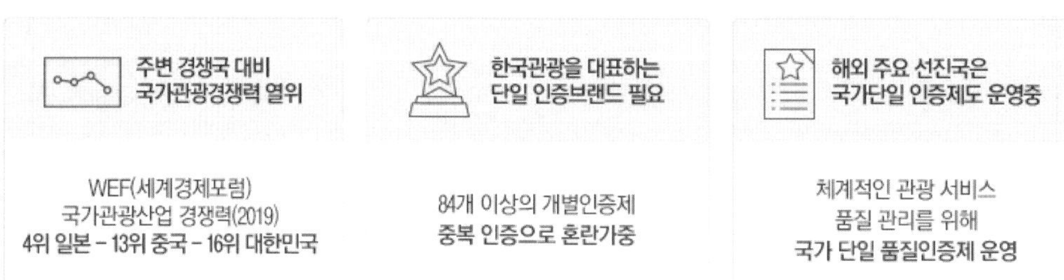

(2) 인증시설의 지원

한국관광품질인증을 받은 시설은 「관광진흥개발기금법」에 따라 보조받을 수 있으며, 국내외 홍보 및 그 밖에 시설 운영 개선에 대한 도움을 받을 수 있다.

인증 홍보물 제공 (인증패, 인증서, 인증스티커)	관광진흥개발기금 이용 금리우대 (2020년 1분기 기준〈추가 0.75~1.25%p 우대)

홍보 마케팅			
한국관광공사 (국문, 영문, 일문) 홈페이지	SNS를 통한 인증업소 홍보	매체홍보 진행 (KTX 매거진, 여행자의 방 등)	OTA 연계 인증업소 프로모션 실시

인증업소 역량 강화 지원 (소방, 위생, 컨설팅, 온라인 서비스 교육 등)	소비자 모니터링 결과 분석 자료 제공

(3) 한국관광품질인증의 대상

「관광진흥법」에 정의된 관광사업 중 관광객이용시설업의 야영장업, 외국인관광 도시민박업, 한옥체험업이 해당되고 관광편의시설업의 관광식당업, 관광면세업이 해당한다. 또한 관광숙박업을 제외하고 「공중위생관리법」에 따른 숙박업, 그밖에 관광사업과 관련한 사업으로서 문화체육관광부장관이 정하여 고시된 사업이 인증의 대상이다.

(4) 한국관광품질인증의 기준

「관광진흥법」에 따라 문화체육관광부장관은 제출된 신청서의 내용을 평가·심사한 결과 인증기준에 적합하면 신청서를 제출한 자에게 문화체육관광부령으로 정하는 인증서를 발급해야 한다.

평가 분야	평가 항목	배점 비중
가. 시설 및 서비스 분야	건물의 외관·내부시설의 유지·관리	60%
	장애인을 위한 편의시설의 설치·관리	
	매뉴얼에 따른 서비스 품질관리	
	업무 규정에 따른 서비스이행표준의 준수	
나. 인력의 전문성 분야	관광객 응대에 필요한 종사원의 전문성	20%
	외국인 관광객 응대를 위한 외국어 능력	
	종사원의 서비스 교육·훈련 이수 결과	
다. 안전관리 분야	정기적인 소방안전점검 및 관리	20%
	안전관리에 필요한 장비의 구비·관리	
	비상재해대비시설의 설치·관리	
	화재 등으로 발생한 손해에 대한 배상체계 구비	
총계		100%

구분	필수사항
외국인관광 도시민박업, 한옥체험업	• 객실, 침구, 욕실, 조리시설에 대한 청결 수준이 보통(5단계 평가 시 3단계) 이상일 것
관광면세업	• 내국인 출입이 가능할 것 • 품질보증서 등을 구비할 것 • 외국인 관광객에게 부가가치세 등을 환급해줄 수 있는 설비를 갖추고 관련 정보를 제공할 것 • 주변의 교통에 지장을 주지 않을 것 • 종사자가 외국어 능력을 갖출 것
숙박업	• 관광객 응대를 위한 안내 데스크가 개방형 구조일 것 • 주차장에 가림막 등 폐쇄형 구조물이 없을 것 • 시간제로 운영하지 않을 것 • 청소년 보호를 위해 성인방송 제공을 제한할 것 • 요금표를 게시할 것 • 객실, 침구, 욕실, 조리시설에 대한 청결 수준이 보통(5단계 평가 시 3단계) 이상일 것
외국인관광객면세판매장	• 내국인 출입이 가능할 것 • 품질보증서 등을 구비할 것 • 외국인 관광객에게 부가가치세 등을 환급해줄 수 있는 설비를 갖추고 관련 정보를 제공할 것
음식점업	•「식품위생법」 제47조의 2에 따른 위생등급을 지정받은 업소일 것 • 식기, 수저에 대한 청결 수준이 보통(5단계 평가 시 3단계) 이상일 것 • 남녀 화장실이 분리되어 있을 것 • 식재료의 원산지 표기와 실제 원산지가 동일할 것 • 한글 외에 최소 1개 이상의 외국어가 병기된 메뉴판을 제공할 것

(5) 한국관광품질인증표

6) 관광편의시설별 정의 및 기준

(1) 관광유흥음식점업

가) 정의

식품위생법령에 따른 유흥주점 영업의 허가를 받은 자가 관광객이 이용하기 적합한 한국 전통 분위기의 시설을 갖추어 그 시설을 이용하는 자에게 음식을 제공하고 노래와 춤을 감상하게 하거나 춤을 추게 하는 업

나) 지정기준

① 건물은 연면적이 특별시의 경우에는 330제곱미터 이상, 그 밖의 지역은 200제곱미터 이상으로 한국적 분위기를 풍기는 아름답고 우아한 건물일 것
② 관광객의 수용에 적합한 다양한 규모의 방을 두고 실내는 고유의 한국적 분위기를 풍길 수 있도록 서화 · 문갑 · 병풍 및 나전칠기 등으로 장식할 것
③ 영업장 내부의 노랫소리 등이 외부에 들리지 아니하도록 할 것
④ 예: 한국의 집

자료: 한국관광공사.

(2) 관광극장유흥업

가) 정의

식품위생법령에 따른 유흥주점 영업의 허가를 받은 자가 관광객이 이용하기 적합한 무도(舞蹈)시설을 갖추어 그 시설을 이용하는 자에게 음식을 제공하고 노래와 춤을 감상하게 하거나

춤을 추게 하는 업

나) 지정기준

① 건물 연면적은 1,000제곱미터 이상으로 하고, 홀 면적(무대 면적을 포함한다)은 500제곱미터 이상으로 할 것

② 관광객에게 민속과 가무를 감상하게 할 수 있도록 특수조명장치 및 배경을 설치한 50제곱미터 이상의 무대가 있을 것

③ 영업장 내부의 노랫소리 등이 외부에 들리지 아니 하도록 할 것

④ 예: 클럽 옥타곤

자료: 클럽옥타곤 홈페이지

(3) 외국인전용유흥음식점업

가) 정의

식품위생법령에 따른 유흥주점영업의 허가를 받은 자가 외국인이 이용하기 적합한 시설을 갖추어 외국인만을 대상으로 주류나 그 밖의 음식을 제공하고 노래와 춤을 감상하게 하거나 춤을 추게 하는 업

나) 지정기준

① 홀 면적(무대 면적을 포함한다)은 100제곱미터 이상으로 할 것

② 홀에는 노래와 춤 공연을 할 수 있도록 20제곱미터 이상의 무대를 설치하고, 특수조명시설을 갖출 것

③ 영업장 내부의 노랫소리 등이 외부의 들리지 아니하도록 할 것

④ 외국인 대상으로 영업할 것

(4) 관광식당업

가) 정의

식품위생법령에 따른 일반음식점영업의 허가를 받은 자가 관광객이 이용하기 적합한 음식 제공시설을 갖추고 관광객에게 특정 국가의 음식을 전문적으로 제공하는 업

나) 지정기준

① 인적요건

ⓐ 한국 전통음식을 제공하는 경우에는 「국가기술자격법」에 따른 해당 조리사 자격증 소지자를 둘 것

ⓑ 특정 외국인 전문음식을 제공하는 경우에는 다음의 요건 중 1개 이상의 요건을 갖춘 자를 둘 것

- 해당 외국에서 전문조리사 자격을 취득한 자
- 「국가기술자격법」에 따른 해당 조리사 자격증 소지자로서 해당 분야에서의 조리 경력이 3년(다만 2019년 6월 30일까지는 2년으로 한다) 이상인 자
- 해당 외국에서 6개월 이상의 조리교육을 이수한 자

② 삭제〈2014.9.16〉

자료: https://blog.naver.com/luckyse777/221383644127.

③ 최소한 한 개 이상의 외국어로 음식의 이름과 관련 정보가 병기된 메뉴판을 갖추고 있을 것

④ 출입구가 각각 구분된 남녀 화장실을 갖출 것

⑤ 예: 멕시코 음식 전문점 THE LEE'S

(5) 관광순환버스업

가) 정의

「여객자동차운수사업법」에 따른 여객자동차운송사업의 면허를 받거나 등록을 한 자가 버스를 이용하여 관광객에게 시내와 그 주변 관광지를 정기적으로 순회하면서 관광할 수 있도록 하는 업

나) 지정기준

① 안내방송 등 외국어 안내 서비스가 가능한 체제를 갖출 것

② 예: 서울시티투어버스

자료: 서울시티투어버스.

(6) 관광사진업

가) 정의

외국인 관광객과 동행하며 기념사진을 촬영하여 판매하는 업

나) 지정기준

사진촬영기술이 풍부한 자 및 외국어 안내 서비스가 가능한 체제를 갖출 것

자료: 한국관광공사.

(7) 여객자동차터미널업

가) 정의

「여객자동차운수사업법」에 따른 여객자동차터미널사업의 면허를 받은 자가 관광객이 이용하기 적합한 여객자동차터미널시설을 갖추고 이들에게 휴게시설 · 안내시설 등 편의시설을 제공하는 업

나) 지정기준

① 인근 관광지역 등의 안내서 등을 비치하고, 인근 관광자원 및 명소 등을 소개하는 관광안내판을 설치할 것

② 예: 강화여객자동차터미널

자료: 방방곡곡 대중교통 블로그.

(8) 관광펜션업

가) 정의

숙박시설을 운영하고 있는 자가 자연 · 문화 체험관광에 적합한 시설을 갖추어 관광객에게 이용하게 하는 업

나) 지정기준

① 자연 및 주변환경과 조화를 이루는 3층 이하의 건축물일 것(2018년 6월 30이 까지는 4층으로 규정되어 있었음)

② 객실이 30실 이하일 것

③ 취사 및 숙박에 필요한 설비를 갖출 것

④ 바베큐장, 캠프파이어장 등 주인의 환대가 가능한 1종류 이상의 이용시설을 갖추고 있을 것(다만, 관광펜션이 수개의 건물 동으로 이루어진 경우에는 그 시설을 공동으로 설치할 수 있다)

⑤ 숙박시설 및 이용시설에 대하여 외국어 안내 표기를 할 것

⑥ 예: 강과 소나무 펜션

자료: 네이버 블로그, 2018. 9. 17.

(9) 관광궤도업

가) 정의

「궤도운송법」에 따른 궤도사업의 허가를 받은 자가 주변 관람과 운송에 적합한 시설을 갖추어 관광객에게 이용하게 하는 업

나) 지정기준

① 자연 또는 주변 경관을 관람할 수 있도록 밖이 보이는 창을 가진 구조일 것

② 안내방송 등 외국어 안내 서비스가 가능한 체제를 갖출 것

③ 예: 남산케이블카

자료: 남산케이블카 웹사이트.

(10) 관광면세업

가) 정의

다음의 어느 하나에 해당하는 자가 판매시설을 갖추고 관광객에게 면세물품을 판매하는 업

① 「관세법」 제196조에 따른 보세판매장의 특허를 받은 자

② 「외국인관광객 등에 대한 부가가치세 및 개별소비세 특례규정」 제5조에 따라 면세판매장의 지정을 받은 자

나) 지정기준

① 외국어 안내 서비스가 가능한 체제를 갖출 것

② 한 개 이상의 외국어로 상품명 및 가격 등 관련 정보가 명시된 전체 또는 개별 안내판을 갖출 것

③ 예: 현대면세점

자료: 브릿지경제 2018. 1. 13.

자료: https://www.youtube.com/watch?v=Hx2-0hetm9U

다) 관광면세업 현황

우리나라는 1979년 외국인 관광객 유치를 통한 외화 획득과 관광진흥을 목적으로 처음 설치되었으며, 2019년 12월 현재 총 55개소의 보세판매장이 운영 중에 있다. 설치 장소와 목적에 따라 시내면세점, 출국장면세점, 입국장면세점, 지정면세점, 외교관면세점으로 구분하고 있다. 우리나라 면세점 산업은 2019년 기준 약 1,700만 명 이상의 외국인 관광객이 방한하였으며, 약 24조 원 이상의 연매출(세계 1위 규모)을 기록하고 있다.

우리나라 면세산업이 이렇게 성장할 수 있었던 것은 면세점들이 기존의 관광객에게 단순히 면세품을 판매하는 것에서 벗어나, K-POP 콘서트와 같은 대중문화 콘텐츠(엔터테인먼트)와 관광(투어)을 결합한 엔터투어먼트 마케팅과 해외 유명 한류스타를 이용한 한류 마케팅을 통해 문화와 쇼핑을 또 다른 하나의 문화로 융합하고자 노력했기 때문이다.

이러한 노력으로 현재의 대한민국 면세산업은 유통산업의 국가대표로서 해외에 한류와 국

(단위: 개소)

구분	2017년	2019년	2024년	구분	2017년	2019년	2024년
서울	8	13	12	강원	1	1	1
부산	5	6	5	충북	2	2	-
대구	1	2	3	충남	-	-	-
인천	8	19	15	전북	-	1	1
광주	-	-	-	전남	1	1	2
대전	1	-	-	경북	-	-	-
울산	-	1	1	경남	1	-	1
세종	-	-	-	제주	5	7	8
경기	-	2	2	전체	33	55	51

주: 코로나-19(2020년) 이후 통계치는 무의미.
자료: 한국면세점협회, 2024.

산품을 알리고 외국인 관광객을 유치하는 주요 쇼핑 인프라로 자리매김 하였다.

아울러 최근 면세품의 수출실적 인정을 통해 기업들의 성장을 돕고, 고용창출 및 지역 균형개발 등 국민경제 발전에 직·간접적으로 기여하며 관광산업 발전과 국가경쟁력 제고에 이바지하고 있다.

(11) 관광지원서비스업

가) 정의

관광객 또는 관광사업자 등을 위하여 사업이나 시설 등을 운영하는 업으로서 문화체육관광부장관이 「통계법」 제22조 제2항 단서에 따라 관광관련 산업으로 분류한 쇼핑업, 운수업, 숙박업, 음식점업, 문화·오락·레저스포츠업, 건설업, 자동차임대업 및 교육서비스업 등. 다만, 법에 따라 등록·허가 또는 지정(이 영 제2조 제6호 가목부터 카목까지의 규정에 따른 업으로 한정한다)을 받거나 신고를 해야 하는 관광사업은 제외한다.

나) 지정기준

① 다음의 어느 하나에 해당할 것

ⓐ 해당 사업의 평균 매출액 중 관광객 또는 관광사업자와의 거래로 인한 매출액의 비율이 100분의 50 이상일 것

ⓑ 법 제52조에 따라 관광지 또는 관광단지로 지정된 지역에서 사업장을 운영할 것

ⓒ 법 제48조의 10 제1항에 따라 한국관광 품질인증을 받았을 것

ⓓ 중앙행정기관의 장 또는 지방자치단체의 장이 공모 등의 방법을 통해 우수 관광사업으로 선정한 사업일 것

② 시설 등을 이용하는 관광객의 안전을 확보할 것

③ 예: 안국동 관광기념품점

자료: 안국역 때때로비.

7) 관광편의시설 지정 현황

표 4-53 **관관광편의시설 지정 현황**

(단위: 개소)

업종별	관광 유흥 음식 점업	관광 극장 유흥업	외국인 전용 유흥 음식 점업	관광 식당업	관광 순환 버스업	관광 사진업	여객 자동차 터미널 시설업	관광 펜션업	관광 궤도업	한옥 체험업	관광 면세업	관광 지원 서비 스업	기타 관광 편의 시설업 (제주)	계
서울	0	15	3	452	3	11	0	0	0	139	9	11	0	643
부산	0	8	16	146	2	1	0	0	0	2	7	2	0	184
대구	1	6	18	98	4	0	0	0	2	24	2	0	0	155
인천	0	7	2	88	3	0	0	18	1	12	6	0	0	137
광주	1	1	0	49	0	0	0	0	0	9	0	0	0	60
대전	0	12	1	59	0	0	0	0	0	0	0	0	0	72
울산	1	3	26	43	1	0	0	5	0	2	0	0	0	81
세종	0	0	0	7	0	0	0	1	0	4	0	0	0	12
경기	6	29	175	407	8	2	0	65	2	47	1	2	0	744
강원	0	4	5	29	12	0	0	77	5	33	23	0	0	188
충북	0	6	1	12	0	0	1	6	2	28	2	0	0	58
충남	1	5	4	21	0	0	0	92	0	46	1	0	0	170
전북	0	5	17	81	2	2	0	34	1	259	1	0	0	402
전남	0	3	4	7	6	0	0	64	3	282	2	1	0	372
경북	1	8	31	11	3	0	1	54	1	410	0	1	0	521
경남	0	15	48	54	10	0	0	85	1	62	1	0	0	276
제주	1	4	5	157	1	4	0	104	0	0	7	0	14	297
계	12	131	356	1,721	55	20	2	605	18	1,359	62	17	14	4,372

자료: 문화체육관광부, 2020.

CHAPTER

5 관광진흥개발기금

01. 관광진흥개발기금법

1) 관광진흥개발기금법의 개요 및 목적

우리나라의 관광산업진흥을 위한 여러 가지 시책들을 실시하기 위해서는 막대한 자금이 투입되어야 한다. 또한 우리나라의 관광업체 중 관광숙박업을 제외하면 대부분 영세하고 국제수준의 호텔 등 투자규모도 방대하여 재정상의 큰 어려움이 존재한다.

이러한 재정상의 어려움을 이겨내기 위해 우리나라에 문예진흥기금・체육진흥기금 등 여러 기금들이 있지만, 일반적인 기금과 달리 관광진흥개발기금은 정부가 직접 기금을 조성・관리・운용한다는 정책적 성격이 강한 기금이며, 관광사업을 효율적으로 발전시키고 관광외화 수입의 증대를 위해 1972년 처음 제정되었다. 1975년 「관광기본법」 제14조 "정부는 관광진흥을 위하여 관광진흥개발기금을 설치하여야 한다"라고 규정하여 법적 근거를 마련할 만큼 관광산업에 있어 중요한 기금이라 할 수 있겠다.

2) 관관진흥개발기금법의 구성

1972년 12월 29일 제정 당시 총 12개 조로 구성돼 있던 법률은 현재 2011년 4월 5일 총 13개조로 개정되어 있고, [시행 2021. 9. 16.] [법률 제16050호, 2021. 8. 10., 일부개정] 구성은 〈표 5-1〉과 같다.

표 5-1 **관광진흥개발기금법의 구성**

구분	내용
제1조	목적
제2조	기금의 설치 및 재원
제3조	기금의 관리
제4조	기금의 회계연도
제5조	기금의 용도
제6조	기금운용위원회의 설치
제7조	기금운용계획안의 수립 등
제8조	기금의 수입과 지출
제9조	기금의 회계기관
제10조	기금계정의 설치
제11조	목적 외의 사용금지 등
제12조	납부금 부과 · 징수업무의 위탁
제13조	벌칙적용 시의 공무원 의제

3) 관광진흥개발기금법의 연혁과 본문

관광진흥개발기금법(약칭: '관광기금법')

[시행 2023. 8. 8.] [법률 제19592호, 2023. 8. 8., 타법개정]

문화체육관광부(관광정책과) 044-203-2821

제1조(목적) 이 법은 관광사업을 효율적으로 발전시키고 관광을 통한 외화 수입의 증대에 이바지하기 위하여 관광진흥개발기금을 설치하는 것을 목적으로 한다. [전문개정 2007. 12. 21.]

제2조(기금의 설치 및 재원) ① 정부는 이 법의 목적을 달성하는 데에 필요한 자금을 확보하기 위하여 관광진흥개발기금(이하 "기금"이라 한다)을 설치한다.

② 기금은 다음 각 호의 재원(財源)으로 조성한다. 〈개정 2017. 11. 28.〉

1. 정부로부터 받은 출연금
2. 「관광진흥법」 제30조에 따른 납부금
3. 제3항에 따른 출국납부금
4. 「관세법」 제176조의2제4항에 따른 보세판매장 특허수수료의 100분의 50
5. 기금의 운용에 따라 생기는 수익금과 그 밖의 재원

③ 국내 공항과 항만을 통하여 출국하는 자로서 대통령령으로 정하는 자는 1만원의 범위에서 대통령령으로 정하는 금액을 기금에 납부하여야 한다.

④ 제3항에 따른 납부금을 부과받은 자가 부과된 납부금에 대하여 이의가 있는 경우에는 부과받은 날부터 60일 이내에 문화체육관광부장관에게 이의를 신청할 수 있다. 〈신설 2011. 4. 5.〉

⑤ 문화체육관광부장관은 제4항에 따른 이의신청을 받았을 때에는 그 신청을 받은 날부터 15일 이내에 이를 검토하여 그 결과를 신청인에게 서면으로 알려야 한다. 〈신설 2011. 4. 5.〉

⑥ 제3항에 따른 납부금의 부과·징수의 절차 등에 필요한 사항은 대통령령으로 정한다. 〈개정 2011. 4. 5.〉

⑦ 제4항 및 제5항에서 규정한 사항 외에 이의신청에 관한 사항은 「행정기본법」 제36조(제2항 단서는 제외한다)에 따른다. 〈신설 2023. 5. 16.〉 [전문개정 2007. 12. 21.]

제3조(기금의 관리) ① 기금은 문화체육관광부장관이 관리한다. 〈개정 2008. 2. 29.〉

② 문화체육관광부장관은 기금의 집행·평가·결산 및 여유자금 관리 등을 효율적으로 수행하기 위하여 10명 이내의 민간 전문가를 고용한다. 이 경우 필요한 경비는 기금에서 사용할 수 있다. 〈개정 2008. 2. 29.〉

③ 제2항에 따른 민간 전문가의 고용과 운영에 필요한 사항은 대통령령으로 정한다. [전문개정 2007. 12. 21.]

제4조(기금의 회계연도) 기금의 회계연도는 정부의 회계연도에 따른다.

제5조(기금의 용도) ① 기금은 다음 각 호의 어느 하나에 해당하는 용도로 대여(貸與)할 수 있다.

1. 호텔을 비롯한 각종 관광시설의 건설 또는 개수(改修)
2. 관광을 위한 교통수단의 확보 또는 개수
3. 관광사업의 발전을 위한 기반시설의 건설 또는 개수
4. 관광지·관광단지 및 관광특구에서의 관광 편의시설의 건설 또는 개수

② 문화체육관광부장관은 기금에서 관광정책에 관하여 조사·연구하는 법인의 기본재산 형성 및 조사·연구사업, 그 밖의 운영에 필요한 경비를 출연 또는 보조할 수 있다. 〈개정 2008. 2. 29., 2021. 6. 15.〉

③ 기금은 다음 각 호의 어느 하나에 해당하는 사업에 대여하거나 보조할 수 있다. 〈개정 2009. 3. 5., 2021. 8. 10.〉

1. 국외 여행자의 건전한 관광을 위한 교육 및 관광정보의 제공사업
2. 국내외 관광안내체계의 개선 및 관광홍보사업
3. 관광사업 종사자 및 관계자에 대한 교육훈련사업
4. 국민관광 진흥사업 및 외래관광객 유치 지원사업
5. 관광상품 개발 및 지원사업
6. 관광지·관광단지 및 관광특구에서의 공공 편익시설 설치사업

7. 국제회의의 유치 및 개최사업
8. 장애인 등 소외계층에 대한 국민관광 복지사업
9. 전통관광자원 개발 및 지원사업
9의2. 감염병 확산 등으로 관광사업자(「관광진흥법」 제2조제2호에 따른 관광사업자를 말한다)에게 발생한 경영상 중대한 위기 극복을 위한 지원사업
10. 그 밖에 관광사업의 발전을 위하여 필요한 것으로서 대통령령으로 정하는 사업

④ 기금은 민간자본의 유치를 위하여 필요한 경우 다음 각 호의 어느 하나의 사업이나 투자조합에 출자(出資)할 수 있다.

1. 「관광진흥법」 제2조제6호 및 제7호에 따른 관광지 및 관광단지의 조성사업
2. 「국제회의산업 육성에 관한 법률」 제2조제3호에 따른 국제회의시설의 건립 및 확충 사업
3. 관광사업에 투자하는 것을 목적으로 하는 투자조합
4. 그 밖에 관광사업의 발전을 위하여 필요한 것으로서 대통령령으로 정하는 사업

⑤ 기금은 신용보증을 통한 대여를 활성화하기 위하여 예산의 범위에서 다음 각 호의 기관에 출연할 수 있다. 〈신설 2018. 12. 24.〉

1. 「신용보증기금법」에 따른 신용보증기금
2. 「지역신용보증재단법」에 따른 신용보증재단중앙회 [전문개정 2007. 12. 21.]

제6조(기금운용위원회의 설치) ① 기금의 운용에 관한 종합적인 사항을 심의하기 위하여 문화체육관광부장관 소속으로 기금운용위원회(이하 "위원회"라 한다)를 둔다. 〈개정 2008. 2. 29.〉

② 위원회의 조직과 운영에 필요한 사항은 대통령령으로 정한다. [전문개정 2007. 12. 21.]

제7조(기금운용계획안의 수립 등) ① 문화체육관광부장관은 매년 「국가재정법」에 따라 기금운용계획안을 수립하여야 한다. 기금운용계획을 변경하는 경우에도 또한 같다. 〈개정 2008. 2. 29.〉

② 제1항에 따른 기금운용계획안을 수립하거나 기금운용계획을 변경하려면 위원회의 심의를 거쳐야 한다. [전문개정 2007. 12. 21.]

제8조(기금의 수입과 지출) ① 기금의 수입은 제2조제2항 각 호의 재원으로 한다.

② 기금의 지출은 제5조에 따른 기금의 용도를 위한 지출과 기금의 운용에 따르는 경비로 한다. 〈개정 2023. 8. 8.〉 [전문개정 2007. 12. 21.]

제9조(기금의 회계 기관) 문화체육관광부장관은 기금의 수입과 지출에 관한 사무를 하게 하기 위하여 소속 공무원 중에서 기금수입징수관, 기금재무관, 기금지출관 및 기금출납 공무원을 임명한다. 〈개정 2008. 2. 29.〉 [전문개정 2007. 12. 21.]

제10조(기금 계정의 설치) 문화체육관광부장관은 기금지출관으로 하여금 한국은행에 관광진흥개발기금의 계정(計定)을 설치하도록 하여야 한다. 〈개정 2008. 2. 29.〉 [전문개정 2007. 12. 21.]

제11조(목적 외의 사용 금지 등) ① 기금을 대여받거나 보조받은 자는 대여받거나 보조받을 때에 지정된 목적 외의 용도에 기금을 사용하지 못한다.

② 대여받거나 보조받은 기금을 목적 외의 용도에 사용하였을 때에는 대여 또는 보조를 취소하고 이를 회

수한다.

③ 문화체육관광부장관은 기금의 대여를 신청한 자 또는 기금의 대여를 받은 자가 다음 각 호의 어느 하나에 해당하면 그 대여 신청을 거부하거나, 그 대여를 취소하고 지출된 기금의 전부 또는 일부를 회수한다. 〈신설 2011. 4. 5.〉

1. 거짓이나 그 밖의 부정한 방법으로 대여를 신청한 경우 또는 대여를 받은 경우
2. 잘못 지급된 경우
3. 「관광진흥법」에 따른 등록·허가·지정 또는 사업계획 승인 등의 취소 또는 실효 등으로 기금의 대여자격을 상실하게 된 경우
4. 대여조건을 이행하지 아니한 경우
5. 그 밖에 대통령령으로 정하는 경우

④ 다음 각 호의 어느 하나에 해당하는 자는 해당 기금을 대여받거나 보조받은 날부터 5년 이내에 기금을 대여받거나 보조받을 수 없다. 〈신설 2011. 4. 5., 2021. 4. 13.〉

1. 제2항에 따라 기금을 목적 외의 용도에 사용한 자
2. 거짓이나 그 밖의 부정한 방법으로 기금을 대여받거나 보조받은 자 [전문개정 2007. 12. 21.] [제목개정 2011. 4. 5.]

제12조(납부금 부과·징수 업무의 위탁) ① 문화체육관광부장관은 제2조제3항에 따른 납부금의 부과·징수의 업무를 대통령령으로 정하는 바에 따라 관계 중앙행정기관의 장과 협의하여 지정하는 자에게 위탁할 수 있다. 〈개정 2008. 2. 29.〉

② 문화체육관광부장관은 제1항에 따라 납부금의 부과·징수의 업무를 위탁한 경우에는 기금에서 납부금의 부과·징수의 업무를 위탁받은 자에게 그 업무에 필요한 경비를 보조할 수 있다. 〈개정 2008. 2. 29.〉 [전문개정 2007. 12. 21.]

제13조(벌칙 적용 시의 공무원 의제) 제3조제2항에 따라 고용된 자는 「형법」 제129조부터 제132조까지의 규정을 적용할 때에는 공무원으로 본다. [전문개정 2007. 12. 21.]

부칙 〈제19592호, 2023. 8. 8.〉

이 법은 공포한 날부터 시행한다.

1972년 12월 29일 제정된 「관광진흥개발기금법」은 위와 같이 제정되었으나, 〈표 5-2〉와 같이 여러 차례 개정되어 2023년 8월 8일 최종 개정된 후 [시행 2023. 8. 8] [법률 제19592호, 2023. 8. 8., 타법개정]된 현재 상태이다.

표 5-2 **관광진흥개발기금법의 개정안과 내용**

개정안	내용
관광진흥개발기금법 [법률 제2402호, 1972.12.29, 제정]	제정됨
관광진흥개발기금법 [법률 제5159호, 1996.8.14, 일부개정]	제2조(기금의 설치 및 재원) 〈개정 1996.8.14〉 제3조(기금의 관리) 〈개정 1996.8.14〉 제5조(기금의 용도) 〈개정 1996.8.14〉 ② 〈신설 1996.8.14〉 제6조(기금운용위원회의 설치) 〈개정 1996.8.14〉 제7조(기금의 운용계획) 〈개정 1996.8.14〉 제9조(기금의 회계기관) 〈개정 1996.8.14〉 제10조(기금계정의 설치) 〈개정 1996.8.14〉 제11조(목적 이외의 사용금지) 〈개정 1996.8.14〉
관광진흥개발기금법 [법률 제5277호, 1997.1.13, 일부개정]	제2조(기금의 설치 및 재원) ③, ④ 〈신설 1997.1.13〉〈개정 1996.8.14, 1997.1.13〉 제5조(기금의 용도) 〈개정 1996.8.14, 1997.1.13〉 4. 삭제 〈1997.1.13〉 제8조(기금의 수입과 지출) 〈개정 1997.1.13〉
중략	· · · ·
관광진흥개발기금법 [법률 제9469호, 2009.3.5, 일부개정]	제1조(목적) [전문개정 2007.12.21] 제2조(기금의 설치 및 재원) [전문개정 2007.12.21] 제3조(기금의 관리) 〈개정 2008.2.29〉 제5조(기금의 용도) 〈개정 2008.2.29〉 제7조(기금운용계획안의 수립 등) 제9조(기금의 회계기관) 제10조(기금계정의 설치) 제11조(목적 외의 사용금지) 제12조(납부금 부과 · 징수 업무의 위탁) [일부개정 2007.12.21]
관광진흥개발기금법 [법률 제10555호, 2011.4.5, 일부개정]	제2조(기금의 설치 및 재원) ④ 〈신설, 개정 2011.4.5〉 제11조(목적 외의 사용 금지 등) ③, ④ 〈신설 2011.4.5〉 [제목개정 2011.4.5]
중략	· · · ·
관광진흥개발기금법 [법률 제16050호, 2018.12.24, 일부개정]	제5조(기금용도) 〈신설〉 ⑤ 기금은 신용보증을 통한 대여를 활성화하기 위하여 예산의 범위에서 다음 각 호의 기관에 출연할 수 있다. 1. 「신용보증기금법」에 따른 신용보증기금 2. 「지역신용보증재단법」에 따른 신용보증재단중앙회

관광진흥개발기금법 [법률 제16050호, 2021.6.15, 일부개정]	제5조(기금용도) 〈일부개정〉 ② 문화체육관광부장관은 기금에서 관광정책에 관하여 조사 · 연구하는 법인의 기본재산 형성 및 조사 · 연구사업, 그 밖의 운영에 필요한 경비를 출연 또는 보조할 수 있다
관광진흥개발기금법 [법률 제16050호, 2021.8.10, 일부개정]	제5조(기금용도) ③ 기금은 다음 각 호의 어느 하나에 해당하는 사업에 대여하거나 보조할 수 있다. 〈신설〉 9의 2. 감염병 확산 등으로 관광사업자(「관광진흥법」 제2조 제2호에 따른 관광사업자를 말한다)에게 발생한 경영상 중대한 위기 극복을 위한 지원사업
관광진흥개발기금법 [법률 제19592호, 2023.8.8, 타법개정]	제8조(기금의 수입과 지출) ① (현행과 같음) ② 기금의 지출은 제5조에 따른 기금의 용도를 위한 지출과 기금의 운용에 따르는 경비로 한다.

제주특별자치도의 관광진흥기금등에 관한 특례

▮제주관광진흥기금의 설치 목적

「관광진흥개발기금법」 제2조제1항에도 불구하고 제주자치도의 관광사업을 효율적으로 발전시키고, 관광외화수입의 증대에 기여하기 위하여 제주관광진흥기금을 설치한다.

▮제주관광진흥기금의 재원

- 국가 또는 제주특별자치도의 출연금
- 카지노사업자의 납부금: 제주자치도에 있는 카지노사업자는 총 매출액의 100분의 10의 범위에서 납부
- 출국납부금: 정부와 동일 - 국외 15,000원 / 국내 10,000원 공항세
- 관광면세품의 90% 납부

▮제주관광진흥기금의 관리

- 도지사가 관리한다.
- 제주관광진흥기금 운용계화안의 수립
- 관광진흥개발 기금법의 준용

02. 관광진흥개발기금의 재원

관광진흥개발기금은 정부의 출연금, 카지노사업자의 납부금, 면세사업자의 납부금(2017년), 출국납부금, 운용수익금을 재원으로 하며, 「관광진흥개발기금법」 제2조 제2항 · 제3항에 의거하여 조성한다. 2019년 말 순조성 규모가 2조 3,544억 원으로 확대되어 관광산업의 육성재원으로서 중추적인 역할을 수행해오고 있다.

1) 정부의 출연금

관광진흥개발기금은 1973년 설치와 동시에 2억 원의 국고출연을 시작으로 1978년 100억 원, 1979년 800억 원, 1982년까지 총 401억 5,000만 원이 출연되었다.

2) 카지노사업자의 납부금

카지노사업자는 총 매출액의 10% 범위 내에서 일정 비율에 해당하는 금액을 납부해야 한다고 「관광진흥법」 제30조 제1항에 명시되어 있다.

3) 출국납부금

국내 공항과 항만을 이용하여 출국하는 자는 1만 원 범위에서 법령으로 정해진 금액을 납부해야 한다. 공항을 이용할 경우 1만 원을, 항만을 이용할 경우 1천 원을 납부한다.

출국납부금 면제대상자는 제외되며, 이는 다음과 같다.

① 외교관여권이 있는 자

② 항공의 경우 2세, 선박의 경우 6세 미만의 어린이

③ 국외로 입양되는 어린이와 그 호송인

④ 대한민국에 주둔하는 외국의 군인 및 승무원

⑤ 입국이 허용되지 아니하거나 거부되어 출국하는 자

⑥ 「출입국관리법」에 의해 강제퇴거대상자 중 국비로 강제출국되는 외국인

⑦ 국제 항공기·선박을 운항하는 승무원

⑧ 공항통과여객으로서 다음의 어느 하나에 해당되어 보세구역을 벗어난 후 출국하는 여객

ⓐ 항공기 탑승이 불가능하여 어쩔 수 없이 당일 또는 다음날 출국하는 경우

ⓑ 공항이 폐쇄되거나 기상이 악화되어 항공기의 출발이 지연되는 경우

ⓒ 항공기의 고장, 납치, 긴급환자 발생 등 부득이한 사유로 불시착한 경우

ⓓ 관광을 목적으로 보세구역을 벗어난 후 24시간 이내에 보세구역으로 들어오는 경우

4) 면세 기부금

제2조(기금의 설치 및 재원) ① 정부는 이 법의 목적을 달성하는 데에 필요한 자금을 확보하기 위하여 관광진흥개발기금(이하 "기금"이라 한다)을 설치한다.

② 기금은 다음 각 호의 재원(財源)으로 조성한다. <개정 2017. 11. 28.>

1. 정부로부터 받은 출연금
2. 「관광진흥법」 제30조에 따른 납부금
3. 제3항에 따른 출국납부금
4. 「관세법」 제176조의 2 제4항에 따른 보세판매장 특허수수료의 100분의 50
5. 기금의 운용에 따라 생기는 수익금과 그 밖의 재원

③ 국내 공항과 항만을 통하여 출국하는 자로서 대통령령으로 정하는 자는 1만원의 범위에서 대통령령으로 정하는 금액을 기금에 납부하여야 한다.

④ 제3항에 따른 납부금을 부과받은 자가 부과된 납부금에 대하여 이의가 있는 경우에는 부과받은 날부터 60일 이내에 문화체육관광부장관에게 이의를 신청할 수 있다. <신설 2011. 4. 5.>

⑤ 문화체육관광부장관은 제4항에 따른 이의신청을 받았을 때에는 그 신청을 받은 날부터 15일 이내에 이를 검토하여 그 결과를 신청인에게 서면으로 알려야 한다. <신설 2011. 4. 5.>

⑥ 제3항에 따른 납부금의 부과·징수의 절차 등에 필요한 사항은 대통령령으로 정한다. <개정 2011. 4. 5.> [전문개정 2007. 12. 21.]

제176조의 2(특허보세구역의 특례) ① 세관장은 제196조 제1항에 따라 물품을 판매하는 보세판매장 특허를 부여하는 경우에 「중소기업기본법」 제2조에 따른 중소기업 및 「중견기업 성장촉진 및 경쟁력 강화에 관한 특별법」 제2조 제1호에 따른 중견기업으로서 매출액, 자산총액 및 지분 소유나 출자 관계 등이 대통령령으로 정하는 기준에 맞는 기업 중 제174조 제3항에 따른 특허를 받을 수 있는 요건을 갖춘 자(이하 이 조에서 "중소기업 등"이라 한다)에게 대통령령으로 정하는 일정 비율 이상의 특허를 부여하여야 하고, 「독점규제 및 공정거래에 관한 법률」 제31조 제1항에 따른 상호출자

제한기업집단에 속한 기업에 대해 대통령령으로 정하는 일정 비율 이상의 특허를 부여할 수 없다. 다만, 세관장은 제196조 제2항에 따라 물품을 판매하는 보세판매장의 경우에는 중소기업 등에게만 특허를 부여할 수 있다. <개정 2014. 1. 1, 2014. 1. 21, 2018. 12. 31, 2020. 12. 29>

② 제1항에도 불구하고 기존 특허가 만료되었으나 제3항에 따른 신규 특허의 신청이 없는 등 대통령령으로 정하는 경우에는 제1항을 적용하지 아니한다.

③ 보세판매장의 특허는 대통령령으로 정하는 일정한 자격을 갖춘 자의 신청을 받아 대통령령으로 정하는 평가기준에 따라 심사하여 부여한다. 기존 특허가 만료되는 경우(제6항에 따라 갱신되는 경우는 제외한다)에도 또한 같다. <개정 2014. 12. 23>

④ 보세판매장의 특허수수료는 제174조 제2항에도 불구하고 운영인의 보세판매장별 매출액(기업회계기준에 따라 계산한 매출액을 말한다)을 기준으로 기획재정부령으로 정하는 바에 따라 다른 종류의 보세구역 특허수수료와 달리 정할 수 있다. 다만, 「재난 및 안전관리 기본법」 제3조 제1호의 재난으로 인하여 보세판매장의 영업에 현저한 피해를 입은 경우 보세판매장의 특허수수료를 감경할 수 있다. <개정 2019. 12. 31, 2020. 12. 22>

⑤ 보세판매장의 특허기간은 제176조제1항에도 불구하고 5년 이내로 한다.

⑥ 제1항에 따라 특허를 받은 자는 한 차례(다만, 중소기업 등은 두 차례)에 한정하여 대통령령으로 정하는 바에 따라 특허를 갱신할 수 있다. <신설 2014. 12. 23, 2018. 12. 31, 2020. 6. 9>

⑦ 기획재정부장관은 매 회계연도 종료 후 4개월 이내에 보세판매장별 매출액을 대통령령으로 정하는 바에 따라 국회 소관 상임위원회에 보고하여야 한다. <개정 2014. 12. 23, 2021. 12. 21>

⑧ 그 밖에 보세판매장 특허절차에 관한 사항은 대통령령으로 정한다. <개정 2014. 12. 23, 2020. 6. 9> [본조신설 2013. 1. 1]

5) 그 밖의 재원

① 금융기관・체신관서에의 예치

② 국채 또는 공채 등 유가증권의 매입, 금융상품의 매입 등의 방법

표 5-3 **연도별 관광진흥개발기금 기금조성 현황**

(단위: 백만 원)

구분 / 연도	총조성액					사용액				순조성액	조성액 누계
	정부 출연금	전입금	법정 부담금	운용수입	계(A)	관광진흥 개발사업	기금 관리비	기타	계(B)	(A-B)	
1973	200	–	–	–	200	–	–	–	–	200	200
1974	180	–	–	11	191	–	–	–	–	191	391
1975	–	–	–	23	23	–	–	–	–	23	414
1976	–	–	–	22	22	–	–	–	–	22	436
1977	5,200	–	–	20	5,220	–	–	–	–	5,220	5,656
1978	10,000	–	–	92	10,092	–	2	–	2	10,090	15,746
1979	8,000	–	–	766	8,766	–	3	–	3	8,763	24,509
1980	8,752	–	–	2,320	11,072	–	2	–	2	11,070	35,579
1981	7,343	–	–	3,482	10,825	–	2	–	2	10,823	46,402
1982	475	–	–	4,730	5,205	–	1	–	1	5,204	51,606
1983	–	–	–	4,015	4,015	–	1	–	1	4,014	55,620
1984	–	–	–	4,262	4,262	–	1	–	1	4,261	59,881
1985	–	–	–	4,706	4,706	–	1	–	1	4,705	64,586
1986	–	–	–	5,393	5,393	–	1	–	1	5,392	69,978
1987	–	–	–	5,846	5,951	–	1	–	1	5,950	75,928
1988	–	–	105	6,384	6,384	–	1	–	1	6,383	82,311
1989	–	–	–	6,768	6,868	–	1	–	1	6,867	89,178
1990	–	–	100	7,333	12,752	–	1	–	1	12,751	101,929
1991	–	–	5,419	8,112	11,252	–	1	–	1	11,251	113,180
1992	–	–	3,140	10,649	16,106	–	1	–	1	16,105	129,285
1993	–	–	5,457	11,006	14,255	–	1	–	1	14,254	143,539
1994	–	–	3,249	11,527	11,527	–	1	–	1	11,526	155,065
1995	–	–	1,233	12,241	13,474	–	58	–	58	13,416	168,481
1996	–	–	17,900	13,382	31,282	600	116	–	827	30,455	198,936
1997	–	–	24,187	15,415	39,602	2,000	154	–	2,268	37,334	236,270
1998	–	–	28,757	19,426	48,183	8,620	408	–	9,028	39,155	275,425
1999	–	40,000	56,347	18,337	114,684	34,702	19	–	35,419	79,265	354,690
2000	–	–	66,091	21,411	87,502	19,146	9	–	19,155	68,347	423,037
2001	–	–	84,684	22,509	107,193	16,170	27	–	16,197	90,996	514,033
2002	–	–	132,730	24,152	156,882	16,988	34	–	17,022	139,860	653,893
2003	–		134,127	25,321	159,448	21,664	34	–	21,698	137,750	791,643
2004	–	–	187,999	25,990	213,989	97,106	38	111	97,144	116,845	908,488
2005	–	–	236,287	47,585	283,872	134,091	527	114	134,618	149,254	1,057,742
2006	–	–	255,223	40,970	296,193	134,905	847	698	135,752	160,441	1,218,183
2007	–	–	273,271	52,573	325,844	198,845	651	941	200,438	125,407	1,343,589
2008	–	–	297,197	58,172	355,369	290,240	1,464	19,887	311,591	43,777	1,387,367
2009	–	–	309,312	53,929	363,241	321,520	468	(3,281)	318,707	44,534	1,431,901
2010	–	–	367,500	57,642	425,142	363,164	455	6,142	369,761	55,381	1,487,282
2011	–	–	394,520	52,955	447,475	363,464	517	19,188	383,169	64,306	1,551,588
2012	–	–	401,399	59,038	460,437	442,377	456	(31,708)	411,125	49,312	1,600,900
2013	–	–	457,541	62,666	520,207	433,312	527	15,766	449,605	70,602	1,671,502
2014	–		479,660	71,198	550,858	429,048	470	(847)	428,671	122,187	1,793,689
2015	–	–	518,618	67,262	585,880	519,704	485	5,830	526,018	59,860	1,853,551
2016	–	(50,000)	575,851	75,523	601,374	489,837	453	2,116	492,406	108,968	1,962,518
2017	–	(50,000)	615,607	96,041	661,648	562,630	645	14,466	577,741	83,907	2,046,422
2018	–	(25,000)	637,983	96,557	709,540	537,200	526	15,739	553,465	156,075	2,202,500
2019	–	(19,559)	649,946	59,072	689,459	544,058	610	(7,146)	537,522	151,938	2,354,438
계	40,150	(104,559)	7,221,441	1,246,833	8,403,865	5,981,391	10,020	58,016	6,049,428	2,354,438	–

주: • 2005년부터 근로복지진흥기금은 관광진흥개발기금 사용액으로 집계하지 않음
• 2016년부터 발생한 문화예술진흥기금으로의 전출금은 비교환수익의 부의 계정으로, 전입금에서 차감함
• 단위미만 반올림으로 합계가 일치하지 않을 수 있음

자료: 문화체육관광부.

03. 관광진흥개발기금의 관리

1) 관리주체

기금의 관리는 전적으로 문화체육관광부장관이 하는 것으로「관광진흥개발기금법」제3조 제1항에 명시되어 있으며, 예외로 제주관광진흥개발기금은 제주도지사가 관리하도록 '제주특별법' 제172조의 2 제1항에 명시되어 있다.

2) 관광진흥개발기금 관리

문화체육관광광부장관은 기금의 집행 · 평가 · 결산 및 여유자금관리 등을 효율적으로 하기 위해 10인 이내의 민간전문가를 고용하며, 이에 필요한 경비는 기금에서 사용할 수 있다고 법에 명시되어 있다. 계약직이고, 기간은 2년을 원칙으로 하며, 1년 단위로 연장할 수 있다. 제주도의 경우 관리에 관한 사항을 조례로 정할 수 있다.

04. 관광진흥개발기금의 용도 및 운용

1) 관광진흥개발기금의 용도

관광진흥개발기금은 관광진흥을 위한 각종 사업에 대여 · 보조할 수 있다고「관광진흥개발기금법」제5조에 명시되어 있다.

(1) 기금의 대여

기금은 다음과 같은 경우 해당하는 용도에 따라 대여할 수 있다.

① 호텔을 비롯한 각종 관광시설의 건설 또는 개수

② 관광을 위한 교통수단의 확보 또는 개수

③ 관광사업의 발전을 위한 기반시설의 건설 또는 개수

④ 관광지·관광단지 및 관광특구에서 관광편의시설의 건설 또는 개수

(2) 기금의 보조

문화체육관광부장관은 관광정책에 관하여 조사·연구하는 법인의 기본 재산 형성 및 조사 그 밖의 운영에 필요한 것을 기금에서 보조할 수 있다.

(3) 사업 및 투자조합에 출자

기금은 민간자본의 유치를 위하여 필요한 경우에 사업이나 투자조합에 출자할 수 있다.

① 관광지 및 관광단지의 조성사업

② 국제회의시설의 건립 및 확충사업

③ 관광사업에 투자하는 것을 목적으로 하는 투자조합

④ 관광산업 발전을 위해 필요하며 대통령령으로 정하는 사업

2) 관광진흥개발기금의 운용

문화체육관광부장관은 기금운용에 관한 종합적인 사항을 심의하기 위해 장관 소속의 기금운용위원회를 소집할 수 있으며, 인원은 위원장을 포함해 10명 이내로 구성한다.

기금운용위원회의 위원장은 문화체육관광부장관의 제1차관이 되고, 위원은 관계부처의 국장, 그리고 기금운용관리에 풍부한 지식과 경험을 가졌다고 인정되는 자 중 문화체육관광부장관이 임명하거나 위촉된다.

(1) 기금운용위원회의 직무와 기능

「관광진흥개발기금법 시행령」 제5조 · 제6조를 살펴보면, 위원장은 위원회를 대표하고 위원회의 사무를 총괄한다. 위원장이 부득이한 사유로 직무를 수행할 수 없을 때에는 위원장이 지정한 위원이 그 직무를 대행한다(제5조).

위원장은 위원회의를 소집할 수 있으며, 회의는 재적위원 과반수의 출석으로 개의하고, 출석위원의 과반수의 찬성으로 의결한다(제6조).

이와 같이 직무를 법에 명시하고 있으며, 위원회의 기능을 살펴보면 다음과 같다.

① 기금의 운용에 관한 종합적인 사항 심의

② 기금운용계획안 수립 및 계획 변경사항 심의

③ 기금의 대하이자율 및 대여이자율, 대여기간 및 연체이자율 심의: 이 경우 심의된 사항은 문화체육부장관이 기획재정부장관과 협의하여 정하는데, 이를 변경하는 경우 또한 같다.

05. 관광진흥개발기금의 회계

1) 기금의 회계기관

문화체육관광부장관은 기금의 수입과 지출에 관한 사무를 행하게 하기 위해 소속 공무원 중에서 기금수입징수관 · 기금재무관 · 기금지출관 · 기금출납공무원을 임명하며, 이후에 감사원장 · 기획재정부장관 · 한국은행총재에게 알려야 한다.

2) 기금의 회계연도

기금의 회계연도는 정부의 회계연도인 1월 1일부터 12월 31일까지로 한다.

3) 기금계정 설치

기금지출관은 한국은행에 관광진흥개발기금계정을 설치하고, 이 기금계정은 수입계정과 지출계정으로 구분하여 설치한다.

06. 관광진흥개발기금의 대여업무

1) 기금의 대여

문화체육관광부장관은 한국산업은행이 대여업무를 할 수 있도록 한국산업은행에 기금을 대여할 수 있다. 대여업무를 할 경우 기금대여업무계획을 미리 작성하여 문화체육관광부장관의 승인을 받아야 하며, 기금을 사용하려는 자로부터 신청을 받으면 문화체육관광부장관에게 대하를 신청한다.

한국산업은행은 매월의 기금사용 업체별 대여금액·대여잔액 등 상황을 다음 달 10일 이전까지 문화체육관광부장관에게 보고한다.

2) 대여기금의 납입 및 수납

기금대여의 이자는 문화체육관광부장관이 기획재정부장관과 협의하여 정하며, 기금을 대여받은 금융기관의 장은 대여기금을 이자와 함께 기금계정에 납입해야 한다. 위반할 경우 연체이자와 함께 납입해야 한다.

07. 부과 · 징수업무의 위탁

문화체육관광부장관은 납부금의 부과와 징수에 대한 업무를 관계 중앙행정기관의 장과 협의하여 지정하는 자에게 위탁할 수 있으며, 이에 따라서 지방해양항만청장 · 항만공사 · 한국공항공사 · 인천국제공항공사에 각각 위탁한다. 위탁한 경우 업무에 소요되는 경비는 기금에서 보조할 수 있다.

CHAPTER

6 관광개발계획과 개발

01. 관광지 · 관광단지 개발

1) 관광지 · 관광단지

(1) 개념적 정의

관광자원이 풍부하고 관광객의 접근이 용이하며 개발 제한요소가 적어 개발이 가능한 지역과 관광정책상 관광지로 개발하는 것이 필요하다고 판단되는 지역에 관광객의 다양한 관광활동을 위한 시설이 밀집시켜 관광만을 위해 종합적으로 개발하는 거점 지역을 말한다.

(2) 법률적 정의

"관광지"란 자연적 또는 문화적 관광자원을 갖추고 관광객을 위한 기본적인 편의시설을 설치하는 지역으로써 이 법에 따라 지정된 곳을 말한다.

"관광단지"란 관광객의 다양한 관광 및 휴양을 위하여 각종 관광시설을 종합적으로 개발하는 관광거점 지역으로써 이 법에 따라 지정된 곳을 말한다.

(3) 관광단지 지정 현황

표 6-1 **관광지 · 관광단지 지정 현황**(2022년 6월 기준)

■ 관광지: 225개소

시도	지정개소	관광지명
부산	5	기장도예촌, 용호씨사이드, 금련산 청소년수련원, 태종대, 해운대
인천	2	마니산, 서포리
대구	2	비슬산, 화원
경기	14	대성, 산장, 수동, 장흥, 용문산, 신륵사, 한탄강, 공릉, 임진각, 내리, 백운계곡, 산정호수, 소요산, 궁평
강원	41	호반, 구곡폭포, 청평사, 간현, 옥계, 주문진, 연곡, 등명, 대관령 어흘리, 무릉계곡, 망상, 추암, 구문소, 속초해수욕장, 척산온천, 장호, 맹방, 삼척해수욕장, 초당, 팔봉산, 홍천온천, 어답산, 유현문화, 고씨동굴, 영월온천, 마차탄광문화촌, 미탄마하생태, 화암, 아우라지, 고석정, 직탕, 광덕계곡, 후곡약수터, 내설악 용대, 방동약수터, 오토테마파크, 송지호, 삼포 문암, 화진포, 오색, 지경
충북	22	세계무술공원, 충온온천, 능암온천, 충주호체험, 교리, 능강, 금월봉, 계산, 제천온천, 만남의광장, KBS촬영장, 속리산레저, 구병산, 장계, 송호, 다리안, 수옥정, 괴강, 무극, 천동, 레인보우힐링, 온달
충남	23	천안종합휴양, 태조산, 곰나루, 마곡사, 마곡온천, 공주문화, 대천해수욕장, 무창포해수욕장, 죽도, 아산온천, 간월도, 삽교호, 왜목마을, 난지도, 구드레, 서동요역사, 금강하굿둑, 춘장대해수욕장, 칠갑산도립온천, 예당, 덕산온천, 만리포해수욕장, 안면도
전북	21	석정온천, 금강호, 은파, 김제온천, 벽골제, 남원, 모항, 변산해수욕장, 위도, 모악산, 금마, 미륵사지, 왕궁보석테마, 웅포, 사선대, 오수의견, 방화동, 내장산리조트, 백제가요정읍사, 마이산회봉온천, 운일암반일암
전남	28	대구면도요지, 곡성 도림사, 지리산온천, 나주호, 담양호, 회산연꽃방죽, 율포해수욕장, 한국차소리 문화공원, 불갑사, 성기동, 마한문화, 영산호 쌀문화 테마공원, 영암바둑테마파크, 신지명사십리, 장성호, 홍길동테마파크, 정남진우산도, 녹진, 아리랑마을, 해신장보고, 회동, 사포, 땅끝, 우수영, 도곡온천, 운주사, 화순온천, 대광해수욕장
경북	32	경산온천, 고령부례, 문경온천, 문경상리, 오전약수, 다덕약수, 경천대, 문장대온천, 회상나루, 안동하회, 예안현, 고래불, 장사해수욕장, 선바위, 문수, 부석사, 영주순흥, 풍기온천, 치산, 포리, 예천삼강, 개척사, 울릉도, 백암온천, 성류굴, 의성탑산온천, 신화랑, 청도온천, 청도용암온천, 주왕산, 가산산성, 호미곶
경남	21	거가대교, 장목, 가조, 수승대, 당항포, 송정, 표충사, 실안, 금서, 전통한방휴양, 중산, 벽계, 오목내, 부곡온천, 마금산온천, 도남, 묵계, 농월정, 미숭산, 합천보조댐, 합천호
제주	14	제주남원, 돈내코, 수망, 미천굴, 토산, 표선, 곽지, 제주상상나라탐라공화국 김녕해수욕장, 돌문화공원, 봉개휴양림, 용머리, 함덕 해안, 협재 해안
합계	225	전체 관광지 면적 합계: 120,915,121m^2

■ 관광단지: 47개소

자치단체		명칭	위치	지정면적(m^2)	사업 시행자	단지지정	조성계획
부산	기장군	오시리아	부산광역시 기장군 기장읍 당사리 542	3,662,486	부산도시공사	2005. 3.	2021. 2.
인천	강화군	강화 종합리조트	인천광역시 강화군 길상면 장흥로 185-10	652,369	(주)해강개발	2012. 7.	2020. 1.
광주	광산구	어등산	광주광역시 광산구 운수동 500	2,736,219	광주광역시 도시공사	2006. 1.	2019. 12.
울산	북구	강동	울산광역시 북구 정자동 산35-2	1,367,240	울산 북구	2009. 11.	2020. 4.
경기 (2)	안성시	안성 죽산	안성시 죽산면 당목리 129	1,438,008	(주)송백개발 (주)서해종합건설	2016. 10.	조성계획 협의중
	평택시	평택호	평택시 현덕면 권관리 301-1	663,115	평택도시공사	1977. 3.	2020. 2.
강원 (14)	고성군	델피노 골프앤리조트	고성군 토성면 원암리 474-2	900,018	(주)대명 레저산업	2012. 5.	2020. 10.
	속초시	설악 한화리조트	속초시 장사동 24-1	1,332,578	한화호텔앤드 리조트(주)	2010. 8.	2021. 6.
	양양군	양양국제공항	양양군 손양면 동호리 496-4	2,730,219	(주)새서울레저	2015. 12.	2020. 12..
	원주시 (3)	원주 오크밸리	원주시 지정면 월송리 1061	11,349,665	한솔개발(주)	1995. 3.	2020. 10.
		원주 더네이쳐	원주시 문막읍 궁촌리 산 121	1,444,086	경안개발(주)	2015. 1.	2017. 4. (실효 재수립)
		원주 루첸	원주시 문막읍 비두리 산239-1	2,644,254	(주)지프러스	2017. 4.	2022. 4.
	춘천시 (2)	라비에벨	춘천시 동산면 조양리 산163, 홍천군 북방면 전치곡리 산1	4,843,796	(주)코오롱 글로벌	2009. 9.	2017. 10.
		신영	춘천시 동산면 군자리 산 224	1,694,696	(주)신영 종합개발	2010. 2.	2020. 12.
	평창군 (3)	휘닉스파크	평창군 봉평면 면온리 1095-1	4,233,039	(주)휘닉스중앙	1998. 10.	2018. 12..
		평창 용평	평창군 대관령면 용산리 130	16,219,204	(주)용평리조트	2001. 2.	2019. 4.
		대관령 알펜시아	평창군 대관령면 용산리 425	4,837,015	강원도개발공사	2005. 9.	2006. 4.
	홍천군	비발디파크	홍천군 서면 팔봉리 1290-14	7,052,479	(주)소노 호텔앤드리조트	2008. 11.	2020. 11.
	횡성군 (2)	웰리힐리 파크	횡성군 둔내면 두원리 204	4,830,709	(주)신안 종합리조트	2005. 6.	2020. 11.
		드림마운틴	횡성군 서원면 석화리 산261-1	1,796,574	케이앤드씨	2016. 3.	2020. 12.
경북 (6)	경주시 (4)	보문	경주시 보문로 446	8,515,243	경북관광공사	1975. 4.	2020. 11.
		감포해양	경주시 감포읍 동해안로 1748	1,804,215	경북관광공사	1993. 12.	2019. 2.
		마우나오션	경주시 양남면 동남로 982	6,419,256	(주)엠오디	1994. 3.	2020. 12.
		북경주웰니스	경주시 안강읍 검단장골길 181-17	809,797	(주)월성종합개발	2021. 7.	미수립

	김천시	김천 온천	김천시 부항면 부항로 1679-15	1,424,423	(주)우촌개발	1996. 3.	2005. 1.
	안동시	안동문화	안동시 관광단지로 346-69	1,655,181	경북관광공사	2003. 12.	2020. 5.
경남(3)	거제시	거제 남부	경남 거제시 남부면 탑포리 산 24-11	3,693,875	(주)경동건설	2019. 5.	미수립
	창원시	창원 구산해양	창원시 마산합포구 구산면 구복길 52-78	2,842,634	창원시장	2011. 4.	2015. 3.
		웅동복합레저	경남 창원시 진해구 제덕동 898-1	2,101,234	창원시장, 경남개발공사	2012. 2.	2018. 9.
전북	남원시	드래곤	전북 남원시 대산면 옥율리 산131	795,133	신한레저 주식회사	2018. 9.	2020. 6.
전남(6)	고흥군	고흥 우주해양	고흥군 영남면 해맞이로 840	1,157,970	고흥군수, 동호(주)	2009. 2.	2009. 5.
	여수시 (3)	여수 화양	여수시 화양면 화양로 470-14	9,873,525	에이치제이매그놀리아 용평디오션호텔앤리조트	2003. 10.	2020. 12.
		여수경도 해양	여수시 대경도길 111	2,152,973	와이케이 디벨롭먼트	2009. 12.	2020. 10.
		여수챌린지파크	전남 여수시 화양면 나진리 산333-2	510,424	여수 챌린지파크관광(수)	2019. 5.	2019. 5.
	진도군	진도 대명리조트	진도군 의신면 송군길 31-28	559,089	소노 호텔앤리조트	2016. 12.	2019. 11.
	해남군	해남 오시아노	해남군 화원면 한주광로 201	5,073,425	한국관광공사	1992. 9.	2021. 11.
충북	증평군	증평 에듀팜 특구	충북 증평군 도안면 연촌리 산59-21	2,622,825	블렉스톤 에듀팜리조트	2017. 12.	2020. 8.
충남(2)	부여군	백제문화	부여군 규암면 백제문로 374	3,024,905	(주)호텔롯데	2015. 1.	2018. 2.
	천안시	골드힐카운티리조트	천안시 입장면 기로3길 162	1,692,980	(주)골드힐	2011. 12.	2017. 7.
제주(8)	서귀포시 (5)	중문	서귀포시 색달동 2864-36	3,200,925	한국관광공사	1971. 1.	2020. 12.
		성산포해양	서귀포시 성산읍 고성리 127-2	746,939	휘닉스중앙제주	2006. 1.	2020. 10.
		신화역사공원	서귀포시 안덕면 서광리 산35-7	3,985,601	제주국제자유 도시개발센터	2006. 12.	2021. 1.
		제주헬스케어타운	서귀포시 동홍동 2032	1,539,339	제주국제자유 도시개발센터	2009. 12.	2019. 10.
		록인제주	서귀포시 표선면 가시리 600	523,354	(주)록인제주	2013. 12.	2020. 1.
	제주시 (3)	애월국제문화복합단지	제주시 애월읍 어음리 산70-11	587,726	이랜드테마파크제주	2018. 5.	2019. 7.
		프로젝트 ECO	제주 제주시 봉성리 산35	698,850	이랜드테마파크제주	2018. 5.	2020. 3.
		묘산봉	제주 제주시 구좌읍 김녕리 5160-1	4,221,984	(주)제이제이 한라	2020. 1.	2020. 1.
합계		47개		148,661,594			

자료: https://tdss.kr/pub/main.do.

그림 6-1 **관광지**(225개소) · **관광단지**(47개소) **현황도**(2022년 기준)

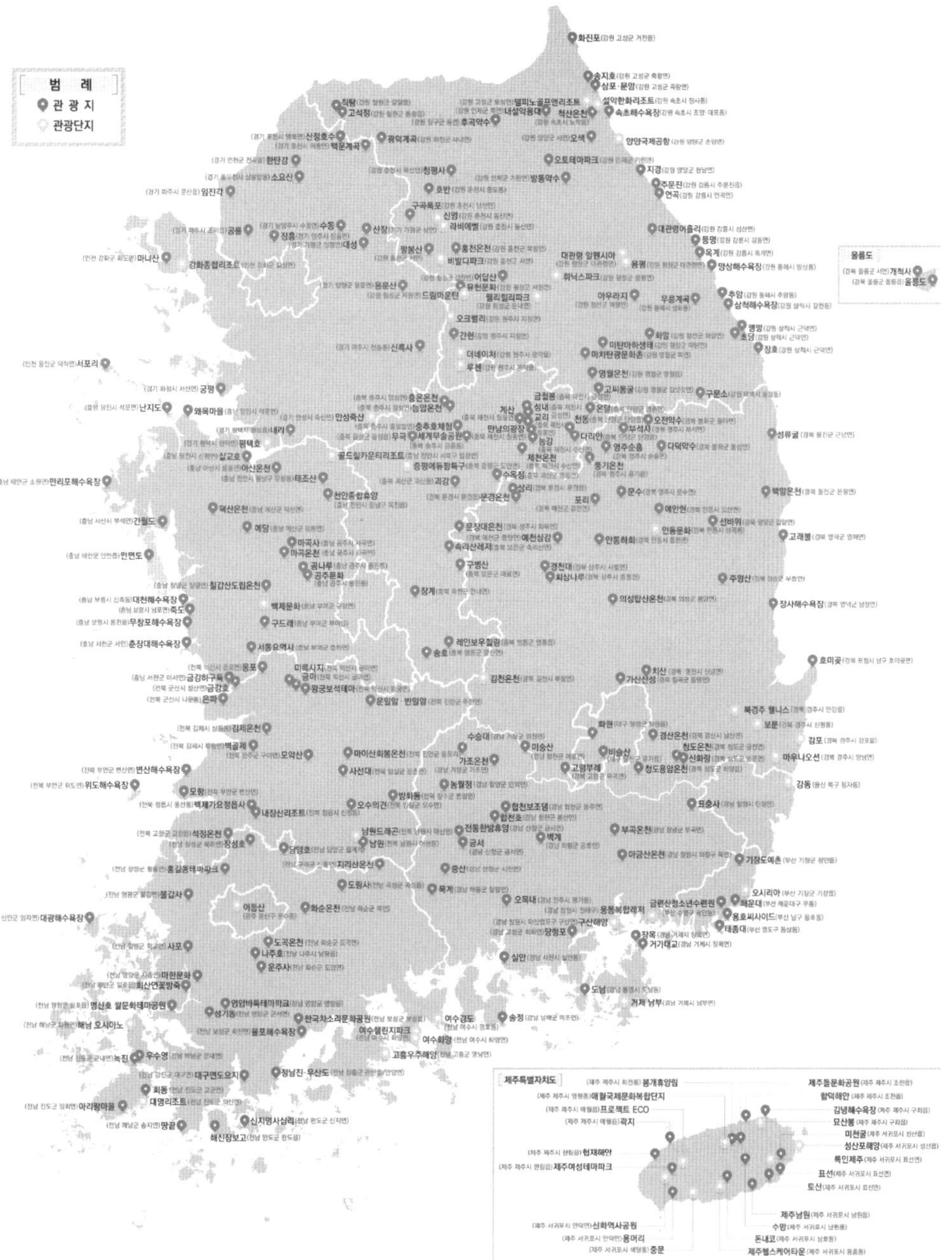

자료: http://www.krtd.kr/.

2) 관광지 · 관광단지, 관광특구 관련 본문

관광지 · 관광단지 개발 및 관광특구와 관련한 법의 내용은 「관광진흥법」 제5장(49조~74조)으로 이루어져 있다. 관련 「관광진흥법」 내 본문은 다음과 같다.

제5장 관광지 등의 개발

제1절 관광지 및 관광단지의 개발

제49조(관광개발기본계획 등) ① 문화체육관광부장관은 관광자원을 효율적으로 개발하고 관리하기 위하여 전국을 대상으로 다음과 같은 사항을 포함하는 관광개발기본계획(이하 "기본계획"이라 한다)을 수립하여야 한다. <개정 2008. 2. 29.>

1. 전국의 관광 여건과 관광 동향(動向)에 관한 사항
2. 전국의 관광 수요와 공급에 관한 사항
3. 관광자원 보호 · 개발 · 이용 · 관리 등에 관한 기본적인 사항
4. 관광권역(觀光圈域)의 설정에 관한 사항
5. 관광권역별 관광개발의 기본방향에 관한 사항
6. 그 밖에 관광개발에 관한 사항

② 시 · 도지사(특별자치도지사는 제외한다)는 기본계획에 따라 구분된 권역을 대상으로 다음 각 호의 사항을 포함하는 권역별 관광개발계획(이하 "권역계획"이라 한다)을 수립하여야 한다. <개정 2008. 6. 5., 2009. 3. 25.>

1. 권역의 관광 여건과 관광 동향에 관한 사항
2. 권역의 관광 수요와 공급에 관한 사항
3. 관광자원의 보호 · 개발 · 이용 · 관리 등에 관한 사항
4. 관광지 및 관광단지의 조성 · 정비 · 보완 등에 관한 사항

4의2. 관광지 및 관광단지의 실적 평가에 관한 사항

5. 관광지 연계에 관한 사항
6. 관광사업의 추진에 관한 사항
7. 환경보전에 관한 사항
8. 그 밖에 그 권역의 관광자원의 개발, 관리 및 평가를 위하여 필요한 사항

제50조(기본계획) ① 시 · 도지사는 기본계획의 수립에 필요한 관광 개발사업에 관한 요구서를 문화체육관광부장관에게 제출하여야 하고, 문화체육관광부장관은 이를 종합 · 조정하여 기본계획을 수립하고 공고하여야 한다. <개정 2008. 2. 29.>

② 문화체육관광부장관은 수립된 기본계획을 확정하여 공고하려면 관계 부처의 장과 협의하여야

한다. <개정 2008. 2. 29.>

③ 확정된 기본계획을 변경하는 경우에는 제1항과 제2항을 준용한다.

④ 문화체육관광부장관은 관계 기관의 장에게 기본계획의 수립에 필요한 자료를 요구하거나 협조를 요청할 수 있고, 그 요구 또는 협조 요청을 받은 관계 기관의 장은 정당한 사유가 없으면 요청에 따라야 한다. <개정 2008. 2. 29.>

第51조(권역계획) ① 권역계획(圈域計劃)은 그 지역을 관할하는 시·도지사(특별자치도지사는 제외한다. 이하 이 조에서 같다)가 수립하여야 한다. 다만, 둘 이상의 시·도에 걸치는 지역이 하나의 권역계획에 포함되는 경우에는 관계되는 시·도지사와의 협의에 따라 수립하되, 협의가 성립되지 아니한 경우에는 문화체육관광부장관이 지정하는 시·도지사가 수립하여야 한다. <개정 2008. 2. 29., 2008. 6. 5.>

② 시·도지사는 제1항에 따라 수립한 권역계획을 문화체육관광부장관의 조정과 관계 행정기관의 장과의 협의를 거쳐 확정하여야 한다. 이 경우 협의요청을 받은 관계 행정기관의 장은 특별한 사유가 없는 한 그 요청을 받은 날부터 30일 이내에 의견을 제시하여야 한다. <개정 2007. 7. 19., 2008. 2. 29.>

③ 시·도지사는 권역계획이 확정되면 그 요지를 공고하여야 한다.

④ 확정된 권역계획을 변경하는 경우에는 제1항부터 제3항까지의 규정을 준용한다. 다만, 대통령령으로 정하는 경미한 사항의 변경에 대하여는 관계 부처의 장과의 협의를 갈음하여 문화체육관광부장관의 승인을 받아야 한다. <개정 2008. 2. 29.>

⑤ 그 밖에 권역계획의 수립 기준 및 방법 등에 필요한 사항은 대통령령으로 정하는 바에 따라 문화체육관광부장관이 정한다. <신설 2020. 6. 9.>

第52조(관광지의 지정 등) ① 관광지 및 관광단지(이하 "관광지등"이라 한다)는 문화체육관광부령으로 정하는 바에 따라 시장·군수·구청장의 신청에 의하여 시·도지사가 지정한다. 다만, 특별자치시 및 특별자치도의 경우에는 특별자치시장 및 특별자치도지사가 지정한다. <개정 2008. 2. 29., 2008. 6. 5., 2009. 3. 25., 2018. 6. 12.>

② 시·도지사는 제1항에 따른 관광지등을 지정하려면 사전에 문화체육관광부장관 및 관계 행정기관의 장과 협의하여야 한다. 다만, 「국토의 계획 및 이용에 관한 법률」 제30조에 따라 같은 법 제36조제1항제2호다목에 따른 계획관리지역(같은 법의 규정에 따라 도시·군관리계획으로 결정되지 아니한 지역인 경우에는 종전의 「국토이용관리법」 제8조에 따라 준도시지역으로 결정·고시된 지역을 말한다)으로 결정·고시된 지역을 관광지등으로 지정하려는 경우에는 그러하지 아니하다. <개정 2011. 4. 5., 2011. 4. 14.>

③ 문화체육관광부장관 및 관계 행정기관의 장은 「환경영향평가법」 등 관련 법령에 특별한 규정이 있거나 정당한 사유가 있는 경우를 제외하고는 제2항 본문에 따른 협의를 요청받은 날부터 30일 이내에 의견을 제출하여야 한다. <개정 2018. 6. 12.>

④ 문화체육관광부장관 및 관계 행정기관의 장이 제3항에서 정한 기간(「민원 처리에 관한 법률」 제20조제2항에 따라 회신기간을 연장한 경우에는 그 연장된 기간을 말한다) 내에 의견을 제출하지 아니하면 협의가 이루어진 것으로 본다. <신설 2018. 6. 12.>

⑤ 관광지등의 지정 취소 또는 그 면적의 변경은 관광지등의 지정에 관한 절차에 따라야 한다. 이 경우 대통령령으로 정하는 경미한 면적의 변경은 제2항 본문에 따른 협의를 하지 아니할 수 있다. <개정 2007. 7. 19., 2018. 6. 12.>

⑥ 시·도지사는 제1항 또는 제5항에 따라 지정, 지정취소 또는 그 면적변경을 한 경우에는 이를 고시하여야 한다. <개정 2007. 7. 19., 2018. 6. 12.>

제52조의2(행위 등의 제한) ① 제52조에 따라 관광지등으로 지정·고시된 지역에서 건축물의 건축, 공작물의 설치, 토지의 형질 변경, 토석의 채취, 토지분할, 물건을 쌓아놓는 행위 등 대통령령으로 정하는 행위를 하려는 자는 특별자치시장·특별자치도지사·시장·군수·구청장의 허가를 받아야 한다. 허가받은 사항을 변경하려는 경우에도 또한 같다.

② 제1항에도 불구하고 재해복구 또는 재난수습에 필요한 응급조치를 위하여 하는 행위는 제1항에 따른 허가를 받지 아니하고 할 수 있다.

③ 제1항에 따라 허가를 받아야 하는 행위로서 관광지등의 지정 및 고시 당시 이미 관계 법령에 따라 허가를 받았거나 허가를 받을 필요가 없는 행위에 관하여 그 공사 또는 사업에 착수한 자는 대통령령으로 정하는 바에 따라 특별자치시장·특별자치도지사·시장·군수·구청장에게 신고한 후 이를 계속 시행할 수 있다.

④ 특별자치시장·특별자치도지사·시장·군수·구청장은 제1항을 위반한 자에게 원상회복을 명할 수 있으며, 명령을 받은 자가 그 의무를 이행하지 아니하면 「행정대집행법」에 따라 이를 대집행(代執行)할 수 있다.

⑤ 제1항에 따른 허가에 관하여 이 법에서 규정한 것을 제외하고는 「국토의 계획 및 이용에 관한 법률」 제57조부터 제60조까지 및 제62조를 준용한다.

⑥ 제1항에 따라 허가를 받은 경우에는 「국토의 계획 및 이용에 관한 법률」 제56조에 따라 허가를 받은 것으로 본다. [본조신설 2020. 6. 9.]

제53조(조사·측량 실시) ① 시·도지사는 기본계획 및 권역계획을 수립하거나 관광지등의 지정을 위하여 필요하면 해당 지역에 대한 조사와 측량을 실시할 수 있다. <개정 2007. 7. 19.>

② 제1항에 따른 조사와 측량을 위하여 필요하면 타인이 점유하는 토지에 출입할 수 있다.

③ 제2항에 따른 타인이 점유하는 토지에의 출입에 관하여는 「국토의 계획 및 이용에 관한 법률」 제130조와 제131조를 준용한다.

제54조(조성계획의 수립 등) ① 관광지등을 관할하는 시장·군수·구청장은 조성계획을 작성하여 시·도지사의 승인을 받아야 한다. 이를 변경(대통령령으로 정하는 경미한 사항의 변경은 제외한

다)하려는 경우에도 또한 같다. 다만, 관광단지를 개발하려는 공공기관 등 문화체육관광부령으로 정하는 공공법인 또는 민간개발자(이하 "관광단지개발자"라 한다)는 조성계획을 작성하여 대통령령으로 정하는 바에 따라 시·도지사의 승인을 받을 수 있다. <개정 2008. 2. 29., 2011. 4. 5.>

② 시·도지사는 제1항에 따른 조성계획을 승인하거나 변경승인을 하고자 하는 때에는 관계 행정기관의 장과 협의하여야 한다. 이 경우 협의요청을 받은 관계 행정기관의 장은 특별한 사유가 없는 한 그 요청을 받은 날부터 30일 이내에 의견을 제시하여야 한다. <개정 2007. 7. 19.>

③ 시·도지사가 제1항에 따라 조성계획을 승인 또는 변경승인한 때에는 지체 없이 이를 고시하여야 한다. <개정 2007. 7. 19.>

④ 민간개발자가 관광단지를 개발하는 경우에는 제58조제13호 및 제61조를 적용하지 아니한다. 다만, 조성계획상의 조성 대상 토지면적 중 사유지의 3분의 2 이상을 취득한 경우 남은 사유지에 대하여는 그러하지 아니하다. <개정 2009. 3. 25.>

⑤ 제1항부터 제3항까지에도 불구하고 관광지등을 관할하는 특별자치시장 및 특별자치도지사는 관계 행정기관의 장과 협의하여 조성계획을 수립하고, 조성계획을 수립한 때에는 지체 없이 이를 고시하여야 한다. <신설 2008. 6. 5., 2018. 6. 12.>

⑥ 제1항에 따라 조성계획의 승인을 받은 자(제5항에 따라 특별자치시장 및 특별자치도지사가 조성계획을 수립한 경우를 포함한다. 이하 "사업시행자"라 한다)가 아닌 자로서 조성계획을 시행하기 위한 사업(이하 "조성사업"이라 한다)을 하려는 자가 조성하려는 토지면적 중 사유지의 3분의 2 이상을 취득한 경우에는 대통령령으로 정하는 바에 따라 사업시행자(사업시행자가 관광단지개발자인 경우는 제외한다)에게 남은 사유지의 매수를 요청할 수 있다. <신설 2019. 12. 3.>

제55조(조성계획의 시행) ① 조성사업은 이 법 또는 다른 법령에 특별한 규정이 있는 경우 외에는 사업시행자가 행한다. <개정 2008. 6. 5., 2018. 6. 12., 2019. 12. 3.>

② 제54조에 따라 조성계획의 승인을 받아 관광지등을 개발하려는 자가 관광지등의 개발 촉진을 위하여 조성계획의 승인 전에 대통령령으로 정하는 바에 따라 시·도지사의 승인을 받아 그 조성사업에 필요한 토지를 매입한 경우에는 사업시행자로서 토지를 매입한 것으로 본다. <개정 2018. 12. 11.>

③ 사업시행자가 아닌 자로서 조성사업을 하려는 자는 대통령령으로 정하는 기준과 절차에 따라 사업시행자가 특별자치시장·특별자치도지사·시장·군수·구청장인 경우에는 특별자치시장·특별자치도지사·시장·군수·구청장의 허가를 받아서 조성사업을 할 수 있고, 사업시행자가 관광단지개발자인 경우에는 관광단지개발자와 협의하여 조성사업을 할 수 있다. <개정 2008. 6. 5., 2018. 6. 12.>

④ 사업시행자가 아닌 자로서 조성사업(시장·군수·구청장이 조성계획의 승인을 받은 사업만 해당한다. 이하 이 항에서 같다)을 시행하려는 자가 제15조제1항 및 제2항에 따라 사업계획의 승인을 받은 경우에는 제3항에도 불구하고 특별자치시장·특별자치도지사·시장·군수·구청장의 허가를 받지 아니하고 그 조성사업을 시행할 수 있다. <개정 2008. 6. 5., 2018. 6. 12.>

⑤ 관광단지를 개발하려는 공공기관 등 문화체육관광부령으로 정하는 관광단지개발자는 필요하면

용지의 매수 업무와 손실보상 업무(민간개발자인 경우에는 제54조제4항 단서에 따라 남은 사유지를 수용하거나 사용하는 경우만 해당한다)를 대통령령으로 정하는 바에 따라 관할 지방자치단체의 장에게 위탁할 수 있다. <개정 2008. 2. 29., 2011. 4. 5.>

제56조(관광지등 지정 등의 실효 및 취소 등) ① 제52조에 따라 관광지등으로 지정·고시된 관광지등에 대하여 그 고시일부터 2년 이내에 제54조제1항에 따른 조성계획의 승인신청이 없으면 그 고시일부터 2년이 지난 다음 날에 그 관광지등 지정은 효력을 상실한다. 제2항에 따라 조성계획의 효력이 상실된 관광지등에 대하여 그 조성계획의 효력이 상실된 날부터 2년 이내에 새로운 조성계획의 승인신청이 없는 경우에도 또한 같다. <개정 2011. 4. 5.>

② 제54조제1항에 따라 조성계획의 승인을 받은 관광지등 사업시행자(제55조제3항에 따른 조성사업을 하는 자를 포함한다)가 같은 조 제3항에 따라 조성계획의 승인고시일부터 2년 이내에 사업을 착수하지 아니하면 조성계획 승인고시일부터 2년이 지난 다음 날에 그 조성계획의 승인은 효력을 상실한다. <개정 2011. 4. 5.>

③ 시·도지사는 제54조제1항에 따라 조성계획 승인을 받은 민간개발자가 사업 중단 등으로 환경·미관을 크게 해치거나 제49조제2항제4호의2에 따른 관광지 및 관광단지의 실적 평가 결과 조성사업의 완료가 어렵다고 판단되는 경우에는 조성계획의 승인을 취소하거나 이의 개선을 명할 수 있다. <개정 2019. 12. 3.>

④ 시·도지사는 제1항과 제2항에도 불구하고 행정절차의 이행 등 부득이한 사유로 조성계획 승인신청 또는 사업 착수기한의 연장이 불가피하다고 인정되면 1년 이내의 범위에서 한 번만 그 기한을 연장할 수 있다.

⑤ 시·도지사는 제1항이나 제2항에 따라 지정 또는 승인의 효력이 상실된 경우 및 제3항에 따라 승인이 취소된 경우에는 지체 없이 그 사실을 고시하여야 한다. [제목개정 2011. 4. 5.]

제57조(공공시설의 우선 설치) 국가·지방자치단체 또는 사업시행자는 관광지등의 조성사업과 그 운영에 관련되는 도로, 전기, 상·하수도 등 공공시설을 우선하여 설치하도록 노력하여야 한다.

제57조의2(관광단지의 전기시설 설치) ① 관광단지에 전기를 공급하는 자는 관광단지 조성사업의 시행자가 요청하는 경우 관광단지에 전기를 공급하기 위한 전기간선시설(電氣幹線施設) 및 배전시설(配電施設)을 관광단지 조성계획에서 도시·군계획시설로 결정된 도로까지 설치하되, 구체적인 설치범위는 대통령령으로 정한다. <개정 2011. 4. 14.>

② 제1항에 따라 관광단지에 전기를 공급하는 전기간선시설 및 배전시설의 설치비용은 전기를 공급하는 자가 부담한다. 다만, 관광단지 조성사업의 시행자·입주기업·지방자치단체 등의 요청에 의하여 전기간선시설 및 배전시설을 땅속에 설치하는 경우에는 전기를 공급하는 자와 땅속에 설치할 것을 요청하는 자가 각각 100분의 50의 비율로 설치비용을 부담한다. [본조신설 2009. 3. 25.]

제58조(인·허가 등의 의제) ① 제54조제1항에 따라 조성계획의 승인 또는 변경승인을 받거나

같은 조 제5항에 따라 특별자치시장 및 특별자치도지사가 관계 행정기관의 장과 협의하여 조성계획을 수립한 때에는 다음 각 호의 인·허가 등을 받거나 신고를 한 것으로 본다. <개정 2007. 7. 19., 2007. 12. 27., 2008. 3. 21., 2008. 6. 5., 2009. 3. 25., 2010. 4. 15., 2010. 5. 31., 2011. 4. 5., 2011. 4. 14., 2014. 1. 14., 2018. 6. 12., 2020. 1. 29.>

1. 「국토의 계획 및 이용에 관한 법률」 제30조에 따른 도시·군관리계획(같은 법 제2조제4호다목의 계획 중 대통령령으로 정하는 시설 및 같은 호 마목의 계획 중 같은 법 제51조에 따른 지구단위계획구역의 지정 계획 및 지구단위계획만 해당한다)의 결정, 같은 법 제32조제2항에 따른 지형도면의 승인, 같은 법 제36조에 따른 용도지역 중 도시지역이 아닌 지역의 계획관리지역 지정, 같은 법 제37조에 따른 용도지구 중 개발진흥지구의 지정, 같은 법 제56조에 따른 개발행위의 허가, 같은 법 제86조에 따른 도시·군계획시설사업 시행자의 지정 및 같은 법 제88조에 따른 실시계획의 인가
2. 「수도법」 제17조에 따른 일반수도사업의 인가 및 같은 법 제52조에 따른 전용 상수도설치시설의 인가
3. 「하수도법」 제16조에 따른 공공하수도 공사시행 등의 허가
4. 「공유수면 관리 및 매립에 관한 법률」 제8조에 따른 공유수면 점용·사용허가, 같은 법 제17조에 따른 점용·사용 실시계획의 승인 또는 신고, 같은 법 제28조에 따른 공유수면의 매립면허, 같은 법 제35조에 따른 국가 등이 시행하는 매립의 협의 또는 승인 및 같은 법 제38조에 따른 공유수면매립실시계획의 승인
5. 삭제 <2010. 4. 15.>
6. 「하천법」 제30조에 따른 하천공사 등의 허가 및 실시계획의 인가, 같은 법 제33조에 따른 점용허가 및 실시계획의 인가
7. 「도로법」 제36조에 따른 도로관리청이 아닌 자에 대한 도로공사 시행의 허가 및 같은 법 제61조에 따른 도로의 점용 허가
8. 「항만법」 제9조제2항에 따른 항만개발사업 시행의 허가 및 같은 법 제10조제2항에 따른 항만개발사업실시계획의 승인
9. 「사도법」 제4조에 따른 사도개설의 허가
10. 「산지관리법」 제14조·제15조에 따른 산지전용허가 및 산지전용신고, 같은 법 제15조의2에 따른 산지일시사용허가·신고, 「산림자원의 조성 및 관리에 관한 법률」 제36조제1항·제4항 및 제45조제1항·제2항에 따른 입목벌채 등의 허가와 신고
11. 「농지법」 제34조제1항에 따른 농지 전용허가
12. 「자연공원법」 제20조에 따른 공원사업 시행 및 공원시설관리의 허가와 같은 법 제23조에 따른 행위 허가
13. 「공익사업을 위한 토지 등의 취득 및 보상에 관한 법률」 제20조제1항에 따른 사업인정
14. 「초지법」 제23조에 따른 초지전용의 허가
15. 「사방사업법」 제20조에 따른 사방지 지정의 해제

16. 「장사 등에 관한 법률」 제8조제3항에 따른 분묘의 개장신고 및 같은 법 제27조에 따른 분묘의 개장허가
17. 「폐기물관리법」 제29조에 따른 폐기물 처리시설의 설치승인 또는 신고
18. 「온천법」 제10조에 따른 온천개발계획의 승인
19. 「건축법」 제11조에 따른 건축허가, 같은 법 제14조에 따른 건축신고, 같은 법 제20조에 따른 가설건축물 건축의 허가 또는 신고
20. 제15조제1항에 따른 관광숙박업 및 제15조제2항에 따른 관광객 이용시설업·국제회의업의 사업계획 승인. 다만, 제15조에 따른 사업계획의 작성자와 제55조제1항에 따른 조성사업의 사업시행자가 동일한 경우에 한한다.
21. 「체육시설의 설치·이용에 관한 법률」 제12조에 따른 등록 체육시설업의 사업계획 승인. 다만, 제15조에 따른 사업계획의 작성자와 제55조제1항에 따른 조성사업의 사업시행자가 동일한 경우에 한한다.
22. 「유통산업발전법」 제8조에 따른 대규모점포의 개설등록
23. 「공간정보의 구축 및 관리 등에 관한 법률」 제86조제1항에 따른 사업의 착수·변경의 신고

② 제1항에 따른 인·허가 등의 의제를 받고자 하는 자는 조성계획의 승인 또는 변경승인 신청을 하는 때에 해당 법률에서 정하는 관련 서류를 제출하여야 한다. <신설 2007. 7. 19.>

③ 시·도지사는 제1항 각 호의 어느 하나의 사항이 포함되어 있는 조성계획을 승인 또는 변경승인하고자 하는 때에는 미리 관계 행정기관의 장과 협의하여야 하며, 그 조성계획을 승인 또는 변경승인한 때에는 지체 없이 관계 행정기관의 장에게 그 내용을 통보하여야 한다. <신설 2007. 7. 19.>

제58조의2(준공검사) ① 사업시행자가 관광지등 조성사업의 전부 또는 일부를 완료한 때에는 대통령령으로 정하는 바에 따라 지체 없이 시·도지사에게 준공검사를 받아야 한다. 이 경우 시·도지사는 해당 준공검사 시행에 관하여 관계 행정기관의 장과 미리 협의하여야 한다.

② 사업시행자가 제1항에 따라 준공검사를 받은 경우에는 제58조제1항 각 호에 규정된 인·허가 등에 따른 해당 사업의 준공검사 또는 준공인가 등을 받은 것으로 본다. [본조신설 2009. 3. 25.]

제58조의3(공공시설 등의 귀속) ① 사업시행자가 조성사업의 시행으로 「국토의 계획 및 이용에 관한 법률」 제2조제13호에 따른 공공시설을 새로 설치하거나 기존의 공공시설에 대체되는 시설을 설치한 경우 그 귀속에 관하여는 같은 법 제65조를 준용한다. 이 경우 "행정청이 아닌 경우"는 "사업시행자인 경우"로 본다.

② 제1항에 따른 공공시설 등을 등기하는 경우에는 조성계획승인서와 준공검사증명서로써 「부동산등기법」의 등기원인을 증명하는 서면을 갈음할 수 있다.

③ 제1항에 따라 「국토의 계획 및 이용에 관한 법률」을 준용할 때 관리청이 불분명한 재산 중 도로·하천·도랑 등에 대하여는 국토교통부장관을, 그 밖의 재산에 대하여는 기획재정부장관을 관리청으로 본다. <개정 2013. 3. 23.> [본조신설 2009. 3. 25.]

제58조의3(공공시설 등의 귀속) ① 사업시행자가 조성사업의 시행으로 「국토의 계획 및 이용에 관한 법률」 제2조제13호에 따른 공공시설을 새로 설치하거나 기존의 공공시설에 대체되는 시설을 설치한 경우 그 귀속에 관하여는 같은 법 제65조를 준용한다. 이 경우 "행정청이 아닌 경우"는 "사업시행자인 경우"로 본다.

② 제1항에 따른 공공시설 등을 등기하는 경우에는 조성계획승인서와 준공검사증명서로써 「부동산등기법」의 등기원인을 증명하는 서면을 갈음할 수 있다.

③ 제1항에 따라 「국토의 계획 및 이용에 관한 법률」을 준용할 때 관리청이 불분명한 재산 중 도로·도랑 등에 대하여는 국토교통부장관을, 하천에 대하여는 환경부장관을, 그 밖의 재산에 대하여는 기획재정부장관을 관리청으로 본다. <개정 2020. 12. 31.> [본조신설 2009. 3. 25.] [시행일: 2022. 1. 1.] 제58조의3

제59조(관광지등의 처분) ① 사업시행자는 조성한 토지, 개발된 관광시설 및 지원시설의 전부 또는 일부를 매각하거나 임대하거나 타인에게 위탁하여 경영하게 할 수 있다.

② 제1항에 따라 토지·관광시설 또는 지원시설을 매수·임차하거나 그 경영을 수탁한 자는 그 토지나 관광시설 또는 지원시설에 관한 권리·의무를 승계한다.

제60조(「국토의 계획 및 이용에 관한 법률」의 준용) 조성계획의 수립, 조성사업의 시행 및 관광지등의 처분에 관하여는 이 법에 규정되어 있는 것 외에는 「국토의 계획 및 이용에 관한 법률」 제90조·제100조·제130조 및 제131조를 준용한다. 이 경우 "국토교통부장관 또는 시·도지사"는 "시·도지사"로, "실시계획"은 "조성계획"으로, "인가"는 "승인"으로, "도시·군계획시설사업의 시행지구"는 "관광지등"으로, "도시·군계획시설사업의 시행자"는 "사업시행자"로, "도시·군계획시설사업"은 "조성사업"으로, "국토교통부장관"은 "문화체육관광부장관"으로, "광역도시계획 또는 도시·군계획"은 "조성계획"으로 본다. <개정 2008. 2. 29., 2011. 4. 14., 2013. 3. 23.>

제61조(수용 및 사용) ① 사업시행자는 제55조에 따른 조성사업의 시행에 필요한 토지와 다음 각 호의 물건 또는 권리를 수용하거나 사용할 수 있다. 다만, 농업 용수권(用水權)이나 그 밖의 농지개량 시설을 수용 또는 사용하려는 경우에는 미리 농림축산식품부장관의 승인을 받아야 한다. <개정 2008. 2. 29., 2013. 3. 23.>

1. 토지에 관한 소유권 외의 권리
2. 토지에 정착한 입목이나 건물, 그 밖의 물건과 이에 관한 소유권 외의 권리
3. 물의 사용에 관한 권리
4. 토지에 속한 토석 또는 모래와 조약돌

② 제1항에 따른 수용 또는 사용에 관한 협의가 성립되지 아니하거나 협의를 할 수 없는 경우에는 사업시행자는 「공익사업을 위한 토지 등의 취득 및 보상에 관한 법률」 제28조제1항에도 불구하고 조성사업 시행 기간에 재결(裁決)을 신청할 수 있다.

③ 제1항에 따른 수용 또는 사용의 절차, 그 보상 및 재결 신청에 관하여는 이 법에 규정되어 있

는 것 외에는 「공익사업을 위한 토지 등의 취득 및 보상에 관한 법률」을 적용한다.

제62조 삭제 <2009. 3. 25.>

제63조(선수금) 사업시행자는 그가 개발하는 토지 또는 시설을 분양받거나 시설물을 이용하려는 자로부터 그 대금의 전부 또는 일부를 대통령령으로 정하는 바에 따라 미리 받을 수 있다.

제64조(이용자 분담금 및 원인자 부담금) ① 사업시행자는 지원시설 건설비용의 전부 또는 일부를 대통령령으로 정하는 바에 따라 그 이용자에게 분담하게 할 수 있다.

② 지원시설 건설의 원인이 되는 공사 또는 행위가 있으면 사업시행자는 대통령령으로 정하는 바에 따라 그 공사 또는 행위의 비용을 부담하여야 할 자에게 그 비용의 전부 또는 일부를 부담하게 할 수 있다.

③ 사업시행자는 관광지등의 안에 있는 공동시설의 유지·관리 및 보수에 드는 비용의 전부 또는 일부를 대통령령으로 정하는 바에 따라 관광지등에서 사업을 경영하는 자에게 분담하게 할 수 있다.

④ 제1항에 따른 분담금 또는 제2항에 따른 부담금을 부과받은 자가 부과된 분담금 또는 부담금에 대하여 이의가 있는 경우에는 부과받은 날부터 30일 이내에 사업시행자에게 이의를 신청할 수 있다. <신설 2011. 4. 5.>

⑤ 사업시행자는 제4항에 따른 이의신청을 받았을 때에는 그 신청을 받은 날부터 15일 이내에 이를 심의하여 그 결과를 신청인에게 서면으로 알려야 한다. <신설 2011. 4. 5.>

제65조(강제징수) ① 제64조에 따라 이용자 분담금·원인자 부담금 또는 유지·관리 및 보수에 드는 비용을 내야 할 의무가 있는 자가 이를 이행하지 아니하면 사업시행자는 대통령령으로 정하는 바에 따라 그 지역을 관할하는 특별자치시장·특별자치도지사·시장·군수·구청장에게 그 징수를 위탁할 수 있다. <개정 2008. 6. 5., 2018. 6. 12.>

② 제1항에 따라 징수를 위탁받은 특별자치시장·특별자치도지사·시장·군수·구청장은 지방세 체납처분의 예에 따라 이를 징수할 수 있다. 이 경우 특별자치시장·특별자치도지사·시장·군수·구청장에게 징수를 위탁한 자는 특별자치시장·특별자치도지사·시장·군수·구청장이 징수한 금액의 100분의 10에 해당하는 금액을 특별자치시·특별자치도·시·군·구에 내야 한다. <개정 2008. 6. 5., 2018. 6. 12.>

제66조(이주대책) ① 사업시행자는 조성사업의 시행에 따른 토지·물건 또는 권리를 제공함으로써 생활의 근거를 잃게 되는 자를 위하여 대통령령으로 정하는 내용이 포함된 이주대책을 수립·실시하여야 한다.

② 제1항에 따른 이주대책의 수립에 관하여는 「공익사업을 위한 토지 등의 취득 및 보상에 관한 법률」 제78조제2항·제3항과 제81조를 준용한다.

제67조(입장료 등의 징수와 사용) ① 관광지등에서 조성사업을 하거나 건축, 그 밖의 시설을 한

자는 관광지등에 입장하는 자로부터 입장료를 징수할 수 있고, 관광시설을 관람하거나 이용하는 자로부터 관람료나 이용료를 징수할 수 있다.

② 제1항에 따른 입장료・관람료 또는 이용료의 징수 대상의 범위와 그 금액은 관광지등이 소재하는 지방자치단체의 조례로 정한다. <개정 2008. 6. 5., 2018. 6. 12., 2020. 6. 9.>

③ 지방자치단체는 제1항에 따라 입장료・관람료 또는 이용료를 징수하면 이를 관광지등의 보존・관리와 그 개발에 필요한 비용에 충당하여야 한다.

제68조 삭제 <2009. 3. 25.>

제69조(관광지등의 관리) ① 사업시행자는 관광지등의 관리・운영에 필요한 조치를 하여야 한다.

② 사업시행자는 필요하면 관광사업자 단체 등에 관광지등의 관리・운영을 위탁할 수 있다.

제2절 관광특구

제70조(관광특구의 지정) ① 관광특구는 다음 각 호의 요건을 모두 갖춘 지역 중에서 시장・군수・구청장의 신청(특별자치시 및 특별자치도의 경우는 제외한다)에 따라 시・도지사가 지정한다. 이 경우 관광특구로 지정하려는 대상지역이 같은 시・도 내에서 둘 이상의 시・군・구에 걸쳐 있는 경우에는 해당 시장・군수・구청장이 공동으로 지정을 신청하여야 하고, 둘 이상의 시・도에 걸쳐 있는 경우에는 해당 시장・군수・구청장이 공동으로 지정을 신청하고 해당 시・도지사가 공동으로 지정하여야 한다. <개정 2007. 7. 19., 2008. 2. 29., 2008. 6. 5., 2018. 6. 12., 2018. 12. 24., 2019. 12. 3.>

1. 외국인 관광객 수가 대통령령으로 정하는 기준 이상일 것
2. 문화체육관광부령으로 정하는 바에 따라 관광안내시설, 공공편익시설 및 숙박시설 등이 갖추어져 외국인 관광객의 관광수요를 충족시킬 수 있는 지역일 것
3. 관광활동과 직접적인 관련성이 없는 토지의 비율이 대통령령으로 정하는 기준을 초과하지 아니할 것
4. 제1호부터 제3호까지의 요건을 갖춘 지역이 서로 분리되어 있지 아니할 것

② 관광특구의 지정・취소・면적변경 및 고시에 관하여는 제52조제2항・제3항 및 제5항을 준용한다. <개정 2018. 6. 12.>

제70조의2(지정신청에 대한 조사・분석) 제70조제1항에 따라 시・도지사가 관광특구의 지정신청을 받은 경우에는 그 신청이 같은 항 각 호의 요건을 갖추었는지 여부와 그 밖에 관광특구의 지정에 필요한 사항을 검토하기 위하여 대통령령으로 정하는 전문기관에 조사・분석을 의뢰하여야 한다. [본조신설 2019. 12. 3.]

제71조(관광특구의 진흥계획) ① 특별자치시장・특별자치도지사・시장・군수・구청장은 관할 구역 내 관광특구를 방문하는 외국인 관광객의 유치 촉진 등을 위하여 관광특구진흥계획을 수립하고

시행하여야 한다. <개정 2008. 6. 5., 2018. 6. 12.>

② 제1항에 따른 관광특구진흥계획에 포함될 사항 등 관광특구진흥계획의 수립ㆍ시행에 필요한 사항은 대통령령으로 정한다.

제72조(관광특구에 대한 지원) ① 국가나 지방자치단체는 관광특구를 방문하는 외국인 관광객의 관광 활동을 위한 편의 증진 등 관광특구 진흥을 위하여 필요한 지원을 할 수 있다.

② 문화체육관광부장관은 관광특구를 방문하는 관광객의 편리한 관광 활동을 위하여 관광특구 안의 문화ㆍ체육ㆍ숙박ㆍ상가ㆍ교통ㆍ주차시설로서 관광객 유치를 위하여 특히 필요하다고 인정되는 시설에 대하여 「관광진흥개발기금법」에 따라 관광진흥개발기금을 대여하거나 보조할 수 있다. <개정 2008. 2. 29., 2009. 3. 25., 2019. 12. 3.>

제73조(관광특구에 대한 평가 등) ① 시ㆍ도지사는 대통령령으로 정하는 바에 따라 제71조에 따른 관광특구진흥계획의 집행 상황을 평가하고, 우수한 관광특구에 대하여는 필요한 지원을 할 수 있다. <개정 2008. 2. 29., 2019. 12. 3.>

② 시ㆍ도지사는 제1항에 따른 평가 결과 제70조에 따른 관광특구 지정 요건에 맞지 아니하거나 추진 실적이 미흡한 관광특구에 대하여는 대통령령으로 정하는 바에 따라 관광특구의 지정취소ㆍ면적조정ㆍ개선권고 등 필요한 조치를 하여야 한다. <개정 2021. 4. 13.>

③ 문화체육관광부장관은 관광특구의 활성화를 위하여 관광특구에 대한 평가를 3년마다 실시하여야 한다. <신설 2019. 12. 3.>

④ 문화체육관광부장관은 제3항에 따른 평가 결과 우수한 관광특구에 대하여는 필요한 지원을 할 수 있다. <신설 2019. 12. 3.>

⑤ 문화체육관광부장관은 제3항에 따른 평가 결과 제70조에 따른 관광특구 지정 요건에 맞지 아니하거나 추진 실적이 미흡한 관광특구에 대하여는 대통령령으로 정하는 바에 따라 해당 시ㆍ도지사에게 관광특구의 지정취소ㆍ면적조정ㆍ개선권고 등 필요한 조치를 할 것을 요구할 수 있다. <신설 2019. 12. 3.>

⑥ 제3항에 따른 평가의 내용, 절차 및 방법 등에 필요한 사항은 대통령령으로 정한다. <신설 2019. 12. 3.>

제74조(다른 법률에 대한 특례) ① 관광특구 안에서는 「식품위생법」 제43조에 따른 영업제한에 관한 규정을 적용하지 아니한다. <개정 2009. 2. 6., 2011. 4. 5.>

② 관광특구 안에서 대통령령으로 정하는 관광사업자는 「건축법」 제43조에도 불구하고 연간 180일 이내의 기간 동안 해당 지방자치단체의 조례로 정하는 바에 따라 공개 공지(空地: 공터)를 사용하여 외국인 관광객을 위한 공연 및 음식을 제공할 수 있다. 다만, 울타리를 설치하는 등 공중(公衆)이 해당 공개 공지를 사용하는 데에 지장을 주는 행위를 하여서는 아니 된다. <신설 2011. 4. 5., 2017. 3. 21.>

③ 관광특구 관할 지방자치단체의 장은 관광특구의 진흥을 위하여 필요한 경우에는 시·도경찰청장 또는 경찰서장에게 「도로교통법」 제2조에 따른 차마(車馬) 또는 노면전차의 도로통행 금지 또는 제한 등의 조치를 하여줄 것을 요청할 수 있다. 이 경우 요청받은 시·도경찰청장 또는 경찰서장은 「도로교통법」 제6조에도 불구하고 특별한 사유가 없으면 지체 없이 필요한 조치를 하여야 한다. <신설 2011. 4. 5., 2018. 3. 27., 2020. 12. 22.> [제목개정 2011. 4. 5.]

표 6-2 **관광지·관광단지의 구분 기준**(제58조 제2항 관련)

1. **관광단지**: 가목의 시설을 갖추고, 나목의 시설 중 1종 이상의 필요한 시설과 다목 또는 라목의 시설 중 1종 이상의 필요한 시설을 갖춘 지역으로서 총면적이 100만제곱미터 이상인 지역(다만 마목 및 바목의 시설은 임의로 갖출 수 있다)

시설구분	시설종류	구비기준
가. 공공편익시설	화장실, 주차장, 전기시설, 통신시설, 상하수도시설 또는 관광안내소	각 시설이 관광객이 이용하기에 충분할 것
나. 숙박시설	관광호텔, 수상관광호텔, 한국전통호텔, 가족호텔 또는 휴양콘도미니엄	관광숙박업의 등록기준에 부합할 것
다. 운동·오락시설	골프장, 스키장, 요트장, 조정장, 카누장, 빙상장, 자동차경주장, 승마장, 종합체육시설, 경마장, 경륜장 또는 경정장	「체육시설의 설치·이용에 관한 법률」 제10조에 따른 등록체육시설업의 등록기준, 「한국마사회법 시행령」 제5조에 따른 시설·설비기준 또는 「경륜·경정법 시행령」 제5조에 따른 시설·설비기준에 부합할 것.
라. 휴양·문화시설	민속촌, 해수욕장, 수렵장, 동물원, 식물원, 수족관, 온천장, 동굴자원, 수영장, 농어촌휴양시설, 산림휴양시설, 박물관, 미술관, 활공장, 자동차야영장, 관광유람선 또는 종합유원시설	관광객이용시설업의 등록기준 또는 테마파크업의 설비기준에 부합할 것
마. 접객시설	관광공연장, 외국인전용관광기념품판매점, 관광유흥음식점, 관광극장유흥업점, 외국인전용유흥음식점, 관광식당 등	관광객이용시설업의 등록기준 또는 관광편의시설업의 지정기준에 적합할 것
바. 지원시설	관광종사자 전용숙소, 관광종사자 연수시설, 물류·유통 관련시설	관광단지의 관리·운영 및 기능 활성화를 위해서 필요한 시설일 것

비고: 관광단지의 총 면적 기준은 시·도지사가 그 지역의 개발목적·개발·계획·설치시설 및 발전전망 등을 고려하여 일부 완화하여 적용할 수 있다.

2. **관광지**: 제1호 가목의 시설을 갖춘 지역(다만 나목부터 바목까지의 시설은 임의로 갖출 수 있다〈30만 제곱미터 이상〉)

02. 관광특구 개발

1) 관광특구

(1) 개념적 정의

관광지 가운데에서 일정한 범위를 정하여 특권을 부여하는 구역

(2) 법률적 정의

외국인 관광객의 유치촉진 등을 위하여 관광활동과 관련된 관계법령의 적용이 배제되거나 완화되고, 관광활동과 관련된 서비스·안내체계 및 홍보 등 관광여건을 집중적으로 조성할 필요가 있는 지역(「관광진흥법」 제2조 제11항)

표 6-3 **관광특구 지정 현황**(2022년 기준)

지역	특구명	지정 지역(소재지)	면적(km^2)	지정일
서울(7)	명동·남대문·북창	명동, 회현동, 소공동, 무교동·다동 각 일부지역	0.87	2000. 3. 30
	이태원	용산구 이태원동·한남동 일원	0.38	1997. 9. 29
	동대문 패션타운	중구 광희동·을지로5~7가·신당1동 일원	0.58	2002. 5. 23
	종로·청계	종로구 종로1가~6가·서린동·관철동·관수동·예지동 일원, 창신동 일부 지역(광화문 빌딩~숭인동 4거리)	0.54	2006. 3. 30
	잠실	송파구 잠실동·신천동·석촌동·송파동·방이동	2.31	2012. 3. 15
	강남	강남구 삼성동 무역센터 일대	0.19	2014. 12. 18
	홍대 문화예술	마포구 홍대 일대(서교동, 동교동, 합정동, 상수동 일원)	1.13	2021. 12. 2.
부산(2)	해운대	해운대구 우동·중동·송정동·재송동 일원	6.22	1994. 8. 31
	용두산·자갈치	중구 부평동·광복동·남포동 전지역, 중앙동·동광동·대청동·보수동 일부	1.08	2008. 5. 14
인천(1)	월미	중구 신포동·연안동·신흥동·북성동·동인천동 일원	3	2001. 6. 26

대전(1)	유성	유성구 봉명동 · 구암동 · 장대동 · 궁동 · 어은동 · 도룡동	5.86	1994. 8. 31
경기(5)	동두천	동두천시 중앙동 · 보산동 · 소요동 일원	0.4	1997. 1. 18
	평택시 송탄	평택시 서정동 · 신장1～2동 · 지산동 · 송북동 일원	0.49	1997. 5. 30
	고양	고양시 일산 서구, 동구 일부 지역	3.94	2015. 8. 6
	수원 화성	경기도 수원시 팔달구, 장안구 일대	1.83	2016. 1. 15
	통일동산	경기도 파주시 탄현면 성동리, 법흥리 일원	3.01	2019. 4. 30
강원(2)	설악	속초시 · 고성군 및 양양군 일부 지역	138.2	1994. 8. 31
	대관령	강릉시 · 동해시 · 평창군 · 횡성군 일원	428.3	1997. 1. 18
충북(3)	수안보온천	충주시 수안보면 온천리 · 안보리 일원	9.22	1997. 1. 18
	속리산	보은군 내속리면 사내리 · 상판리 · 중판리 · 갈목리 일원	43.75	1997. 1. 18
	단양	단양군 단양읍 · 매포읍 일원(2개읍 5개리)	4.45	2005. 12. 30
충남(2)	아산시 온천	아산시 음봉면 신수리 일원	3.71	1997. 1. 18
	보령해수욕장	보령시 신흑동, 웅천읍 독산 · 관당리, 남포면 월전리 일원	2.52	1997. 1. 18
전북(2)	무주 구천동	무주군 설천면 · 무풍면	7.61	1997. 1. 18
	정읍 내장산	정읍시 내장지구 · 용산지구	3.45	1997. 1. 18
전남(2)	구례	구례군 토지면 · 마산면 · 광의면 · 산동면 일부	78.02	1997. 1. 18
	목포	북항 · 유달산 · 원도심 · 삼학도 · 갓바위 · 평화광장 일원	6.9	2007. 9. 28
경북(4)	경주시	경주 시내지구 · 보문지구 · 불국지구	32.65	1994. 8. 31
	백암온천	울진군 온정면 소태리 일원	1.74	1997. 1. 18
	문경	문경시 문경읍 · 가은읍 · 마성면 · 농암면 일원	1.85	2010. 1. 18
	포항 영일만	영일대해수욕장, 해안도로, 환호공원, 송도해수욕장, 송도송림, 운하관, 포항운하, 죽도시장, 시내 실개천 일대	2.41	2019. 8. 12
경남(2)	부곡온천	창녕군 부곡면 거문리 · 사창리 일원	4.82	1997. 1. 18
	미륵도	통영시 미수1～2동 · 봉평동 · 도남동 · 산양읍 일원	32.9	1997. 1. 18
제주(1)	제주도	제주도 전역(부속도서 제외)	1,809.56	1994. 8. 31
13개 시 · 도 34개소		–	2,643.89	

자료: https://tdss.kr/pub/stat/tourResourceStat05.do.

2) 관광단지와 관광특구 차이점

(1) 관광단지

① 각종 관광시설을 종합적으로 개발한 지역

② 「관광진흥법」에 따라 지정된 지역

③ 다양한 관광객을 대상으로 함

(2) 관광특구

① 관련 관광여건을 집중적으로 조성하여 운영하는 지역

② 관계법령의 적용이 배제되거나 완화

③ 외국인 관광객의 유치가 목적

④ 진흥을 위하여 지원이 가능함

3) 관광특구관련 법조문

관광특구 개발에 관한 「관광진흥법」의 관련조문은 다음과 같다.

제70조(관광특구의 지정) ① 관광특구는 다음 각 호의 요건을 모두 갖춘 지역 중에서 시장·군수·구청장의 신청(특별자치도의 경우는 제외한다)에 따라 시·도지사가 지정한다.

1. 외국인 관광객 수가 대통령령으로 정하는 기준 이상일 것
2. 문화체육관광부령으로 정하는 바에 따라 관광안내시설, 공공편익시설 및 숙박시설 등이 갖추어져 외국인 관광객의 관광수요를 충족시킬 수 있는 지역일 것
3. 임야·농지·공업용지 또는 택지 등 관광활동과 직접적인 관련성이 없는 토지의 비율이 대통령령으로 정하는 기준을 초과하지 아니할 것
4. 제1호부터 제3호까지의 요건을 갖춘 지역이 서로 분리되어 있지 아니할 것

② 관광특구의 지정·취소·면적변경 및 고시에 관하여는 제52조 제2항부터 제4항까지의 규정을 준용한다.

제71조(관광특구의 진흥계획) ① 특별자치도지사·시장·군수·구청장은 관할구역 내 관광특구를 방문하는 외국인 관광객의 유치 촉진 등을 위하여 관광특구진흥계획을 수립하고 시행하여야 한다.

② 제1항에 따른 관광특구진흥계획에 포함될 사항 등 관광특구진흥계획의 수립·시행에 필요한 사항은 대통령령으로 정한다.

제72조(관광특구에 대한 지원) ① 국가나 지방자치단체는 관광특구를 방문하는 외국인 관광객의 관광 활동을 위한 편의 증진 등 관광특구 진흥을 위하여 필요한 지원을 할 수 있다.

② 문화체육관광부장관은 관광특구를 방문하는 관광객의 편리한 관광활동을 위하여 관광특구 안의 문화 · 체육 · 숙박 · 상가시설로서 관광객 유치를 위하여 특히 필요하다고 인정되는 시설에 대하여 「관광진흥개발기금법」에 따라 관광진흥개발기금을 대여하거나 보조할 수 있다.

제73조(관광특구에 대한 평가 등) ① 문화체육관광부장관 및 시 · 도지사는 대통령령으로 정하는 바에 따라 제71조에 따른 관광특구진흥계획의 집행 상황을 평가하고, 우수한 관광특구에 대하여는 필요한 지원을 할 수 있다.

② 시 · 도지사는 제1항에 따른 평가 결과 제70조에 따른 관광특구 지정요건에 맞지 아니하거나 추진 실적이 미흡한 관광특구에 대하여는 대통령령으로 정하는 바에 따라 관광특구의 지정취소 · 면적조정 · 개선권고 등 필요한 조치를 할 수 있다.

제74조(다른 법률에 대한 특례) ① 관광특구 안에서는 「식품위생법」 제43조에 따른 영업제한에 관한 규정을 적용하지 아니한다.

② 관광특구 안에서 대통령령으로 정하는 호텔업을 경영하는 자는 「건축법」 제43조에도 불구하고 연간 60일 이내의 기간 동안 해당 지방자치단체의 조례로 정하는 바에 따라 공개 공지(공지: 공터)를 사용하여 외국인 관광객을 위한 공연 및 음식을 제공할 수 있다. 다만, 울타리를 설치하는 등 공중(公衆)이 해당 공개 공지를 사용하는 데에 지장을 주는 행위를 하여서는 아니 된다.

③ 관광특구 관할 지방자치단체의 장은 관광특구의 진흥을 위하여 필요한 경우에는 지방경찰청장 또는 경찰서장에게 「도로교통법」 제2조에 따른 차마(車馬)의 도로통행 금지 또는 제한 등의 조치를 하여줄 것을 요청할 수 있다. 이 경우 요청받은 지방경찰청장 또는 경찰서장은 「도로교통법」 제6조에도 불구하고 특별한 사유가 없으면 지체 없이 필요한 조치를 하여야 한다.

표 6-4 **관광특구 지정요건의 세부기준**(제64조 제1항 관련)

시설구분	시설종류	구비기준
가. 공공편익시설	화장실, 주차장, 전기시설, 통신시설, 상하수도시설	각 시설이 관광객이 이용하기에 충분할 것
나. 관광안내시설	관광안내소, 외국인통역안내소, 관광지표지판	각 시설이 관광객이 이용하기에 충분할 것
다. 숙박시설	관광호텔, 수상관광호텔, 한국전통호텔, 가족호텔 및 휴양콘도미니엄	영 별표 1의 등록기준에 부합되는 관광숙박시설이 1종류 이상일 것
라. 휴양 · 오락시설	민속촌, 해수욕장, 수렵장, 동물원, 식물원, 수족관, 온천장, 동굴자원, 수영장, 농어촌휴양시설, 산림휴양시설, 박물관, 미술관, 활공장, 자동차야영장, 관광유람선 및 종합유원시설	영 별표 1의 등록기준에 부합되는 관광객이용시설 또는 별표 1의 시설 및 설비 기준에 부합되는 유원시설로서 2종류 이상일 것

마. 접객시설	관광공연장, 외국인전용 관광기념품판매점, 관광유흥음식점, 관광극장유흥업점, 외국인전용 유흥음식점, 관광식당	영 별표 1의 등록기준에 부합되는 관광객이용시설 또는 별표 2의 지정기준에 부합되는 관광편의시설로서 관광객이 이용하기에 충분할 것
바. 상가시설	관광기념품전문판매점, 백화점, 재래시장, 면세점 등	1개소 이상일 것

CHAPTER 7

관광종사원

01. 관광종사원의 자격

관광사업에 있어서 관광객에게 가장 직접적으로 서비스를 제공하는 자가 바로 관광종사원이기 때문에 관광사업에 중요한 역할을 해나갈 훌륭한 관광종사원을 확보하는 것은 중요한 문제이다. 이와 같은 문제로 「관광진흥법」 제38조 제1항에 자격제도에 대한 것이 명시되어 있다.

「관광진흥법」에서 규정하고 있는 관광종사원의 국가자격증은 관관통역안내사 · 국내여행안내사 · 호텔경영사 · 호텔관리사 · 호텔서비스사가 있고, 이외에 국제의료관광코디네이터(국가기술)와 컨벤션기획사는 「국가기술자격법」에 의한 서비스 분야 자격이며, 한국관광공사와 한국여행업협회에서 인정하는 국외여행인솔자(tour conductor) 자격증 등이 있다(「관광진흥법」 제13조). 아울러 '문화관광해설사'는 지역사회봉사자로서의 역할을 하고 있다.

표 7-1 **관광업무별 자격기준**(제36조 관련)

업종	업무	종사하도록 권고할 수 있는 자	종사하게 하여야 하는 자
1. 여행업	가. 외국인관광객의 국내여행을 위한 안내		관광통역안내사 자격을 취득한 자
	나. 내국인의 국내여행을 위한 안내	국내여행안내사 자격을 취득한 자	

2. 관광숙박업	가. 4성급 이상의 관광호텔업의 총괄관리 및 경영업무	호텔경영사 자격을 취득한 자	
	나. 4성급 이상의 관광호텔업의 객실관리책임자 업무	호텔경영사 또는 호텔관리사 자격을 취득한 자	
	다. 3성급 이하의 관광호텔업과 한국전통호텔업 · 수상관광호텔업 · 휴양콘도미니엄업 · 가족호텔업 · 호스텔업 · 소형호텔업 및 의료관광호텔업의 총괄관리 및 경영업무	호텔경영사 또는 호텔관리사 자격을 취득한 자	
	라. 현관 · 객실 · 식당의 접객업무	호텔서비스사 자격을 취득한 자	

02. 자격시험

관광종사원자격시험에 관한 내용은 모두 「관광진흥법 시행규칙」에 명시되어 있고, 이는 다음과 같다.

제44조(관광종사원의 자격시험) ① 법 제38조 제2항 본문에 따른 관광종사원의 자격시험은 필기시험, 외국어시험(관광통역안내사 · 호텔경영사 · 호텔관리사 및 호텔서비스사 자격시험만 해당한다. 이하 같다) 및 면접시험으로 구분하되, 평가의 객관성이 확보될 수 있는 방법으로 시행하여야 한다.
② 면접시험은 제46조에 따른 필기시험 및 제47조에 따른 외국어시험에 합격한 자에 대하여 시행한다. <개정 2009.10.22>

제48조(응시자격) 관광종사원 중 호텔경영사 또는 호텔관리사 시험에 응시할 수 있는 자격은 다음과 같이 구분한다.

1. 호텔경영사 시험
   가. 호텔관리사 자격을 취득한 후 관광호텔에서 3년 이상 종사한 경력이 있는 자
   나. 4성급 이상 호텔의 임원으로 3년 이상 종사한 경력이 있는 자
2. 호텔관리사 시험
   가. 호텔서비스사 또는 조리사 자격을 취득한 후 관광숙박업소에서 3년 이상 종사한 경력이 있는 자
   나. 「고등교육법」에 따른 전문대학의 관광 분야 학과를 졸업한 자(졸업예정자를 포함한다) 또는 관광 분야의 과목을 이수하여 다른 법령에서 이와 동등한 학력이 있다고 인정되는 자

다. 「고등교육법」에 따른 대학을 졸업한 자(졸업예정자를 포함한다) 또는 다른 법령에서 이와 동등 이상의 학력이 있다고 인정되는 자
라. 「초·중등교육법」에 따른 고등기술학교의 관광 분야를 전공하는 과의 2년과정 이상을 이수하고 졸업한 자(졸업예정자를 포함한다)

제45조(면접시험) ① 면접시험은 다음 각 호의 사항에 관하여 평가한다.
1. 국가관·사명감 등 정신자세
2. 전문지식과 응용능력
3. 예의·품행 및 성실성
4. 의사발표의 정확성과 논리성
② 면접시험의 합격점수는 면접시험 총점의 6할 이상이어야 한다.

제46조(필기시험) 필기시험의 과목과 합격결정의 기준은 <별표 14>와 같다.

표 7-2 **필기시험의 시험과목 및 합격결정 기준**(제46조 관련)〈별표 14〉

1. 시험과목 및 배점비율

구분	시험과목	배점비율
가. 관광통역안내사	• 국사 • 관광자원해설 • 관광법규(「관광기본법」·「관광진흥법」·「관광진흥개발기금법」·「국제회의산업육성에 관한 법률」 등의 관광관련법규를 말한다. 이하 같다) • 관광학개론 • 계	40% 20% 20% 20% 100%
나. 국내여행안내사	• 국사 • 관광자원해설 • 관광법규 • 관광학개론 • 계	30% 20% 20% 30% 100%
다. 호텔경영사	• 관광법규 • 호텔회계론 • 호텔인사 및 조직관리론 • 호텔마케팅론 • 계	10% 30% 30% 30% 100%
라. 호텔관리사	• 관광법규 • 관광학개론 • 호텔관리론 • 계	30% 30% 40% 100%
마. 호텔서비스사	• 관광법규 • 호텔실무(현관·객실·식당 중심) • 계	30% 70% 100%

2. **합격결정기준**: 필기시험의 합격기준은 매과목 4할 이상, 전과목의 점수가 위의 배점비율로 환산하여 6할 이상이어야 한다.

제47조(외국어시험) ① 관광종사원별 외국어시험의 종류는 다음 각 호와 같다. <개정 2009. 12.31>

1. 관광통역안내사: 영어, 일어, 중국어, 불어, 독어, 스페인어, 러시아어, 이탈리아어, 태국어, 베트남어, 말레이·인도네시아어, 아랍어 중 1과목
2. 호텔경영사 및 호텔관리사: 영어
3. 호텔서비스사: 영어, 일어, 중국어 중 1과목
4. 국제의료관광코디네이터: 영어, 일어, 중국어 중 1과목

② 외국어시험은 다른 외국어시험기관에서 실시하는 시험(이하 "다른 외국어시험"이라 한다)으로 대체한다. 이 경우 외국어시험을 대체하는 다른 외국어시험의 점수 및 급수(별표 15. 제1호 중 불어의 DELF 및 DALF시험의 점수 및 급수는 제외한다)는 응시원서 접수마감일부터 2년 이내에 실시한 시험에서 취득한 점수 및 급수여야 한다.

③ 제2항에 따른 다른 외국어시험의 종류 및 합격에 필요한 점수 및 급수는 <별표 15>와 같다.

표 7-3 **다른 외국어시험의 종류 및 합격에 필요한 점수 또는 급수**(제47조 관련) <별표 15>

1. 다른 외국어시험의 종류

구분		내용
영어	토플(TOEFL)	아메리카합중국 이.티.에스(E.T.S: Education Testing Service)에서 시행하는 시험(Test of English as a Foreign Language)을 말한다.
	토익(TOEIC)	아메리카합중국 이.티.에스(E.T.S: Education Testing Service)에서 시행하는 시험(Test of English for International Communication)을 말한다.
	텝스(TEPS)	서울대학교영어능력검정시험(Test of English Proficiency, Seoul National University)을 말한다.
	G-TELP (Level 2)	아메리카합중국 샌디에이고 주립대(Sandiego State University)에서 시행하는 시험(General Test of English Language Proficiency)을 말한다.
	FLEX	한국외국어대학교와 대한상공회의소가 공동 시행하는 어학능력검정시험(Foreign Language Examination)을 말한다.
	PELT(main)	한국외국어평가원 영어능력검정시험(Practical English Language Test)으로서 PELT main(듣기, 읽기) 시험을 말한다.
일본어	JPT	일본국 순다이(駿台)학원그룹에서 개발한 문제를 재단법인 국제교류진흥회에서 시행하는 시험(Japanese Proficiency Test)을 말한다.
	日檢 (NIKKEN)	한국시사일본어사와 일본국서간행회(日本國書刊行會)가 공동 개발하여 한국시사일본어사에서 시행하는 시험을 말한다.
	FLEX	한국외국어대학교와 대한상공회의소가 공동 시행하는 어학능력검정시험(Foreign Language Examination)을 말한다.

	JLPT	일본국제교류기금 및 일본국제교육지원협회가 시행하는 일본어능력시험(Japanese Language Proficiency test)을 말한다.
중국어	HSK	중국 교육부가 설립한 국가한어수평고시위원회(國家漢語水平考試委員會)에서 시행하는 시험(HanyuShuipingKaoshi)을 말한다.
	FLEX	한국외국어대학교와 대한상공회의소가 공동 시행하는 어학능력검정시험(Foreign Language Examination)을 말한다.
	BCT	중국국가한어국제추광영도소조판공실(中国国家汉语国际推广领导小组办公室)이 중국 북경대학교에 위탁 개발한 실용중국어시험(Business Chinese Test)을 말한다.
	CPT	중국어언연구소 출제 한국CPT관리위원회 주관 (주)시사중국어사가 시행하는 생활실용커뮤니케이션 능력평가(Chinese Proficiency Test)를 말한다.
	TOP	중화민국(대만) 교육부 산하조직인 중국어테스트 국가추진업무위원회가 시행하는 중국어능력시험(Test of Proficiency-Huayu)을 말한다.
불어	FLEX	한국외국어대학교와 대한상공회의소가 공동 시행하는 어학능력검정시험(Foreign Language Examination)을 말한다.
	DELF DALF	주한 프랑스대사관 문화과에서 시행하는 프랑스어 능력검정시험(Diplôme d'Etudes en Langue Française)을 말한다.
독어	FLEX	한국외국어대학교와 대한상공회의소가 공동 시행하는 어학능력검정시험(Foreign Language Examination)을 말한다.
	독일어 능력검정시험	유럽 언어능력시험협회 ALTE(Association of Language Testers in Europe) 회원인 괴테-인스티투트(Goethe Institut)가 시행하는 독일어능력검정시험을 말한다.
스페인어	FLEX	한국외국어대학교와 대한상공회의소가 공동 시행하는 어학능력검정시험(Foreign Language Examination)을 말한다.
	DELE	스페인 문화교육부가 주관하는 스페인어 능력 검정시험(Diploma de Español como Lengua Extranjera)을 말한다.
러시아어	FLEX	한국외국어대학교와 대한상공회의소가 공동 시행하는 어학능력검정시험(Foreign Language Examination)을 말한다.
	TORFL	러시아 교육부 산하 시험기관 토르플 한국센터(계명대학교 러시아센터)에서 시행하는 러시아어 능력검정시험(Test of Russian as a Foreign Language)을 말한다.
이탈리아어	CILS	이탈리아 시에나 외국인 대학(Università per Stranieri di Siena)에서 주관하는 이탈리아어 자격증명시험(Certificazione di Italiano come Lingua Straniera)을 말한다.
	CELI	이탈리아 페루지아 국립언어대학(Università per Stranieri di Perugia)과 주한 이탈리아문화원에서 공동 시행하는 이탈리아어 능력검정시험(Certificato di Conoscenza della Lingua Italiana)을 말한다.
태국어, 베트남어, 말레이· 인도네시아어, 아랍어	FLEX	한국외국어대학교에서 주관하는 어학능력검정시험(Foreign Language Examination)을 말한다. ※이 외국어시험은 부정기적으로 시행하는 수시시험임.

2. 합격에 필요한 다른 외국어시험의 점수 또는 급수

시험명	자격구분	관광통역 안내사	호텔 서비스사	호텔관리사	호텔경영사	만점/최고급수
영어	TOEIC	760점 이상	490점 이상	700점 이상	800점 이상	990점
	TEPS	677점 이상	381점 이상	670점 이상	728점 이상	990점
	TOEFL(PBT)	584점 이상	396점 이상	207점 이상	230점 이상	677점
	TOEFL(IBT)	81점 이상	51점 이상	76점 이상	88점 이상	120점
	G-TELP(Level 2)	74점 이상	39점 이상	66점 이상	79점 이상	100점
	FLEX	776점 이상	381점 이상	670점 이상	728점 이상	1,000점
	IELTS	5점 이상	4점 이상	5점 이상	5점 이상	9점
일본어	JPT	740점 이상	510점 이상	–	–	990점
	日檢(NIKKEN)	750점 이상	500점 이상	–	–	1,000점
	FLEX	776점 이상	–	–	–	1,000점
	JLPT	N1 이상				N1
중국어	HSK	5급 이상	4급 이상	–	–	6급
	FLEX	776점 이상	–	–	–	1,000점
	BCT	4급 이상				5급
	CPT	750점 이상				1,000점
	TOP	고급 5급 이상				고급 7급
불어	FLEX	776점 이상				1,000점
	DELF	DELF B2 이상				DALF C2
독일어	FLEX	776점 이상				1,000점
	독일어능력 검정시험	Goethe-Zertifikat B1(ZD) 이상				Goethe-Zertifikat C2
스페인어	FLEX	776점 이상				1,000점
	DELE	Diploma Intermedio 이상				Diploma Superior
러시아어	FLEX	776점 이상				1,000점
	TORFL	1단계 이상				4단계
이탈리아어	CILS	Livello Due-B2 이상				Livello Quattro-C2
	CELI	CELI 3 이상				CELI 5
태국어, 베트남어 말레이 · 인도네시아어, 아랍어	FLEX	625점 이상				1,000점

제51조(시험의 면제) ① 법 제38조 제2항 단서에 따라 시험의 일부를 면제할 수 있는 경우는 별표 16과 같다. <개정 2009.10.22>

② 필기시험 및 외국어시험에 합격하고 면접시험에 불합격한 자에 대하여는 다음 회의 시험에만 필기시험 및 외국어시험을 면제한다.

③ 제1항에 따라 시험의 면제를 받으려는 자는 별지 제37호 서식(<표 7-4>)의 관광종사원 자격시험 면제신청서에 경력증명서, 학력증명서 또는 그 밖에 자격을 증명할 수 있는 서류를 첨부하여 한국산업인력공단에 제출하여야 한다.

표 7-4 **시험의 면제기준**(제51조 관련)

구분	면제대상 및 면제과목
1. 관광통역안내사	가. 「고등교육법」에 따른 전문대학 이상의 학교 또는 다른 법령에서 이와 동등 이상의 학력이 인정되는 교육기관에서 해당 외국어를 3년 이상 계속하여 강의한 자에 대하여 해당 외국어시험을 면제 나. 4년 이상 해당 언어권의 외국에서 근무하거나 유학을 한 경력이 있는 자 및 「초·중등교육법」에 따른 중·고등학교 또는 고등기술학교에서 해당 외국어를 5년 이상 계속하여 강의한 자에 대하여 해당 외국어 시험을 면제 다. 「고등교육법」에 따른 전문대학 이상의 학교에서 관광 분야를 전공하고 졸업한 자(졸업예정자 및 관광 분야 과목을 이수하여 다른 법령에서 이와 동등한 학력을 취득한 자를 포함한다)에 대하여 필기시험 중 관광법규 및 관광학개론 과목을 면제 라. 관광통역안내사 자격증을 소지한 자가 다른 외국어를 사용하여 관광안내를 하기 위하여 시험에 응시하는 경우 필기시험을 면제 마. 문화체육관광부장관이 정하여 고시하는 교육기관에서 실시하는 60시간 이상의 실무교육과정을 이수한 사람에 대하여 필기시험 중 관광법규 및 관광학개론 과목을 면제. 이 경우 실무교육과정의 교육과목 및 그 비중은 다음과 같음. 1) 관광법규 및 관광학개론: 30% 2) 관광안내실무: 20% 3) 관광자원안내실습: 50%
2. 국내여행안내사	가. 「고등교육법」에 따른 전문대학 이상의 학교에서 관광 분야를 전공하고 졸업한 자(졸업예정자 및 관광 분야 과목을 이수하여 다른 법령에서 이와 동등한 학력을 취득한 자를 포함한다)에 대하여 필기시험을 면제 나. 여행안내와 관련된 업무에 2년 이상 종사한 경력이 있는 자에 대하여 필기시험을 면제 다. 「초·중등교육법」에 따른 고등학교나 고등기술학교를 졸업한 자 또는 다른 법령에서 이와 동등한 학력이 있다고 인정되는 교육기관에서 관광 분야의 학과를 이수하고 졸업한 자(졸업예정자를 포함한다)에 대하여 필기시험을 면제
3. 호텔경영사	가. 호텔관리사 중 종전의 1급지배인 자격을 취득한 자로서 그 자격을 취득한 후 특2등급 이상의 관광호텔에서 부장급 이상으로 3년 이상 종사한 경력이 있는 자에 대하여 필기시험을 면제 나. 호텔관리사 중 종전의 1급지배인 자격을 취득한 자로서 그 자격을 취득한 후 1등급 관광호텔의 총괄 관리 및 경영업무에 3년 이상 종사한 경력이 있는 자에 대하여 필기시험을 면제

	다. 국내호텔과 체인호텔 관계에 있는 해외호텔에서 호텔경영 업무에 종사한 경력이 있는 자로서 해당 국내 체인호텔에 파견근무를 하려는 자에 대하여 필기시험 및 외국어시험을 면제
4. 호텔관리사	「고등교육법」에 따른 대학 이상의 학교 또는 다른 법령에서 이와 동등 이상의 학력이 인정되는 교육기관에서 호텔경영분야를 전공하고 졸업한 자(졸업예정자를 포함한다)에 대하여 필기시험을 면제
5. 호텔서비스사	가. 「초 · 중등교육법」에 따른 고등학교 또는 고등기술학교 이상의 학교를 졸업한 자 또는 다른 법령에서 이와 동등한 학력이 있다고 인정되는 교육기관에서 관광 분야의 학과를 이수하고 졸업한 자(졸업예정자를 포함한다)에 대하여 필기시험을 면제 나. 관광숙박업소의 접객업무에 2년 이상 종사한 경력이 있는 자에 대하여 필기시험을 면제
6. 국제의료관광 코디네이터	가. 자격시험은 2013년부터 시행되었으며 자격의 특징상 필기시험 면제 기준은 마련되지 않았으나 민간자격이 아닌 국가기술자격증으로 병원, 관광회사 등 뿐만 아니라 각종 의료와 관광관련 정부기관과 공공단체 취업시 가산점(법령상 우대현황)이 인정됨
7. 투어컨덕터	가. 관광통역안내사 자격증을 취득한 자는 별도의 교육 없이 자격증을 신청할 수 있다. 나. 소양교육 대상자로 6개월 이상 여행업체에서 근무하고 해외여행 경력이 있는 자 다. 양성교육 대상자로 특수목적고등학교 또는 특성화고등학교에서 관광관련학과 교육과정을 이수한 자 및 전문대 이상의 학교에서 관광관련학과를 졸업한 자 또는 졸업예정자

03. 관광종사원의 등록 및 자격증

관광종사원의 등록 및 자격증에 관한 「관광진흥법 시행규칙」의 내용은 다음과 같다.

제53조(관광종사원의 등록 및 자격증 발급) ① 시험에 합격한 자는 법 제38조 제2항에 따라 시험에 합격한 날부터 60일 이내에 별지 제38호 서식(<표 7-5>)의 관광종사원 등록신청서에 사진(최근 6개월 이내에 촬영한 탈모 상반신 반명함판) 2매를 첨부하여 한국관광공사 및 한국관광협회중앙회에 등록을 신청하여야 한다.

② 한국관광공사 및 한국관광협회중앙회는 제1항에 따른 신청을 받은 경우에는 법 제7조 제1항에 따른 결격사유가 없는 자에 한하여 관광종사원으로 등록하고 별지 제39호 서식(<표 7-6>)의 관광종사원 자격증을 발급하여야 한다.

③ 제2항에도 불구하고 관광통역안내사의 경우에는 별지 제39호의 5서식에 따른 기재사항 및 교육이수 정보 등을 전자적 방식으로 저장한 집적회로(IC) 칩을 첨부한 자격증을 발급하여야 한다.

제54조(관광종사원 자격증의 재발급) 법 제38조 제4항에 따라 발급받은 자격증을 잃어버리거

나 그 자격증이 못쓰게 되어 자격증을 재발급받으려는 자는 별지 제38호 서식의 관광종사원 자격증 재발급신청서에 사진(최근 6개월 이내에 촬영한 탈모 상반신 반명함판) 2매와 관광종사원 자격증(자격증이 헐어 못쓰게 된 경우만 해당한다)을 첨부하여 한국관광공사 및 한국관광협회중앙회에 제출하여야 한다.

표 7-5 **관광종사원 자격증**(별지 제39호 서식)

<table>
<tr><td colspan="2">관광종사원 자격증
TOURISM EMPLOYEE LICENSE</td></tr>
<tr><td rowspan="4">사 진
2.5cm×3cm</td><td>자격증번호 :
LICENSE NO.</td></tr>
<tr><td>자격구분 :
QUAL.</td></tr>
<tr><td>성 명 :
NAME</td></tr>
<tr><td>생년월일 :
Date of birth</td></tr>
<tr><td colspan="2">년 월 일
Date
한 국 관 광 공 사 사 장
PRESIDENT OF K.T.O.
한 국 관 광 협 회 중 앙 회 장 인
PRESIDENT OF K.T.A.</td></tr>
</table>

85mm×53mm[백상지(150g/㎡)]

그림 7-1 **자격증의 변천과정**

1996년도 이전 1999년도 이후

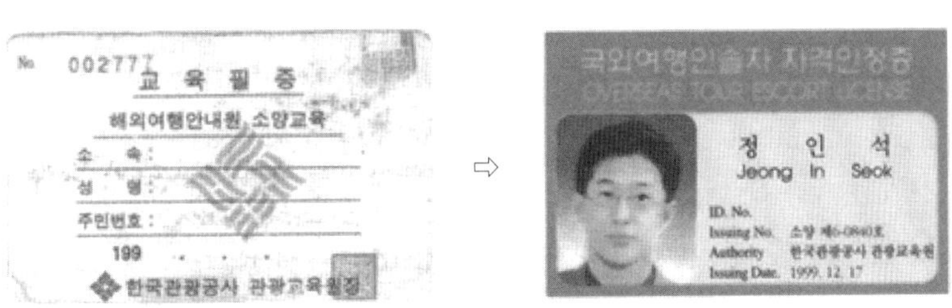

표 7-6 **관광종사원 등록 · 자격증재발급 신청서**(별지 제38호 서식)

관광종사원 [ ]등록 [ ]자격증재발급 신청서

※ 색상이 어두운 란은 신청인이 적지 않습니다.

접수번호	접수일	발급일	처리기간 3일

신청인	성명	생년월일
	전화번호	휴대전화번호
	주소	

자격구분		합격일	
자격증 번호		취득 연월일	
신청사유			

「관광진흥법 시행규칙」 제53조제1항 및 제54조에 따라 [ ]관광종사원 등록 [ ]관광종사원 자격증재발급을 신청합니다.

년 월 일

신청인 성명 (서명 또는 인)

한국관광공사사장 또는 한국관광협회중앙회장 귀하

첨부서류		수수료
	1. 사진(최근 6개월 이내에 모자를 쓰지 않고 촬영한 상반신 반명함판) 2매 2. 관광종사원 자격증(자격증이 헐어 못 쓰게 된 경우만 해당합니다) 1부	관광종사원 등록 시: 5,000원 관광종사원 자격증 재발급 시: 3,000원

210mm×297mm[백상지(80g/㎡) 또는 중질지(80g/㎡)]

04. 결격사유 및 자격취소

결격사유 및 자격취소에 관한 「관광진흥법」의 내용을 살펴보면 다음과 같다.

제7조(결격사유) ① 다음 각 호의 어느 하나에 해당하는 자는 관광사업의 등록등을 받거나 신고를 할 수 없고, 제15조 제1항 및 제2항에 따른 사업계획의 승인을 받을 수 없다. 법인의 경우 그 임원 중에 다음 각 호의 어느 하나에 해당하는 자가 있는 경우에도 또한 같다.

1. 금치산자 · 한정치산자
2. 파산선고를 받고 복권되지 아니한 자
3. 이 법에 따라 등록등 또는 사업계획의 승인이 취소되거나 제36조 제1항에 따라 영업소가 폐쇄된 후 2년이 지나지 아니한 자
4. 이 법을 위반하여 징역 이상의 실형을 선고받고 그 집행이 끝나거나 집행을 받지 아니하기로 확정된 후 2년이 지나지 아니한 자 또는 형의 집행유예 기간 중에 있는 자

② 관광사업의 등록 등을 받거나 신고를 한 자 또는 사업계획의 승인을 받은 자가 제1항 각 호의 어느 하나에 해당하면 문화체육관광부장관, 시 · 도지사 또는 시장 · 군수 · 구청장(이하 "등록기관 등의 장"이라 한다)은 3개월 이내에 그 등록 등 또는 사업계획의 승인을 취소하거나 영업소를 폐쇄하여야 한다. 다만, 법인의 임원 중 그 사유에 해당하는 자가 있는 경우 3개월 이내에 그 임원을 바꾸어 임명한 때에는 그러하지 아니하다. <개정 2008.2.29>

제40조(자격취소 등) 문화체육관광부장관(관광종사원 중 대통령령으로 정하는 관광종사원에 대하여는 시 · 도지사)은 제38조 제1항에 따라 자격을 가진 관광종사원이 다음 각 호의 어느 하나에 해당하면 문화체육관광부령으로 정하는 바에 따라 그 자격을 취소하거나 6개월 이내의 기간을 정하여 자격의 정지를 명할 수 있다. 다만, 제1호 및 5호에 해당하면 그 자격을 취소하여야 한다. <개정 2008.2.29., 2011.4.5., 2016.2.3.>

1. 거짓이나 그 밖의 부정한 방법으로 자격을 취득한 경우
2. 제7조 제1항 각 호(제3호는 제외한다)의 어느 하나에 해당하게 된 경우
3. 관광종사원으로서 직무를 수행하는 데에 부정 또는 비위(非違) 사실이 있는 경우
4. 삭제 <2007.7.19.>
5. 제38조 제8항을 위반하여 다른 사람에게 관광종사원 자격증을 대여한 경우

표 7-7 **관광종사원에 대한 행정처분 기준**(제57조 관련) <별표 17>

1. 일반기준

가. 위반행위가 2 이상일 경우에는 그 중 중한 처분기준(중한 처분기준이 동일할 경우에는 그 중 하나의 처분기준을 말한다)에 따르며, 2 이상의 처분기준이 동일한 자격정지일 경우에는 중한 처분기준의 2분의 1까지 가중 처분할 수 있되, 각 처분기준을 합산한 기간을 초과할 수 없다.

나. 위반행위의 횟수에 따른 행정처분의 기준은 최근 1년간 같은 위반행위로 행정처분을 받은 경우에 적용한다. 이 경우 행정처분 기준의 적용은 같은 위반행위에 대하여 최초로 행정처분을 한 날을 기준으로 한다.

다. 처분권자는 그 처분기준이 자격정지인 경우에는 위반행위의 동기・내용・횟수 및 위반의 정도 등 다음 1)부터 3)까지의 규정에 해당하는 사유를 고려하여 처분기준의 2분의 1 범위에서 그 처분을 감경할 수 있다.

1) 위반행위가 고의나 중대한 과실이 아닌 사소한 부주의나 오류로 인한 것으로 인정되는 경우

2) 위반의 내용・정도가 경미하여 소비자에게 미치는 피해가 적다고 인정되는 경우

3) 위반행위자가 처음 해당 위반행위를 한 경우로서 3년 이상 관광종사원으로서 모범적으로 일해 온 사실이 인정되는 경우

2. 개별기준

위반행위	근거법령	행정처분기준			
		1차 위반	2차 위반	3차 위반	4차 위반
가. 거짓이나 그 밖의 부정한 방법으로 자격을 취득한 경우	법 제40조 제1호	자격취소			
나. 법 제7조 제1항 각 호(제3호는 제외한다)의 어느 하나에 해당하게 된 경우	법 제40조 제2호	자격취소			
다. 관광종사원으로서 직무를 수행하는 데에 부정 또는 비위(非違)사실이 있는 경우	법 제40조 제3호	자격정지 1개월	자격정지 3개월	자격정지 5개월	자격취소

05. 관광종사원의 교육

관광종사원은 문화체육관광부장관이 실시하는 교육을 받아야 하며, 「관광기본법」 제11조에 "정부는 관광에 종사하는 자의 자질을 향상시키기 위하여 교육훈련과 그 밖에 필요한 시책을 강구하여야 한다"라고 규정되어 있어 받아야 할 의무도 있다.

문화체육관광부장관은 교육을 위한 교육계획을 수립하고 계획에 따라 교육받아야 할 관광종사원의 사업장에 교육실시에 관련된 사항을 통보해주어야 하고, 교육계획과 함께 「공중위생관리법」에 따라 위생교육 또한 실시하여야 한다.

CHAPTER 8

출입국관리법

01. 출입국관리법

1) 출입국관리법의 개요 및 목적

관광산업이 발전하면서 국내외 여행객들에 대한 복잡한 출입국 절차 그리고 국가의 안보를 지키기 위해 엄격할 필요가 있다. 여행객의 편의성 향상, 안전한 출입국을 위해 까다로운 절차 등을 간소화하여 보다 안전하고 편리한 절차를 통한 외래관광객 유치를 위해 법제화하여 이를 제정하였다.

「출입국관리법」 제1조를 보면, "이 법은 대한민국에 입국하거나 대한민국에서 출국하는 모든 국민 및 외국인의 출입국관리를 통한 안전한 국경 관리와 대한민국에 체류하는 외국인, 난민의 인정 절차, 사회통합 등에 관한 사항을 규정함을 목적으로 한다"고 명시되어 있을 만큼 중요성을 가진다.

표 8-1 **출입국관리법의 구성**

구분	내용		조문
제1장	총칙(목적과 정의)		제1조~제2조
제2장	국민의 출입국	국민의 출국 출국의 금지 출국금지기간의 연장 출국금지의 해제 출국금지결정 등의 통지 출국금지결정 등에 대한 이의신청	제3조 제4조 제4조의 2 제4조의 3 제4조의 4 제4조의 5
		긴급출국금지 국민의 여권 등의 보관 국민의 입국	제4조의 6 제5조 제6조
제3장	외국인의 입국 및 상륙	제1절 외국인의 입국 제2절 외국인의 상륙	제7조~제13조 제14~제16조
제4장	외국인의 체류와 출국	제1절 외국인의 체류 제2절 외국인의 출국	제17조~제27조 제28조~제30조
제5장	외국인의 등록 및 사회통합 프로그램	제1절 외국인의 등록 제2절 사회통합 프로그램	제31조~제38조 제39조~제41조
제6장	강제퇴거 등	제1절 강제퇴거의 대상자 제2절 조사 제3절 심사결정을 위한 보호 제4절 심사 및 이의신청 제5절 강제퇴거명령서의 집행 제6절 보호의 일시해제 제7절 출국권고 등	제46조 제47조~제50조 제51조~제57조 제58조~제61조 제62조~제64조 제65조~제66조 제67조~제68조
제7장	선박 등의 검색		제69조~제72조
제8장	선박 등의 장 및 운수업자의 책임		제73조~제76조
제8장-2	난민여행증명서 발급 등		제76조
제9장	보칙		제77조~제93조
제10장	벌칙		제93-2조~제100조
제11장	고발과 통고처분	제1절 고발 제2절 통고처분	제101조 제102조~제106조

2) 출입국관리법의 연혁과 내용

「출입국관리법」의 연혁과 내용은 다음과 같다.

표 8-2 **출입국관리법의 개정안과 내용**

2021년 「출입국관리법」의 가장 큰 개정 내용은 코로나 사태 및 본인 일치 여부 확인 등에 활용을 위한 생체정보와 관련한 법 개정 내용이 개정 및 신설되었다. 외국인에 대한 생체정보 등 많은 부분들이 일부 개정되었다. 또한 방한 외국인에 대한 체류심사를 목적으로 숙박업과 관련한 협조 내용이 일부 개정되었다.

개정안	내용
출입국관리법 [법률 제1289호, 1963.3.5, 제정]	제정됨
출입국관리법 [법률 제1900호, 1967.3.3, 전부개정]	제1장 총칙 제2장 국민의 출입국 제3장 외국인의 입국 및 상륙 제4장 외국인의 체류와 출국 제5장 강제퇴거의 절차 제6장 외국인의 등록 제7장 선박 등 및 승무원 제8장 선박 등의 장 및 운수업자의 책임 제9장 벌칙 제10장 고발과 통고처분 제11장 보칙 [전부개정]
출입국관리법 [법률 제2437호, 1973.1.15, 타법개정]	부칙〈법률 제2437호, 1973.1.15〉(정부조직법) [타법개정]
중략	⋮
출입국관리법 [법률 제11224호, 2012.1.26, 일부개정] [시행 2012.7.27]	제1조(목적) 〈개정 2012.1.26〉 제19조의 2(외국인의 기술연수활동) [제목개정 2012.1.26] 제39조(사회통합 프로그램) 〈신설 2012.1.26〉 제46조(강제퇴거의 대상자) 〈개정 2012.1.26〉 제94조(벌칙) 〈개정 2012.1.26〉
중략	⋮
출입국관리법 [법률 제17365호, 2020.6.9, 일부개정] [시행 2012.7.27]	제2조의 15 "생체정보"....... 〈신설〉 제3조 ③ 법무부장관은 출국심사에 필요한 경우에는 국민의 생체정보를 수집하거나 관계 행정기관이 보유하고 있는 국민의 생체정보의 제출을 요청할 수 있다. ⑤ 출입국관리공무원은 제3항에 따라 수집하거나 제출받은 생체정보를 출국심사에 활용할 수 있다. ⑥ 법무부장관은 제3항에 따라 수집하거나 제출받은 생체정보를 「개인정보보호법」에 따라 처리한다. 제6, 12, 14, 19, 20, 21, 23, 24, 25, 28, 35, 36, 37, 38, 73, 78, 79, 81, 92, 99, 100조 〈개정 및 신설〉
출입국관리법 [시행 2022.8.18 법률 18397호 2021.8.17 일부개정]	제25조의 2 제46조의 2 제78조 제88조의 3 일부개정

출입국관리법 [시행 2023.12.14 법률 19435호 2023.6.13 일부개정]	제51조의 2 제55조 제1항 제63조의 2 제63조 2, 3 제64조 1 제68조 2~13 제95조 제9호

출입국관리법 일부개정 주요 내용

가. 지방출입국·외국인관서의 장이 보호명령서 발급 또는 보호기간 연장 허가 등 조치를 하기 전에 대상 외국인에게 구술 또는 서면에 의한 의견진술 기회를 주도록 함(안 제51조의2).

나. 강제퇴거명령을 받은 사람을 즉시 대한민국 밖으로 송환할 수 없으면 지방출입국·외국인관서의 장이 18개월의 범위에서 보호할 수 있도록 하되, 「국가보안법」 위반의 죄를 범한 사람 또는 「국민보호와 공공안전을 위한 테러방지법」 위반의 죄를 범한 사람 등이 송환에 협조하지 않는 등의 사유로 송환이 불가능한 경우에는 보호외국인 심의위원회의 승인을 받아 추가로 18개월의 범위에서 계속 보호할 수 있도록 함(안 제63조제1항).

다. 보호에 대한 적법성과 타당성 및 필요성에 관한 사항을 독립해서 심의·의결하기 위하여 법무부 소속으로 행정위원회 성격의 보호외국인 심의위원회를 두고, 보호외국인 심의위원회에 사실조사권·자료제출 요구권 등을 부여함(안 제68조의2부터 제68조의13까지).

1963년 3월 5일 총 9장 제45조로 제정된 「출입국관리법」은 총 55차례 개정을 하였고, 현재 2023년 6월 13일 최종 개정되어 총 11장 제106조이며, 이는 다음과 같다.

출입국관리법

[시행 2023. 12. 14.] [법률 제19435호, 2023. 6. 13., 일부개정]

법무부(외국인정책과) 02-2110-4116

제1장 총칙 〈개정 2010. 5. 14.〉

제1조(목적) 이 법은 대한민국에 입국하거나 대한민국에서 출국하는 모든 국민 및 외국인의 출입국관리를 통한 안전한 국경관리, 대한민국에 체류하는 외국인의 체류관리와 사회통합 등에 관한 사항을 규정함을 목적으로 한다. 〈개정 2012. 1. 26., 2018. 3. 20.〉 [전문개정 2010. 5. 14.]

제2조(정의) 이 법에서 사용하는 용어의 뜻은 다음과 같다. 〈개정 2012. 2. 10., 2014. 3. 18., 2018. 3. 20., 2020. 6. 9., 2021. 8. 17.〉

1. "국민"이란 대한민국의 국민을 말한다.
2. "외국인"이란 대한민국의 국적을 가지지 아니한 사람을 말한다.
3. "난민"이란 「난민법」 제2조제1호에 따른 난민을 말한다.
4. "여권"이란 대한민국정부·외국정부 또는 권한 있는 국제기구에서 발급한 여권 또는 난민여행증명서나 그 밖에 여권을 갈음하는 증명서로서 대한민국정부가 유효하다고 인정하는 것을 말한다.
5. "선원신분증명서"란 대한민국정부나 외국정부가 발급한 문서로서 선원임을 증명하는 것을 말한다.
6. "출입국항"이란 출국하거나 입국할 수 있는 대한민국의 항구·공항과 그 밖의 장소로서 대통령령으로 정하는 곳을 말한다.
7. "재외공관의 장"이란 외국에 주재하는 대한민국의 대사(大使), 공사(公使), 총영사(總領事), 영사(領事) 또는 영사업무를 수행하는 기관의 장을 말한다.
8. "선박등"이란 대한민국과 대한민국 밖의 지역 사이에서 사람이나 물건을 수송하는 선박, 항공기, 기차, 자동차, 그 밖의 교통기관을 말한다.
9. "승무원"이란 선박등에서 그 업무를 수행하는 사람을 말한다.
10. "운수업자"란 선박등을 이용하여 사업을 운영하는 자와 그를 위하여 통상 그 사업에 속하는 거래를 대리하는 자를 말한다.

10의2. "지방출입국·외국인관서"란 출입국 및 외국인의 체류 관리업무를 수행하기 위하여 법령에 따라 각 지역별로 설치된 관서와 외국인보호소를 말한다.

11. "보호"란 출입국관리공무원이 제46조제1항 각 호에 따른 강제퇴거 대상에 해당된다고 의심할 만한 상당한 이유가 있는 사람을 출국시키기 위하여 외국인보호실, 외국인보호소 또는 그 밖에 법무부장관이 지정하는 장소에 인치(引致)하고 수용하는 집행활동을 말한다.
12. "외국인보호실"이란 이 법에 따라 외국인을 보호할 목적으로 지방출입국·외국인관서에 설치한 장소를 말한다.
13. "외국인보호소"란 지방출입국·외국인관서 중 이 법에 따라 외국인을 보호할 목적으로 설치한 시설로서 대통령령으로 정하는 곳을 말한다.
14. "출입국사범"이란 제93조의2, 제93조의3, 제94조부터 제99조까지, 제99조의2, 제99조의3 및 제100조에 규정된 죄를 범하였다고 인정되는 자를 말한다.
15. "생체정보"란 이 법에 따른 업무에서 본인 일치 여부 확인 등에 활용되는 사람의 지문·얼굴·홍채 및 손바닥 정맥 등의 개인정보를 말한다.
16. "출국대기실"이란 지방출입국·외국인관서의 장이 제76조제1항 각 호의 어느 하나에 해당하는 외국인의 인도적 처우 및 원활한 탑승수속과 보안구역내 안전확보를 위하여 그 외국인이 출국하기 전까지 대기하도록 출입국항에 설치한 시설을 말한다. [전문개정 2010. 5. 14.]

제2장 국민의 출입국 〈개정 2010. 5. 14.〉

제3조(국민의 출국) ① 대한민국에서 대한민국 밖의 지역으로 출국(이하 "출국"이라 한다)하려는 국민은 유효한 여권을 가지고 출국하는 출입국항에서 출입국관리공무원의 출국심사를 받아야 한다. 다만, 부득이한 사유로

출입국항으로 출국할 수 없을 때에는 관할 지방출입국·외국인관서의 장의 허가를 받아 출입국항이 아닌 장소에서 출입국관리공무원의 출국심사를 받은 후 출국할 수 있다. 〈개정 2014. 3. 18.〉

② 제1항에 따른 출국심사는 대통령령으로 정하는 바에 따라 정보화기기에 의한 출국심사로 갈음할 수 있다.

③ 법무부장관은 출국심사에 필요한 경우에는 국민의 생체정보를 수집하거나 관계 행정기관이 보유하고 있는 국민의 생체정보의 제출을 요청할 수 있다. 〈신설 2016. 3. 29., 2020. 6. 9.〉

④ 제3항에 따라 협조를 요청받은 관계 행정기관은 정당한 이유 없이 그 요청을 거부해서는 아니 된다. 〈신설 2016. 3. 29.〉

⑤ 출입국관리공무원은 제3항에 따라 수집하거나 제출받은 생체정보를 출국심사에 활용할 수 있다. 〈신설 2016. 3. 29., 2020. 6. 9.〉

⑥ 법무부장관은 제3항에 따라 수집하거나 제출받은 생체정보를 「개인정보 보호법」에 따라 처리한다. 〈신설 2016. 3. 29., 2020. 6. 9.〉 [전문개정 2010. 5. 14.]

제4조(출국의 금지) ① 법무부장관은 다음 각 호의 어느 하나에 해당하는 국민에 대하여는 6개월 이내의 기간을 정하여 출국을 금지할 수 있다. 〈개정 2011. 7. 18., 2021. 7. 13.〉

1. 형사재판에 계속(係屬) 중인 사람
2. 징역형이나 금고형의 집행이 끝나지 아니한 사람
3. 대통령령으로 정하는 금액 이상의 벌금이나 추징금을 내지 아니한 사람
4. 대통령령으로 정하는 금액 이상의 국세·관세 또는 지방세를 정당한 사유 없이 그 납부기한까지 내지 아니한 사람
5. 「양육비 이행확보 및 지원에 관한 법률」 제21조의4제1항에 따른 양육비 채무자 중 양육비이행심의위원회의 심의·의결을 거친 사람
6. 그 밖에 제1호부터 제5호까지의 규정에 준하는 사람으로서 대한민국의 이익이나 공공의 안전 또는 경제질서를 해칠 우려가 있어 그 출국이 적당하지 아니하다고 법무부령으로 정하는 사람

② 법무부장관은 범죄 수사를 위하여 출국이 적당하지 아니하다고 인정되는 사람에 대하여는 1개월 이내의 기간을 정하여 출국을 금지할 수 있다. 다만, 다음 각 호에 해당하는 사람은 그 호에서 정한 기간으로 한다. 〈신설 2011. 7. 18., 2021. 3. 16.〉

1. 소재를 알 수 없어 기소중지 또는 수사중지(피의자중지로 한정한다)된 사람 또는 도주 등 특별한 사유가 있어 수사진행이 어려운 사람: 3개월 이내
2. 기소중지 또는 수사중지(피의자중지로 한정한다)된 경우로서 체포영장 또는 구속영장이 발부된 사람: 영장 유효기간 이내

③ 중앙행정기관의 장 및 법무부장관이 정하는 관계 기관의 장은 소관 업무와 관련하여 제1항 또는 제2항 각 호의 어느 하나에 해당하는 사람이 있다고 인정할 때에는 법무부장관에게 출국금지를 요청할 수 있다. 〈개정 2011. 7. 18.〉

④ 출입국관리공무원은 출국심사를 할 때에 제1항 또는 제2항에 따라 출국이 금지된 사람을 출국시켜서는 아니 된다. 〈개정 2011. 7. 18.〉

⑤ 제1항부터 제4항까지에서 규정한 사항 외에 출국금지기간과 출국금지절차에 관하여 필요한 사항은 대통령령으로 정한다. 〈개정 2011. 7. 18.〉 [전문개정 2010. 5. 14.]

제4조의2(출국금지기간의 연장) ① 법무부장관은 출국금지기간을 초과하여 계속 출국을 금지할 필요가 있다고 인

정하는 경우에는 그 기간을 연장할 수 있다.

② 제4조제3항에 따라 출국금지를 요청한 기관의 장은 출국금지기간을 초과하여 계속 출국을 금지할 필요가 있을 때에는 출국금지기간이 끝나기 3일 전까지 법무부장관에게 출국금지기간을 연장하여 줄 것을 요청하여야 한다. 〈개정 2011. 7. 18.〉

③ 제1항 및 제2항에서 규정한 사항 외에 출국금지기간의 연장절차에 관하여 필요한 사항은 대통령령으로 정한다. [전문개정 2010. 5. 14.]

제4조의3(출국금지의 해제) ① 법무부장관은 출국금지 사유가 없어졌거나 출국을 금지할 필요가 없다고 인정할 때에는 즉시 출국금지를 해제하여야 한다.

② 제4조제3항에 따라 출국금지를 요청한 기관의 장은 출국금지 사유가 없어졌을 때에는 즉시 법무부장관에게 출국금지의 해제를 요청하여야 한다. 〈개정 2011. 7. 18.〉

③ 제1항 및 제2항에서 규정한 사항 외에 출국금지의 해제절차에 관하여 필요한 사항은 대통령령으로 정한다. [전문개정 2010. 5. 14.]

제4조의4(출국금지결정 등의 통지) ① 법무부장관은 제4조제1항 또는 제2항에 따라 출국을 금지하거나 제4조의2 제1항에 따라 출국금지기간을 연장하였을 때에는 즉시 당사자에게 그 사유와 기간 등을 밝혀 서면으로 통지하여야 한다. 〈개정 2011. 7. 18.〉

② 법무부장관은 제4조의3제1항에 따라 출국금지를 해제하였을 때에는 이를 즉시 당사자에게 통지하여야 한다.

③ 법무부장관은 제1항에도 불구하고 다음 각 호의 어느 하나에 해당하는 경우에는 제1항의 통지를 하지 아니할 수 있다. 〈개정 2011. 7. 18., 2014. 12. 30.〉

1. 대한민국의 안전 또는 공공의 이익에 중대하고 명백한 위해(危害)를 끼칠 우려가 있다고 인정되는 경우
2. 범죄수사에 중대하고 명백한 장애가 생길 우려가 있다고 인정되는 경우. 다만, 연장기간을 포함한 총 출국금지기간이 3개월을 넘는 때에는 당사자에게 통지하여야 한다.
3. 출국이 금지된 사람이 있는 곳을 알 수 없는 경우 [전문개정 2010. 5. 14.]

제4조의5(출국금지결정 등에 대한 이의신청) ① 제4조제1항 또는 제2항에 따라 출국이 금지되거나 제4조의2제1항에 따라 출국금지기간이 연장된 사람은 출국금지결정이나 출국금지기간 연장의 통지를 받은 날 또는 그 사실을 안 날부터 10일 이내에 법무부장관에게 출국금지결정이나 출국금지기간 연장결정에 대한 이의를 신청할 수 있다. 〈개정 2011. 7. 18.〉

② 법무부장관은 제1항에 따른 이의신청을 받으면 그 날부터 15일 이내에 이의신청의 타당성 여부를 결정하여야 한다. 다만, 부득이한 사유가 있으면 15일의 범위에서 한 차례만 그 기간을 연장할 수 있다.

③ 법무부장관은 제1항에 따른 이의신청이 이유 있다고 판단하면 즉시 출국금지를 해제하거나 출국금지기간의 연장을 철회하여야 하고, 그 이의신청이 이유 없다고 판단하면 이를 기각하고 당사자에게 그 사유를 서면에 적어 통보하여야 한다. [전문개정 2010. 5. 14.]

제4조의6(긴급출국금지) ① 수사기관은 범죄 피의자로서 사형·무기 또는 장기 3년 이상의 징역이나 금고에 해당하는 죄를 범하였다고 의심할 만한 상당한 이유가 있고, 다음 각 호의 어느 하나에 해당하는 사유가 있으며, 긴급한 필요가 있는 때에는 제4조제3항에도 불구하고 출국심사를 하는 출입국관리공무원에게 출국금지를 요청할 수 있다.

1. 피의자가 증거를 인멸할 염려가 있는 때

2. 피의자가 도망하거나 도망할 우려가 있는 때

② 제1항에 따른 요청을 받은 출입국관리공무원은 출국심사를 할 때에 출국금지가 요청된 사람을 출국시켜서는 아니 된다.

③ 수사기관은 제1항에 따라 긴급출국금지를 요청한 때로부터 6시간 이내에 법무부장관에게 긴급출국금지 승인을 요청하여야 한다. 이 경우 검사의 검토의견서 및 범죄사실의 요지, 긴급출국금지의 사유 등을 기재한 긴급출국금지보고서를 첨부하여야 한다. 〈개정 2020. 10. 20.〉

④ 법무부장관은 수사기관이 제3항에 따른 긴급출국금지 승인 요청을 하지 아니한 때에는 제1항의 수사기관 요청에 따른 출국금지를 해제하여야 한다. 수사기관이 긴급출국금지 승인을 요청한 때로부터 12시간 이내에 법무부장관으로부터 긴급출국금지 승인을 받지 못한 경우에도 또한 같다.

⑤ 제4항에 따라 출국금지가 해제된 경우에 수사기관은 동일한 범죄사실에 관하여 다시 긴급출국금지 요청을 할 수 없다.

⑥ 그 밖에 긴급출국금지의 절차 및 긴급출국금지보고서 작성 등에 필요한 사항은 대통령령으로 정한다. [본조신설 2011. 7. 18.]

제5조(국민의 여권 등의 보관) 출입국관리공무원은 위조되거나 변조된 국민의 여권 또는 선원신분증명서를 발견하였을 때에는 회수하여 보관할 수 있다. [전문개정 2014. 12. 30.]

제6조(국민의 입국) ① 대한민국 밖의 지역에서 대한민국으로 입국(이하 "입국"이라 한다)하려는 국민은 유효한 여권을 가지고 입국하는 출입국항에서 출입국관리공무원의 입국심사를 받아야 한다. 다만, 부득이한 사유로 출입국항으로 입국할 수 없을 때에는 지방출입국·외국인관서의 장의 허가를 받아 출입국항이 아닌 장소에서 출입국관리공무원의 입국심사를 받은 후 입국할 수 있다. 〈개정 2014. 3. 18.〉

② 출입국관리공무원은 국민이 유효한 여권을 잃어버리거나 그 밖의 사유로 이를 가지지 아니하고 입국하려고 할 때에는 확인절차를 거쳐 입국하게 할 수 있다.

③ 제1항에 따른 입국심사는 대통령령으로 정하는 바에 따라 정보화기기에 의한 입국심사로 갈음할 수 있다.

④ 법무부장관은 입국심사에 필요한 경우에는 국민의 생체정보를 수집하거나 관계 행정기관이 보유하고 있는 국민의 생체정보의 제출을 요청할 수 있다. 〈신설 2016. 3. 29., 2020. 6. 9.〉

⑤ 제4항에 따라 협조를 요청받은 관계 행정기관은 정당한 이유 없이 그 요청을 거부해서는 아니 된다. 〈신설 2016. 3. 29.〉

⑥ 출입국관리공무원은 제4항에 따라 수집하거나 제출받은 생체정보를 입국심사에 활용할 수 있다. 〈신설 2016. 3. 29., 2020. 6. 9.〉

⑦ 법무부장관은 제4항에 따라 수집하거나 제출받은 생체정보를 「개인정보 보호법」에 따라 처리한다. 〈신설 2016. 3. 29., 2020. 6. 9.〉 [전문개정 2010. 5. 14.]

제3장 외국인의 입국 및 상륙 〈개정 2010. 5. 14.〉

제1절 외국인의 입국 〈개정 2010. 5. 14.〉

제7조(외국인의 입국) ① 외국인이 입국할 때에는 유효한 여권과 법무부장관이 발급한 사증(査證)을 가지고 있어야 한다.

② 다음 각 호의 어느 하나에 해당하는 외국인은 제1항에도 불구하고 사증 없이 입국할 수 있다.

1. 재입국허가를 받은 사람 또는 재입국허가가 면제된 사람으로서 그 허가 또는 면제받은 기간이 끝나기 전에 입국하는 사람
2. 대한민국과 사증면제협정을 체결한 국가의 국민으로서 그 협정에 따라 면제대상이 되는 사람
3. 국제친선, 관광 또는 대한민국의 이익 등을 위하여 입국하는 사람으로서 대통령령으로 정하는 바에 따라 따로 입국허가를 받은 사람
4. 난민여행증명서를 발급받고 출국한 후 그 유효기간이 끝나기 전에 입국하는 사람

③ 법무부장관은 공공질서의 유지나 국가이익에 필요하다고 인정하면 제2항제2호에 해당하는 사람에 대하여 사증면제협정의 적용을 일시 정지할 수 있다.

④ 대한민국과 수교(修交)하지 아니한 국가나 법무부장관이 외교부장관과 협의하여 지정한 국가의 국민은 제1항에도 불구하고 대통령령으로 정하는 바에 따라 재외공관의 장이나 지방출입국·외국인관서의 장이 발급한 외국인입국허가서를 가지고 입국할 수 있다. 〈개정 2013. 3. 23., 2014. 3. 18.〉 [전문개정 2010. 5. 14.]

제7조의2(허위초청 등의 금지) 누구든지 외국인을 입국시키기 위한 다음 각 호의 어느 하나의 행위를 하여서는 아니 된다.

1. 거짓된 사실의 기재나 거짓된 신원보증 등 부정한 방법으로 외국인을 초청하거나 그러한 초청을 알선하는 행위
2. 거짓으로 사증 또는 사증발급인정서를 신청하거나 그러한 신청을 알선하는 행위 [전문개정 2010. 5. 14.]

제7조의3(사전여행허가) ① 법무부장관은 공공질서의 유지나 국가이익에 필요하다고 인정하면 다음 각 호의 어느 하나에 해당하는 외국인에 대하여 입국하기 전에 허가(이하 "사전여행허가"라 한다)를 받도록 할 수 있다.

1. 제7조제2항제2호 또는 제3호에 해당하는 외국인
2. 다른 법률에 따라 사증 없이 입국할 수 있는 외국인

② 사전여행허가를 받은 외국인은 입국할 때에 사전여행허가서를 가지고 있어야 한다.

③ 사전여행허가서 발급에 관한 기준 및 절차·방법은 법무부령으로 정한다. [본조신설 2020. 2. 4.]

제8조(사증) ① 제7조에 따른 사증은 1회만 입국할 수 있는 단수사증(單數査證)과 2회 이상 입국할 수 있는 복수사증(複數査證)으로 구분한다.

② 법무부장관은 사증발급에 관한 권한을 대통령령으로 정하는 바에 따라 재외공관의 장에게 위임할 수 있다.

③ 사증발급에 관한 기준과 절차는 법무부령으로 정한다. [전문개정 2010. 5. 14.]

제9조(사증발급인정서) ① 법무부장관은 제7조제1항에 따른 사증을 발급하기 전에 특히 필요하다고 인정할 때에는 입국하려는 외국인의 신청을 받아 사증발급인정서를 발급할 수 있다.

② 제1항에 따른 사증발급인정서 발급신청은 그 외국인을 초청하려는 자가 대리할 수 있다.

③ 제1항에 따른 사증발급인정서의 발급대상·발급기준 및 발급절차는 법무부령으로 정한다. [전문개정 2010. 5. 14.]

제10조(체류자격) 입국하려는 외국인은 다음 각 호의 어느 하나에 해당하는 체류자격을 가져야 한다.

1. 일반체류자격: 이 법에 따라 대한민국에 체류할 수 있는 기간이 제한되는 체류자격
2. 영주자격: 대한민국에 영주(永住)할 수 있는 체류자격 [전문개정 2018. 3. 20.]

제10조의2(일반체류자격) ① 제10조제1호에 따른 일반체류자격(이하 "일반체류자격"이라 한다)은 다음 각 호의 구분에 따른다.

1. 단기체류자격: 관광, 방문 등의 목적으로 대한민국에 90일 이하의 기간(사증면제협정이나 상호주의에 따라 90일을 초과하는 경우에는 그 기간) 동안 머물 수 있는 체류자격
2. 장기체류자격: 유학, 연수, 투자, 주재, 결혼 등의 목적으로 대한민국에 90일을 초과하여 법무부령으로 정하는 체류기간의 상한 범위에서 거주할 수 있는 체류자격

② 제1항에 따른 단기체류자격 및 장기체류자격의 종류, 체류자격에 해당하는 사람 또는 그 체류자격에 따른 활동범위는 체류목적, 취업활동 가능 여부 등을 고려하여 대통령령으로 정한다. [본조신설 2018. 3. 20.]

제10조의3(영주자격) ① 제10조제2호에 따른 영주자격(이하 "영주자격"이라 한다)을 가진 외국인은 활동범위 및 체류기간의 제한을 받지 아니한다.

② 영주자격을 취득하려는 사람은 대통령령으로 정하는 영주의 자격에 부합한 사람으로서 다음 각 호의 요건을 모두 갖추어야 한다.

1. 대한민국의 법령을 준수하는 등 품행이 단정할 것
2. 본인 또는 생계를 같이하는 가족의 소득, 재산 등으로 생계를 유지할 능력이 있을 것
3. 한국어능력과 한국사회・문화에 대한 이해 등 대한민국에서 계속 살아가는 데 필요한 기본소양을 갖추고 있을 것

③ 법무부장관은 제2항제2호 및 제3호에도 불구하고 대한민국에 특별한 공로가 있는 사람, 과학・경영・교육・문화예술・체육 등 특정 분야에서 탁월한 능력이 있는 사람, 대한민국에 일정금액 이상을 투자한 사람 등 대통령령으로 정하는 사람에 대해서는 대통령령으로 정하는 바에 따라 제2항제2호 및 제3호의 요건의 전부 또는 일부를 완화하거나 면제할 수 있다.

④ 제2항 각 호에 따른 요건의 기준・범위 등에 필요한 사항은 법무부령으로 정한다. [본조신설 2018. 3. 20.]

제11조(입국의 금지 등) ① 법무부장관은 다음 각 호의 어느 하나에 해당하는 외국인에 대하여는 입국을 금지할 수 있다. 〈개정 2015. 1. 6.〉

1. 감염병환자, 마약류중독자, 그 밖에 공중위생상 위해를 끼칠 염려가 있다고 인정되는 사람
2. 「총포・도검・화약류 등의 안전관리에 관한 법률」에서 정하는 총포・도검・화약류 등을 위법하게 가지고 입국하려는 사람
3. 대한민국의 이익이나 공공의 안전을 해치는 행동을 할 염려가 있다고 인정할 만한 상당한 이유가 있는 사람
4. 경제질서 또는 사회질서를 해치거나 선량한 풍속을 해치는 행동을 할 염려가 있다고 인정할 만한 상당한 이유가 있는 사람
5. 사리 분별력이 없고 국내에서 체류활동을 보조할 사람이 없는 정신장애인, 국내체류비용을 부담할 능력이 없는 사람, 그 밖에 구호(救護)가 필요한 사람
6. 강제퇴거명령을 받고 출국한 후 5년이 지나지 아니한 사람

7. 1910년 8월 29일부터 1945년 8월 15일까지 사이에 다음 각 목의 어느 하나에 해당하는 정부의 지시를 받거나 그 정부와 연계하여 인종, 민족, 종교, 국적, 정치적 견해 등을 이유로 사람을 학살·학대하는 일에 관여한 사람
   가. 일본 정부
   나. 일본 정부와 동맹 관계에 있던 정부
   다. 일본 정부의 우월한 힘이 미치던 정부
8. 제1호부터 제7호까지의 규정에 준하는 사람으로서 법무부장관이 그 입국이 적당하지 아니하다고 인정하는 사람

② 법무부장관은 입국하려는 외국인의 본국(本國)이 제1항 각 호 외의 사유로 국민의 입국을 거부할 때에는 그와 동일한 사유로 그 외국인의 입국을 거부할 수 있다. [전문개정 2010. 5. 14.]

제12조(입국심사) ① 외국인이 입국하려는 경우에는 입국하는 출입국항에서 대통령령으로 정하는 바에 따라 여권과 입국신고서를 출입국관리공무원에게 제출하여 입국심사를 받아야 한다. 〈개정 2020. 6. 9.〉

② 제1항에 관하여는 제6조제1항 단서 및 같은 조 제3항을 준용한다.

③ 출입국관리공무원은 입국심사를 할 때에 다음 각 호의 요건을 갖추었는지를 심사하여 입국을 허가한다. 〈개정 2020. 2. 4.〉

1. 여권과 사증이 유효할 것. 다만, 사증은 이 법에서 요구하는 경우만을 말한다.

1의2. 제7조의3제2항에 따른 사전여행허가서가 유효할 것

2. 입국목적이 체류자격에 맞을 것
3. 체류기간이 법무부령으로 정하는 바에 따라 정하여졌을 것
4. 제11조에 따른 입국의 금지 또는 거부의 대상이 아닐 것

④ 출입국관리공무원은 외국인이 제3항 각 호의 요건을 갖추었음을 증명하지 못하면 입국을 허가하지 아니할 수 있다.

⑤ 출입국관리공무원은 제7조제2항제2호 또는 제3호에 해당하는 사람에게 입국을 허가할 때에는 대통령령으로 정하는 바에 따라 체류자격을 부여하고 체류기간을 정하여야 한다.

⑥ 출입국관리공무원은 제1항이나 제2항에 따른 심사를 하기 위하여 선박등에 출입할 수 있다. [전문개정 2010. 5. 14.]

제12조의2(입국 시 생체정보의 제공 등) ① 입국하려는 외국인은 제12조에 따라 입국심사를 받을 때 법무부령으로 정하는 방법으로 생체정보를 제공하고 본인임을 확인하는 절차에 응하여야 한다. 다만, 다음 각 호의 어느 하나에 해당하는 사람은 그러하지 아니하다. 〈개정 2020. 6. 9.〉

1. 17세 미만인 사람
2. 외국정부 또는 국제기구의 업무를 수행하기 위하여 입국하는 사람과 그 동반 가족
3. 외국과의 우호 및 문화교류 증진, 경제활동 촉진 또는 대한민국의 이익 등을 고려하여 생체정보의 제공을 면제하는 것이 필요하다고 대통령령으로 정하는 사람

② 출입국관리공무원은 외국인이 제1항 본문에 따라 생체정보를 제공하지 아니하는 경우에는 그의 입국을 허가하지 아니할 수 있다. 〈개정 2020. 6. 9.〉

③ 법무부장관은 입국심사에 필요한 경우에는 관계 행정기관이 보유하고 있는 외국인의 생체정보의 제출을 요청할 수 있다. 〈개정 2020. 6. 9.〉

④ 제3항에 따라 협조를 요청받은 관계 행정기관은 정당한 이유 없이 그 요청을 거부하여서는 아니 된다.

⑤ 출입국관리공무원은 제1항 또는 제3항에 따라 제공 또는 제출받은 생체정보를 입국심사에 활용할 수 있다. 〈개정 2020. 6. 9.〉

⑥ 법무부장관은 제1항 또는 제3항에 따라 제공 또는 제출받은 생체정보를 「개인정보 보호법」에 따라 보유하고 관리한다. 〈개정 2011. 3. 29., 2020. 6. 9.〉 [본조신설 2010. 5. 14.] [제목개정 2020. 6. 9.] [종전 제12조의2는 제12조의3으로 이동 〈2010. 5. 14.〉]

제12조의3(선박등의 제공금지) ① 누구든지 외국인을 불법으로 입국 또는 출국하게 하거나 대한민국을 거쳐 다른 국가에 불법으로 입국하게 할 목적으로 다음 각 호의 행위를 하여서는 아니 된다.

1. 선박등이나 여권 또는 사증, 탑승권이나 그 밖에 출입국에 사용될 수 있는 서류 및 물품을 제공하는 행위
2. 제1호의 행위를 알선하는 행위

② 누구든지 불법으로 입국한 외국인에 대하여 다음 각 호의 행위를 하여서는 아니 된다.

1. 해당 외국인을 대한민국에서 은닉 또는 도피하게 하거나 그러한 목적으로 교통수단을 제공하는 행위
2. 제1호의 행위를 알선하는 행위 [전문개정 2010. 5. 14.] [제12조의2에서 이동, 종전 제12조의3은 제12조의4로 이동 〈2010. 5. 14.〉]

제12조의4(외국인의 여권 등의 보관) ① 위조되거나 변조된 외국인의 여권·선원신분증명서에 관하여는 제5조를 준용한다. 〈개정 2014. 12. 30.〉

② 출입국관리공무원은 이 법을 위반하여 조사를 받고 있는 사람으로서 제46조에 따른 강제퇴거 대상자에 해당하는 출입국사범의 여권·선원신분증명서를 발견하면 회수하여 보관할 수 있다. [전문개정 2010. 5. 14.] [제12조의3에서 이동 〈2010. 5. 14.〉]

제13조(조건부 입국허가) ① 지방출입국·외국인관서의 장은 다음 각 호의 어느 하나에 해당하는 외국인에 대하여는 대통령령으로 정하는 바에 따라 조건부 입국을 허가할 수 있다. 〈개정 2014. 3. 18.〉

1. 부득이한 사유로 제12조제3항제1호의 요건을 갖추지 못하였으나 일정 기간 내에 그 요건을 갖출 수 있다고 인정되는 사람
2. 제11조제1항 각 호의 어느 하나에 해당된다고 의심되거나 제12조제3항제2호의 요건을 갖추지 못하였다고 의심되어 특별히 심사할 필요가 있다고 인정되는 사람
3. 제1호 및 제2호에서 규정한 사람 외에 지방출입국·외국인관서의 장이 조건부 입국을 허가할 필요가 있다고 인정되는 사람

② 지방출입국·외국인관서의 장은 제1항에 따른 조건부 입국을 허가할 때에는 조건부입국허가서를 발급하여야 한다. 이 경우 그 허가서에는 주거의 제한, 출석요구에 따를 의무 및 그 밖에 필요한 조건을 붙여야 하며, 필요하다고 인정할 때에는 1천만원 이하의 보증금을 예치(預置)하게 할 수 있다. 〈개정 2014. 3. 18.〉

③ 지방출입국·외국인관서의 장은 제1항에 따른 조건부 입국허가를 받은 외국인이 그 조건을 위반하였을 때에는 그 예치된 보증금의 전부 또는 일부를 국고(國庫)에 귀속시킬 수 있다. 〈개정 2014. 3. 18.〉

④ 제2항과 제3항에 따른 보증금의 예치 및 반환과 국고귀속 절차는 대통령령으로 정한다. [전문개정 2010. 5. 14.]

제2절 외국인의 상륙 〈개정 2010. 5. 14.〉

제14조(승무원의 상륙허가) ① 출입국관리공무원은 다음 각 호의 어느 하나에 해당하는 외국인승무원에 대하여 선박등의 장 또는 운수업자나 본인이 신청하면 15일의 범위에서 승무원의 상륙을 허가할 수 있다. 다만, 제11조제1항 각 호의 어느 하나에 해당하는 외국인승무원에 대하여는 그러하지 아니하다.

1. 승선 중인 선박등이 대한민국의 출입국항에 정박하고 있는 동안 휴양 등의 목적으로 상륙하려는 외국인승무원
2. 대한민국의 출입국항에 입항할 예정이거나 정박 중인 선박등으로 옮겨 타려는 외국인승무원

② 출입국관리공무원은 제1항에 따른 신청을 받으면 다음 각 호의 서류를 확인하여야 한다. 다만, 외국과의 협정 등에서 선원신분증명서로 여권을 대신할 수 있도록 하는 경우에는 선원신분증명서의 확인으로 여권의 확인을 대신할 수 있다. 〈개정 2020. 6. 9.〉

1. 제1항제1호에 해당하는 외국인승무원이 선원인 경우에는 여권 또는 선원신분증명서
2. 제1항제2호에 해당하는 외국인승무원이 선원인 경우에는 여권 및 대통령령으로 정하는 서류. 다만, 제7조제2항제3호에 해당하는 사람인 경우에는 여권
3. 그 밖의 외국인승무원의 경우에는 여권

③ 출입국관리공무원은 제1항에 따른 허가를 할 때에는 승무원 상륙허가서를 발급하여야 한다. 이 경우 승무원 상륙허가서에는 상륙허가의 기간, 행동지역의 제한 등 필요한 조건을 붙일 수 있다.

④ 제3항 후단에도 불구하고 제1항제2호에 해당하는 승무원 상륙허가에 관하여는 제12조를 준용한다.

⑤ 지방출입국・외국인관서의 장은 승무원 상륙허가를 받은 외국인승무원에 대하여 필요하다고 인정하면 그 상륙허가의 기간을 연장할 수 있다. 〈개정 2014. 3. 18.〉

⑥ 제3항에 따라 발급받은 승무원 상륙허가서는 그 선박등이 최종 출항할 때까지 국내의 다른 출입국항에서도 계속 사용할 수 있다.

⑦ 외국인승무원의 지문 및 얼굴에 관한 정보의 제공 등에 관하여는 제12조의2를 준용한다. 다만, 승무원이 선원이고 상륙허가 절차상 지문 및 얼굴에 관한 정보를 제공하는 것이 곤란한 경우에는 그러하지 아니하다. [전문개정 2010. 5. 14.]

제14조의2(관광상륙허가) ① 출입국관리공무원은 관광을 목적으로 대한민국과 외국 해상을 국제적으로 순회(巡廻)하여 운항하는 여객운송선박 중 법무부령으로 정하는 선박에 승선한 외국인승객에 대하여 그 선박의 장 또는 운수업자가 상륙허가를 신청하면 3일의 범위에서 승객의 관광상륙을 허가할 수 있다. 다만, 제11조제1항 각 호의 어느 하나에 해당하는 외국인승객에 대하여는 그러하지 아니하다.

② 출입국관리공무원은 제1항에 따른 상륙허가 신청을 받으면 다음 각 호의 서류를 확인하여야 한다.

1. 외국인승객의 여권
2. 외국인승객의 명부
3. 그 밖에 법무부령으로 정하는 서류

③ 제1항에 따른 관광상륙허가의 허가서 및 상륙허가기간의 연장에 관하여는 제14조제3항 및 제5항을 준용한다. 이 경우 "승무원 상륙허가서"는 "관광상륙허가서"로, "승무원 상륙허가"는 "관광상륙허가"로, "외국인승무원"은 "외국인승객"으로 본다.

④ 제1항에 따른 관광상륙허가를 받으려는 외국인승객의 지문 및 얼굴에 관한 정보 제공 등에 관하여는 제

12조의2를 준용한다. 다만, 외국인승객의 관광상륙허가 절차상 지문 및 얼굴에 관한 정보의 제공이 곤란한 경우에는 그러하지 아니하다.

⑤ 제1항부터 제4항까지에서 규정한 사항 외에 관광상륙허가의 기준과 절차에 관하여 필요한 사항은 대통령령으로 정한다. [본조신설 2012. 1. 26.]

제15조(긴급상륙허가) ① 출입국관리공무원은 선박등에 타고 있는 외국인(승무원을 포함한다)이 질병이나 그 밖의 사고로 긴급히 상륙할 필요가 있다고 인정되면 그 선박등의 장이나 운수업자의 신청을 받아 30일의 범위에서 긴급상륙을 허가할 수 있다.

② 제1항의 경우에는 제14조제3항 및 제5항을 준용한다. 이 경우 "승무원 상륙허가서"는 "긴급상륙허가서"로, "승무원 상륙허가"는 "긴급상륙허가"로 본다.

③ 선박등의 장이나 운수업자는 긴급상륙한 사람의 생활비 · 치료비 · 장례비와 그 밖에 상륙 중에 발생한 모든 비용을 부담하여야 한다. [전문개정 2010. 5. 14.]

제16조(재난상륙허가) ① 지방출입국 · 외국인관서의 장은 조난을 당한 선박등에 타고 있는 외국인(승무원을 포함한다)을 긴급히 구조할 필요가 있다고 인정하면 그 선박등의 장, 운수업자, 「수상에서의 수색 · 구조 등에 관한 법률」에 따른 구호업무 집행자 또는 그 외국인을 구조한 선박등의 장의 신청에 의하여 30일의 범위에서 재난상륙허가를 할 수 있다. 〈개정 2014. 3. 18., 2015. 7. 24.〉

② 제1항의 경우에는 제14조제3항 및 제5항을 준용한다. 이 경우 "승무원 상륙허가서"는 "재난상륙허가서"로, "승무원 상륙허가"는 "재난상륙허가"로 본다.

③ 재난상륙허가를 받은 사람의 상륙 중 생활비 등에 관하여는 제15조제3항을 준용한다. 이 경우 "긴급상륙"은 "재난상륙"으로 본다. [전문개정 2010. 5. 14.]

제16조의2(난민 임시상륙허가) ① 지방출입국 · 외국인관서의 장은 선박등에 타고 있는 외국인이 「난민법」 제2조제1호에 규정된 이유나 그 밖에 이에 준하는 이유로 그 생명 · 신체 또는 신체의 자유를 침해받을 공포가 있는 영역에서 도피하여 곧바로 대한민국에 비호(庇護)를 신청하는 경우 그 외국인을 상륙시킬 만한 상당한 이유가 있다고 인정되면 법무부장관의 승인을 받아 90일의 범위에서 난민 임시상륙허가를 할 수 있다. 이 경우 법무부장관은 외교부장관과 협의하여야 한다. 〈개정 2012. 2. 10., 2013. 3. 23., 2014. 3. 18.〉

② 제1항의 경우에는 제14조제3항 및 제5항을 준용한다. 이 경우 "승무원 상륙허가서"는 "난민 임시상륙허가서"로, "승무원 상륙허가"는 "난민 임시상륙허가"로 본다.

③ 제1항에 따라 비호를 신청한 외국인의 지문 및 얼굴에 관한 정보의 제공 등에 관하여는 제12조의2를 준용한다. [전문개정 2010. 5. 14.]

제4장 외국인의 체류와 출국 〈개정 2010. 5. 14.〉

제1절 외국인의 체류 〈개정 2010. 5. 14.〉

제17조(외국인의 체류 및 활동범위) ① 외국인은 그 체류자격과 체류기간의 범위에서 대한민국에 체류할 수 있다.

② 대한민국에 체류하는 외국인은 이 법 또는 다른 법률에서 정하는 경우를 제외하고는 정치활동을 하여서는 아니 된다.

③ 법무부장관은 대한민국에 체류하는 외국인이 정치활동을 하였을 때에는 그 외국인에게 서면으로 그 활

동의 중지명령이나 그 밖에 필요한 명령을 할 수 있다. [전문개정 2010. 5. 14.]

제18조(외국인 고용의 제한) ① 외국인이 대한민국에서 취업하려면 대통령령으로 정하는 바에 따라 취업활동을 할 수 있는 체류자격을 받아야 한다.

② 제1항에 따른 체류자격을 가진 외국인은 지정된 근무처가 아닌 곳에서 근무하여서는 아니 된다.

③ 누구든지 제1항에 따른 체류자격을 가지지 아니한 사람을 고용하여서는 아니 된다.

④ 누구든지 제1항에 따른 체류자격을 가지지 아니한 사람의 고용을 알선하거나 권유하여서는 아니 된다.

⑤ 누구든지 제1항에 따른 체류자격을 가지지 아니한 사람의 고용을 알선할 목적으로 그를 자기 지배하에 두는 행위를 하여서는 아니 된다. [전문개정 2010. 5. 14.]

제19조(외국인을 고용한 자 등의 신고의무) ① 제18조제1항에 따라 취업활동을 할 수 있는 체류자격을 가지고 있는 외국인을 고용한 자는 다음 각 호의 어느 하나에 해당하는 사유가 발생하면 대통령령으로 정하는 바에 따라 15일 이내에 지방출입국·외국인관서의 장에게 신고하여야 한다. 〈개정 2014. 3. 18., 2020. 6. 9.〉

1. 외국인을 해고하거나 외국인이 퇴직 또는 사망한 경우
2. 고용된 외국인의 소재를 알 수 없게 된 경우
3. 고용계약의 중요한 내용을 변경한 경우

② 제19조의2에 따라 외국인에게 산업기술을 연수시키는 업체의 장에 대하여는 제1항을 준용한다.

③ 「외국인근로자의 고용 등에 관한 법률」의 적용을 받는 외국인을 고용한 자가 제1항에 따른 신고를 한 경우 그 신고사실이 같은 법 제17조제1항에 따른 신고사유에 해당하는 때에는 같은 항에 따른 신고를 한 것으로 본다. 〈신설 2014. 10. 15.〉

④ 제1항에 따라 신고를 받은 지방출입국·외국인관서의 장은 그 신고사실이 제3항에 해당하는 경우 지체 없이 외국인을 고용한 자의 소재지를 관할하는 「직업안정법」 제2조의2제1호에 따른 직업안정기관의 장에게 통보하여야 한다. 〈신설 2014. 10. 15.〉 [전문개정 2010. 5. 14.]

제19조의2(외국인의 기술연수활동) ① 법무부장관은 외국에 직접투자한 산업체, 외국에 기술·산업설비를 수출하는 산업체 등 지정된 산업체의 모집에 따라 국내에서 기술연수활동을 하는 외국인(이하 "기술연수생"이라 한다)의 적정한 연수활동을 지원하기 위하여 필요한 조치를 하여야 한다. 〈개정 2012. 1. 26.〉

② 제1항에 따른 산업체의 지정, 기술연수생의 모집·입국 등에 필요한 사항은 대통령령으로 정한다. 〈개정 2012. 1. 26.〉

③ 기술연수생의 연수장소 이탈 여부, 연수 목적 외의 활동 여부, 그 밖에 허가조건의 위반 여부 등에 관한 조사 및 출국조치 등 기술연수생의 관리에 필요한 사항은 법무부장관이 따로 정한다. 〈개정 2012. 1. 26.〉 [전문개정 2010. 5. 14.] [제목개정 2012. 1. 26.]

제19조의3 삭제 〈2010. 5. 14.〉

제19조의4(외국인유학생의 관리 등) ① 제10조에 따른 체류자격 중 유학이나 연수활동을 할 수 있는 체류자격을 가지고 있는 외국인(이하 "외국인유학생"이라 한다)이 재학 중이거나 연수 중인 학교(「고등교육법」 제2조 각 호에 따른 학교를 말한다. 이하 같다)의 장은 그 외국인유학생의 관리를 담당하는 직원을 지정하고 이를 지방출입국·외국인관서의 장에게 알려야 한다. 〈개정 2014. 3. 18., 2018. 3. 20.〉

② 제1항에 따른 학교의 장은 다음 각 호의 어느 하나에 해당하는 사유가 발생하면 대통령령으로 정하는

바에 따라 15일 이내에 지방출입국·외국인관서의 장에게 신고(정보통신망에 의한 신고를 포함한다)하여야 한다. 〈개정 2014. 3. 18., 2020. 6. 9.〉

1. 입학하거나 연수허가를 받은 외국인유학생이 매 학기 등록기한까지 등록을 하지 아니하거나 휴학을 한 경우
2. 제적·연수중단 또는 행방불명 등의 사유로 외국인유학생의 유학이나 연수가 끝난 경우

③ 외국인유학생의 관리에 필요한 사항은 대통령령으로 정한다. [전문개정 2010. 5. 14.]

제20조(체류자격 외 활동) 대한민국에 체류하는 외국인이 그 체류자격에 해당하는 활동과 함께 다른 체류자격에 해당하는 활동을 하려면 대통령령으로 정하는 바에 따라 미리 법무부장관의 체류자격 외 활동허가를 받아야 한다. 〈개정 2020. 6. 9.〉 [전문개정 2010. 5. 14.]

제21조(근무처의 변경·추가) ① 대한민국에 체류하는 외국인이 그 체류자격의 범위에서 그의 근무처를 변경하거나 추가하려면 대통령령으로 정하는 바에 따라 미리 법무부장관의 허가를 받아야 한다. 다만, 전문적인 지식·기술 또는 기능을 가진 사람으로서 대통령령으로 정하는 사람은 근무처를 변경하거나 추가한 날부터 15일 이내에 대통령령으로 정하는 바에 따라 법무부장관에게 신고하여야 한다. 〈개정 2020. 6. 9.〉

② 누구든지 제1항 본문에 따른 근무처의 변경허가·추가허가를 받지 아니한 외국인을 고용하거나 고용을 알선하여서는 아니 된다. 다만, 다른 법률에 따라 고용을 알선하는 경우에는 그러하지 아니하다.

③ 제1항 단서에 해당하는 사람에 대하여는 제18조제2항을 적용하지 아니한다. [전문개정 2010. 5. 14.]

제22조(활동범위의 제한) 법무부장관은 공공의 안녕질서나 대한민국의 중요한 이익을 위하여 필요하다고 인정하면 대한민국에 체류하는 외국인에 대하여 거소(居所) 또는 활동의 범위를 제한하거나 그 밖에 필요한 준수사항을 정할 수 있다. [전문개정 2010. 5. 14.]

제23조(체류자격 부여) ① 다음 각 호의 어느 하나에 해당하는 외국인이 제10조에 따른 체류자격을 가지지 못하고 대한민국에 체류하게 되는 경우에는 다음 각 호의 구분에 따른 기간 이내에 대통령령으로 정하는 바에 따라 체류자격을 받아야 한다.

1. 대한민국에서 출생한 외국인: 출생한 날부터 90일
2. 대한민국에서 체류 중 대한민국의 국적을 상실하거나 이탈하는 등 그 밖의 사유가 발생한 외국인: 그 사유가 발생한 날부터 60일

② 제1항에 따른 체류자격 부여의 심사기준은 법무부령으로 정한다. [전문개정 2020. 6. 9.]

제24조(체류자격 변경허가) ① 대한민국에 체류하는 외국인이 그 체류자격과 다른 체류자격에 해당하는 활동을 하려면 대통령령으로 정하는 바에 따라 미리 법무부장관의 체류자격 변경허가를 받아야 한다. 〈개정 2020. 6. 9.〉

② 제31조제1항 각 호의 어느 하나에 해당하는 사람으로서 그 신분이 변경되어 체류자격을 변경하려는 사람은 신분이 변경된 날부터 30일 이내에 법무부장관의 체류자격 변경허가를 받아야 한다.

③ 제1항에 따른 체류자격 변경허가의 심사기준은 법무부령으로 정한다. 〈신설 2020. 6. 9.〉 [전문개정 2010. 5. 14.]

제25조(체류기간 연장허가) ① 외국인이 체류기간을 초과하여 계속 체류하려면 대통령령으로 정하는 바에 따라

체류기간이 끝나기 전에 법무부장관의 체류기간 연장허가를 받아야 한다. 〈개정 2020. 6. 9.〉

② 제1항에 따른 체류기간 연장허가의 심사기준은 법무부령으로 정한다. 〈신설 2020. 6. 9.〉 [전문개정 2010. 5. 14.]

제25조의2(결혼이민자 등에 대한 특칙) ① 법무부장관은 다음 각 호의 어느 하나에 해당하는 외국인이 체류기간 연장허가를 신청하는 경우에는 해당 재판 등의 권리구제 절차가 종료할 때까지 체류기간 연장을 허가할 수 있다.

1. 「가정폭력범죄의 처벌 등에 관한 특례법」 제2조제1호의 가정폭력을 이유로 법원의 재판, 수사기관의 수사 또는 그 밖의 법률에 따른 권리구제 절차가 진행 중인 대한민국 국민의 배우자인 외국인
2. 「성폭력범죄의 처벌 등에 관한 특례법」 제2조제1항의 성폭력범죄를 이유로 법원의 재판, 수사기관의 수사 또는 그 밖의 법률에 따른 권리구제 절차가 진행 중인 외국인
3. 「아동학대범죄의 처벌 등에 관한 특례법」 제2조제4호의 아동학대범죄를 이유로 법원의 재판, 수사기관의 수사 또는 그 밖의 법률에 따른 권리구제 절차가 진행 중인 외국인 아동 및 「아동복지법」 제3조제3호의 보호자(아동학대행위자는 제외한다)
4. 「인신매매등방지 및 피해자보호 등에 관한 법률」 제3조의 인신매매등피해자로서 법원의 재판, 수사기관의 수사 또는 그 밖의 법률에 따른 권리구제 절차가 진행 중인 외국인

② 법무부장관은 제1항에 따른 체류 연장기간 만료 이후에도 피해 회복 등을 위하여 필요하다고 인정하는 경우에는 체류기간 연장을 허가할 수 있다. [전문개정 2022. 12. 13.]

제25조의3 삭제 〈2022. 12. 13.〉

제25조의4 삭제 〈2022. 12. 13.〉

제25조의5(국가비상사태 등에 있어서 체류기간 연장허가에 대한 특칙) ① 법무부장관은 대한민국 또는 다른 국가의 전시, 사변, 전염병 확산, 천재지변 또는 이에 준하는 비상사태나 위기에 따른 국경의 폐쇄, 장기적인 항공기 운항 중단 등으로 인하여 외국인의 귀책사유 없이 출국이 제한된 경우에는 이 법 또는 다른 법률의 규정에도 불구하고 직권으로 또는 외국인의 신청에 따라 체류기간 연장을 허가할 수 있다.

② 제1항에 따른 체류기간 연장허가의 심사기준은 법무부령으로 정한다.

③ 법무부장관은 제1항에 따른 체류 연장기간 만료 이후에도 필요하다고 인정하는 경우 체류기간 연장을 허가할 수 있다. [본조신설 2022. 2. 3.]

제26조(허위서류 제출 등의 금지) 누구든지 제20조, 제21조, 제23조부터 제25조까지, 제25조의2, 제25조의3 및 제25조의4에 따른 허가 신청과 관련하여 다음 각 호의 어느 하나에 해당하는 행위를 해서는 아니 된다. 〈개정 2019. 4. 23.〉

1. 위조·변조된 문서 등을 입증자료로 제출하거나 거짓 사실이 적힌 신청서 등을 제출하는 등 부정한 방법으로 신청하는 행위
2. 제1호의 행위를 알선·권유하는 행위 [본조신설 2016. 3. 29.]

제27조(여권등의 휴대 및 제시) ① 대한민국에 체류하는 외국인은 항상 여권·선원신분증명서·외국인입국허가서·외국인등록증·모바일외국인등록증 또는 상륙허가서(이하 "여권등"이라 한다)를 지니고 있어야 한다.

다만, 17세 미만인 외국인의 경우에는 그러하지 아니하다. 〈개정 2023. 6. 13.〉

② 제1항 본문의 외국인은 출입국관리공무원이나 권한 있는 공무원이 그 직무수행과 관련하여 여권등의 제시를 요구하면 여권등을 제시하여야 한다. [전문개정 2010. 5. 14.]

제2절 외국인의 출국 〈개정 2010. 5. 14.〉

제28조(출국심사) ① 외국인이 출국할 때에는 유효한 여권을 가지고 출국하는 출입국항에서 출입국관리공무원의 출국심사를 받아야 한다.

② 제1항의 경우에 출입국항이 아닌 장소에서의 출국심사에 관하여는 제3조제1항 단서를 준용한다.

③ 제1항과 제2항의 경우에 위조되거나 변조된 외국인의 여권·선원신분증명서에 관하여는 제5조를 준용한다. 〈개정 2014. 12. 30.〉

④ 제1항과 제2항의 경우에 선박등의 출입에 관하여는 제12조제6항을 준용한다.

⑤ 외국인의 출국심사에 관하여는 제3조제2항을 준용한다.

⑥ 출입국관리공무원은 제12조의2제1항 또는 제3항에 따라 제공 또는 제출받은 생체정보를 출국심사에 활용할 수 있다. 〈신설 2016. 3. 29., 2020. 6. 9.〉 [전문개정 2010. 5. 14.]

제29조(외국인 출국의 정지) ① 법무부장관은 제4조제1항 또는 제2항 각 호의 어느 하나에 해당하는 외국인에 대하여는 출국을 정지할 수 있다. 〈개정 2011. 7. 18.〉

② 제1항의 경우에 제4조제3항부터 제5항까지와 제4조의2부터 제4조의5까지의 규정을 준용한다. 이 경우 "출국금지"는 "출국정지"로 본다. 〈개정 2011. 7. 18., 2018. 3. 20.〉 [전문개정 2010. 5. 14.]

제29조의2(외국인 긴급출국정지) ① 수사기관은 범죄 피의자인 외국인이 제4조의6제1항에 해당하는 경우에는 제29조제2항에도 불구하고 출국심사를 하는 출입국관리공무원에게 출국정지를 요청할 수 있다.

② 제1항에 따른 외국인의 출국정지에 관하여는 제4조의6제2항부터 제6항까지의 규정을 준용한다. 이 경우 "출국금지"는 "출국정지"로, "긴급출국금지"는 "긴급출국정지"로 본다. [본조신설 2018. 3. 20.]

제30조(재입국허가) ① 법무부장관은 제31조에 따라 외국인등록을 하거나 그 등록이 면제된 외국인이 체류기간 내에 출국하였다가 재입국하려는 경우 그의 신청을 받아 재입국을 허가할 수 있다. 다만, 영주자격을 가진 사람과 재입국허가를 면제하여야 할 상당한 이유가 있는 사람으로서 법무부령으로 정하는 사람에 대하여는 재입국허가를 면제할 수 있다. 〈개정 2018. 3. 20.〉

② 제1항에 따른 재입국허가는 한 차례만 재입국할 수 있는 단수재입국허가와 2회 이상 재입국할 수 있는 복수재입국허가로 구분한다.

③ 외국인이 질병이나 그 밖의 부득이한 사유로 제1항에 따라 허가받은 기간 내에 재입국할 수 없는 경우에는 그 기간이 끝나기 전에 법무부장관의 재입국허가기간 연장허가를 받아야 한다.

④ 법무부장관은 재입국허가기간 연장허가에 관한 권한을 대통령령으로 정하는 바에 따라 재외공관의 장에게 위임할 수 있다.

⑤ 재입국허가 및 그 기간의 연장허가와 재입국허가의 면제에 관한 기준과 절차는 법무부령으로 정한다. [전문개정 2010. 5. 14.]

제5장 외국인의 등록 및 사회통합 프로그램 〈개정 2010. 5. 14., 2012. 1. 26.〉

제1절 외국인의 등록 〈신설 2012. 1. 26.〉

제31조(외국인등록) ① 외국인이 입국한 날부터 90일을 초과하여 대한민국에 체류하려면 대통령령으로 정하는 바에 따라 입국한 날부터 90일 이내에 그의 체류지를 관할하는 지방출입국·외국인관서의 장에게 외국인등록을 하여야 한다. 다만, 다음 각 호의 어느 하나에 해당하는 외국인의 경우에는 그러하지 아니하다. 〈개정 2014. 3. 18.〉

1. 주한외국공관(대사관과 영사관을 포함한다)과 국제기구의 직원 및 그의 가족
2. 대한민국정부와의 협정에 따라 외교관 또는 영사와 유사한 특권 및 면제를 누리는 사람과 그의 가족
3. 대한민국정부가 초청한 사람 등으로서 법무부령으로 정하는 사람

② 제1항에도 불구하고 같은 항 각 호의 어느 하나에 해당하는 외국인은 본인이 원하는 경우 체류기간 내에 외국인등록을 할 수 있다. 〈신설 2016. 3. 29.〉

③ 제23조에 따라 체류자격을 받는 사람으로서 그 날부터 90일을 초과하여 체류하게 되는 사람은 제1항 각 호 외의 부분 본문에도 불구하고 체류자격을 받는 때에 외국인등록을 하여야 한다. 〈개정 2016. 3. 29.〉

④ 제24조에 따라 체류자격 변경허가를 받는 사람으로서 입국한 날부터 90일을 초과하여 체류하게 되는 사람은 제1항 각 호 외의 부분 본문에도 불구하고 체류자격 변경허가를 받는 때에 외국인등록을 하여야 한다. 〈개정 2016. 3. 29.〉

⑤ 지방출입국·외국인관서의 장은 제1항부터 제4항까지의 규정에 따라 외국인등록을 한 사람에게는 대통령령으로 정하는 방법에 따라 개인별로 고유한 등록번호(이하 "외국인등록번호"라 한다)를 부여하여야 한다. 〈개정 2014. 3. 18., 2016. 3. 29.〉 [전문개정 2010. 5. 14.]

제32조(외국인등록사항) 제31조에 따른 외국인등록사항은 다음과 같다.

1. 성명, 성별, 생년월일 및 국적
2. 여권의 번호·발급일자 및 유효기간
3. 근무처와 직위 또는 담당업무
4. 본국의 주소와 국내 체류지
5. 체류자격과 체류기간
6. 제1호부터 제5호까지에서 규정한 사항 외에 법무부령으로 정하는 사항 [전문개정 2010. 5. 14.]

제33조(외국인등록증의 발급 등) ① 제31조에 따라 외국인등록을 받은 지방출입국·외국인관서의 장은 대통령령으로 정하는 바에 따라 그 외국인에게 외국인등록증을 발급하여야 한다. 다만, 그 외국인이 17세 미만인 경우에는 발급하지 아니할 수 있다. 〈개정 2014. 3. 18.〉

② 제1항 단서에 따라 외국인등록증을 발급받지 아니한 외국인이 17세가 된 때에는 90일 이내에 체류지 관할 지방출입국·외국인관서의 장에게 외국인등록증 발급신청을 하여야 한다. 〈개정 2014. 3. 18.〉

③ 영주자격을 가진 외국인에게 발급하는 외국인등록증(이하 "영주증"이라 한다)의 유효기간은 10년으로 한다. 〈신설 2018. 3. 20.〉

④ 영주증을 발급받은 사람은 유효기간이 끝나기 전까지 영주증을 재발급받아야 한다. 〈신설 2018. 3. 20.〉

⑤ 제4항에 따른 영주증의 재발급 절차 등에 필요한 사항은 대통령령으로 정한다. 〈신설 2018. 3. 20.〉

⑥ 지방출입국・외국인관서의 장은 제1항에 따라 외국인등록증을 발급받은 외국인에게 외국인등록증과 동일한 효력을 가진 모바일외국인등록증(「이동통신단말장치 유통구조 개선에 관한 법률」 제2조제4호에 따른 이동통신단말장치에 암호화된 형태로 설치된 외국인등록증을 말한다. 이하 같다)을 발급할 수 있다. 〈신설 2023. 6. 13.〉

⑦ 법무부장관은 법무부령으로 정하는 바에 따라 모바일외국인등록증 발급 등을 위하여 정보시스템을 구축・운영할 수 있다. 〈신설 2023. 6. 13.〉

⑧ 제6항에 따른 모바일외국인등록증의 발급, 규격, 유효기간 및 효력 말소 등에 관한 사항은 법무부령으로 정한다. 〈신설 2023. 6. 13.〉 [전문개정 2010. 5. 14.] [제목개정 2018. 3. 20.]

제33조의2(영주증 재발급에 관한 특례 등) ① 제33조에도 불구하고 이 법(법률 제15492호 출입국관리법 일부개정법률을 말한다. 이하 이 조에서 같다) 시행 당시 종전의 규정에 따라 영주자격을 가진 사람은 다음 각 호의 구분에 따른 기간 내에 체류지 관할 지방출입국・외국인관서의 장에게 영주증을 재발급받아야 한다.

1. 이 법 시행 당시 영주자격을 취득한 날부터 10년이 경과한 사람: 이 법 시행일부터 2년 이내
2. 이 법 시행 당시 영주자격을 취득한 날부터 10년이 경과하지 아니한 사람: 10년이 경과한 날부터 2년 이내

② 체류지 관할 지방출입국・외국인관서의 장은 제1항 각 호에 해당하는 사람에게 영주증 재발급 신청기한 등이 적힌 영주증 재발급 통지서를 지체 없이 송부하여야 한다. 다만, 소재불명 등으로 영주증 재발급 통지서를 송부하기 어려운 경우에는 관보에 공고하여야 한다.

③ 제33조제3항에도 불구하고 이 법 시행 당시 종전의 규정에 따라 영주자격을 가진 사람의 영주증은 제1항에 따라 영주증을 재발급받기 전까지 유효한 것으로 본다.

④ 제1항에 따른 영주증의 재발급 절차 등에 필요한 사항은 대통령령으로 정한다. [본조신설 2018. 3. 20.] [종전 제33조의2는 제33조의3으로 이동 〈2018. 3. 20.〉]

제33조의3(외국인등록증 등의 채무이행 확보수단 제공 등의 금지) 누구든지 다음 각 호의 어느 하나에 해당하는 행위를 하여서는 아니 된다. 〈개정 2016. 3. 29., 2023. 6. 13.〉

1. 외국인의 여권이나 외국인등록증을 취업에 따른 계약 또는 채무이행의 확보수단으로 제공받거나 그 제공을 강요 또는 알선하는 행위
2. 제31조제5항에 따른 외국인등록번호를 거짓으로 생성하여 자기 또는 다른 사람의 재물이나 재산상의 이익을 위하여 사용하거나 이를 알선하는 행위
3. 외국인등록번호나 모바일외국인등록증을 거짓으로 만드는 프로그램을 다른 사람에게 전달하거나 유포 또는 이를 알선하는 행위
4. 다른 사람의 외국인등록증이나 모바일외국인등록증을 부정하게 사용하거나 자기의 외국인등록증이나 모바일외국인등록증을 부정하게 사용한다는 사정을 알면서 다른 사람에게 제공하는 행위 또는 이를 각각 알선하는 행위
5. 다른 사람의 외국인등록번호를 자기 또는 다른 사람의 재물이나 재산상의 이익을 위하여 부정하게 사용하거나 이를 알선하는 행위 [전문개정 2010. 5. 14.] [제33조의2에서 이동 〈2018. 3. 20.〉]

제34조(외국인등록표 등의 작성 및 관리) ① 제31조에 따라 외국인등록을 받은 지방출입국・외국인관서의 장은

등록외국인기록표를 작성·비치하고, 외국인등록표를 작성하여 그 외국인이 체류하는 시(「제주특별자치도 설치 및 국제자유도시 조성을 위한 특별법」 제10조에 따른 행정시를 포함하며, 특별시와 광역시는 제외한다. 이하 같다)·군·구(자치구가 아닌 구를 포함한다. 이하 이 조, 제36조 및 제37조에서 같다) 및 읍·면·동의 장에게 보내야 한다. 〈개정 2012. 1. 26., 2014. 3. 18., 2015. 7. 24., 2018. 3. 20.〉

② 시·군·구 및 읍·면·동의 장은 제1항에 따라 외국인등록표를 받았을 때에는 그 등록사항을 외국인등록대장에 적어 관리하여야 한다. 〈개정 2018. 3. 20.〉

③ 등록외국인기록표, 외국인등록표 및 외국인등록대장의 작성과 관리에 필요한 사항은 대통령령으로 정한다. [전문개정 2010. 5. 14.]

第35조(외국인등록사항의 변경신고) 제31조에 따라 등록을 한 외국인은 다음 각 호의 어느 하나에 해당하는 사항이 변경되었을 때에는 대통령령으로 정하는 바에 따라 15일 이내에 체류지 관할 지방출입국·외국인관서의 장에게 외국인등록사항 변경신고를 하여야 한다. 〈개정 2014. 3. 18., 2020. 6. 9.〉

1. 성명, 성별, 생년월일 및 국적
2. 여권의 번호, 발급일자 및 유효기간
3. 제1호 및 제2호에서 규정한 사항 외에 법무부령으로 정하는 사항 [전문개정 2010. 5. 14.]

第36조(체류지 변경의 신고) ① 제31조에 따라 등록을 한 외국인이 체류지를 변경하였을 때에는 대통령령으로 정하는 바에 따라 전입한 날부터 15일 이내에 새로운 체류지의 시·군·구 또는 읍·면·동의 장이나 그 체류지를 관할하는 지방출입국·외국인관서의 장에게 전입신고를 하여야 한다. 〈개정 2014. 3. 18., 2016. 3. 29., 2018. 3. 20., 2020. 6. 9.〉

② 외국인이 제1항에 따른 신고를 할 때에는 외국인등록증을 제출하여야 한다. 이 경우 시·군·구 또는 읍·면·동의 장이나 지방출입국·외국인관서의 장은 그 외국인등록증에 체류지 변경사항을 적은 후 돌려주어야 한다. 〈개정 2014. 3. 18., 2016. 3. 29.〉

③ 제1항에 따라 전입신고를 받은 지방출입국·외국인관서의 장은 지체 없이 새로운 체류지의 시·군·구 또는 읍·면·동의 장에게 체류지 변경 사실을 통보하여야 한다. 〈개정 2014. 3. 18., 2016. 3. 29.〉

④ 제1항에 따라 직접 전입신고를 받거나 제3항에 따라 지방출입국·외국인관서의 장으로부터 체류지 변경통보를 받은 시·군·구 또는 읍·면·동의 장은 지체 없이 종전 체류지의 시·군·구 또는 읍·면·동의 장에게 체류지 변경신고서 사본을 첨부하여 외국인등록표의 이송을 요청하여야 한다. 〈개정 2014. 3. 18., 2016. 3. 29.〉

⑤ 제4항에 따라 외국인등록표 이송을 요청받은 종전 체류지의 시·군·구 또는 읍·면·동의 장은 이송을 요청받은 날부터 3일 이내에 새로운 체류지의 시·군·구 또는 읍·면·동의 장에게 외국인등록표를 이송하여야 한다. 〈개정 2016. 3. 29.〉

⑥ 제5항에 따라 외국인등록표를 이송받은 시·군·구 또는 읍·면·동의 장은 신고인의 외국인등록표를 정리하고 제34조제2항에 따라 관리하여야 한다. 〈개정 2016. 3. 29.〉

⑦ 제1항에 따라 전입신고를 받은 시·군·구 또는 읍·면·동의 장이나 지방출입국·외국인관서의 장은 대통령령으로 정하는 바에 따라 그 사실을 지체 없이 종전 체류지를 관할하는 지방출입국·외국인관서의 장에게 통보하여야 한다. 〈개정 2014. 3. 18., 2016. 3. 29.〉

⑧ 제2항에도 불구하고 제33조제6항에 따라 모바일외국인등록증을 발급받은 자가 「민원 처리에 관한 법률」 제12조의2에 따라 전자민원창구를 이용하는 경우에는 체류지 변경사항을 모바일외국인등록증에 수록하는

것으로 제2항 후단에 따라 외국인등록증에 위 사항을 기재하는 것을 갈음할 수 있다. 〈신설 2023. 6. 13.〉
[전문개정 2010. 5. 14.]

제37조(외국인등록증의 반납 등) ① 제31조에 따라 등록을 한 외국인이 출국할 때에는 출입국관리공무원에게 외국인등록증을 반납하여야 한다. 다만, 다음 각 호의 어느 하나에 해당하는 경우에는 그러하지 아니하다.
1. 재입국허가를 받고 일시 출국하였다가 그 허가기간 내에 다시 입국하려는 경우
2. 복수사증 소지자나 재입국허가 면제대상 국가의 국민으로서 일시 출국하였다가 허가된 체류기간 내에 다시 입국하려는 경우
3. 난민여행증명서를 발급받고 일시 출국하였다가 그 유효기간 내에 다시 입국하려는 경우

② 제31조에 따라 등록을 한 외국인이 국민이 되거나 사망한 경우 또는 제31조제1항 각 호의 어느 하나에 해당하게 된 경우(같은 조 제2항에 따라 외국인등록을 한 경우는 제외한다)에는 대통령령으로 정하는 바에 따라 외국인등록증을 반납하여야 한다. 〈개정 2016. 3. 29.〉

③ 지방출입국·외국인관서의 장은 제1항이나 제2항에 따라 외국인등록증을 반납받으면 대통령령으로 정하는 바에 따라 그 사실을 지체 없이 체류지의 시·군·구 및 읍·면·동의 장에게 통보하여야 한다. 〈개정 2014. 3. 18., 2018. 3. 20.〉

④ 지방출입국·외국인관서의 장은 대한민국의 이익을 위하여 필요하다고 인정하면 제1항 각 호의 어느 하나에 해당하는 외국인의 외국인등록증을 일시 보관할 수 있다. 〈개정 2014. 3. 18.〉

⑤ 제4항의 경우 그 외국인이 허가된 기간 내에 다시 입국하였을 때에는 15일 이내에 지방출입국·외국인관서의 장으로부터 외국인등록증을 돌려받아야 하고, 그 허가받은 기간 내에 다시 입국하지 아니하였을 때에는 제1항에 따라 외국인등록증을 반납한 것으로 본다. 〈개정 2014. 3. 18., 2020. 6. 9.〉 [전문개정 2010. 5. 14.]

제37조의2(외국인등록사항의 말소) ① 지방출입국·외국인관서의 장은 제31조에 따라 등록을 한 외국인이 다음 각 호의 어느 하나에 해당하는 경우에는 제32조에 따른 외국인등록사항을 말소할 수 있다.
1. 제37조제1항 또는 제2항에 따라 외국인등록증을 반납한 경우
2. 출국 후 재입국허가기간(재입국허가를 면제받은 경우에는 면제받은 기간 또는 체류허가기간) 내에 입국하지 아니한 경우
3. 그 밖에 출입국관리공무원이 직무수행 중 제1호 또는 제2호에 준하는 말소 사유를 발견한 경우

② 제1항에 따른 외국인등록사항의 말소 절차에 관하여 필요한 사항은 대통령령으로 정한다. [본조신설 2016. 3. 29.]

제38조(생체정보의 제공 등) ① 다음 각 호의 어느 하나에 해당하는 외국인은 법무부령으로 정하는 바에 따라 생체정보를 제공하여야 한다. 〈개정 2016. 3. 29., 2020. 6. 9.〉
1. 다음 각 목의 어느 하나에 해당하는 사람으로서 17세 이상인 사람
   가. 제31조에 따라 외국인등록을 하여야 하는 사람(같은 조 제2항에 따라 외국인등록을 하려는 사람은 제외한다)
   나. 「재외동포의 출입국과 법적 지위에 관한 법률」 제6조에 따라 국내거소신고를 하려는 사람
2. 이 법을 위반하여 조사를 받거나 그 밖에 다른 법률을 위반하여 수사를 받고 있는 사람
3. 신원이 확실하지 아니한 사람

4. 제1호부터 제3호까지에서 규정한 사람 외에 법무부장관이 대한민국의 안전이나 이익 또는 해당 외국인의 안전이나 이익을 위하여 특히 필요하다고 인정하는 사람

② 지방출입국·외국인관서의 장은 제1항에 따른 생체정보의 제공을 거부하는 외국인에게는 체류기간 연장허가 등 이 법에 따른 허가를 하지 아니할 수 있다. 〈개정 2014. 3. 18., 2020. 6. 9.〉

③ 법무부장관은 제1항에 따라 제공받은 생체정보를 「개인정보 보호법」에 따라 보유하고 관리한다. 〈개정 2011. 3. 29., 2020. 6. 9.〉 [전문개정 2010. 5. 14.] [제목개정 2020. 6. 9.]

제38조의2(생체정보의 공동이용) ① 법무부장관은 관계 기관이 선박등의 탑승권 발급, 출입국항의 보호구역 진입 및 선박 등의 탑승 등의 업무를 위하여 요청하는 경우에는 이 법에 따라 수집·처리한 생체정보를 제공할 수 있다.

② 제1항에 따라 생체정보를 제공받은 기관은 그 생체정보를 「개인정보 보호법」에 따라 처리하여야 한다. [본조신설 2020. 6. 9.]

제2절 사회통합 프로그램 〈신설 2012. 1. 26.〉

제39조(사회통합 프로그램) ① 법무부장관은 대한민국 국적, 영주자격 등을 취득하려는 외국인의 사회적응을 지원하기 위하여 교육, 정보 제공, 상담 등의 사회통합 프로그램(이하 "사회통합 프로그램"이라 한다)을 시행할 수 있다. 〈개정 2018. 3. 20.〉

② 법무부장관은 사회통합 프로그램을 효과적으로 시행하기 위하여 필요한 전문인력 및 시설 등을 갖춘 기관, 법인 또는 단체를 사회통합 프로그램 운영기관으로 지정할 수 있다.

③ 법무부장관은 대통령령으로 정하는 바에 따라 사회통합 프로그램의 시행에 필요한 전문인력을 양성할 수 있다.

④ 국가와 지방자치단체는 다음 각 호의 경비의 전부 또는 일부를 예산의 범위에서 지원할 수 있다.

1. 제2항에 따라 지정된 운영기관의 업무 수행에 필요한 경비
2. 제3항에 따른 전문인력 양성에 필요한 경비

⑤ 사회통합 프로그램의 내용 및 개발, 운영기관의 지정·관리 및 지정 취소, 그 밖에 사회통합 프로그램의 운영에 필요한 사항은 대통령령으로 정한다. [본조신설 2012. 1. 26.]

제40조(사회통합 프로그램 이수자에 대한 우대) 법무부장관은 사증 발급, 체류 관련 각종 허가 등을 할 때에 이 법 또는 관계 법령에서 정하는 바에 따라 사회통합 프로그램 이수자를 우대할 수 있다. [본조신설 2012. 1. 26.]

제41조(사회통합 자원봉사위원) ① 법무부장관은 외국인의 사회통합을 지원하기 위하여 법무부령으로 정하는 바에 따라 지방출입국·외국인관서에 사회통합 자원봉사위원(이하 "사회통합위원"이라 한다)을 둘 수 있다.

② 사회통합위원은 다음 각 호의 직무를 수행한다.

1. 외국인 및 고용주 등의 법 준수를 위한 홍보활동
2. 외국인이 한국사회의 건전한 사회구성원으로 정착하기 위한 체류 지원
3. 영주자격 및 국적을 취득하려는 자에 대한 지원
4. 그 밖에 대한민국 국민과 국내 체류 외국인의 사회통합을 위하여 법무부장관이 정하는 사항

③ 사회통합위원은 명예직으로 하되 직무수행에 필요한 비용의 전부 또는 일부를 지급할 수 있다.

④ 사회통합위원의 위촉 및 해촉, 정원, 자치 조직, 비용의 지급, 그 밖에 필요한 사항은 법무부령으로 정한다. [본조신설 2014. 12. 30.]

제42조 삭제 〈1999. 2. 5.〉

제43조 삭제 〈1999. 2. 5.〉

제44조 삭제 〈1999. 2. 5.〉

제45조 삭제 〈1999. 2. 5.〉

제6장 강제퇴거 등 〈개정 2010. 5. 14.〉

제1절 강제퇴거의 대상자 〈개정 2010. 5. 14.〉

제46조(강제퇴거의 대상자) ① 지방출입국·외국인관서의 장은 이 장에 규정된 절차에 따라 다음 각 호의 어느 하나에 해당하는 외국인을 대한민국 밖으로 강제퇴거시킬 수 있다. 〈개정 2012. 1. 26., 2014. 3. 18., 2016. 3. 29., 2018. 3. 20., 2021. 8. 17.〉

1. 제7조를 위반한 사람
2. 제7조의2를 위반한 외국인 또는 같은 조에 규정된 허위초청 등의 행위로 입국한 외국인
3. 제11조제1항 각 호의 어느 하나에 해당하는 입국금지 사유가 입국 후에 발견되거나 발생한 사람
4. 제12조제1항·제2항 또는 제12조의3을 위반한 사람
5. 제13조제2항에 따라 지방출입국·외국인관서의 장이 붙인 허가조건을 위반한 사람
6. 제14조제1항, 제14조의2제1항, 제15조제1항, 제16조제1항 또는 제16조의2제1항에 따른 허가를 받지 아니하고 상륙한 사람
7. 제14조제3항(제14조의2제3항에 따라 준용되는 경우를 포함한다), 제15조제2항, 제16조제2항 또는 제16조의2제2항에 따라 지방출입국·외국인관서의 장 또는 출입국관리공무원이 붙인 허가조건을 위반한 사람
8. 제17조제1항·제2항, 제18조, 제20조, 제23조, 제24조 또는 제25조를 위반한 사람
9. 제21조제1항 본문을 위반하여 허가를 받지 아니하고 근무처를 변경·추가하거나 같은 조 제2항을 위반하여 외국인을 고용·알선한 사람
10. 제22조에 따라 법무부장관이 정한 거소 또는 활동범위의 제한이나 그 밖의 준수사항을 위반한 사람

10의2. 제26조를 위반한 외국인

11. 제28조제1항 및 제2항을 위반하여 출국하려고 한 사람
12. 제31조에 따른 외국인등록 의무를 위반한 사람

12의2. 제33조의3을 위반한 외국인

13. 금고 이상의 형을 선고받고 석방된 사람
14. 제76조의4제1항 각 호의 어느 하나에 해당하는 사람
15. 그 밖에 제1호부터 제10호까지, 제10호의2, 제11호, 제12호, 제12호의2, 제13호 또는 제14호에 준하는 사람으로서 법무부령으로 정하는 사람

② 영주자격을 가진 사람은 제1항에도 불구하고 대한민국 밖으로 강제퇴거되지 아니한다. 다만, 다음 각

호의 어느 하나에 해당하는 사람은 그러하지 아니하다. 〈개정 2018. 3. 20.〉

1. 「형법」 제2편제1장 내란의 죄 또는 제2장 외환의 죄를 범한 사람
2. 5년 이상의 징역 또는 금고의 형을 선고받고 석방된 사람 중 법무부령으로 정하는 사람
3. 제12조의3제1항 또는 제2항을 위반하거나 이를 교사(敎唆) 또는 방조(幫助)한 사람 [전문개정 2010. 5. 14.]

제46조의2(강제퇴거집행 등에 대한 특칙) 지방출입국·외국인관서의 장은 제25조의2제1항 각 호의 어느 하나에 해당하는 외국인이 같은 항에 따른 법원의 재판, 수사기관의 수사 또는 그 밖의 법률에 따른 권리구제 절차가 진행 중일 때에는 제62조에 따른 강제퇴거명령서의 집행을 유예하거나 제65조에 따라 보증금을 예치시키고 주거의 제한이나 그 밖에 필요한 조건을 붙여 보호를 일시해제할 수 있다. [본조신설 2022. 12. 13.]

제2절 조사 〈개정 2010. 5. 14.〉

제47조(조사) 출입국관리공무원은 제46조제1항 각 호의 어느 하나에 해당된다고 의심되는 외국인(이하 "용의자"라 한다)에 대하여는 그 사실을 조사할 수 있다. [전문개정 2010. 5. 14.]

제48조(용의자에 대한 출석요구 및 신문) ① 출입국관리공무원은 제47조에 따른 조사에 필요하면 용의자의 출석을 요구하여 신문(訊問)할 수 있다.

② 출입국관리공무원이 제1항에 따라 신문을 할 때에는 다른 출입국관리공무원을 참여하게 하여야 한다.

③ 제1항에 따른 신문을 할 때에는 용의자가 한 진술은 조서(調書)에 적어야 한다.

④ 출입국관리공무원은 제3항에 따른 조서를 용의자에게 읽어 주거나 열람하게 한 후 오기(誤記)가 있고 없음을 물어야 하고, 용의자가 그 내용에 대한 추가·삭제 또는 변경을 청구하면 그 진술을 조서에 적어야 한다.

⑤ 조서에는 용의자로 하여금 간인(間印)한 후 서명 또는 기명날인(記名捺印)하게 하고, 용의자가 서명 또는 기명날인할 수 없거나 이를 거부할 때에는 그 사실을 조서에 적어야 한다.

⑥ 국어가 통하지 아니하는 사람이나 청각장애인 또는 언어장애인의 진술은 통역인에게 통역하게 하여야 한다. 다만, 청각장애인이나 언어장애인에게는 문자로 묻거나 진술하게 할 수 있다.

⑦ 용의자의 진술 중 국어가 아닌 문자나 부호가 있으면 이를 번역하게 하여야 한다. [전문개정 2010. 5. 14.]

제49조(참고인에 대한 출석요구 및 진술) ① 출입국관리공무원은 제47조에 따른 조사에 필요하면 참고인에게 출석을 요구하여 그의 진술을 들을 수 있다.

② 참고인의 진술에 관하여는 제48조제2항부터 제7항까지의 규정을 준용한다. [전문개정 2010. 5. 14.]

제50조(검사 및 서류 등의 제출요구) 출입국관리공무원은 제47조에 따른 조사에 필요하면 용의자의 동의를 받아 그의 주거 또는 물건을 검사하거나 서류 또는 물건을 제출하도록 요구할 수 있다. [전문개정 2010. 5. 14.]

제3절 심사결정을 위한 보호 〈개정 2010. 5. 14.〉

제51조(보호) ① 출입국관리공무원은 외국인이 제46조제1항 각 호의 어느 하나에 해당된다고 의심할 만한 상당한 이유가 있고 도주하거나 도주할 염려가 있으면 지방출입국·외국인관서의 장으로부터 보호명령서를 발

급받아 그 외국인을 보호할 수 있다. 〈개정 2014. 3. 18.〉

② 제1항에 따른 보호명령서의 발급을 신청할 때에는 보호의 필요성을 인정할 수 있는 자료를 첨부하여 제출하여야 한다.

③ 출입국관리공무원은 외국인이 제46조제1항 각 호의 어느 하나에 해당된다고 의심할 만한 상당한 이유가 있고 도주하거나 도주할 염려가 있는 긴급한 경우에 지방출입국・외국인관서의 장으로부터 보호명령서를 발급받을 여유가 없을 때에는 그 사유를 알리고 긴급히 보호할 수 있다. 〈개정 2014. 3. 18.〉

④ 출입국관리공무원은 제3항에 따라 외국인을 긴급히 보호하면 즉시 긴급보호서를 작성하여 그 외국인에게 내보여야 한다.

⑤ 출입국관리공무원은 제3항에 따라 외국인을 보호한 경우에는 48시간 이내에 보호명령서를 발급받아 외국인에게 내보여야 하며, 보호명령서를 발급받지 못한 경우에는 즉시 보호를 해제하여야 한다. [전문개정 2010. 5. 14.]

제52조(보호기간 및 보호장소) ① 제51조에 따라 보호된 외국인의 강제퇴거 대상자 여부를 심사・결정하기 위한 보호기간은 10일 이내로 한다. 다만, 부득이한 사유가 있으면 지방출입국・외국인관서의 장의 허가를 받아 10일을 초과하지 아니하는 범위에서 한 차례만 연장할 수 있다. 〈개정 2014. 3. 18.〉

② 보호할 수 있는 장소는 외국인보호실, 외국인보호소 또는 그 밖에 법무부장관이 지정하는 장소(이하 "보호시설"이라 한다)로 한다. [전문개정 2010. 5. 14.]

제53조(보호명령서의 집행) 출입국관리공무원이 보호명령서를 집행할 때에는 용의자에게 보호명령서를 내보여야 한다. [전문개정 2010. 5. 14.]

제54조(보호의 통지) ① 출입국관리공무원은 용의자를 보호한 때에는 국내에 있는 그의 법정대리인・배우자・직계친족・형제자매・가족・변호인 또는 용의자가 지정하는 사람(이하 "법정대리인등"이라 한다)에게 3일 이내에 보호의 일시・장소 및 이유를 서면으로 통지하여야 한다. 다만, 법정대리인등이 없는 때에는 그 사유를 서면에 적고 통지하지 아니할 수 있다.

② 출입국관리공무원은 제1항에 따른 통지 외에 보호된 사람이 원하는 경우에는 긴급한 사정이나 그 밖의 부득이한 사유가 없으면 국내에 주재하는 그의 국적이나 시민권이 속하는 국가의 영사에게 보호의 일시・장소 및 이유를 통지하여야 한다. [전문개정 2010. 5. 14.]

제55조(보호에 대한 이의신청) ① 보호명령서에 따라 보호된 사람이나 그의 법정대리인등은 지방출입국・외국인관서의 장을 거쳐 법무부장관에게 보호에 대한 이의신청을 할 수 있다. 〈개정 2014. 3. 18.〉

② 법무부장관은 제1항에 따른 이의신청을 받은 경우 지체 없이 관계 서류를 심사하여 그 신청이 이유 없다고 인정되면 결정으로 기각하고, 이유 있다고 인정되면 결정으로 보호된 사람의 보호해제를 명하여야 한다.

③ 법무부장관은 제2항에 따른 결정에 앞서 필요하면 관계인의 진술을 들을 수 있다. [전문개정 2010. 5. 14.]

제56조(외국인의 일시보호) ① 출입국관리공무원은 다음 각 호의 어느 하나에 해당하는 외국인을 48시간을 초과하지 아니하는 범위에서 외국인보호실에 일시보호할 수 있다.

1. 제12조제4항에 따라 입국이 허가되지 아니한 사람
2. 제13조제1항에 따라 조건부 입국허가를 받은 사람으로서 도주하거나 도주할 염려가 있다고 인정할 만한

상당한 이유가 있는 사람

3. 제68조제1항에 따라 출국명령을 받은 사람으로서 도주하거나 도주할 염려가 있다고 인정할 만한 상당한 이유가 있는 사람

② 출입국관리공무원은 제1항에 따라 일시보호한 외국인을 출국교통편의 미확보, 질병, 그 밖의 부득이한 사유로 48시간 내에 송환할 수 없는 경우에는 지방출입국·외국인관서의 장의 허가를 받아 48시간을 초과하지 아니하는 범위에서 한 차례만 보호기간을 연장할 수 있다. 〈개정 2014. 3. 18.〉 [전문개정 2010. 5. 14.]

제56조의2(피보호자의 긴급이송 등) ① 지방출입국·외국인관서의 장은 천재지변이나 화재, 그 밖의 사변으로 인하여 보호시설에서는 피난할 방법이 없다고 인정되면 보호시설에 보호되어 있는 사람(이하 "피보호자"라 한다)을 다른 장소로 이송할 수 있다. 〈개정 2014. 3. 18.〉

② 지방출입국·외국인관서의 장은 제1항에 따른 이송이 불가능하다고 판단되면 외국인의 보호조치를 해제할 수 있다. 〈개정 2014. 3. 18.〉 [전문개정 2010. 5. 14.]

제56조의3(피보호자 인권의 존중 등) ①피보호자의 인권은 최대한 존중하여야 하며, 국적, 성별, 종교, 사회적 신분 등을 이유로 피보호자를 차별하여서는 아니 된다. 〈개정 2014. 12. 30.〉

② 남성과 여성은 분리하여 보호하여야 한다. 다만, 어린이의 부양 등 특별한 사정이 있는 경우에는 그러하지 아니하다. 〈신설 2016. 3. 29.〉

③ 지방출입국·외국인관서의 장은 피보호자가 다음 각 호의 어느 하나에 해당하는 외국인인 경우에는 특별히 보호하여야 한다. 〈신설 2014. 12. 30., 2016. 3. 29.〉

1. 환자
2. 임산부
3. 노약자
4. 19세 미만인 사람
5. 제1호부터 제4호까지에 준하는 사람으로서 지방출입국·외국인관서의 장이 특별히 보호할 필요가 있다고 인정하는 사람

④ 제3항에 따른 보호를 위한 특별한 조치 및 지원에 관한 구체적인 사항은 법무부령으로 정한다. 〈신설 2014. 12. 30., 2016. 3. 29.〉 [전문개정 2010. 5. 14.]

제56조의4(강제력의 행사) ① 출입국관리공무원은 피보호자가 다음 각 호의 어느 하나에 해당하면 그 피보호자에게 강제력을 행사할 수 있고, 다른 피보호자와 격리하여 보호할 수 있다. 이 경우 피보호자의 생명과 신체의 안전, 도주의 방지, 시설의 보안 및 질서유지를 위하여 필요한 최소한도에 그쳐야 한다.

1. 자살 또는 자해행위를 하려는 경우
2. 다른 사람에게 위해를 끼치거나 끼치려는 경우
3. 도주하거나 도주하려는 경우
4. 출입국관리공무원의 직무집행을 정당한 사유 없이 거부 또는 기피하거나 방해하는 경우
5. 제1호부터 제4호까지에서 규정한 경우 외에 보호시설 및 피보호자의 안전과 질서를 현저히 해치는 행위를 하거나 하려는 경우

② 제1항에 따라 강제력을 행사할 때에는 신체적인 유형력(有形力)을 행사하거나 경찰봉, 가스분사용총, 전

자충격기 등 법무부장관이 지정하는 보안장비만을 사용할 수 있다.

③ 제1항에 따른 강제력을 행사하려면 사전에 해당 피보호자에게 경고하여야 한다. 다만, 긴급한 상황으로 사전에 경고할 만한 시간적 여유가 없을 때에는 그러하지 아니하다.

④ 출입국관리공무원은 제1항 각 호의 어느 하나에 해당하거나 보호시설의 질서유지 또는 강제퇴거를 위한 호송 등을 위하여 필요한 경우에는 다음 각 호의 보호장비를 사용할 수 있다.

1. 수갑
2. 포승
3. 머리보호장비
4. 제1호부터 제3호까지에서 규정한 사항 외에 보호시설의 질서유지 또는 강제퇴거를 위한 호송 등을 위하여 특별히 필요하다고 인정되는 보호장비로서 법무부령으로 정하는 것

⑤ 제4항에 따른 보호장비의 사용 요건 및 절차 등에 관하여 필요한 사항은 법무부령으로 정한다. [전문개정 2010. 5. 14.]

제56조의5(신체 등의 검사) ① 출입국관리공무원은 보호시설의 안전과 질서유지를 위하여 필요하면 피보호자의 신체·의류 및 휴대품을 검사할 수 있다.

② 피보호자가 여성이면 제1항에 따른 검사는 여성 출입국관리공무원이 하여야 한다. 다만, 여성 출입국관리공무원이 없는 경우에는 지방출입국·외국인관서의 장이 지명하는 여성이 할 수 있다. 〈개정 2014. 3. 18.〉 [전문개정 2010. 5. 14.]

제56조의6(면회등) ① 피보호자는 다른 사람과 면회, 서신수수 및 전화통화(이하 "면회등"이라 한다)를 할 수 있다.

② 지방출입국·외국인관서의 장은 보호시설의 안전이나 질서, 피보호자의 안전·건강·위생을 위하여 부득이하다고 인정되는 경우에는 면회등을 제한할 수 있다. 〈개정 2014. 3. 18.〉

③ 면회등의 절차 및 그 제한 등에 관한 구체적인 사항은 법무부령으로 정한다. [전문개정 2010. 5. 14.]

제56조의7(영상정보 처리기기 등을 통한 안전대책) ① 지방출입국·외국인관서의 장은 피보호자의 자살·자해·도주·폭행·손괴나 그 밖에 다른 피보호자의 생명·신체를 해치거나 보호시설의 안전 또는 질서를 해치는 행위를 방지하기 위하여 필요한 범위에서 영상정보 처리기기 등 필요한 시설을 설치할 수 있다. 〈개정 2014. 3. 18.〉

② 제1항에 따라 설치된 영상정보 처리기기는 피보호자의 인권 등을 고려하여 필요한 최소한의 범위에서 설치·운영되어야 한다.

③ 영상정보 처리기기 등의 설치·운영 및 녹화기록물의 관리 등에 필요한 사항은 법무부령으로 정한다. [전문개정 2010. 5. 14.]

제56조의8(청원) ① 피보호자는 보호시설에서의 처우에 대하여 불복하는 경우에는 법무부장관이나 지방출입국·외국인관서의 장에게 청원(請願)할 수 있다. 〈개정 2014. 3. 18.〉

② 청원은 서면으로 작성하여 봉(封)한 후 제출하여야 한다. 다만, 지방출입국·외국인관서의 장에게 청원하는 경우에는 말로 할 수 있다. 〈개정 2014. 3. 18.〉

③ 피보호자는 청원을 하였다는 이유로 불리한 처우를 받지 아니한다.

④ 청원의 절차 등에 관하여 필요한 사항은 법무부령으로 정한다. [본조신설 2010. 5. 14.]

제56조의9(이의신청 절차 등의 게시) 지방출입국·외국인관서의 장은 제55조에 따른 보호에 대한 이의신청, 제56조의6에 따른 면회등 및 제56조의8에 따른 청원에 관한 절차를 보호시설 안의 잘 보이는 곳에 게시하여야 한다. 〈개정 2014. 3. 18.〉 [본조신설 2010. 5. 14.]

제57조(피보호자의 급양 및 관리 등) 제56조의2부터 제56조의9까지에서 규정한 사항 외에 보호시설에서의 피보호자에 대한 급양(給養)이나 관리 및 처우, 보호시설의 경비(警備)에 관한 사항과 그 밖에 필요한 사항은 법무부령으로 정한다. [전문개정 2010. 5. 14.]

제4절 심사 및 이의신청 〈개정 2010. 5. 14.〉

제58조(심사결정) 지방출입국·외국인관서의 장은 출입국관리공무원이 용의자에 대한 조사를 마치면 지체 없이 용의자가 제46조제1항 각 호의 어느 하나에 해당하는지를 심사하여 결정하여야 한다. 〈개정 2014. 3. 18.〉 [전문개정 2010. 5. 14.]

제59조(심사 후의 절차) ① 지방출입국·외국인관서의 장은 심사 결과 용의자가 제46조제1항 각 호의 어느 하나에 해당하지 아니한다고 인정하면 지체 없이 용의자에게 그 뜻을 알려야 하고, 용의자가 보호되어 있으면 즉시 보호를 해제하여야 한다. 〈개정 2014. 3. 18.〉

② 지방출입국·외국인관서의 장은 심사 결과 용의자가 제46조제1항 각 호의 어느 하나에 해당한다고 인정되면 강제퇴거명령을 할 수 있다. 〈개정 2014. 3. 18.〉

③ 지방출입국·외국인관서의 장은 제2항에 따라 강제퇴거명령을 하는 때에는 강제퇴거명령서를 용의자에게 발급하여야 한다. 〈개정 2014. 3. 18.〉

④ 지방출입국·외국인관서의 장은 강제퇴거명령서를 발급하는 경우 법무부장관에게 이의신청을 할 수 있다는 사실을 용의자에게 알려야 한다. 〈개정 2014. 3. 18.〉 [전문개정 2010. 5. 14.]

제60조(이의신청) ① 용의자는 강제퇴거명령에 대하여 이의신청을 하려면 강제퇴거명령서를 받은 날부터 7일 이내에 지방출입국·외국인관서의 장을 거쳐 법무부장관에게 이의신청서를 제출하여야 한다. 〈개정 2014. 3. 18.〉

② 지방출입국·외국인관서의 장은 제1항에 따른 이의신청서를 접수하면 심사결정서와 조사기록을 첨부하여 법무부장관에게 제출하여야 한다. 〈개정 2014. 3. 18.〉

③ 법무부장관은 제1항과 제2항에 따른 이의신청서 등을 접수하면 이의신청이 이유 있는지를 심사결정하여 그 결과를 지방출입국·외국인관서의 장에게 알려야 한다. 〈개정 2014. 3. 18.〉

④ 지방출입국·외국인관서의 장은 법무부장관으로부터 이의신청이 이유 있다는 결정을 통지받으면 지체 없이 용의자에게 그 사실을 알리고, 용의자가 보호되어 있으면 즉시 그 보호를 해제하여야 한다. 〈개정 2014. 3. 18.〉

⑤ 지방출입국·외국인관서의 장은 법무부장관으로부터 이의신청이 이유 없다는 결정을 통지받으면 지체 없이 용의자에게 그 사실을 알려야 한다. 〈개정 2014. 3. 18.〉 [전문개정 2010. 5. 14.]

제61조(체류허가의 특례) ① 법무부장관은 제60조제3항에 따른 결정을 할 때 이의신청이 이유 없다고 인정되는 경우라도 용의자가 대한민국 국적을 가졌던 사실이 있거나 그 밖에 대한민국에 체류하여야 할 특별한 사정이 있다고 인정되면 그의 체류를 허가할 수 있다.

② 법무부장관은 제1항에 따른 허가를 할 때 체류기간 등 필요한 조건을 붙일 수 있다. [전문개정 2010. 5. 14.]

제5절 강제퇴거명령서의 집행 〈개정 2010. 5. 14.〉

제62조(강제퇴거명령서의 집행) ① 강제퇴거명령서는 출입국관리공무원이 집행한다.

② 지방출입국·외국인관서의 장은 사법경찰관리에게 강제퇴거명령서의 집행을 의뢰할 수 있다. 〈개정 2014. 3. 18.〉

③ 강제퇴거명령서를 집행할 때에는 그 명령을 받은 사람에게 강제퇴거명령서를 내보이고 지체 없이 그를 제64조에 따른 송환국으로 송환하여야 한다. 다만, 제76조제1항에 따라 선박등의 장이나 운수업자가 송환하게 되는 경우에는 출입국관리공무원은 그 선박등의 장이나 운수업자에게 그를 인도할 수 있다. 〈개정 2017. 12. 12.〉

④ 제3항에도 불구하고 강제퇴거명령을 받은 사람이 다음 각 호의 어느 하나에 해당하는 경우에는 송환하여서는 아니 된다. 다만, 「난민법」에 따른 난민신청자가 대한민국의 공공의 안전을 해쳤거나 해칠 우려가 있다고 인정되면 그러하지 아니하다. 〈개정 2012. 2. 10.〉

1. 「난민법」에 따라 난민인정 신청을 하였으나 난민인정 여부가 결정되지 아니한 경우
2. 「난민법」 제21조에 따라 이의신청을 하였으나 이에 대한 심사가 끝나지 아니한 경우 [전문개정 2010. 5. 14.]

제63조(강제퇴거명령을 받은 사람의 보호 및 보호해제) ① 지방출입국·외국인관서의 장은 강제퇴거명령을 받은 사람을 여권 미소지 또는 교통편 미확보 등의 사유로 즉시 대한민국 밖으로 송환할 수 없으면 송환할 수 있을 때까지 그를 보호시설에 보호할 수 있다. 〈개정 2014. 3. 18.〉

② 지방출입국·외국인관서의 장은 제1항에 따라 보호할 때 그 기간이 3개월을 넘는 경우에는 3개월마다 미리 법무부장관의 승인을 받아야 한다. 〈개정 2014. 3. 18.〉

③ 지방출입국·외국인관서의 장은 제2항의 승인을 받지 못하면 지체 없이 보호를 해제하여야 한다. 〈개정 2014. 3. 18.〉

④ 지방출입국·외국인관서의 장은 강제퇴거명령을 받은 사람이 다른 국가로부터 입국이 거부되는 등의 사유로 송환될 수 없음이 명백하게 된 경우에는 그의 보호를 해제할 수 있다. 〈개정 2014. 3. 18.〉

⑤ 지방출입국·외국인관서의 장은 제3항 또는 제4항에 따라 보호를 해제하는 경우에는 주거의 제한이나 그 밖에 필요한 조건을 붙일 수 있다. 〈개정 2014. 3. 18.〉

⑥ 제1항에 따라 보호하는 경우에는 제53조부터 제55조까지, 제56조의2부터 제56조의9까지 및 제57조를 준용한다. [전문개정 2010. 5. 14.] [헌법불합치, 2020헌가1, 2023.3.23, 출입국관리법(2014. 3. 18. 법률 제12421호로 개정된 것) 제63조 제1항은 헌법에 합치되지 아니한다. 위 법률조항은 2025. 5. 31.을 시한으로 입법자가 개정할 때까지 계속 적용된다.]

제64조(송환국) ① 강제퇴거명령을 받은 사람은 국적이나 시민권을 가진 국가로 송환된다.

② 제1항에 따른 국가로 송환할 수 없는 경우에는 다음 각 호의 어느 하나에 해당하는 국가로 송환할 수 있다.

1. 대한민국에 입국하기 전에 거주한 국가
2. 출생지가 있는 국가

3. 대한민국에 입국하기 위하여 선박등에 탔던 항(港)이 속하는 국가

4. 제1호부터 제3호까지에서 규정한 국가 외에 본인이 송환되기를 희망하는 국가

③ 삭제 〈2012. 2. 10.〉 [전문개정 2010. 5. 14.]

제6절 보호의 일시해제 〈개정 2010. 5. 14.〉

제65조(보호의 일시해제) ① 지방출입국·외국인관서의 장은 직권으로 또는 피보호자(그의 보증인 또는 법정대리인등을 포함한다)의 청구에 따라 피보호자의 정상(情狀), 해제요청사유, 자산, 그 밖의 사항을 고려하여 2천만원 이하의 보증금을 예치시키고 주거의 제한이나 그 밖에 필요한 조건을 붙여 보호를 일시해제할 수 있다.

② 제1항에 따른 보호의 일시해제 청구, 보증금의 예치 및 반환의 절차는 대통령령으로 정한다. [전문개정 2018. 3. 20.]

제66조(보호 일시해제의 취소) ① 지방출입국·외국인관서의 장은 보호로부터 일시해제된 사람이 다음 각 호의 어느 하나에 해당하면 보호의 일시해제를 취소하고 다시 보호의 조치를 할 수 있다. 〈개정 2014. 3. 18.〉

1. 도주하거나 도주할 염려가 있다고 인정되는 경우
2. 정당한 사유 없이 출석명령에 따르지 아니한 경우
3. 제1호 및 제2호에서 규정한 사항 외에 일시해제에 붙인 조건을 위반한 경우

② 지방출입국·외국인관서의 장은 제1항에 따라 보호의 일시해제를 취소하는 경우 보호 일시해제 취소서를 발급하고 보증금의 전부 또는 일부를 국고에 귀속시킬 수 있다. 〈개정 2014. 3. 18.〉

③ 제2항에 따른 보증금의 국고 귀속절차는 대통령령으로 정한다. [전문개정 2010. 5. 14.]

제66조의2(보호의 일시해제 절차 등의 게시) 지방출입국·외국인관서의 장은 제65조 및 제66조에 따른 보호의 일시해제 및 그 취소에 관한 절차를 보호시설 안의 잘 보이는 곳에 게시하여야 한다. [본조신설 2018. 3. 20.]

제7절 출국권고 등 〈개정 2010. 5. 14.〉

제67조(출국권고) ① 지방출입국·외국인관서의 장은 대한민국에 체류하는 외국인이 다음 각 호의 어느 하나에 해당하면 그 외국인에게 자진하여 출국할 것을 권고할 수 있다. 〈개정 2014. 3. 18.〉

1. 제17조와 제20조를 위반한 사람으로서 그 위반 정도가 가벼운 경우
2. 제1호에서 규정한 경우 외에 이 법 또는 이 법에 따른 명령을 위반한 사람으로서 법무부장관이 그 출국을 권고할 필요가 있다고 인정하는 경우

② 지방출입국·외국인관서의 장은 제1항에 따라 출국권고를 할 때에는 출국권고서를 발급하여야 한다. 〈개정 2014. 3. 18.〉

③ 제2항에 따른 출국권고서를 발급하는 경우 발급한 날부터 5일의 범위에서 출국기한을 정할 수 있다. [전문개정 2010. 5. 14.]

제68조(출국명령) ① 지방출입국·외국인관서의 장은 다음 각 호의 어느 하나에 해당하는 외국인에게는 출국명령을 할 수 있다. 〈개정 2014. 3. 18., 2018. 3. 20.〉

1. 제46조제1항 각 호의 어느 하나에 해당한다고 인정되나 자기비용으로 자진하여 출국하려는 사람
2. 제67조에 따른 출국권고를 받고도 이행하지 아니한 사람

3. 제89조에 따라 각종 허가 등이 취소된 사람
3의2. 제89조의2제1항에 따라 영주자격이 취소된 사람. 다만, 제89조의2제2항에 따라 일반체류자격을 부여받은 사람은 제외한다.
4. 제100조제1항부터 제3항까지의 규정에 따른 과태료 처분 후 출국조치하는 것이 타당하다고 인정되는 사람
5. 제102조제1항에 따른 통고처분(通告處分) 후 출국조치하는 것이 타당하다고 인정되는 사람

② 지방출입국・외국인관서의 장은 제1항에 따라 출국명령을 할 때에는 출국명령서를 발급하여야 한다. 〈개정 2014. 3. 18.〉

③ 제2항에 따른 출국명령서를 발급할 때에는 법무부령으로 정하는 바에 따라 출국기한을 정하고 주거의 제한이나 그 밖에 필요한 조건을 붙일 수 있으며, 필요하다고 인정할 때에는 2천만원 이하의 이행보증금을 예치하게 할 수 있다. 〈개정 2020. 10. 20.〉

④ 지방출입국・외국인관서의 장은 출국명령을 받고도 지정한 기한까지 출국하지 아니하거나 제3항에 따라 붙인 조건을 위반한 사람에게는 지체 없이 강제퇴거명령서를 발급하여야 하며, 그 예치된 이행보증금의 전부 또는 일부를 국고에 귀속시킬 수 있다. 〈개정 2014. 3. 18., 2020. 10. 20.〉

⑤ 제3항과 제4항에 따른 이행보증금의 예치 및 반환과 국고 귀속절차는 대통령령으로 정한다. 〈신설 2020. 10. 20.〉 [전문개정 2010. 5. 14.]

제7장 선박등의 검색 〈개정 2010. 5. 14.〉

제69조(선박등의 검색 및 심사) ① 선박등이 출입국항에 출・입항할 때에는 출입국관리공무원의 검색을 받아야 한다.

② 선박등의 장이나 운수업자는 선박등이 부득이하게 출입국항이 아닌 장소에 출・입항하여야 할 사유가 발생하면 제74조에 따른 출・입항 예정통보서에 그 사유를 소명하는 자료를 첨부하여 미리 지방출입국・외국인관서의 장에게 제출하고 제1항에 따른 검색을 받아야 한다. 다만, 항공기의 불시착, 선박의 조난 등 불의의 사고가 발생하면 지체 없이 그 사실을 지방출입국・외국인관서의 장에게 보고하여 검색을 받아야 한다. 〈개정 2014. 3. 18.〉

③ 출입국관리공무원은 제1항이나 제2항에 따라 검색을 할 때에는 다음 각 호의 사항을 심사하여야 한다.
1. 승무원과 승객의 출입국 적격 여부 또는 이선(離船) 여부
2. 법령을 위반하여 입국이나 출국을 하려는 사람이 선박등에 타고 있는지 여부
3. 제72조에 따른 승선허가를 받지 아니한 사람이 있는지 여부

④ 출입국관리공무원은 제1항부터 제3항까지의 규정에 따른 검색과 심사를 할 때에는 선박등의 장에게 항해일지나 그 밖에 필요한 서류의 제출 또는 열람을 요구할 수 있다.

⑤ 출입국관리공무원은 선박등에 승선 중인 승무원・승객, 그 밖의 출입자의 신원을 확인하기 위하여 이들에게 질문을 하거나 그 신분을 증명할 수 있는 서류 등을 제시할 것을 요구할 수 있다.

⑥ 지방출입국・외국인관서의 장은 선박등의 검색을 법무부령으로 정하는 바에 따라 서류심사로 갈음하게 할 수 있다. 〈개정 2014. 3. 18.〉

⑦ 선박등의 장은 출항검색이 끝난 후 3시간 이내에 출항할 수 없는 부득이한 사유가 생겼을 때에는 지방출입국・외국인관서의 장에게 그 사유를 보고하고 출항 직전에 다시 검색을 받아야 한다. 〈개정 2014. 3. 18.〉 [전문개정 2010. 5. 14.]

제70조(내항 선박 등의 검색 등에 대한 준용 규정) ① 대한민국 영역에서 사람이나 물건을 수송하는 선박, 항공기, 그 밖의 교통기관이 불의의 사고나 항해상의 문제 등 특별한 사정으로 외국에 기항(寄港)한 후 입항할 경우에는 선박 등의 검색 및 선박 등의 장이나 운수업자의 책임에 관하여 제7장과 제8장을 준용한다.

② 대한민국에 입국하거나 대한민국으로부터 출국하려는 사람의 환승을 위하여 국내공항 간을 운항하는 항공기에 대해서도 항공기의 검색 및 항공기의 장이나 운수업자의 책임에 관하여 제7장과 제8장을 준용한다. 다만, 제76조제1항에 따른 송환 의무는 출발지 공항까지로 한정하며, 그 이후 대한민국 밖으로의 송환 의무는 송환 대상 외국인이 환승하기 직전에 탔던 항공기의 장이나 운수업자에게 있다. 〈개정 2017. 12. 12.〉

[전문개정 2016. 3. 29.]

제71조(출입국의 정지 등) ① 지방출입국・외국인관서의 장은 제69조제3항에 따른 심사 결과 위법한 사실을 발견하였을 때에는 관계 승무원 또는 승객의 출국이나 입국을 정지시킬 수 있다. 〈개정 2014. 3. 18.〉

② 제1항에 따른 출입국의 정지는 위법한 사실의 조사에 필요한 기간에만 할 수 있다.

③ 제2항에 따른 조사를 마친 뒤에도 계속하여 출입국을 금지하거나 정지시킬 필요가 있을 때에는 제4조・제11조 또는 제29조에 따른 법무부장관의 결정을 받아야 한다.

④ 지방출입국・외국인관서의 장은 제1항, 제4조 또는 제29조에 따라 승객이나 승무원의 출국을 금지하거나 정지시키기 위하여 필요하다고 인정하면 선박등에 대하여 출항의 일시정지 또는 회항(回航)을 명하거나 선박등에 출입하는 것을 제한할 수 있다. 〈개정 2014. 3. 18.〉

⑤ 지방출입국・외국인관서의 장은 제4항에 따라 선박등에 대하여 출항의 일시정지 또는 회항을 명하거나 출입을 제한하는 경우에는 지체 없이 그 사실을 선박등의 장이나 운수업자에게 통보하여야 한다. 출항의 일시정지・회항명령 또는 출입제한을 해제한 경우에도 또한 같다. 〈개정 2014. 3. 18.〉

⑥ 제4항에 따른 선박등의 출항의 일시정지 등은 직무수행에 필요한 최소한의 범위에서 하여야 한다. [전문개정 2010. 5. 14.]

제72조(승선허가) ① 출입국항 또는 출입국항이 아닌 장소에 정박하는 선박등에 출입하려는 사람은 지방출입국・외국인관서의 장의 승선허가를 받아야 한다. 다만, 그 선박등의 승무원과 승객 또는 다른 법령에 따라 출입할 수 있는 사람은 그러하지 아니하다. 〈개정 2014. 3. 18.〉

② 출입국관리공무원 외의 사람이 출입국심사장에 출입하려는 경우에도 제1항과 같다. [전문개정 2010. 5. 14.]

제8장 선박등의 장 및 운수업자의 책임 〈개정 2010. 5. 14.〉

제73조(운수업자 등의 일반적 의무 등) 선박등의 장이나 운수업자는 다음 각 호의 사항을 지켜야 한다. 〈개정 2016. 3. 29.〉

1. 입국이나 상륙을 허가받지 아니한 사람의 입국・상륙 방지
2. 유효한 여권(선원의 경우에는 여권 또는 선원신분증명서를 말한다)과 필요한 사증을 지니지 아니한 사람의 탑승방지
3. 승선허가나 출국심사를 받지 아니한 사람의 탑승방지
4. 이 법에 따른 출국 또는 입국 요건을 갖추지 못하여 선박등에 탑승하기에 부적당하다고 출입국관리공무원이 통보한 사람의 탑승방지

5. 제1호부터 제4호까지에 규정된 입국ㆍ상륙ㆍ탑승의 방지를 위하여 출입국관리공무원이 요청하는 감시원의 배치
6. 이 법을 위반하여 출입국을 하려는 사람이 숨어 있는지를 확인하기 위한 선박등의 검색
7. 선박등의 검색과 출입국심사가 끝날 때까지 선박등에 무단출입하는 행위의 금지
8. 선박등의 검색과 출국심사가 끝난 후 출항하기 전까지 승무원이나 승객의 승선ㆍ하선 방지
9. 출입국관리공무원이 선박등의 검색과 출입국심사를 위한 직무수행에 특히 필요하다고 인정하여 명하는 사항 [전문개정 2010. 5. 14.]

제73조의2(승객예약정보의 열람 및 제공 등) ① 운수업자는 출입국관리공무원이 다음 각 호의 어느 하나에 해당하는 업무를 수행하기 위하여 예약정보의 확인을 요청하는 경우에는 지체 없이 예약정보시스템을 열람하게 하거나 표준화된 전자문서로 제출하여야 한다. 다만, 법무부령으로 정하는 부득이한 사유로 표준화된 전자문서로 제출할 수 없을 때에는 지체 없이 그 사유를 밝히고 서류로 제출할 수 있다.
1. 제7조제1항ㆍ제7조의2 또는 제12조의3제1항을 위반하였거나 위반하였다고 의심할 만한 상당한 이유가 있는 사람에 대한 조사
2. 제11조제1항 각 호의 어느 하나에 해당하거나 해당한다고 의심할 만한 상당한 이유가 있는 사람에 대한 조사

② 제1항에 따라 열람하거나 문서로 제출받을 수 있는 자료의 범위는 다음 각 호로 한정한다.
1. 성명, 국적, 주소 및 전화번호
2. 여권번호, 여권의 유효기간 및 발급국가
3. 예약 및 탑승수속 시점
4. 여행경로와 여행사
5. 동반 탑승자와 좌석번호
6. 수하물(手荷物)
7. 항공권의 구입대금 결제방법
8. 여행출발지와 최종목적지
9. 예약번호

③ 운수업자는 출입국관리공무원이 승객의 안전과 정확하고 신속한 출입국심사를 위하여 탑승권을 발급받으려는 승객에 대한 다음 각 호의 자료를 요청하는 경우에는 지체 없이 표준화된 전자문서로 제출하여야 한다. 다만, 법무부령으로 정하는 부득이한 사유로 표준화된 전자문서로 제출할 수 없을 때에는 지체 없이 그 사유를 밝히고 서류로 제출할 수 있다. 〈개정 2016. 3. 29., 2020. 6. 9.〉
1. 성명, 성별, 생년월일 및 국적
2. 여권번호와 예약번호
3. 출항편, 출항지 및 출항시간
4. 입항지와 입항시간
5. 환승 여부
6. 생체정보

④ 제1항과 제3항에 따라 자료를 열람하거나 문서로 제출하여 줄 것을 요청할 수 있는 출입국관리공무원은 지방출입국ㆍ외국인관서의 장이 지정하는 사람으로 한정한다. 〈개정 2014. 3. 18.〉

⑤ 제4항에 따라 지정된 출입국관리공무원은 제출받은 자료를 검토한 결과 이 법에 따른 출국 또는 입국

요건을 갖추지 못하여 선박등에 탑승하기에 부적당한 사람이 발견된 경우에는 그 사람의 탑승을 방지하도록 선박등의 장이나 운수업자에게 통보할 수 있다. 〈신설 2016. 3. 29.〉

⑥ 제4항에 따라 지정된 출입국관리공무원은 직무상 알게 된 예약정보시스템의 자료를 누설하거나 권한 없이 처리하거나 다른 사람의 이용에 제공하는 등 부당한 목적을 위하여 사용하여서는 아니 된다. 〈개정 2016. 3. 29.〉

⑦ 제1항과 제3항에 따른 자료의 열람과 제출 시기 등에 관한 구체적인 사항은 대통령령으로 정한다. 〈개정 2016. 3. 29.〉 [본조신설 2010. 5. 14.] [제목개정 2016. 3. 29.]

제74조(사전통보의 의무) 선박등이 출입국항에 출・입항하는 경우에 그 선박등의 장이나 운수업자는 지방출입국・외국인관서의 장에게 출・입항 예정일시와 그 밖에 필요한 사항을 적은 출・입항 예정통보서를 미리 제출하여야 한다. 다만, 항공기의 불시착이나 선박의 조난 등 불의의 사고가 발생한 경우에는 지체 없이 그 사실을 알려야 한다. 〈개정 2014. 3. 18.〉 [전문개정 2010. 5. 14.]

제75조(보고의 의무) ① 출입국항이나 출입국항이 아닌 장소에 출・입항하는 선박등의 장이나 운수업자는 대통령령으로 정하는 사항을 적은 승무원명부와 승객명부를 첨부한 출・입항보고서를 지방출입국・외국인관서의 장에게 제출하여야 한다. 〈개정 2014. 3. 18.〉

② 제1항에 따른 출・입항보고서는 표준화된 전자문서로 제출하여야 한다. 다만, 법무부령으로 정하는 부득이한 사유로 표준화된 전자문서로 제출할 수 없을 때에는 지체 없이 그 사유를 밝히고 서류로 제출할 수 있다.

③ 제1항에 따른 출・입항보고서의 제출시기 등 그 절차에 관한 구체적인 사항은 대통령령으로 정한다.

④ 출입국항이나 출입국항이 아닌 장소에 입항하는 선박등의 장이나 운수업자는 여권(선원의 경우에는 여권 또는 선원신분증명서를 말한다)을 가지고 있지 아니한 사람이 그 선박등에 타고 있는 것을 알았을 때에는 지체 없이 지방출입국・외국인관서의 장에게 보고하고 그의 상륙을 방지하여야 한다. 〈개정 2014. 3. 18.〉

⑤ 출입국항이나 출입국항이 아닌 장소에서 출항하는 선박등의 장이나 운수업자는 다음 각 호의 사항을 지방출입국・외국인관서의 장에게 보고하여야 한다. 〈개정 2012. 1. 26., 2014. 3. 18.〉

1. 승무원 상륙허가를 받은 승무원 또는 관광상륙허가를 받은 승객이 선박등으로 돌아왔는지 여부
2. 정당한 출국절차를 마치지 아니하고 출국하려는 사람이 있는지 여부 [전문개정 2010. 5. 14.]

제76조(송환의 의무) ① 지방출입국・외국인관서의 장이 다음 각 호의 어느 하나에 해당하는 외국인(이하 “송환대상외국인”이라 한다)의 송환을 지시한 때에는 그 송환대상외국인이 탔던 선박등의 장이나 운수업자가 그의 비용(항공운임, 선박운임 등 수송비용을 말한다)과 책임으로 송환대상외국인을 지체 없이 대한민국 밖으로 송환하여야 한다. 〈개정 2012. 1. 26., 2017. 12. 12., 2018. 3. 20., 2021. 8. 17.〉

1. 삭제 〈2021. 8. 17.〉
2. 삭제 〈2021. 8. 17.〉
3. 제12조제4항에 따라 입국이 허가되지 아니한 사람
4. 제14조에 따라 상륙한 승무원 또는 제14조의2에 따라 관광상륙한 승객으로서 그가 타고 있던 선박등이 출항할 때까지 선박등으로 돌아오지 아니한 사람
5. 제46조제1항제6호 또는 제7호에 해당하는 사람으로서 강제퇴거명령을 받은 사람

② 지방출입국·외국인관서의 장이 제1항에 따라 송환을 지시할 때에는 선박등의 운항 계획, 승객예약 상황 등을 고려하여 송환기한을 지정할 수 있다. 다만, 선박등의 장이나 운수업자가 기한 내에 송환을 완료할 수 없는 불가피한 사유를 소명하는 경우에는 송환기한을 연기할 수 있다. 〈개정 2021. 8. 17.〉

③ 제1항에 따른 송환지시의 방법·절차 및 제2항에 따른 송환기한 지정과 그 연기에 관하여 필요한 사항은 법무부령으로 정한다. 〈신설 2021. 8. 17.〉 [전문개정 2010. 5. 14.]

제8장의2 출국대기실 설치·운영 등 〈신설 2021. 8. 17.〉

제76조의2(송환대기장소) ① 송환대상외국인은 출국하기 전까지 출국대기실에서 대기하여야 한다. 다만, 지방출입국·외국인관서의 장은 대통령령으로 정하는 바에 따라 직권으로 또는 송환대상외국인(그의 법정대리인 등을 포함한다)의 신청에 따라 송환대상외국인의 상태, 신청사유, 그 밖의 사항을 고려하여 출입국항 내의 지정된 장소에서 조건을 붙여 대기하게 할 수 있다.

② 출국대기실의 운영 및 안전대책, 출국대기실 입실 외국인의 인권존중, 급양 및 관리에 관하여는 제56조의3, 제56조의5부터 제56조의7까지 및 제57조를 준용한다. 이 경우 "피보호자"는 "송환대상외국인"으로, "보호시설"은 "출국대기실"로 본다.

③ 제1항에도 불구하고 출국대기실이 설치되지 않은 출입국항(항구를 말한다)의 경우 그 출입국항을 관할하는 지방출입국·외국인관서의 장은 송환대상외국인이 타고 온 선박의 장이나 운수업자에게 법무부령으로 정하는 바에 따라 송환대상외국인의 관리를 요청할 수 있다. 이 경우 관리를 요청받은 선박의 장이나 운수업자는 송환대상외국인이 출국하기 전까지 선박 내에서 관리하여야 한다. [본조신설 2021. 8. 17.]

제76조의3(관리비용의 부담) ① 국가는 송환대상외국인이 제76조의2제1항 또는 제3항의 송환대기장소에서 대기하는 경우 대통령령으로 정하는 바에 따라 송환대상외국인이 출국하기 전까지의 숙식비 등 관리비용을 부담한다.

② 제1항에도 불구하고 송환대상외국인이 탔던 선박등의 장 또는 운수업자가 다음 각 호의 어느 하나에 해당하는 경우에는 대통령령으로 정하는 바에 따라 숙식비 등 관리비용을 부담한다.

1. 제73조제1호, 제2호 또는 제4호를 위반한 경우
2. 정당한 이유 없이 제76조제1항 및 제2항에 따른 송환의무를 이행하지 않은 경우
3. 제1호 및 제2호에서 규정한 경우 외에 선박등의 장 또는 운수업자의 귀책사유로 인하여 송환대상외국인이 된 경우 [본조신설 2021. 8. 17.]

제76조의4(강제력의 행사) ① 출입국관리공무원은 송환대상외국인이 다음 각 호의 어느 하나에 해당하는 경우 그 송환대상외국인에게 강제력을 행사할 수 있다. 이 경우 강제력의 행사는 송환대상외국인의 생명과 신체의 안전, 시설의 보안 및 질서유지를 위하여 필요한 최소한도에 그쳐야 한다.

1. 자살 또는 자해행위를 하려는 경우
2. 다른 사람에게 위해를 가하거나 가하려는 경우
3. 출입국관리공무원의 직무집행을 정당한 사유 없이 거부 또는 기피하거나 방해하는 경우
4. 제1호부터 제3호까지에서 규정한 경우 외에 시설 및 다른 사람의 안전과 질서를 현저히 해치는 행위를 하거나 하려는 경우

② 제1항에 따른 강제력의 행사에는 제56조의4제2항부터 제5항까지를 준용한다. 이 경우 "피보호자"는 "송

환대상외국인"으로, "보호시설"은 "출국대기실"로 본다. [본조신설 2021. 8. 17.]

제8장의3 난민여행증명서 발급 등 〈개정 2010. 5. 14., 2012. 2. 10., 2021. 8. 17.〉

제76조의5(난민여행증명서) ① 법무부장관은 「난민법」에 따른 난민인정자가 출국하려고 할 때에는 그의 신청에 의하여 대통령령으로 정하는 바에 따라 난민여행증명서를 발급하여야 한다. 다만, 그의 출국이 대한민국의 안전을 해칠 우려가 있다고 인정될 때에는 그러하지 아니하다. 〈개정 2012. 2. 10.〉

② 제1항에 따른 난민여행증명서의 유효기간은 3년으로 한다. 〈개정 2016. 3. 29.〉

③ 제1항에 따라 난민여행증명서를 발급받은 사람은 그 증명서의 유효기간 만료일까지 횟수에 제한 없이 대한민국에서 출국하거나 대한민국으로 입국할 수 있다. 이 경우 입국할 때에는 제30조에 따른 재입국허가를 받지 아니하여도 된다. 〈개정 2016. 3. 29.〉

④ 법무부장관은 제3항의 경우 특히 필요하다고 인정되면 3개월 이상 1년 미만의 범위에서 입국할 수 있는 기간을 제한할 수 있다.

⑤ 법무부장관은 제1항에 따라 난민여행증명서를 발급받고 출국한 사람이 질병이나 그 밖의 부득이한 사유로 그 증명서의 유효기간 내에 재입국할 수 없는 경우에는 그의 신청을 받아 6개월을 초과하지 아니하는 범위에서 그 유효기간의 연장을 허가할 수 있다.

⑥ 법무부장관은 제5항에 따른 유효기간 연장허가에 관한 권한을 대통령령으로 정하는 바에 따라 재외공관의 장에게 위임할 수 있다. [전문개정 2010. 5. 14.]

제76조의6(난민인정증명서 등의 반납) ① 「난민법」에 따른 난민인정자는 다음 각 호의 어느 하나에 해당하면 그가 지니고 있는 난민인정증명서나 난민여행증명서를 지체 없이 지방출입국·외국인관서의 장에게 반납하여야 한다. 〈개정 2012. 2. 10., 2014. 3. 18.〉

1. 제59조제3항, 제68조제4항 또는 제85조제1항에 따라 강제퇴거명령서를 발급받은 경우
2. 제60조제5항에 따라 강제퇴거명령에 대한 이의신청이 이유 없다는 통지를 받은 경우
3. 「난민법」에 따라 난민인정결정 취소나 철회의 통지를 받은 경우

② 법무부장관은 제76조의5제1항에 따라 난민여행증명서를 발급받은 사람이 대한민국의 안전을 해치는 행위를 할 우려가 있다고 인정되면 그 외국인에게 14일 이내의 기간을 정하여 난민여행증명서의 반납을 명할 수 있다.

③ 제2항에 따라 난민여행증명서를 반납하였을 때에는 그 때에, 지정된 기한까지 반납하지 아니하였을 때에는 그 기한이 지난 때에 그 난민여행증명서는 각각 효력을 잃는다. [전문개정 2010. 5. 14.]

제76조의7(난민에 대한 체류허가의 특례) 법무부장관은 「난민법」에 따른 난민인정자가 제60조제1항에 따른 이의신청을 한 경우 제61조제1항에 규정된 사유에 해당되지 아니하고 이의신청이 이유 없다고 인정되는 경우에도 그의 체류를 허가할 수 있다. 이 경우 제61조제2항을 준용한다. 〈개정 2012. 2. 10.〉 [전문개정 2010. 5. 14.]

제76조의8(난민여행증명서 발급 등 사무의 대행) 법무부장관은 난민여행증명서의 발급 및 재발급에 관한 사무의 일부를 대통령령으로 정하는 바에 따라 난민여행증명서 발급 신청인의 체류지 관할 지방출입국·외국인관서의 장에게 대행하게 할 수 있다. [본조신설 2016. 3. 29.]

제76조의9 삭제 〈2012. 2. 10.〉

제76조의10 삭제 〈2012. 2. 10.〉

제9장 보칙 〈개정 2010. 5. 14.〉

제77조(무기등의 휴대 및 사용) ① 출입국관리공무원은 그 직무를 집행하기 위하여 필요하면 무기 등(「경찰관 직무집행법」 제10조 및 제10조의2부터 제10조의4까지의 규정에서 정한 장비, 장구, 분사기 및 무기를 말하며, 이하 "무기등"이라 한다)을 지닐 수 있다. 〈개정 2014. 5. 20.〉

② 출입국관리공무원은 「경찰관 직무집행법」 제10조 및 제10조의2부터 제10조의4까지의 규정에 준하여 무기등을 사용할 수 있다. 〈개정 2014. 5. 20.〉 [전문개정 2010. 5. 14.]

제78조(관계 기관의 협조) ① 출입국관리공무원은 다음 각 호의 조사에 필요하면 관계 기관이나 단체에 자료의 제출이나 사실의 조사 등에 대한 협조를 요청할 수 있다.

1. 제47조에 따른 조사
2. 삭제 〈2012. 2. 10.〉
3. 출입국사범에 대한 조사

② 법무부장관은 다음 각 호의 직무를 수행하기 위하여 관계 기관에 해당 각 호의 정보 제공을 요청할 수 있다. 〈개정 2016. 3. 29., 2017. 3. 14., 2018. 3. 20., 2019. 4. 23., 2020. 6. 9., 2022. 12. 13.〉

1. 출입국심사(정보화기기를 이용하는 출입국심사에 관하여 외국과의 협정이 있는 경우에는 그 협정에 따른 직무수행을 포함한다): 범죄경력정보·수사경력정보, 여권발급정보·주민등록정보, 가족관계등록 전산정보 또는 환승 승객에 대한 정보, 외국인 사망자 정보
2. 사증 및 사증발급인정서 발급 심사: 범죄경력정보·수사경력정보, 관세사범정보, 여권발급정보·주민등록정보, 사업자의 휴업·폐업 여부에 대한 정보, 납세증명서, 가족관계등록 전산정보 또는 국제결혼 중개업체의 현황 및 행정처분 정보, 외국인 사망자 정보
3. 외국인체류 관련 각종 허가 심사: 범죄경력정보·수사경력정보, 범칙금 납부정보·과태료 납부정보, 여권발급정보·주민등록정보, 외국인의 자동차등록정보, 사업자의 휴업·폐업 여부에 대한 정보, 납세증명서, 외국인의 조세체납정보, 외국인의 국민건강보험 및 노인장기요양보험 관련 체납정보, 외국인의 과태료 체납정보, 가족관계등록 전산정보 또는 국제결혼 중개업체의 현황 및 행정처분 정보, 숙박업소 현황, 관광숙박업소의 현황, 외국인관광 도시민박업소의 현황, 한옥체험업소의 현황, 외국인 사망자 정보, 대통령령으로 정하는 외국인의 소득금액 정보
4. 출입국사범 조사: 범죄경력정보·수사경력정보, 외국인의 범죄처분결과정보, 관세사범정보, 여권발급정보·주민등록정보, 외국인의 자동차등록정보, 납세증명서, 가족관계등록 전산정보 또는 국제결혼 중개업체의 현황 및 행정처분 정보, 숙박업소 현황, 관광숙박업소의 현황, 외국인관광 도시민박업소의 현황, 한옥체험업소의 현황, 외국인 사망자 정보
5. 사실증명서 발급: 여권발급정보·주민등록정보 또는 가족관계등록 전산정보

③ 제1항에 따른 협조 요청 또는 제2항에 따른 정보제공 요청을 받은 관계 기관이나 단체는 정당한 이유 없이 요청을 거부하여서는 아니 된다. 〈개정 2016. 3. 29.〉

④ 제1항에 따라 제출받은 자료 또는 제2항에 따라 제공받은 정보는 「개인정보 보호법」에 따라 보유하고

관리한다. 〈신설 2016. 3. 29.〉 [전문개정 2010. 5. 14.]

제79조(허가신청 등의 의무자) 다음 각 호의 어느 하나에 해당하는 사람이 17세 미만인 경우 본인이 그 허가 등의 신청을 하지 아니하면 그의 부모나 그 밖에 대통령령으로 정하는 사람이 그 신청을 하여야 한다.

1. 제20조에 따라 체류자격 외 활동허가를 받아야 할 사람
2. 제23조에 따라 체류자격을 받아야 할 사람
3. 제24조에 따라 체류자격 변경허가를 받아야 할 사람
4. 제25조에 따라 체류기간 연장허가를 받아야 할 사람
5. 제31조에 따라 외국인등록을 하여야 할 사람
6. 제35조에 따라 외국인등록사항 변경신고를 하여야 할 사람
7. 제36조에 따라 체류지 변경신고를 하여야 할 사람 [전문개정 2010. 5. 14.]

제79조의2(각종 신청 등의 대행) ① 외국인, 외국인을 고용한 자, 외국인에게 산업기술을 연수시키는 업체의 장 또는 외국인유학생이 재학 중이거나 연수 중인 학교의 장(이하 "외국인등"이라 한다)은 다음 각 호에 해당하는 업무를 외국인의 체류 관련 신청 등을 대행하는 자(이하 "대행기관"이라 한다)에게 대행하게 할 수 있다.

1. 제9조에 따른 사증발급인정서 발급신청
2. 제19조제1항(같은 조 제2항에 따라 준용하는 경우를 포함한다)에 따른 신고
3. 제19조의4제2항에 따른 신고
4. 제20조에 따른 활동허가의 신청
5. 제21조제1항 본문에 따른 근무처 변경·추가 허가의 신청
6. 제21조제1항 단서에 따른 근무처 변경·추가의 신고
7. 제23조제1항에 따른 체류자격 부여의 신청
8. 제24조에 따른 체류자격 변경허가의 신청
9. 제25조제1항에 따른 체류기간 연장허가의 신청
10. 그 밖에 외국인등의 출입국이나 체류와 관련된 신고·신청 또는 서류 수령 업무로서 법무부령으로 정하는 업무

② 대행기관이 되려는 자는 다음 각 호의 요건을 갖추어 법무부장관에게 등록하여야 한다.

1. 변호사 또는 행정사 자격
2. 대행업무에 필요한 교육이수
3. 법인인 경우에는 제1호 및 제2호의 요건을 충족하는 인력을 갖출 것

③ 대행기관은 제1항 각 호의 업무(이하 "대행업무"라 한다)를 하는 경우 법무부령으로 정하는 대행업무처리 표준절차를 준수하여야 한다.

④ 제2항에 따른 대행기관 등록요건의 세부사항이나 등록절차 등 대행기관의 등록에 필요한 사항은 법무부령으로 정한다. [본조신설 2020. 6. 9.]

제79조의3(대행기관에 대한 등록취소 등) ① 법무부장관은 대행기관이 다음 각 호의 어느 하나에 해당하는 경우에는 등록취소, 6개월 이내의 대행업무정지 또는 시정명령을 할 수 있다. 다만, 제1호 또는 제2호에 해당하는 경우에는 대행기관의 등록을 취소하여야 한다.

1. 거짓이나 그 밖의 부정한 방법으로 등록한 경우
2. 대행업무정지 기간 중 대행업무를 한 경우
3. 제79조의2제2항에 따른 등록요건에 미달하게 된 경우
4. 제79조의2제3항에 따른 대행업무처리 표준절차를 위반한 경우
5. 시정명령을 받고도 이행하지 아니한 경우
6. 외국인등에게 과장 또는 거짓된 정보를 제공하거나 과장 또는 거짓된 정보를 제공하여 업무 대행을 의뢰받은 경우
7. 위조·변조된 서류 또는 거짓된 사실이 기재된 서류를 작성하거나 제출하는 경우
8. 외국인등이 맡긴 서류를 분실·훼손하거나 외국인등의 출입국이나 체류와 관련된 신고·신청을 위하여 제출하여야 할 서류의 작성·제출을 게을리 하는 등 선량한 관리자의 주의의무를 다하지 아니하는 경우

② 제1항에 따른 행정처분의 세부기준은 법무부령으로 정한다.

③ 법무부장관은 제1항에 따라 대행기관 등록을 취소할 경우에는 청문을 실시하여야 한다. [본조신설 2020. 6. 9.]

제80조(사실조사) ① 출입국관리공무원이나 권한 있는 공무원은 이 법에 따른 신고 또는 등록의 정확성을 유지하기 위하여 제19조·제31조·제35조 및 제36조에 따른 신고 또는 등록의 내용이 사실과 다르다고 의심할 만한 상당한 이유가 있으면 그 사실을 조사할 수 있다.

② 법무부장관은 다음 각 호에 따른 업무의 수행에 필요하다고 인정하면 출입국관리공무원에게 그 사실을 조사하게 할 수 있다.

1. 제9조에 따른 사증발급인정서의 발급
2. 제20조, 제21조, 제24조 및 제25조에 따른 허가나 제23조에 따른 체류자격 부여
3. 삭제 〈2012. 2. 10.〉

③ 제1항이나 제2항에 따른 조사를 하기 위하여 필요하면 제1항이나 제2항에 따른 신고·등록 또는 신청을 한 자나 그 밖의 관계인을 출석하게 하여 질문을 하거나 문서 및 그 밖의 자료를 제출할 것을 요구할 수 있다. [전문개정 2010. 5. 14.]

제81조(출입국관리공무원 등의 외국인 동향조사) ① 출입국관리공무원과 대통령령으로 정하는 관계 기관 소속 공무원은 외국인이 이 법 또는 이 법에 따른 명령에 따라 적법하게 체류하고 있는지와 제46조제1항 각 호의 어느 하나에 해당되는지를 조사하기 위하여 다음 각 호의 어느 하나에 해당하는 자를 방문하여 질문하거나 그 밖에 필요한 자료를 제출할 것을 요구할 수 있다. 〈개정 2020. 2. 4.〉

1. 외국인
2. 외국인을 고용한 자
3. 외국인의 소속 단체 또는 외국인이 근무하는 업소의 대표자
4. 외국인을 숙박시킨 자

② 출입국관리공무원은 허위초청 등에 의한 외국인의 불법입국을 방지하기 위하여 필요하면 외국인의 초청이나 국제결혼 등을 알선·중개하는 자 또는 그 업소를 방문하여 질문하거나 자료를 제출할 것을 요구할 수 있다.

③ 출입국관리공무원은 거동이나 주위의 사정을 합리적으로 판단하여 이 법을 위반하였다고 의심할 만한 상당한 이유가 있는 외국인에게 정지를 요청하고 질문할 수 있다.

④ 제1항이나 제2항에 따라 질문을 받거나 자료 제출을 요구받은 자는 정당한 이유 없이 거부하여서는 아니 된다. [전문개정 2010. 5. 14.]

제81조의2(출입국관리공무원의 주재) 법무부장관은 다음 각 호의 업무에 종사하게 하기 위하여 출입국관리공무원을 재외공관 등에 주재하게 할 수 있다.

1. 제7조제1항에 따른 사증 발급사무
2. 제7조제4항에 따른 외국인입국허가서 발급사무
3. 외국인의 입국과 관련된 필요한 정보수집 및 연락 업무 [전문개정 2010. 5. 14.]

제81조의3(외국인의 정보제공 의무) ① 제10조의2제1항제1호에 따른 단기체류자격을 가진 외국인(이하 "숙박외국인"이라 한다)은 「감염병의 예방 및 관리에 관한 법률」에 따른 위기경보의 발령 또는 「국민보호와 공공안전을 위한 테러방지법」에 따른 테러경보의 발령 등 법무부령으로 정하는 경우에 한정하여 다음 각 호의 어느 하나에 해당하는 자(이하 "숙박업자"라 한다)가 경영하는 숙박업소에서 머무는 경우 숙박업자에게 여권 등 법무부령으로 정하는 자료를 제공하여야 한다.

1. 「공중위생관리법」에 따라 숙박업으로 신고한 자
2. 「관광진흥법」에 따라 관광숙박업, 외국인관광 도시민박업 및 한옥체험업으로 등록한 자

② 숙박업자는 숙박외국인이 제공한 자료를 숙박한 때 또는 제1항에 따른 경보가 발령된 때부터 12시간 이내에 법무부령으로 정하는 정보통신망(이하 "정보통신망"이라 한다)을 통하여 법무부장관에게 제출하여야 한다. 다만, 통신 장애 등 부득이한 사유로 정보통신망으로 제출할 수 없을 때에는 법무부령으로 정하는 방법으로 제출할 수 있다.

③ 숙박업자는 제2항에 따른 업무를 수행하기 위하여 수집한 자료를 「개인정보 보호법」에 따라 보유하고 관리한다.

④ 법무부장관은 제2항에 따라 제출받은 숙박외국인의 자료를 「개인정보 보호법」에 따라 보유하고 관리한다.

⑤ 제2항에 따른 정보통신망의 설치·운영 및 자료 제출의 절차·방법에 관하여 필요한 사항은 법무부령으로 정한다. [본조신설 2020. 6. 9.]

제82조(증표의 휴대 및 제시) 출입국관리공무원이나 권한 있는 공무원은 다음 각 호의 어느 하나에 해당하는 직무를 집행할 때에는 그 권한을 표시하는 증표를 지니고 이를 관계인에게 내보여야 한다. 〈개정 2016. 3. 29.〉

1. 제50조에 따른 주거 또는 물건의 검사 및 서류나 그 밖의 물건의 제출요구
2. 제69조(제70조제1항 및 제2항에서 준용하는 경우를 포함한다)에 따른 검색 및 심사
3. 제80조와 제81조에 따른 질문이나 그 밖에 필요한 자료의 제출요구
4. 제1호부터 제3호까지의 규정에 준하는 직무수행 [전문개정 2010. 5. 14.]

제83조(출입국사범의 신고) 누구든지 이 법을 위반하였다고 의심되는 사람을 발견하면 출입국관리공무원에게 신고할 수 있다. [전문개정 2010. 5. 14.]

제84조(통보의무) ① 국가나 지방자치단체의 공무원이 그 직무를 수행할 때에 제46조제1항 각 호의 어느 하나에 해당하는 사람이나 이 법에 위반된다고 인정되는 사람을 발견하면 그 사실을 지체 없이 지방출입국·외국인관서의 장에게 알려야 한다. 다만, 공무원이 통보로 인하여 그 직무수행 본연의 목적을 달성할 수 없다고

인정되는 경우로서 대통령령으로 정하는 사유에 해당하는 때에는 그러하지 아니하다. 〈개정 2012. 1. 26., 2014. 3. 18.〉

② 교도소·소년교도소·구치소 및 그 지소·보호감호소·치료감호시설 또는 소년원의 장은 제1항에 따른 통보대상 외국인이 다음 각 호의 어느 하나에 해당하면 그 사실을 지체 없이 지방출입국·외국인관서의 장에게 알려야 한다. 〈개정 2014. 3. 18.〉

1. 형의 집행을 받고 형기의 만료, 형의 집행정지 또는 그 밖의 사유로 석방이 결정된 경우
2. 보호감호 또는 치료감호 처분을 받고 수용된 후 출소가 결정된 경우
3. 「소년법」에 따라 소년원에 수용된 후 퇴원이 결정된 경우 [전문개정 2010. 5. 14.]

제85조(형사절차와의 관계) ① 지방출입국·외국인관서의 장은 제46조제1항 각 호의 어느 하나에 해당하는 사람이 형의 집행을 받고 있는 중에도 강제퇴거의 절차를 밟을 수 있다. 〈개정 2014. 3. 18.〉

② 제1항의 경우 강제퇴거명령서가 발급되면 그 외국인에 대한 형의 집행이 끝난 후에 강제퇴거명령서를 집행한다. 다만, 그 외국인의 형 집행장소를 관할하는 지방검찰청 검사장(檢事長)의 허가를 받은 경우에는 형의 집행이 끝나기 전이라도 강제퇴거명령서를 집행할 수 있다. [전문개정 2010. 5. 14.]

제86조(신병의 인도) ① 검사는 강제퇴거명령서가 발급된 구속피의자에게 불기소처분을 한 경우에는 석방과 동시에 출입국관리공무원에게 그를 인도하여야 한다.

② 교도소·소년교도소·구치소 및 그 지소·보호감호소·치료감호시설 또는 소년원의 장은 제84조제2항에 따라 지방출입국·외국인관서의 장에게 통보한 외국인에 대하여 강제퇴거명령서가 발급되면 석방·출소 또는 퇴원과 동시에 출입국관리공무원에게 그를 인도하여야 한다. 〈개정 2014. 3. 18.〉 [전문개정 2010. 5. 14.]

제87조(출입국관리 수수료) ① 이 법에 따라 허가 등을 받는 사람은 법무부령으로 정하는 수수료를 내야 한다.

② 법무부장관은 국제관례 또는 상호주의원칙이나 그 밖에 법무부령으로 정하는 사유로 필요하다고 인정하면 제1항에 따른 수수료를 감면할 수 있고, 협정 등에 수수료에 관한 규정이 따로 있으면 그 규정에서 정하는 바에 따른다. [전문개정 2010. 5. 14.]

제88조(사실증명의 발급 및 열람) ① 지방출입국·외국인관서의 장, 시·군·구(자치구가 아닌 구를 포함한다. 이하 이 조에서 같다) 및 읍·면·동 또는 재외공관의 장은 이 법의 절차에 따라 출국 또는 입국한 사실 유무에 대하여 법무부령으로 정하는 바에 따라 출입국에 관한 사실증명을 발급할 수 있다. 다만, 출국 또는 입국한 사실이 없는 사람에 대하여는 특히 필요하다고 인정되는 경우에만 이 법의 절차에 따른 출국 또는 입국 사실이 없다는 증명을 발급할 수 있다. 〈개정 2012. 1. 26., 2014. 3. 18., 2016. 3. 29.〉

② 지방출입국·외국인관서의 장, 시·군·구 또는 읍·면·동의 장은 이 법의 절차에 따라 외국인등록을 한 외국인 및 그의 법정대리인 등 법무부령으로 정하는 사람에게 법무부령으로 정하는 바에 따라 외국인등록 사실증명을 발급하거나 열람하게 할 수 있다. 〈개정 2014. 3. 18., 2016. 3. 29.〉 [전문개정 2010. 5. 14.] [제목개정 2016. 3. 29.]

제88조의2(외국인등록증 등과 주민등록증 등의 관계) ① 법령에 규정된 각종 절차와 거래관계 등에서 주민등록증이나 주민등록등본 또는 초본이 필요하면 외국인등록증(모바일외국인등록증을 포함한다)이나 외국인등록 사실증명으로 이를 갈음한다. 〈개정 2023. 6. 13.〉

② 이 법에 따른 외국인등록과 체류지 변경신고는 주민등록과 전입신고를 갈음한다.

③ 이 법 또는 다른 법률에서 실물 외국인등록증이나 외국인등록증에 기재된 성명, 사진, 외국인등록번호 등의 확인이 필요한 경우 모바일외국인등록증의 확인으로 이를 갈음할 수 있다. 〈신설 2023. 6. 13.〉 [전문개정 2010. 5. 14.]

제88조의3(외국인체류확인서 열람 · 교부) ① 특정 건물 또는 시설의 소재지를 체류지로 신고한 외국인의 성명과 체류지 변경 일자를 확인할 수 있는 서류(이하 "외국인체류확인서"라 한다)를 열람하거나 교부받으려는 자는 지방출입국 · 외국인관서의 장이나 읍 · 면 · 동의 장 또는 출장소장에게 신청할 수 있다.

② 제1항에 따른 외국인체류확인서 열람이나 교부를 신청할 수 있는 자는 다음 각 호의 어느 하나에 해당하는 자로 한다.

1. 특정 건물이나 시설의 소유자 본인이나 그 세대원, 임차인 본인이나 그 세대원, 매매계약자 또는 임대차계약자 본인
2. 특정 건물 또는 시설의 소유자, 임차인, 매매계약자 또는 임대차계약자 본인의 위임을 받은 자
3. 다음 각 목의 어느 하나에 해당하는 사유로 열람 또는 교부를 신청하려는 자
   가. 관계 법령에 따라 경매참가자가 경매에 참가하려는 경우
   나. 「신용정보의 이용 및 보호에 관한 법률」 제2조제5호라목에 따른 신용조사회사 또는 「감정평가 및 감정평가사에 관한 법률」 제2조제4호에 따른 감정평가법인 등이 임차인의 실태 등을 확인하려는 경우
   다. 대통령령으로 정하는 금융회사 등이 담보주택의 근저당 설정을 하려는 경우
   라. 법원의 현황조사명령서에 따라 집행관이 현황조사를 하려는 경우

③ 외국인체류확인서의 기재사항, 열람 · 교부 신청절차, 수수료, 그 밖에 필요한 사항은 법무부령으로 정한다. [본조신설 2022. 12. 13.]

제88조의4(외국인등록증의 진위확인) ① 법무부장관은 외국인등록증의 진위 여부에 대한 확인요청이 있는 경우 그 진위를 확인하여 줄 수 있다.

② 법무부장관은 외국인등록증 진위 여부 확인에 필요한 정보시스템을 구축 · 운영할 수 있다.

③ 외국인등록증의 진위확인 절차, 제2항에 따른 정보시스템의 구축 · 운영 등에 필요한 사항은 법무부령으로 정한다. [본조신설 2022. 12. 13.]

제89조(각종 허가 등의 취소 · 변경) ① 법무부장관은 외국인이 다음 각 호의 어느 하나에 해당하면 제8조에 따른 사증발급, 제9조에 따른 사증발급인정서의 발급, 제12소제3항에 따른 입국허가, 제13조에 따른 조건부 입국허가, 제14조에 따른 승무원 상륙허가, 제14조의2에 따른 관광상륙허가 또는 제20조 · 제21조 및 제23조부터 제25조까지의 규정에 따른 체류허가 등을 취소하거나 변경할 수 있다. 〈개정 2012. 1. 26.〉

1. 신원보증인이 보증을 철회하거나 신원보증인이 없게 된 경우
2. 거짓이나 그 밖의 부정한 방법으로 허가 등을 받은 것이 밝혀진 경우
3. 허가조건을 위반한 경우
4. 사정 변경으로 허가상태를 더 이상 유지시킬 수 없는 중대한 사유가 발생한 경우
5. 제1호부터 제4호까지에서 규정한 경우 외에 이 법 또는 다른 법을 위반한 정도가 중대하거나 출입국관리공무원의 정당한 직무명령을 위반한 경우

② 법무부장관은 제1항에 따른 각종 허가 등의 취소나 변경에 필요하다고 인정하면 해당 외국인이나 제79

조에 따른 신청인을 출석하게 하여 의견을 들을 수 있다.

③ 제2항의 경우에 법무부장관은 취소하거나 변경하려는 사유, 출석일시와 장소를 출석일 7일 전까지 해당 외국인이나 신청인에게 통지하여야 한다. [전문개정 2010. 5. 14.]

제89조의2(영주자격의 취소 특례) ① 법무부장관은 영주자격을 가진 외국인에 대해서는 제89조제1항에도 불구하고 다음 각 호의 어느 하나에 해당하는 경우에 한정하여 영주자격을 취소할 수 있다. 다만, 제1호에 해당하는 경우에는 영주자격을 취소하여야 한다.

1. 거짓이나 그 밖의 부정한 방법으로 영주자격을 취득한 경우
2. 「형법」, 「성폭력범죄의 처벌 등에 관한 특례법」 등 법무부령으로 정하는 법률에 규정된 죄를 범하여 2년 이상의 징역 또는 금고의 형이 확정된 경우
3. 최근 5년 이내에 이 법 또는 다른 법률을 위반하여 징역 또는 금고의 형을 선고받고 확정된 형기의 합산기간이 3년 이상인 경우
4. 대한민국에 일정금액 이상 투자 상태를 유지할 것 등을 조건으로 영주자격을 취득한 사람 등 대통령령으로 정하는 사람이 해당 조건을 위반한 경우
5. 국가안보, 외교관계 및 국민경제 등에 있어서 대한민국의 국익에 반하는 행위를 한 경우

② 법무부장관은 제1항에 따라 영주자격을 취소하는 경우 대한민국에 계속 체류할 필요성이 인정되고 일반체류자격의 요건을 갖춘 경우 해당 외국인의 신청이 있는 때에는 일반체류자격을 부여할 수 있다.

③ 제1항에 따라 영주자격을 취소하는 경우에는 제89조제2항 및 제3항을 준용한다. [본조신설 2018. 3. 20.]

제90조(신원보증) ① 법무부장관은 사증발급, 사증발급인정서발급, 입국허가, 조건부 입국허가, 각종 체류허가, 외국인의 보호 또는 출입국사범의 신병인도(身柄引渡) 등과 관련하여 필요하다고 인정하면 초청자나 그 밖의 관계인에게 그 외국인(이하 "피보증외국인"이라 한다)의 신원을 보증하게 할 수 있다.

② 법무부장관은 제1항에 따라 신원보증을 한 사람(이하 "신원보증인"이라 한다)에게 피보증외국인의 체류, 보호 및 출국에 드는 비용의 전부 또는 일부를 부담하게 할 수 있다.

③ 신원보증인이 제2항에 따른 보증책임을 이행하지 아니하여 국고에 부담이 되게 한 경우에는 법무부장관은 신원보증인에게 구상권(求償權)을 행사할 수 있다.

④ 신원보증인이 제2항에 따른 비용을 부담하지 아니할 염려가 있거나 그 보증만으로는 보증목적을 달성할 수 없다고 인정될 때에는 신원보증인에게 피보증외국인 1인당 300만원 이하의 보증금을 예치하게 할 수 있다.

⑤ 신원보증인의 자격, 보증기간, 그 밖에 신원보증에 필요한 사항은 법무부령으로 정한다. [전문개정 2010. 5. 14.]

제90조의2(불법취업외국인의 출국비용 부담책임) ① 법무부장관은 취업활동을 할 수 있는 체류자격을 가지지 아니한 외국인을 고용한 자(이하 "불법고용주"라 한다)에게 그 외국인의 출국에 드는 비용의 전부 또는 일부를 부담하게 할 수 있다.

② 불법고용주가 제1항에 따른 비용 부담책임을 이행하지 아니하여 국고에 부담이 되게 한 경우에 법무부장관은 그 불법고용주에게 구상권을 행사할 수 있다. [전문개정 2010. 5. 14.]

제91조(문서 등의 송부) ① 문서 등의 송부는 이 법에 특별한 규정이 있는 경우를 제외하고는 본인, 가족, 신원보

증인, 소속 단체의 장의 순으로 직접 내주거나 우편으로 보내는 방법에 따른다.

② 지방출입국・외국인관서의 장은 제1항에 따른 문서 등의 송부가 불가능하다고 인정되면 송부할 문서 등을 보관하고, 그 사유를 청사(廳舍)의 게시판에 게시하여 공시송달(公示送達)한다. 〈개정 2014. 3. 18.〉

③ 제2항에 따른 공시송달은 게시한 날부터 14일이 지난 날에 그 효력이 생긴다. [전문개정 2010. 5. 14.]

제91조의2(사증발급 및 체류허가 신청문서의 전자화) ① 법무부장관은 각종 발급 및 허가 업무를 효율적으로 처리하기 위하여 다음 각 호의 어느 하나에 해당하는 사항을 신청하려는 자가 제출한 문서 중 법무부령으로 정하는 문서를 「전자문서 및 전자거래 기본법」 제5조제2항에 따른 전자화문서로 변환하여 보관할 수 있다.

1. 제8조 및 제9조에 따른 사증 및 사증발급인정서 발급
2. 제20조에 따른 체류자격 외 활동허가
3. 제23조에 따른 체류자격 부여
4. 제24조에 따른 체류자격 변경허가
5. 제25조에 따른 체류기간 연장허가
6. 제31조에 따른 외국인등록
7. 그 밖에 법무부장관이 필요하다고 인정하는 사항

② 법무부장관은 제1항에 따른 전자화문서로 변환하는 업무(이하 이 조에서 "전자화업무"라 한다)를 법무부령으로 정하는 시설 및 인력을 갖춘 법인에 위탁하여 수행하게 할 수 있다. 다만, 외국에서 전자화업무를 위탁하는 경우에는 외교부장관과 협의하여야 한다.

③ 제2항에 따라 전자화업무를 위탁받은 법인(이하 "전자화기관"이라 한다)의 임직원 또는 임직원으로 재직하였던 자는 직무상 알게 된 비밀을 다른 사람에게 누설하거나 직무상 목적 외의 용도로 이용하여서는 아니 된다.

④ 법무부장관은 제1항에 따라 문서를 전자화문서로 변환하여 보관하는 때에는 법무부에서 사용하는 전산정보처리조직의 파일에 수록하여 보관한다. 이 경우 파일에 수록된 내용은 해당 문서에 적힌 내용과 같은 것으로 본다.

⑤ 법무부장관은 전자화기관이 제2항에 따른 법무부령으로 정하는 시설 및 인력기준을 충족하지 못하는 경우에는 시정조치를 요구할 수 있으며, 전자화기관이 시정조치 요구에 따르지 아니하는 경우에는 전자화업무의 위탁을 취소할 수 있다. 이 경우 미리 의견을 진술할 기회를 주어야 한다.

⑥ 제1항, 제2항 및 제5항에 따른 전자화업무의 수행방법, 위탁・지정 기간 및 절차, 관리・감독 등에 필요한 사항은 법무부령으로 정한다. [본조신설 2019. 4. 23.]

제92조(권한의 위임 및 업무의 위탁) ① 법무부장관은 이 법에 따른 권한의 일부를 대통령령으로 정하는 바에 따라 지방출입국・외국인관서의 장에게 위임할 수 있다. 〈개정 2014. 3. 18.〉

② 시장(특별시장과 광역시장은 제외한다)은 이 법에 따른 권한의 일부를 대통령령으로 정하는 바에 따라 구청장(자치구가 아닌 구의 구청장을 말한다)에게 위임할 수 있다. 〈개정 2012. 1. 26.〉

③ 이 법에 따른 법무부장관의 업무는 그 일부를 대통령령으로 정하는 바에 따라 관련 업무를 수행할 수 있는 인력이나 시설을 갖춘 법인이나 단체에 위탁할 수 있다. 〈신설 2020. 6. 9.〉 [전문개정 2010. 5. 14.] [제목개정 2020. 6. 9.]

제92조의2(선박등의 운항 허가에 관한 협의) 국토교통부장관 및 해양수산부장관은 출입국항에 여객을 운송하는 선

박등의 운항을 허가할 때에는 출입국심사업무가 원활히 수행될 수 있도록 법무부장관과 미리 협의하여야 한다. [본조신설 2016. 3. 29.]

제93조(남북한 왕래 등의 절차) ① 군사분계선 이남지역(이하 "남한"이라 한다)이나 해외에 거주하는 국민이 군사분계선 이북지역(이하 "북한"이라 한다)을 거쳐 출입국하는 경우에는 남한에서 북한으로 가기 전 또는 북한에서 남한으로 온 후에 출입국심사를 한다.

② 외국인의 남북한 왕래절차에 관하여는 법무부장관이 따로 정하는 경우를 제외하고는 이 법의 출입국절차에 관한 규정을 준용한다.

③ 외국인이 북한을 거쳐 출입국하는 경우에는 이 법의 출입국절차에 관한 규정에 따른다.

④ 제1항부터 제3항까지의 규정의 시행에 필요한 사항은 대통령령으로 정한다. [전문개정 2010. 5. 14.]

제10장 벌칙 〈개정 2010. 5. 14.〉

제93조의2(벌칙) ① 다음 각 호의 어느 하나에 해당하는 사람은 7년 이하의 징역에 처한다. 〈개정 2014. 1. 7.〉

1. 이 법에 따라 보호되거나 일시보호된 사람으로서 다음 각 목의 어느 하나에 해당하는 사람
   가. 도주할 목적으로 보호시설 또는 기구를 손괴하거나 다른 사람을 폭행 또는 협박한 사람
   나. 2명 이상이 합동하여 도주한 사람
2. 이 법에 따른 보호나 강제퇴거를 위한 호송 중에 있는 사람으로서 다른 사람을 폭행 또는 협박하거나 2명 이상이 합동하여 도주한 사람
3. 이 법에 따라 보호・일시보호된 사람이나 보호 또는 강제퇴거를 위한 호송 중에 있는 사람을 탈취하거나 도주하게 한 사람

② 다음 각 호의 어느 하나에 해당하는 사람으로서 영리를 목적으로 한 사람은 7년 이하의 징역 또는 7천만원 이하의 벌금에 처한다. 〈개정 2012. 1. 26., 2014. 1. 7., 2020. 3. 24.〉

1. 제12조제1항 또는 제2항에 따라 입국심사를 받아야 하는 외국인을 집단으로 불법입국하게 하거나 이를 알선한 사람
2. 제12조의3제1항을 위반하여 외국인을 집단으로 불법입국 또는 불법출국하게 하거나 대한민국을 거쳐 다른 국가로 불법입국하게 할 목적으로 선박등이나 여권・사증, 탑승권, 그 밖에 출입국에 사용될 수 있는 서류 및 물품을 제공하거나 알선한 사람
3. 제12조의3제2항을 위반하여 불법으로 입국한 외국인을 집단으로 대한민국에서 은닉 또는 도피하게 하거나 은닉 또는 도피하게 할 목적으로 교통수단을 제공하거나 이를 알선한 사람 [전문개정 2010. 5. 14.]

제93조의3(벌칙) 다음 각 호의 어느 하나에 해당하는 사람은 5년 이하의 징역 또는 5천만원 이하의 벌금에 처한다.

1. 제12조제1항 또는 제2항을 위반하여 입국심사를 받지 아니하고 입국한 사람
2. 제91조의2제3항을 위반하여 직무상 알게 된 비밀을 다른 사람에게 누설하거나 직무상 목적 외의 용도로 이용한 사람
3. 제93조의2제2항 각 호의 어느 하나에 해당하는 죄를 범한 사람(영리를 목적으로 한 사람은 제외한다) [전문개정 2020. 3. 24.]

제94조(벌칙) 다음 각 호의 어느 하나에 해당하는 사람은 3년 이하의 징역 또는 3천만원 이하의 벌금에 처한다.

〈개정 2012. 1. 26., 2014. 1. 7., 2016. 3. 29., 2018. 3. 20., 2019. 4. 23., 2020. 3. 24.〉

1. 제3조제1항을 위반하여 출국심사를 받지 아니하고 출국한 사람
2. 제7조제1항 또는 제4항을 위반하여 입국한 사람
3. 제7조의2를 위반한 사람
4. 제12조의3을 위반한 사람으로서 제93조의2제2항 또는 제93조의3제1호·제3호에 해당하지 아니하는 사람
5. 제14조제1항에 따른 승무원 상륙허가 또는 제14조의2제1항에 따른 관광상륙허가를 받지 아니하고 상륙한 사람
6. 제14조제3항에 따른 승무원 상륙허가 또는 제14조의2제3항에 따른 관광상륙허가의 조건을 위반한 사람
7. 제17조제1항을 위반하여 체류자격이나 체류기간의 범위를 벗어나서 체류한 사람
8. 제18조제1항을 위반하여 취업활동을 할 수 있는 체류자격을 받지 아니하고 취업활동을 한 사람
9. 제18조제3항을 위반하여 취업활동을 할 수 있는 체류자격을 가지지 아니한 사람을 고용한 사람
10. 제18조제4항을 위반하여 취업활동을 할 수 있는 체류자격을 가지지 아니한 외국인의 고용을 업으로 알선·권유한 사람
11. 제18조제5항을 위반하여 체류자격을 가지지 아니한 외국인을 자기 지배하에 두는 행위를 한 사람
12. 제20조를 위반하여 체류자격 외 활동허가를 받지 아니하고 다른 체류자격에 해당하는 활동을 한 사람
13. 제21조제2항을 위반하여 근무처의 변경허가 또는 추가허가를 받지 아니한 외국인의 고용을 업으로 알선한 사람
14. 제22조에 따른 제한 등을 위반한 사람
15. 제23조를 위반하여 체류자격을 받지 아니하고 체류한 사람
16. 제24조를 위반하여 체류자격 변경허가를 받지 아니하고 다른 체류자격에 해당하는 활동을 한 사람
17. 제25조를 위반하여 체류기간 연장허가를 받지 아니하고 체류기간을 초과하여 계속 체류한 사람

17의2. 제26조를 위반한 사람

18. 제28조제1항이나 제2항을 위반하여 출국심사를 받지 아니하고 출국한 사람
19. 제33조의3을 위반한 사람
20. 제69조(제70조제1항 및 제2항에서 준용하는 경우를 포함한다)를 위반한 사람 [전문개정 2010. 5. 14.]

제95조(벌칙) 다음 각 호의 어느 하나에 해당하는 사람은 1년 이하의 징역 또는 1천만원 이하의 벌금에 처한다. 〈개정 2014. 1. 7.〉

1. 제6조제1항을 위반하여 입국심사를 받지 아니하고 입국한 사람
2. 제13조제2항에 따른 조건부 입국허가의 조건을 위반한 사람
3. 제15조제1항에 따른 긴급상륙허가, 제16조제1항에 따른 재난상륙허가 또는 제16조의2제1항에 따른 난민임시상륙허가를 받지 아니하고 상륙한 사람
4. 제15조제2항, 제16조제2항 또는 제16조의2제2항에 따른 허가조건을 위반한 사람
5. 제18조제2항을 위반하여 지정된 근무처가 아닌 곳에서 근무한 사람
6. 제21조제1항 본문을 위반하여 허가를 받지 아니하고 근무처를 변경하거나 추가한 사람 또는 제21조제2항을 위반하여 근무처의 변경허가 또는 추가허가를 받지 아니한 외국인을 고용한 사람
7. 제31조의 등록의무를 위반한 사람
8. 제51조제1항·제3항, 제56조 또는 제63조제1항에 따라 보호 또는 일시보호된 사람으로서 도주하거나 보호 또는 강제퇴거 등을 위한 호송 중에 도주한 사람(제93조의2제1항제1호 또는 제2호에 해당하는 사람

은 제외한다)

9. 제63조제5항에 따른 주거의 제한이나 그 밖의 조건을 위반한 사람

10. 삭제 〈2012. 2. 10.〉 [전문개정 2010. 5. 14.]

제96조(벌칙) 다음 각 호의 어느 하나에 해당하는 사람은 1천만원 이하의 벌금에 처한다. 〈개정 2016. 3. 29.〉

1. 제71조제4항(제70조제1항 및 제2항에서 준용하는 경우를 포함한다)에 따른 출항의 일시정지 또는 회항 명령이나 선박등의 출입 제한을 위반한 사람
2. 정당한 사유 없이 제73조(제70조제1항 및 제2항에서 준용하는 경우를 포함한다)에 따른 준수사항을 지키지 아니하였거나 제73조의2제1항(제70조제1항 및 제2항에서 준용하는 경우를 포함한다) 또는 제3항(제70조제1항 및 제2항에서 준용하는 경우를 포함한다)을 위반하여 열람 또는 문서제출 요청에 따르지 아니한 사람
3. 정당한 사유 없이 제75조제1항(제70조제1항 및 제2항에서 준용하는 경우를 포함한다) 또는 제2항(제70조제1항 및 제2항에서 준용하는 경우를 포함한다)에 따른 보고서를 제출하지 아니하거나 거짓으로 제출한 사람 [전문개정 2010. 5. 14.]

제97조(벌칙) 다음 각 호의 어느 하나에 해당하는 사람은 500만원 이하의 벌금에 처한다. 〈개정 2016. 3. 29., 2017. 12. 12.〉

1. 제18조제4항을 위반하여 취업활동을 할 수 있는 체류자격을 가지지 아니한 외국인의 고용을 알선・권유한 사람(업으로 하는 사람은 제외한다)
2. 제21조제2항을 위반하여 근무처의 변경허가 또는 추가허가를 받지 아니한 외국인의 고용을 알선한 사람(업으로 하는 사람은 제외한다)
3. 제72조(제70조제1항 및 제2항에서 준용하는 경우를 포함한다)를 위반하여 허가를 받지 아니하고 선박등이나 출입국심사장에 출입한 사람
4. 제74조(제70조제1항 및 제2항에서 준용하는 경우를 포함한다)에 따른 제출 또는 통보 의무를 위반한 사람
5. 제75조제4항(제70조제1항 및 제2항에서 준용하는 경우를 포함한다) 및 제5항(제70조제1항 및 제2항에서 준용하는 경우를 포함한다)에 따른 보고 또는 방지 의무를 위반한 사람
6. 제76조제1항(제70조제1항 및 제2항에서 준용하는 경우를 포함한다)에 따른 송환의무를 위반한 사람
7. 제76조의6제1항을 위반하여 난민인정증명서 또는 난민여행증명서를 반납하지 아니하거나 같은 조 제2항에 따른 난민여행증명서 반납명령을 위반한 사람 [전문개정 2010. 5. 14.]

제98조(벌칙) 다음 각 호의 어느 하나에 해당하는 사람은 100만원 이하의 벌금에 처한다.

1. 제27조에 따른 여권등의 휴대 또는 제시 의무를 위반한 사람
2. 제36조제1항에 따른 체류지 변경신고 의무를 위반한 사람 [전문개정 2010. 5. 14.]

제99조(미수범 등) ① 제93조의2, 제93조의3제1호・제3호, 제94조제1호부터 제5호까지 또는 제18호 및 제95조제1호의 죄를 범할 목적으로 예비하거나 또는 음모한 사람과 미수범은 각각 해당하는 본죄에 준하여 처벌한다. 〈개정 2016. 3. 29., 2019. 4. 23., 2020. 3. 24.〉

② 제1항에 따른 행위를 교사하거나 방조한 사람은 정범(正犯)에 준하여 처벌한다. [전문개정 2010. 5. 14.]

제99조의2(난민에 대한 형의 면제) 제93조의3제1호, 제94조제2호 · 제5호 · 제6호 및 제15호부터 제17호까지 또는 제95조제3호 · 제4호에 해당하는 사람이 그 위반행위를 한 후 지체 없이 지방출입국 · 외국인관서의 장에게 다음 각 호의 모두에 해당하는 사실을 직접 신고하는 경우에 그 사실이 증명되면 그 형을 면제한다. 〈개정 2012. 2. 10., 2014. 3. 18., 2019. 4. 23., 2020. 3. 24.〉

1. 「난민법」 제2조제1호에 규정된 이유로 그 생명 · 신체 또는 신체의 자유를 침해받을 공포가 있는 영역으로부터 직접 입국하거나 상륙한 난민이라는 사실
2. 제1호의 공포로 인하여 해당 위반행위를 한 사실 [전문개정 2010. 5. 14.]

제99조의3(양벌규정) 법인의 대표자나 법인 또는 개인의 대리인, 사용인, 그 밖의 종업원이 그 법인 또는 개인의 업무에 관하여 다음 각 호의 어느 하나에 해당하는 위반행위를 하면 그 행위자를 벌하는 외에 그 법인 또는 개인에게도 해당 조문의 벌금형을 과(科)한다. 다만, 법인 또는 개인이 그 위반행위를 방지하기 위하여 해당 업무에 관하여 상당한 주의와 감독을 게을리하지 아니한 경우에는 그러하지 아니하다. 〈개정 2018. 3. 20., 2020. 6. 9.〉

1. 제94조제3호의 위반행위
2. 제94조제9호의 위반행위

2의2. 제94조제10호의 위반행위

3. 제94조제19호의 위반행위 중 제33조의3제1호를 위반한 행위
4. 제94조제20호의 위반행위
5. 제95조제6호의 위반행위 중 제21조제2항을 위반하여 근무처의 변경허가 또는 추가허가를 받지 아니한 외국인을 고용하는 행위
6. 제96조제1호부터 제3호까지의 규정에 따른 위반행위
7. 제97조제4호부터 제6호까지의 규정에 따른 위반행위 [전문개정 2010. 5. 14.]

제100조(과태료) ① 다음 각 호의 어느 하나에 해당하는 자에게는 200만원 이하의 과태료를 부과한다. 〈개정 2016. 3. 29., 2018. 3. 20.〉

1. 제19조의 신고의무를 위반한 자
2. 제19조의4제1항 또는 제2항 각 호의 어느 하나에 해당하는 규정을 위반한 사람
3. 제21조제1항 단서의 신고의무를 위반한 사람
4. 제33조제4항 또는 제33조의2제1항을 위반하여 영주증을 재발급받지 아니한 사람
5. 과실로 인하여 제75조제1항(제70조제1항 및 제2항에서 준용하는 경우를 포함한다) 또는 제2항(제70조제1항 및 제2항에서 준용하는 경우를 포함한다)에 따른 출 · 입항보고를 하지 아니하거나 출 · 입항보고서의 국적, 성명, 성별, 생년월일, 여권번호에 관한 항목을 최근 1년 이내에 3회 이상 사실과 다르게 보고한 자

② 다음 각 호의 어느 하나에 해당하는 자에게는 100만원 이하의 과태료를 부과한다.

1. 제35조나 제37조를 위반한 사람
2. 제79조를 위반한 사람
3. 제81조제4항에 따른 출입국관리공무원의 장부 또는 자료 제출 요구를 거부하거나 기피한 자

③ 다음 각 호의 어느 하나에 해당하는 자에게는 50만원 이하의 과태료를 부과한다. 〈개정 2016. 3. 29.,

2020. 6. 9.〉

1. 제33조제2항을 위반하여 외국인등록증 발급신청을 하지 아니한 사람

1의2. 제81조의3제1항을 위반하여 여권 등 자료를 제공하지 않은 숙박외국인

1의3. 제81조의3제2항을 위반하여 숙박외국인의 자료를 제출하지 아니하거나 허위로 제출한 숙박업자

2. 이 법에 따른 각종 신청이나 신고에서 거짓 사실을 적거나 보고한 자(제94조제17호의2에 해당하는 사람은 제외한다)

④ 제1항부터 제3항까지의 규정에 따른 과태료는 대통령령으로 정하는 바에 따라 지방출입국·외국인관서의 장이 부과·징수한다. 〈개정 2014. 3. 18.〉

⑤ 법무부장관은 출입국사범의 나이와 환경, 법 위반의 동기와 결과, 과태료 부담능력, 그 밖의 정상을 고려하여 이 법 위반에 따른 과태료를 면제할 수 있다. 〈신설 2020. 3. 24.〉 [전문개정 2010. 5. 14.]

제11장 고발과 통고처분 〈개정 2010. 5. 14.〉

제1절 고발 〈개정 2010. 5. 14.〉

제101조(고발) ① 출입국사범에 관한 사건은 지방출입국·외국인관서의 장의 고발이 없으면 공소(公訴)를 제기할 수 없다. 〈개정 2014. 3. 18.〉

② 출입국관리공무원 외의 수사기관이 제1항에 해당하는 사건을 입건(立件)하였을 때에는 지체 없이 관할 지방출입국·외국인관서의 장에게 인계하여야 한다. 〈개정 2014. 3. 18.〉 [전문개정 2010. 5. 14.]

제2절 통고처분 〈개정 2010. 5. 14.〉

제102조(통고처분) ① 지방출입국·외국인관서의 장은 출입국사범에 대한 조사 결과 범죄의 확증을 얻었을 때에는 그 이유를 명확하게 적어 서면으로 벌금에 상당하는 금액(이하 "범칙금"이라 한다)을 지정한 곳에 낼 것을 통고할 수 있다. 〈개정 2014. 3. 18.〉

② 지방출입국·외국인관서의 장은 제1항에 따른 통고처분을 받은 자가 범칙금(犯則金)을 임시납부하려는 경우에는 임시납부하게 할 수 있다. 〈개정 2014. 3. 18.〉

③ 지방출입국·외국인관서의 장은 조사 결과 범죄의 정상이 금고 이상의 형에 해당할 것으로 인정되면 즉시 고발하여야 한다. 〈개정 2014. 3. 18.〉

④ 출입국사범에 대한 조사에 관하여는 제47조부터 제50조까지의 규정을 준용한다. 이 경우 용의자신문조서는 「형사소송법」 제244조에 따른 피의자신문조서로 본다. [전문개정 2010. 5. 14.]

제102조의2(신용카드등에 의한 범칙금의 납부) ① 범칙금은 대통령령으로 정하는 범칙금 납부대행기관을 통하여 신용카드, 직불카드 등(이하 "신용카드등"이라 한다)으로 낼 수 있다. 이 경우 "범칙금 납부대행기관"이란 정보통신망을 이용하여 신용카드등에 의한 결제를 수행하는 기관으로서 대통령령으로 정하는 바에 따라 범칙금 납부대행기관으로 지정받은 자를 말한다.

② 제1항에 따라 범칙금을 신용카드등으로 내는 경우에는 범칙금 납부대행기관의 승인일을 납부일로 본다.

③ 범칙금 납부대행기관은 납부자로부터 신용카드등에 의한 범칙금 납부대행 용역의 대가로 대통령령으로 정하는 바에 따라 납부대행 수수료를 받을 수 있다.

④ 범칙금 납부대행기관의 지정, 운영 및 납부대행 수수료 등에 관하여 필요한 사항은 대통령령으로 정한

다. [본조신설 2020. 10. 20.]

제103조(범칙금의 양정기준 등) ① 범칙금의 양정기준(量定基準)은 법무부령으로 정한다.

② 법무부장관은 출입국사범의 나이와 환경, 법 위반의 동기와 결과, 범칙금 부담능력, 그 밖의 정상을 고려하여 제102조제1항에 따른 통고처분을 면제할 수 있다. [전문개정 2010. 5. 14.]

제104조(통고처분의 고지방법) 통고처분의 고지는 통고서 송달의 방법으로 한다. [전문개정 2010. 5. 14.]

제105조(통고처분의 불이행과 고발) ① 출입국사범은 통고서를 송달받으면 15일 이내에 범칙금을 내야 한다. 〈개정 2016. 3. 29.〉

② 지방출입국·외국인관서의 장은 출입국사범이 제1항에 따른 기간에 범칙금을 내지 아니하면 고발하여야 한다. 다만, 고발하기 전에 범칙금을 낸 경우에는 그러하지 아니하다. 〈개정 2014. 3. 18.〉

③ 출입국사범에 대하여 강제퇴거명령서를 발급한 경우에는 제2항 본문에도 불구하고 고발하지 아니한다.
[전문개정 2010. 5. 14.]

제106조(일사부재리) 출입국사범이 통고한 대로 범칙금을 내면 동일한 사건에 대하여 다시 처벌받지 아니한다.
[전문개정 2010. 5. 14.]

부칙 〈제19435호, 2023. 6. 13.〉

이 법은 공포 후 6개월이 경과한 날부터 시행한다.

02. 국민의 출입국

1) 국민의 출국

내한민국 국민은 출국하기 위해 유효한 여권을 가지고 출입국항에서 출입국관리공무원의 출국심사를 받아야 하며, 법무부장관은 다음 해당자는 기간을 정하여 출국을 금지할 수 있다.

① 범죄수사를 위해 출국이 적당하지 않은 자

② 형사재판에 계속 중인 사람

③ 징역형이나 금고형의 집행이 끝나지 않은 자

④ 1천만 원 이상 벌금이나, 2천만 원 이상의 추징금을 내지 않은 자

⑤ 5천만 원 이상의 국세, 관세 또는 3천만 원 이상의 지방세를 정당한 사유 없이 그 납부기한까지 내지 않은 자

⑥ 대한민국의 이익이나 공공의 안전 또는 경제 질서를 해칠 우려가 있어 출국이 적당하지 않다고 법무부령으로 정한 자
⑦ 「양육비 이행확보 및 지원에 관한 법률」 제21조의 4 제1항에 따른 양육비 채무자 중 양육비이행심의위원회의 심의 · 의결을 거친 사람

2) 국민의 입국

출국과 비슷하게 국민은 유효한 여권을 가지고 출입국항에서 출입국관리공무원에게 입국심사를 받아야 하며, 유효한 여권을 가지지 아니한 자는 국민임을 증명할 수 있는 서류를 제출하고 이를 심사받고 입국할 수 있다.

03. 외국인의 출입국

1) 외국인의 입국

(1) 사증 입국

외국인이 국내에 입국할 때에 유효한 여권과 법무부장관이 발급한 사증을 가지고 있어야 입국이 가능하다.

(2) 무사증 입국

다음 해당 외국인은 사증 없이 입국이 가능하다.
① 재입국허가를 받은 자, 재입국허가면제자 이 두 가지의 기간이 끝나기 전에 입국한 자
② 대한민국과 사증면제협정을 체결한 국가의 국민으로서 그 협정에 따른 면제대상자
③ 외국정부 또는 국제기구의 업무를 수행하는 자로서 부득이한 사유로 사증 없이 입국하고자 하는 자
④ 법무부령이 정하는 기간 내에 대한민국을 관광 또는 통과할 목적으로 입국하는 자
⑤ 법무부장관이 대한민국에 이익 등을 위해 입국이 필요하다고 인정하는 자

⑥ 난민여행증명서를 발급받고 출국한 후 그 유효기간이 끝나기 전에 입국한 자

(3) 입국허가서에 의한 입국

대한민국과 수교하지 않은 국가 중 법무부장관, 외교부장관이 지정한 국가의 재외공관이 발행한 입국허가서를 가지고 있다면 입국이 가능하다.

2) 외국인의 입국심사

외국인은 입국할 때 체류자격을 갖추고 입국심사를 받아야 하며, 다음과 같은 요건을 갖추었는지 확인 후 입국을 허가한다. 입국심사 시 생체정보 등에 관한 법령에 따라 지문과 얼굴에 관한 정보를 제공한 외국인으로서 정보화기기를 이용한 입국심사를 받을 수 있다(제12조의 2).

① 여권 · 사증이 유효할 것
② 입국목적이 체류자격에 맞을 것
③ 체류기간이 법무부령으로 정하는 바에 따라 정해졌을 것
④ 입국의 금지 또는 거부의 대상이 아닐 것

위와 같은 요건을 갖추어야 입국이 가능하나 예외인 자도 있다.

① 17세 미만의 사람
② 외국정부 · 국제기구의 업무를 수행하려는 자와 그의 가족
③ 외국과의 우호와 문화교류 · 경제활동 등에 있어 대한민국의 이익 등에 도움을 줄 것으로 보고 대통령령으로 정하는 사람

3) 입국금지

다음과 같은 금지요건에 해당되는 자는 국내에 입국할 수 없다.

① 감염병환자, 마약중독자, 공중위생상 이상자
② 총 · 화약 · 도검 등 위법하게 가지고 입국하는 자
③ 대한민국의 이익이나 공공의 안전을 해치는 행동을 할 염려가 있을만한 이유가 있는 자
④ 경제질서 · 사회질서를 해칠 염려가 있다고 인정할 만한 이유가 있는 자

⑤ 사리분별력이 없고 국내에서 보호자 없이는 생활이 불가능한 자

⑥ 강제퇴거명령을 받고 5년이 지나지 아니한 자

⑦ 법무부장관이 입국이 적당하지 않다고 한 자

⑧ 1910년 8월 29일부터 1945년 8월 15일까지 사이에 다음 각 목의 어느 하나에 해당하는 정부의 지시를 받거나 그 정부와 연계하여 인종, 민족, 종교, 국적, 정치적 견해 등을 이유로 사람을 학살·학대하는 일에 관여한 사람

ⓐ 일본 정부

ⓑ 일본 정부와 동맹 관계에 있던 정부

ⓒ 일본 정부의 우월한 힘이 미치던 정부

출국금지와 출국정지

▮출국금지와 출국정지

출입국관리법은 "법무부장관은 아래와 같은 경우에 6개월 이내의 기간을 정하여 출국을 금지"할 수 있도록 규정하고 있습니다.

① 형사재판에 계속(주)%) 중인 사람

② 징역형이나 금고형의 집행이 끝나지 아니한 사람

③ 대통령령으로 정하는 금액 이상의 벌금이나 추징금을 내지 아니한 사람

④ 대통령령으로 정하는 금액 이상의 국세·관세 또는 지방세를 정당한 사유 없이 그 납부기한까지 내지 아니한 사람

⑤ 「양육비 이행확보 및 지원에 관한 법률」 제21조의 4 제1항에 따른 양육비 채무자 중 양육비 이행심 의위원회의 심의·의결을 거친 사람

⑥ 그 밖에 제1호부터 제5호까지의 규정에 준하는 사람으로서 대한민국의 이익이나 공공의 안전 또는 경제질서를 해칠 우려가 있어 그 출국이 적당하지 아니하다고 법무부령으로 정하는 사람

그리고 범죄수사를 위하여 출국이 적당하지 아니하다고 인정되는 경우에는 1개월 이내의 기간을 정 하여 출국을 금지할 수 있도록 규정하고 있죠.

여기서 추가로 살펴볼 규정이, "기소중지 또는 수사중지된 사람 또는 도주 등 특별한 사유가 있어 수 사진행이 어려운 사람의 경우에는 3개월 이내 출국을 금지"시킴으로 하여, 형사사건의 피의자의 경우라도 특별한 사정이 있는 경우에는 출국금지의 기간을 늘려놓고 있습니다.

▮출국금지와 출국정지 차이점

결론부터 말씀드리면 출국금지는 내국인에게 적용되며, 출국정지는 외국인에게 적용됩니다.

이러한 차이점은 내국인에게 적용되는 기본권과 외국인에게 적용되는 기본권이 다르기 때문에 생

기는데, 우리나라 국적을 갖지 않는 사람에게 출국을 하지 못하게 하는 처분을 내리는 것은 상호주의 원칙에 반할 소지가 있고, 거주이전의 자유 또는 출국할 수 있는 자유 또한 뺏어버리기 때문입니다.

다만, 내국인이나 외국인이나 출국을 제한하는 사유는 "형사사건으로 수사 또는 재판 중이거나, 벌금 또는 추징금을 납부하지 않았거나, 그밖에 특별한 경우"로 제한하고 있습니다. 즉 특별한 경우가 아닌 한 출국은 제한되지 않습니다. 따라서 단순히 수사나 재판을 받고 있다고 하더라도 출국이 제한되는 것도 아닙니다.

▮출국금지 해제

출국금지는 사유가 없어졌거나 금지할 필요가 없다고 인정할 때에는 즉시 해제해야 합니다. 출국금지 해제는 법무부장관이 하는 것인데, 일반적으로 사유가 존재하는지 여부에 대한 판단은 출국금지 요청한 기관이므로 이 기관의 장이 해제를 요청하게 됩니다.

예를 들어 기소중지된 피의자가 체포되어 재판이 확정된 경우, 출국금지를 요청한 검찰청의 장은 법무부장관에 해제를 요청해야만 하죠.

▮출국금지 이의신청

실무적으로 문제되는 것은 출국금지 결정이나 해제가 아닙니다. 출입국 관리법의 출국금지에 대한 규정이 '필요한 경우라'고 규정되어 있어, 출국금지사유가 상당히 넓어지기 때문입니다. 도주의 우려가 없는 경우에도 출국을 금지하는 경우도 있기 때문에, 결국 출국금지가 내려졌을 때 어떻게 대처를 해야 하느냐가 문제가 되죠.

「출입국관리법」은 출국금지에 대해 이의신청을 할 수 있도록 규정하고 있습니다. 출국금지가 내려지거나 기간이 연장된 사람은 통지를 받은 날 또는 안날로부터 10일 이내에 법무부장관에게 이의신청을 할 수 있도록 규정하고 있습니다.

법무부장관은 15일 이내에 이의신청의 타당성 여부를 결정해야만 하고, 부득이한 경우에는 15일의 범위에서 그 기간을 연장할 수 있죠. 만약 이의신청에 이유가 있다고 판단하면 출국금지를 해제하거나 출국금지기간의 연장을 철회하여야 하고, 그 이의신청이 이유 없다고 판단되면 이를 기각하고 그 사유를 서면에 적어 통보하여야 합니다.

제가 진행했던 사건 중 기소중지자에 대한 출국금지가 내려진 적이 있었습니다. 이때에도 출국금지에 대한 이의신청을 통해 출국금지가 풀린 적이 있었습니다. 입국 당시부터 재기신청을 통해 자수의 형식으로 입국하였고, 이후 수사단계에서도 범죄혐의가 없다고 판단이 내려졌음에도 불구하고 수사중이라는 이유로 출국금지가 내려졌었던 사건이었습니다.

자료: 구본준형사전문변호사 블로그, https://blog.naver.com/999law/222874576361.

04. 사증

사증은 개인이 타국으로 들어가려고 할 때 그 나라 대사·공사·영사로부터 여권의 검사를 받고 서명을 받는 일이다.

1) 사증의 종류

(1) 단수사증

① 1회에 한하여 입국할 수 있다.

② 발급일로부터 3개월

③ 수수료는 90일 이하 약 미화 40달러, 90일 이상 약 60달러

외교공무 사증	취업 사증	비영리 단기 사증	일반 장기사증 1	일반 장기사증 2
외교(A-1)	단기취업(C-4)	일시 취재(C-1)	문화예술(D-1)	무역경영(D-9)
공무(A-2)	교수(E-1)	단기상용(C-2)	유학(D-2)	구직(D-10)
협정(A-3)	회화지도(E-2)	단기종합(C-3)	산업연수(D-3)	방문동거(F-1)
	연구(E-3)		일반연수(D-4)	거주(F-2)
	기술지도(E-4)		취재(D-5)	동반(F-4)
	전문직업(E-5)		종교(D-6)	재외동포(F-4)
	특정활동(E-7)		기업투자(D-8)	영주(F-5)
	비전문취업(E-9)			결혼이민(F-6)
	내항선원(E-10)			기타(G-1)
	관광취업(H-1)			
	방문취업(H-2)			

(2) 복수사증

① 2회 이상 입국할 수 있다.

② 영 별표 1 중 체류자격 1. 외교(A-1) 내지 3. 협정(A-3)에 해당하는 자는 3년 이내

③ 영 별표 1 중 31, 방문취업(H-2)에 해당자는 5년 이내
④ 복수사증 발급협정 등에 의하여 발급된 것은 협정상의 기간
⑤ 상호주의, 기타 국가이익 등을 고려하여 발급된 것은 법무부장관이 따라 정하는 기간
⑥ 미화 약 90달러

2) 사증의 발급

(1) 발급신청

사증을 발급받고자 할 때 사증발급신청서와 법무부령이 정하는 서류를 첨부하여 재외공관의 장에게 제출하여야 한다. 온라인으로는 법무부장관이 설치·운영하는 정보통신망을 통해 신청이 가능하다.

(2) 발급기준

법무부장관이 사증발급 승인을 하거나 위임에 따라 재외공관의 장이 발급을 하는 경우 신청자는 다음의 요건을 갖추었는지 심사해야 한다.

① 유효한 여권소지 여부
② 입국의 금지 또는 거부대상의 여부
③ 영 별표 1에서 정하는 체류자격 해당 여부
④ 영 별표 1에서 정하는 체류자격에 부합한 입국목적을 소명한 여부
⑤ 해당 체류자격별로 허가된 체류기간 내에 본국으로 귀국할 것이 인정되는지 여부
⑥ 그 밖에 영 별표 1의 체류자격별로 법무부장관이 따로 정하는 기준에 해당하는지 여부

3) 단체사증

① 재외공관의 장은 일시 방문하는 외교사절단, 국제행사 참가단체, 수학여행단체, 기타 여행객 단체로서 그 구성원의 수가 법무부장관이 따로 정하는 인원을 초과하는 단체의 구성원이 동일한 선반·항공기·기차·자동차 및 기타의 교통기관으로 입국하고자 하는 경우 단체사증을 발급할 수 있다.
② 발급을 받고자 할 때 그 대표자는 구성원의 여권과 법무부장관이 지정한 서류를 구비하여 재외공관의 장에게 제출한다.

③ 재외공관이 단체사증을 교부하는 때에는 제출된 단체사증발급신청서 사본에 재외공관의 확인인을 찍어 그 사증과 함께 교부하고, 입국할 때 출입국관리공무원에게 대표자가 이를 제시해야 한다.

4) 사증면제제도

국가 간 이동을 위해서는 원칙적으로 사증(입국허가)이 필요하다. 사증을 받기 위해서는 상대국 대사관이나 영사관을 방문하여 방문국가가 요청하는 서류 및 사증 수수료를 지불해야 하며, 경우에 따라서는 인터뷰도 거쳐야 하는 번거로움이 있다. 사증면제제도란 이런 번거로움을 없애기 위해 국가 간 협정이나 일방 혹은 상호 조치에 의해 사증 없이 상대국에 입국할 수 있는 제도이다.

표 8-3 **사증면제협정 체결 현황**

<table>
<tr><td colspan="2">15일</td><td>나우루(14일), 베트남, 라오스</td></tr>
<tr><td colspan="2">21일</td><td>필리핀</td></tr>
<tr><td colspan="2">30일</td><td>튀니지, 브루나이, 몰디브, 바레인, 오만, 카타르, 사우디, 쿡 제도(31일), 괌(미국), 키리바시, 미크로네시아, 파나마, 세인트빈센트 그레나딘(1개월), 세인트루시아(6주), 남아프리카공화국</td></tr>
<tr><td colspan="2">60일</td><td>사모아, 스와질란드</td></tr>
<tr><td rowspan="6">90일
또는
3개월</td><td>아주 지역</td><td>홍콩, 마카오, 대만, 뉴칼레도니아, 피지(4개월), 솔로몬, 태국, 뉴질랜드, 말레이시아, 싱가포르</td></tr>
<tr><td>중동
아프리카 지역</td><td>이집트, 보츠와나, 레소토, 튀니지, 예멘, 모로코, 라이베리아, 이스라엘, 조지아(360일)</td></tr>
<tr><td>미주 지역</td><td>바베이도스, 바하마, 코스타리카, 도미니카 공화국, 그레나다, 자메이카, 아이티, 도미니카연방(6개월), 아루바, 버진 아일랜드, 세인트킷츠네비스, 트리니다드토바고, 수리남, 온두라스, 안티구아바뷰다, 니카라과, 엘살바도르, 버뮤다(6개월), 멕시코(180일), 브라질, 과테말라, 칠레, 아르헨티나, 콜롬비아, 에콰도르, 우루과이, 페루, 베네수엘라, 가이아나</td></tr>
<tr><td>구주 지역</td><td>쉥겐국가(오스트리아, 벨기에, 체코, 덴마크, 에스토니아, 핀란드, 프랑스, 독일, 그리스, 헝가리, 아이슬란드, 이탈리아, 라트비아, 리히텐슈타인, 리투아니아, 룩셈부르크, 몰타, 네덜란드, 노르웨이, 폴란드, 포르투갈, 슬로바키아, 스페인, 스웨덴, 스위스), 알바니아, 안도라, 보스니아-헤르체고비나, 불가리아, 크로아티아, 아일랜드, 코소보, 마케도니아, 몬테네그로, 루마니아, 세르비아, 터키, 우크라이나, 영국</td></tr>
<tr><td>일본</td><td>구상서 교환에 의한 90일간 사증 면제</td></tr>
<tr><td></td><td></td></tr>
</table>

	캐나다	상호 합의에 의거 6개월간 사증 면제
	이탈리아	협정상의 체류기간은 60일이나 상호주의로 90일간 체류기간 부여
	러시아	비자면제협정으로 관련 문제 없음
	인도	한국이 인도의 11번째 도착비자 대상국에 포함(2014년 3월: 지문인식, 안면 사진 촬영), 비자 접수 가능
	중국	북경, 상하이: 72시간 무비자(2013년 1월 1일)

주: • 출국세 납부대상자: 모든 내국인 / 출국세 납부제외자: 외국인, 2세 이하 유아(상기 비자관련 상세정보는 해당국 재외공관에 문의)
• 여권 유효기간이 최소한 6개월 이상 남아야만 입국이 가능한 국가 많음
• VISA 서류 및 발급은 수시로 변경되므로 반드시 확인하여야 함
• 여행사 대행수수료는 별도
• 72시간 비자면제대상 국가는 일본, 미국, 러시아, 호주, 아이슬란드, 스위스, 및 유럽연합(45개국, 노르웨이 제외)
• 카자흐스탄 11/29 비자면제: 총 180일 중 60일을 초과할 수 없음

5) 코로나-19로 인한 사증면제협정 중단

① 2020년 4월 13일 이후 우리나라와 비자면제협정을 체결하였거나 우리 정부가 무비자입국을 허용한 국가 및 지역(90개)에 대하여 비자면제 등을 잠정적으로 정지하고 있다.

ⓐ 비자면제협정 국가: 56개국

ⓑ 무비자입국 국가 및 지역 34개

※일본은 3월 9일 부 입국제한조치 이미 시행 중

② 이에 따라 대상국(90개 국가 및 지역) 여권을 소지한 사람이 한국에 입국하려면 주재국 소재 대한민국 공관에서 비자를 발급받아야 한다.

(1) 사증면제협정 국가 56개

① 아 · 태(4): 뉴질랜드, 말레이시아, 싱가포르, 태국

② 미주(18): 바하마, 앤티가바부다, 아이티, 엘살바도르, 우루과이, 자메이카, 칠레, 코스타리카, 페루, 과테말라, 그레나다, 도미니카공화국, 브라질, 세인트루시아, 수리남, 콜롬비아, 트리니다드토바고, 파나마

③ 유럽(29): 불가리아, 이탈리아, 그리스, 네덜란드, 노르웨이, 덴마크, 독일, 라트비아, 러시아, 루마니아, 룩셈부르크, 리투아니아, 벨기에, 스웨덴, 스위스, 리히텐슈타인, 스페인, 슬로바키아, 아이슬란드, 에스토니아, 오스트리아, 체코, 카자흐스탄, 터키, 포르투갈, 폴

란드, 프랑스, 핀란드, 헝가리

④ 중동(4): 모로코, 아랍에미리트, 이스라엘, 튀니지

⑤ 아프리카(1): 레소토

(2) 무사증입국 국가 및 지역(34개)

⑪ 아・태(14): 나우루, 마셜제도, 마이크로네시아, 키리바시, 호주, 솔로몬제도, 투발루, 피지, 홍콩, 대만, 마카오, 브루나이, 사모아, 통가

② 미주(5): 아르헨티나, 에콰도르, 온두라스, 캐나다, 파라과이

③ 유럽(5): 몬테네그로, 보스니아헤르체고비나, 사이프러스, 세르비아, 크로아티아

④ 중동(5): 바레인, 오만, 사우디, 카타르, 쿠웨이트

⑤ 아프리카(5): 모리셔스, 남아프리카공화국, 보츠와나, 세이셸, 에스와티니

6) 출입국・외국인청(출입국관리사무소)

2018년 기준 국내 체류 외국인 수가 200만 명을 넘어서면서 출입국 업무 뿐 아니라 외국인에 관한 다양한 업무가 증가하였다. 법무부와 행정안전부에 따르면 출입국 업무를 담당하는 법무부 소속 19개 출입국관리사무소를 운영하고 있었으나 관리사무소라는 명칭에 관리 및 통제라는 부정적 이미지를 탈피하고 친근하고 친절한 이미지로 탈바꿈하기 위해 업무량과 규모에 따라 2가지로 명칭을 변경하였다.

기관 규모가 크고 업무량이 많은 인천공항・서울・부산・인천・수원・제주 출입국관리사무소 등 6개 출입국관리사무소는 '출입국・외국인청'으로, 김해・대구・대전・여수・양주・울산・김포・광주・창원・전주・춘천・청주 출입국관리사무소 등 13개 출입국관리사무소는 '출입국・외국인사무소'로 각각 명칭이 바뀌었다.

CHAPTER 9

여권법

01. 여권법

1) 여권법의 개요 및 목적

외국여행을 하고자 하는 국민에게 여행을 허가하고 그 증명서를 발급해주기 위해 만들어진 것이 여권이다. 여권은 국외여행을 하고자 하는 사람의 가장 기본적이고 필수적인 서류로서, 각국 정부가 자국민에게 국외여행을 할 수 있도록 발급하는 공식적 서류이다. 즉 여권이란 한 마디로 국가에서 발급하는 출국허가증이며, 여행자가 자국민임을 증명하고 국외여행을 하는 동안 방문국의 편의와 보호에 대한 협조를 받을 수 있도록 하는 공문서이다. 여권은 해외에서의 유일한 신원보증서이며, 또한 이에 대한 발급·관리·효력에 대해 규정해놓은 것이 「여권법」이다.

표 9-1 **여권법의 구성**

구분	내용	조문
제1장	목적 여권의 소지 발급권자	제1조 제2조 제3조

제2장	여권의 종류 여권의 유효기간 단수여권의 발급	제4조 제5조 제6조
제3장	여권의 수록정보와 수록방법 여권업무의 수행에 필요한 정보의 수집 · 보관과 관리 여권의 발급신청 자료의 제공과 협조 여권의 재발급 여권의 발급 등의 거부 · 제한 여권의 효력상실 여권을 갈음하는 증명서 여권의 기재사항변경 여권의 부정한 발급 · 행사 등의 금지 여권의 사용제한	제7조 제8조 제9조 제10조 제11조 제12조 제13조 제14조 제15조 제16조 제17조
제4장	여권정책심의위원회	제18조
제5장	여권 등의 반납 등 여권 등의 직접 회수	제19조 제20조
제6장	사무의 대행 등 수수료 여권 전자인증체계의 구축	제21조 제22조 제23조
제7장	벌칙	제24조～제26조

2) 여권법의 연혁과 내용

「여권법」의 연혁과 내용은 다음과 같다.

여권법

[시행 2024. 8. 14.] [법률 제20263호, 2024. 2. 13., 일부개정]

외교부(여권과) 02-2002-0133

제1장 총칙

제1조(목적) 이 법은 대한민국 국적 및 신분을 증명하는 여권(旅券)의 발급, 효력과 그 밖에 여권에 관하여 필요한 사항을 규정함을 목적으로 한다. 〈개정 2021. 1. 5.〉

제2조(여권의 소지) 외국을 여행하려는 국민은 이 법에 따라 발급된 여권을 소지하여야 한다.

제3조(발급권자) 여권은 외교부장관이 발급한다. 〈개정 2013. 3. 23.〉

제2장 여권의 종류 및 유효기간

제4조(여권의 종류) ① 여권의 종류는 다음 각 호와 같다. 〈개정 2021. 1. 5.〉

1. 일반여권
2. 관용여권
3. 외교관여권
4. 긴급여권(제1호부터 제3호까지의 규정에 따른 여권을 발급받거나 재발급받을 시간적 여유가 없는 경우로서 여권의 긴급한 발급이 필요하다고 인정되어 발급하는 여권을 말한다)

② 여권은 1회에 한정하여 외국여행을 할 수 있는 여권(이하 "단수여권"이라 한다)과 유효기간 만료일까지 횟수에 제한 없이 외국여행을 할 수 있는 여권(이하 "복수여권"이라 한다)으로 구분하며, 여권의 종류별로 다음 각 호의 구분에 따라 발급한다. 〈신설 2021. 1. 5.〉

1. 일반여권・관용여권과 외교관여권: 단수여권과 복수여권
2. 긴급여권: 단수여권

③ 삭제 〈2023. 8. 8.〉

제4조의2(관용여권의 발급대상자) 외교부장관은 다음 각 호의 어느 하나에 해당하는 사람에게 관용여권을 발급할 수 있다.

1. 공무(公務)로 국외에 여행하는 공무원
2. 「외무공무원법」 제32조에 따라 재외공관에 두는 행정직원
3. 그 밖에 대통령령으로 정하는 사람 [본조신설 2023. 8. 8.]

제4조의3(외교관여권의 발급대상자) 외교부장관은 다음 각 호의 어느 하나에 해당하는 사람에게 외교관여권을 발급할 수 있다.

1. 전직・현직 대통령
2. 전직・현직 국회의장
3. 전직・현직 대법원장
4. 전직・현직 헌법재판소장
5. 전직・현직 국무총리
6. 전직・현직 외교부장관
7. 특명전권대사 및 국제올림픽위원회 위원
8. 외교부장관이 지정한 외교부 소속 공무원
9. 「외무공무원법」 제31조에 따라 재외공관에 근무하는 다른 국가공무원 및 지방공무원
10. 특별사절 및 정부대표
11. 그 밖에 대통령령으로 정하는 사람 [본조신설 2023. 8. 8.]

제5조(여권의 유효기간) ① 제4조에 따른 여권(긴급여권은 제외한다)의 종류별 유효기간은 다음 각 호와 같다. 〈개정 2021. 1. 5.〉

1. 일반여권 : 10년 이내
2. 관용여권 : 5년 이내

3. 외교관여권 : 5년 이내

② 여권의 종류별 유효기간의 설정 등에 필요한 사항은 대통령령으로 정한다.

제5조의2(관용여권의 발급 관리) ① 외교부장관은 제19조제5항에 따른 관용여권의 반납 현황을 포함하여 정기적으로 관용여권의 발급 현황을 조사하여야 한다.

② 외교부장관은 제1항에 따른 관용여권 발급 현황 자료의 제출을 해당 기관의 장에게 요청할 수 있다. 이 경우 자료 제출을 요청받은 기관의 장은 특별한 사유가 없으면 그 요청에 따라야 한다.

③ 관용여권의 발급 현황 조사에 필요한 사항은 대통령령으로 정한다. [본조신설 2023. 8. 8.]

제6조(단수여권의 발급) ① 외교부장관은 다음 각 호의 어느 하나에 해당하는 경우에는 1년 이내의 유효기간이 설정된 단수여권을 발급할 수 있다. 〈개정 2013. 3. 23., 2021. 1. 5., 2023. 8. 8.〉

1. 여권발급 신청인이 요청하는 경우
2. 제12조의3에 따라 여권을 발급하는 경우
3. 삭제 〈2021. 1. 5.〉
4. 제11조제2항의 확인기간 내에 유학생의 학사일정에 따른 출국 등 부득이한 사유로 국외여행을 하여야 할 필요가 있다고 인정되는 사람에게 여권을 발급하는 경우
5. 긴급여권을 발급하는 경우

② 단수여권의 발급에 관한 세부사항은 대통령령으로 정한다.

제3장 여권의 발급, 재발급 및 사용제한 등

제7조(여권의 수록 정보와 수록 방법) ① 여권에 수록하는 정보는 다음 각 호와 같다. 〈개정 2018. 12. 24.〉

1. 여권의 종류, 발행국, 여권번호, 발급일, 기간만료일과 발급관청
2. 여권의 명의인(名義人)의 성명, 국적, 성별, 생년월일과 사진
3. 삭제 〈2009. 10. 19.〉

② 제1항 각 호의 정보는 대통령령으로 정하는 바에 따라 여권에 인쇄하고 전자적으로 수록한다. 다만, 재외공관에서의 여권발급 등 대통령령으로 정하는 부득이한 사유가 있는 경우에는 전자적으로 수록하지 아니할 수 있다.

제7조의2(여권의 로마자성명 수록 및 변경 등) ① 외교부장관은 제7조제1항제2호에 따른 여권의 명의인의 한글 성명을 대통령령으로 정하는 바에 따라 로마자표기(이하 이 조에서 "로마자성명"이라 한다)로 수록하여야 한다.

② 여권을 재발급받거나 여권의 효력상실로 여권을 다시 발급받으려는 사람이 한글 성명의 개명 등 대통령령으로 정하는 사유로 로마자성명의 정정이나 변경이 필요한 경우에는 외교부장관에게 로마자성명의 정정 또는 변경을 신청할 수 있다.

③ 외교부장관은 제2항의 신청에 따라 로마자성명을 정정하거나 변경할 수 있다. 다만, 로마자성명의 정정이나 변경을 범죄 등에 이용할 것이 명백하다고 인정되는 경우에는 로마자성명의 정정이나 변경을 거부할 수 있다. [본조신설 2023. 8. 8.]

제8조(여권업무의 수행에 필요한 정보의 수집 · 보관과 관리) ① 외교부장관은 제7조제1항 및 제7조의2제1항에 따

라 여권에 수록하는 정보를 포함하여, 여권을 발급받는 사람의 지문(指紋)(이하 "지문"이라 한다), 주소, 주민등록번호, 연락처, 국내 긴급연락처, 여권발급기록 등 외교부령으로 정하는 바에 따라 여권업무의 수행에 필요한 정보를 수집·보관하고 관리할 수 있다. 다만, 지문은 여권발급 과정에서 본인 여부를 확인하기 위한 목적 외에는 수집·보관·관리할 수 없으며 그 보관 및 관리 기간은 3개월 이내로 한다. 〈개정 2009. 10. 19., 2013. 3. 23., 2018. 12. 24., 2023. 8. 8.〉

② 외교부장관은 제1항에 따른 정보의 수집·보관 및 관리를 위하여 여권정보통합관리시스템을 구축하고 이를 제21조제1항에 따라 여권 사무를 대행하는 기관과 연계하여 운영할 수 있다. 〈신설 2018. 12. 24.〉

③ 제2항에 따른 여권정보통합관리시스템의 구축·운영에 필요한 사항은 대통령령으로 정한다. 〈신설 2018. 12. 24.〉

제9조(여권의 발급 신청) ① 여권을 발급받으려는 사람은 제8조의 정보를 제공하면서 외교부장관에게 여권의 발급을 신청하여야 한다. 다만, 지문을 채취할 수 없는 부득이한 사정이 있는 등 대통령령으로 정하는 경우에는 지문을 제공하지 아니할 수 있다. 〈개정 2013. 3. 23.〉

② 외교부장관은 「장애인복지법」 제2조제2항에 따른 장애인 중 시각장애인이 제1항에 따른 여권의 발급을 신청하는 경우 시각장애인용 점자 여권을 발급할 수 있다. 〈신설 2017. 3. 21., 2021. 1. 5.〉

③ 제1항에 따른 여권의 발급 신청은 본인이 직접 하여야 한다. 다만, 외교부령으로 정하는 사람에 대하여는 대리인으로 하여금 신청하게 할 수 있다. 〈개정 2013. 3. 23., 2017. 3. 21.〉

④ 18세 미만인 사람이 제1항에 따라 여권을 발급받으려는 경우에는 법정대리인의 동의를 받아 여권의 발급을 신청하여야 한다. 〈신설 2021. 1. 5.〉

제10조(정보의 제공 등 협조 요청) ① 외교부장관은 여권의 발급 및 효력상실과 관련하여 필요한 경우에는 관계 기관의 장에게 다음 각 호의 정보의 제공이나 그 밖에 필요한 협조를 요청할 수 있다. 〈개정 2021. 1. 5.〉

1. 주민등록사항에 관한 전산정보
2. 가족관계 등록사항에 관한 전산정보
3. 출입국기록정보
4. 병적기록 등 병역 관계 정보

② 제1항에 따른 정보의 제공 등의 협조를 요청받은 관계 기관의 장은 특별한 사유가 없으면 요청에 따라야 한다. 〈개정 2021. 1. 5.〉 [전문개정 2013. 5. 22.] [제목개정 2021. 1. 5.] 1조(여권의 재발급) ① 여권을 발급받은 사람은 다음 각 호의 어느 하나에 해당하면 외교부장관에게 여권의 재발급을 신청할 수 있다. 〈개정 2013. 3. 23., 2021. 1. 5., 2023. 8. 8.〉

1. 제7조제1항 각 호 및 제7조의2제1항의 정보의 정정이나 변경이 필요한 경우
2. 발급받은 여권을 잃어버린 경우
3. 발급받은 여권이 훼손된 경우

② 외교부장관은 다음 각 호의 어느 하나에 해당하는 경우에는 여권의 재발급 전에 여권을 잃어버리게 된 경위 등을 관계 기관을 통하여 확인할 수 있다. 이 경우 확인기간은 특별한 사유가 없는 한 재발급 신청일부터 30일 이내로 한다. 〈개정 2013. 3. 23.〉

1. 여권의 재발급 신청일 전 5년 이내에 2회 이상 여권을 잃어버린 사람이 같은 사유로 여권의 재발급을 신청하는 경우
2. 여권을 잃어버리게 된 경위를 정확하게 기재하지 아니하거나 그 경위를 의심할만한 상당한 이유가 있는

경우

③ 여권의 재발급에 필요한 사항은 대통령령으로 정한다.

제12조(여권의 발급 등의 거부) ① 외교부장관은 다음 각 호의 어느 하나에 해당하는 사람에 대하여는 여권의 발급 또는 재발급을 거부할 수 있다. 〈개정 2013. 3. 23., 2017. 3. 21., 2021. 1. 5., 2021. 4. 20., 2023. 3. 28.〉

1. 장기 2년 이상의 형(刑)에 해당하는 죄로 인하여 기소(起訴)되어 있는 사람 또는 장기 3년 이상의 형에 해당하는 죄로 인하여 기소중지 또는 수사중지(피의자중지로 한정한다)되거나 체포영장·구속영장이 발부된 사람 중 국외에 있는 사람
2. 제24조부터 제26조까지의 죄를 범하여 실형을 선고받고 그 집행이 끝나거나(집행이 끝난 것으로 보는 경우를 포함한다) 집행이 면제되지 아니한 사람

2의2. 제2호의 죄를 범하여 형의 집행유예를 선고받고 그 유예기간 중에 있는 사람

3. 제2호의 죄 외의 죄를 범하여 금고 이상의 실형을 선고받고 그 집행이 끝나거나(집행이 끝난 것으로 보는 경우를 포함한다) 집행이 면제되지 아니한 사람

3의2. 제2호의 죄 외의 죄를 범하여 금고 이상의 형의 집행유예를 선고받고 그 유예기간 중에 있는 사람

4. 국외에서 대한민국의 안전보장·질서유지나 통일·외교정책에 중대한 침해를 일으킬 우려가 있는 경우로서 다음 각 목의 어느 하나에 해당하는 사람
   가. 출국할 경우 테러 등으로 생명이나 신체의 안전이 침해될 위험이 큰 사람
   나. 「보안관찰법」 제4조에 따라 보안관찰처분을 받고 그 기간 중에 있으면서 같은 법 제22조에 따라 경고를 받은 사람

② 외교부장관은 제1항제4호에 해당하는 사람인지의 여부를 판단하려고 할 때에는 미리 법무부장관과 협의하고 제18조에 따른 여권정책협의회의 심의를 거쳐야 한다. 〈개정 2013. 3. 23., 2023. 3. 28.〉

③ 삭제 〈2023. 8. 8.〉

④ 삭제 〈2023. 8. 8.〉 [제목개정 2023. 8. 8.]

제12조의2(여권의 발급 등의 제한) ① 외교부장관은 다음 각 호의 어느 하나에 해당하는 사람에 대해서는 그 사실이 있는 날부터 다음 각 호의 기간 동안 여권의 발급 또는 재발급을 제한할 수 있다.

1. 제12조제1항제2호의 죄를 범하여 실형을 선고받고 그 집행이 끝나거나(집행이 끝난 것으로 보는 경우를 포함한다) 집행이 면제된 사람: 2년
2. 제12조제1항제2호의 죄를 범하여 형의 집행유예를 선고받고 그 유예기간이 경과한 사람: 1년

② 외교부장관은 외국에서 살인, 강도, 납치, 인신매매, 성범죄, 마약류범죄, 밀항·밀입국이나 그 밖의 중대한 위법행위(유죄판결이 확정된 행위로 한정한다)를 하여 외국 정부로부터 강제퇴거 조치, 대한민국 정부에 대한 항의나 시정·배상·사죄 요구 조치 또는 대한민국 정부 또는 국민에 대하여 권익제한이나 의무부과를 신설·강화하는 조치를 받고 그 사실이 재외공관 또는 관계 행정기관으로부터 통보된 사람에 대하여 그 사실이 있는 날부터 다음 각 호의 기간 동안 여권의 발급 또는 재발급을 제한할 수 있다.

1. 해당 위법행위의 국내법상 법정형(法定刑)이 단기 1년 이상인 징역형 또는 금고형 이상에 해당하거나 그보다 중한 사람: 3년
2. 해당 위법행위의 국내법상 법정형이 단기 1년 미만이면서 장기 3년 이상인 징역형 또는 금고형에 해당하는 사람: 2년

3. 해당 위법행위의 국내법상 법정형이 단기 1년 미만이면서 장기 3년 미만인 징역형 또는 금고형에 해당하는 사람: 1년

③ 외교부장관은 제1항 및 제2항에도 불구하고 위법행위의 내용 및 횟수, 국위(國威) 손상 정도 등을 고려하여 필요하다고 인정하는 경우에는 제1항 및 제2항에 따른 기간의 2분의 1의 범위에서 가중하거나 감경할 수 있다. 다만, 가중하는 경우에도 3년을 초과할 수 없다. [본조신설 2023. 8. 8.]

제12조의3(긴급한 인도적 사유에 따른 예외적 여권 발급) 외교부장관은 제12조 또는 제12조의2에 따라 여권의 발급 또는 재발급이 거부되거나 제한된 사람에 대하여 긴급한 인도적 사유 등 대통령령으로 정하는 사유가 있는 경우에는 해당 사유에 따른 여행목적에만 사용할 수 있는 여권을 발급할 수 있다. [본조신설 2023. 8. 8.]

제13조(여권의 효력상실) ① 여권은 다음 각 호의 어느 하나에 해당하는 때에는 그 효력을 잃는다. 〈개정 2017. 3. 21., 2021. 1. 5., 2023. 8. 8.〉

1. 여권의 명의인이 사망하거나 「국적법」에 따라 대한민국 국적을 상실한 때

1의2. 여권의 유효기간이 끝난 때

1의3. 관용여권 및 외교관여권의 명의인이 제4조의2 및 제4조의3에 따른 발급대상자에 해당하지 아니하게 된 때. 다만, 관용여권 및 외교관여권의 명의인이 국외에 체류하고 있을 때에는 외교부령으로 정하는 귀국에 필요한 기간 동안은 그러하지 아니하다.

2. 여권이 발급된 날부터 6개월이 지날 때까지 신청인이 그 여권을 받아가지 아니한 때
3. 여권을 잃어버려 그 명의인이 대통령령으로 정하는 바에 따라 분실을 신고한 때
4. 여권의 발급 또는 재발급을 신청하기 위하여 반납된 여권의 경우에는 신청한 여권이 발급되거나 재발급된 때
5. 발급된 여권이 변조된 때
6. 여권이 다른 사람에게 양도되거나 대여되어 행사된 때
7. 삭제 〈2021. 1. 5.〉
8. 제19조에 따라 여권의 반납명령을 받고도 지정한 반납기간 내에 정당한 사유 없이 여권을 반납하지 아니한 때
9. 단수여권의 경우에는 여권의 명의인이 해당 단수여권을 발급한 국가(재외공관의 장이 단수여권을 발급한 경우에는 그 재외공관이 설치된 국가)로 복귀한 때

② 제1항제1호, 제2호부터 제6호까지 및 제8호의 규정에 따른 여권의 효력상실 사유를 알게 된 지방자치단체의 소속 공무원 중 여권의 발급이나 재발급에 관한 사무를 담당하는 사람, 경찰공무원, 자치경찰공무원, 출입국관리나 세관업무에 종사하는 사람으로서 사법경찰관리의 직무를 행하는 사람은 그 사실을 외교부장관에게 통보하여야 한다. 〈개정 2013. 3. 23., 2020. 12. 22., 2021. 1. 5.〉

③ 외교부장관은 제12조제1항제1호에 해당하는 사람에게 유효한 여권이 있는 경우 해당 여권을 무효처분할 수 있다. 〈신설 2023. 8. 8.〉

제14조(여권을 갈음하는 증명서) ① 외교부장관은 국외에 체류하거나 거주하고 있는 사람으로서 여권의 발급・재발급이 거부 또는 제한되었거나 외국에서 강제 퇴거된 사람 등 대통령령으로 정하는 사람에게 여행목적지가 기재된 서류로서 여권을 갈음하는 증명서(이하 "여행증명서"라 한다)를 발급할 수 있다. 〈개정 2013. 3. 23., 2021. 1. 5.〉

② 여행증명서의 유효기간은 1년 이내로 하되, 그 여행증명서의 발급 목적을 이루면 그 효력을 잃는다.

③ 여행증명서의 발급과 효력에 관하여는 제7조, 제7조의2, 제8조부터 제10조까지, 제12조, 제12조의2, 제12조의3, 제13조, 제16조부터 제18조까지의 규정을 준용한다. 〈개정 2009. 10. 19., 2023. 8. 8.〉

제15조(여권의 기재사항변경) 여권을 발급받은 사람은 외교부장관에게 제7조제1항 각 호 및 제7조의2제1항의 정보를 제외한 여권의 기재사항변경을 신청할 수 있다. 〈개정 2013. 3. 23., 2023. 8. 8.〉

제16조(여권의 부정한 발급 · 행사 등의 금지) 누구든지 다음 각 호에 해당하는 행위를 하여서는 아니 된다. 〈개정 2024. 2. 13.〉

1. 여권의 발급이나 재발급을 받기 위하여 제출한 서류에 거짓된 사실을 적거나 그 밖의 부정한 방법으로 여권의 발급 · 재발급을 받는 행위나 이를 알선하는 행위
2. 다른 사람 명의의 여권(여권의 이미지 파일 또는 복사본을 포함한다)을 부정하게 사용하는 행위
3. 사용하게 할 목적으로 여권을 다른 사람에게 양도 · 대여하거나 이를 알선하는 행위
4. 사용할 목적으로 다른 사람 명의의 여권을 양도받거나 대여받는 행위
5. 채무이행의 담보로 여권을 제공하거나 제공받는 행위

제17조(여권의 사용제한 등) ① 외교부장관은 천재지변 · 전쟁 · 내란 · 폭동 · 테러 등 대통령령으로 정하는 국외 위난상황(危難狀況)으로 인하여 국민의 생명 · 신체나 재산을 보호하기 위하여 국민이 특정 국가나 지역을 방문하거나 체류하는 것을 중지시키는 것이 필요하다고 인정하는 때에는 기간을 정하여 해당 국가나 지역에서의 여권의 사용을 제한하거나 방문 · 체류를 금지(이하 "여권의 사용제한 등"이라 한다)할 수 있다. 다만, 영주(永住), 취재 · 보도, 긴급한 인도적 사유, 공무 등 대통령령으로 정하는 목적의 여행으로서 외교부장관이 필요하다고 인정하면 여권의 사용과 방문 · 체류를 허가할 수 있다. 〈개정 2013. 3. 23.〉

② 외교부장관이 제1항에 따라 여권의 사용제한 등을 하려면 대통령령으로 정하는 절차와 방식에 따라 대상 국가나 지역, 여권의 사용제한 등의 범위 · 조건과 기간, 여권의 사용과 방문 · 체류의 허가 신청절차 등을 정하여 고시하여야 한다. 〈개정 2013. 3. 23.〉

③ 외교부장관은 국외 위난상황의 해소 등으로 여권의 사용제한 등을 지속할 필요가 없는 경우에는 지체 없이 그 여권의 사용제한 등을 해제하고, 그 사실을 고시하여야 한다. 〈개정 2013. 3. 23.〉

④ 외교부장관이 제1항과 제3항에 따라 여권의 사용제한 등과 그 해제, 여권의 사용과 방문 · 체류의 허가를 할 때에는 미리 제18조에 따른 여권정책협의회의 심의를 거쳐야 한다. 〈개정 2013. 3. 23., 2023. 3. 28.〉

제4장 여권정책협의회 〈개정 2023. 3. 28.〉

제18조(여권정책협의회) ① 여권업무에 관한 다음 각 호의 사항을 심의하기 위하여 외교부에 여권정책협의회(이하 "협의회"라 한다)를 둔다. 〈개정 2013. 3. 23., 2021. 1. 5., 2023. 3. 28.〉

1. 여권발급 수수료의 금액 산정기준과 발급장비의 규격 선정기준
2. 개인정보보호 및 여권의 보안기술에 관한 사항
3. 제12조제1항제4호에 해당하는 사람에 대한 여권의 발급이나 재발급의 거부에 관한 사항
4. 제17조제1항 본문에 따른 여권의 사용제한 등과 그 해제에 관한 사항
5. 제17조제1항 단서에 따른 여권의 사용과 방문 · 체류의 허가에 관한 사항
6. 그 밖에 협의회의 위원장이 회의에 부치는 여권업무 관련 주요 사항

② 협의회는 위원장과 부위원장 각 1명을 포함한 20명 이내의 위원으로 구성한다. 〈개정 2023. 3. 28.〉

③ 협의회의 업무를 효율적으로 추진하기 위하여 협의회에 분과협의회를 설치 · 운영할 수 있다. 〈개정 2023. 3. 28.〉

④ 삭제 〈2023. 3. 28.〉

⑤ 협의회와 분과협의회의 구성과 운영 등에 관하여 필요한 사항은 대통령령으로 정한다. 〈개정 2023. 3. 28.〉 [제목개정 2023. 3. 28.]

제5장 여권의 반납과 직접 회수

제19조(여권 등의 반납 등) ① 외교부장관은 다음 각 호의 어느 하나에 해당하는 사유가 있어서 여권이나 여행증명서(이하 "여권 등"이라 한다)를 반납시킬 필요가 있다고 인정하면 여권 등의 명의인에게 반납에 필요한 적정한 기간을 정하여 여권 등의 반납을 명할 수 있다. 〈개정 2013. 3. 23., 2021. 1. 5., 2023. 8. 8.〉

1. 여권 등의 명의인이 그 여권 등을 발급받은 후에 제12조제1항 각 호(제1호는 제외한다), 제12조의2제1항 각 호 및 같은 조 제2항 각 호의 어느 하나에 해당하는 사람임이 밝혀진 경우
2. 여권 등의 명의인이 그 여권 등을 발급받은 후에 제12조제1항 각 호(제1호는 제외한다), 제12조의2제1항 각 호 및 같은 조 제2항 각 호의 어느 하나에 해당하게 된 경우
3. 착오나 과실로 인하여 여권 등이 발급된 경우
4. 「병역법」 제70조에 따른 국외여행 허가를 받아야 하는 사람으로서 같은 조에 따른 국외여행 허가를 받지 아니하거나 국외여행 허가 기간을 지나 국외 체류 중인 경우

② 유효한 여권 등을 소지하고 있는 사람이 새로운 여권 등을 발급받거나 제11조제1항제1호 및 제3호에 따른 사유 등으로 여권 등을 재발급 받으려면 소지하고 있는 여권 등을 반납하여야 한다. 〈개정 2021. 1. 5.〉

③ 여권 등의 명의인이 사증의 사용 등을 위하여 반납하여야 할 여권 등을 보존할 것을 신청하는 경우 외교부장관은 그 여권 등에 구멍을 뚫어 이를 그 여권 등의 명의인이 보존하게 할 수 있다. 〈개정 2013. 3. 23., 2021. 1. 5.〉

④ 외교부장관은 제1항제1호와 제2호에 해당하는 사람의 여권 등을 반납받는 경우 제12조의2에 따른 여권 등의 발급제한사유에 해당하는 사람의 여권 등은 해당 제한기간 동안 이를 보관하여야 하고, 그 기간이 지나면 여권 등의 명의인에게 돌려주어야 한다. 〈개정 2013. 3. 23., 2023. 8. 8.〉

⑤ 제13조제1항제1호의3에 따라 관용여권의 효력이 상실된 경우 그 소속 기관의 장은 해당 여권을 회수하여 외교부장관에게 반납하여야 한다. 〈신설 2023. 8. 8.〉

⑥ 그 밖에 여권 등의 회수와 반납에 필요한 사항은 대통령령으로 정한다. 〈신설 2023. 8. 8.〉

제20조(여권 등의 직접 회수) 외교부장관은 제16조를 위반한 사람이나 제19조제1항에 따른 반납명령을 받고 정당한 사유 없이 여권 등을 반납하지 아니한 사람이 소지한 여권 등 또는 같은 조 제5항에 따라 소속 기관의 장이 회수 · 반납하지 아니한 여권은 이를 직접 회수할 수 있다. 〈개정 2013. 3. 23., 2023. 8. 8.〉

제6장 사무의 대행 및 수수료 등

제21조(사무의 대행 등) ① 외교부장관은 여권 등의 발급, 재발급과 기재사항변경에 관한 사무의 일부를 대통령령으로 정하는 바에 따라 지방자치단체의 장에게 대행(代行)하게 할 수 있다. 〈개정 2013. 3. 23., 2021.

1. 5.〉

② 여권 등의 발급, 재발급과 기재사항변경을 신청하려는 사람은 그의 주소지를 관할하지 아니하는 지방자치단체의 장에게도 이를 신청할 수 있다.

③ 외교부장관은 제20조에 따른 여권 등의 직접 회수에 관한 권한을 대통령령으로 정하는 바에 따라 다음 각 호로 정하는 사람으로 하여금 대행하게 할 수 있다. 〈개정 2013. 3. 23., 2020. 12. 22.〉

1. 외교부 · 지방자치단체의 소속 공무원 중 여권 등의 발급에 관한 사무를 담당하는 사람
2. 경찰공무원이나 자치경찰공무원
3. 출입국관리나 세관업무에 종사하는 사람으로서 사법경찰관리의 직무를 행하는 사람

④ 제3항에 따라 권한을 대행하는 공무원은 그 권한을 증명하는 증표를 지니고 이를 관계인에게 내보여야 한다.

⑤ 외교부장관은 제22조제2항의 수수료 수입만으로는 제1항의 사무를 대행하는데 필요한 경비를 충당할 수 없는 지방자치단체에 대하여는 국고에서 그 부족분을 보조할 수 있다. 〈개정 2013. 3. 23.〉

제22조(수수료) ① 여권 등(관용여권 및 외교관여권을 제외한다. 이하 이 조에서 같다)의 발급, 재발급과 기재사항변경을 받으려는 사람은 외교부장관에게 수수료를 납부하여야 한다. 다만, 제21조제1항에 따라 여권 사무를 대행하는 지방자치단체의 장에게 여권 등의 발급, 재발급과 기재사항변경을 신청하는 경우에는 그 지방자치단체의 장에게 수수료를 납부하여야 한다. 〈개정 2013. 3. 23.〉

② 제1항 단서에 따라 납부하는 수수료 중 사무의 대행에 소요되는 비용에 상당하는 금액은 그 지방자치단체의 수입으로 한다.

③ 외교부장관은 여권 등의 발급 사유 등을 고려하여 필요하다고 인정되는 경우 제1항에 따른 수수료를 면제할 수 있다. 〈신설 2021. 1. 5.〉

④ 제1항부터 제3항까지의 규정에 따른 수수료의 납부방법, 수수료의 금액과 그 중 사무의 대행에 소요되는 비용에 상당하는 금액, 수수료 면제 등에 필요한 사항은 대통령령으로 정한다. 〈개정 2021. 1. 5.〉

제23조(여권전자인증체계의 구축) ① 외교부장관은 여권 등의 위조나 변조를 방지하고 여권 등이 국제적으로 통용될 수 있도록 하기 위하여 국제민간항공기구에서 정하는 기준에 따라 전자적 방법으로 처리된 여권 등의 발급과 수록사항의 확인 등을 위한 정보체계(이하 "여권전자인증체계"라 한다)를 구축하여야 한다. 〈개정 2013. 3. 23.〉

② 여권전자인증체계의 구축과 관리 등에 필요한 사항은 대통령령으로 정한다.

제23조의2(여권정보연계시스템의 구축 · 운영 등) ① 외교부장관은 여권이 국내에서 신분증명서로 활용될 수 있도록 여권번호를 바탕으로 한 여권의 진위 여부 확인 및 여권 명의인의 신원 확인에 필요한 정보시스템(이하 "여권정보연계시스템"이라 한다)을 구축 · 운영하여야 한다.

② 외교부장관은 여권의 진위 여부에 대한 확인요청이 있는 경우 여권정보연계시스템을 이용하여 그 진위를 확인하여 줄 수 있다.

③ 외교부장관은 여권 명의인의 신원 확인에 필요한 정보 제공의 요청이 있는 경우 여권정보연계시스템을 이용하여 그 신원 확인에 필요한 정보를 제공하여 줄 수 있다. 다만, 여권정보연계시스템을 통한 정보 제공이 어려운 경우에는 신원 확인에 필요한 정보를 기재한 증명서를 발급할 수 있다.

④ 제1항에 따른 여권정보연계시스템의 구축 · 운영, 제2항에 따른 여권의 진위 여부 확인 및 제3항에 따른

여권 명의인의 신원 확인에 필요한 정보의 제공과 증명서의 발급에 필요한 사항은 대통령령으로 정한다. [본조신설 2018. 12. 24.]

제7장 벌칙

제24조(벌칙) 제16조제1호(제14조제3항에 따라 준용되는 경우를 포함한다)를 위반하여 여권 등의 발급이나 재발급을 받기 위하여 제출한 서류에 거짓된 사실을 적은 사람, 그 밖의 부정한 방법으로 여권 등의 발급, 재발급을 받은 사람이나 이를 알선한 사람은 3년 이하의 징역 또는 3천만원 이하의 벌금에 처한다. 〈개정 2014. 1. 21.〉

제25조(벌칙) 다음 각 호의 어느 하나에 해당하는 사람은 2년 이하의 징역 또는 2천만원 이하의 벌금에 처한다. 〈개정 2014. 1. 21., 2024. 2. 13.〉

1. 제16조제2호(제14조제3항에 따라 준용되는 경우를 포함한다)를 위반하여 다른 사람 명의의 여권 등(여권 등의 이미지 파일 또는 복사본을 포함한다)을 부정하게 사용한 사람
2. 제16조제3호(제14조제3항에 따라 준용되는 경우를 포함한다)를 위반하여 사용하게 할 목적으로 여권 등을 다른 사람에게 양도・대여하거나 이를 알선한 사람

제26조(벌칙) 다음 각 호의 어느 하나에 해당하는 사람은 1년 이하의 징역 또는 1천만원 이하의 벌금에 처한다. 〈개정 2014. 1. 21.〉

1. 제16조제4호(제14조제3항에 따라 준용되는 경우를 포함한다)를 위반하여 사용할 목적으로 다른 사람 명의의 여권 등을 양도받거나 대여받은 사람
2. 제16조제5호(제14조제3항에 따라 준용되는 경우를 포함한다)를 위반하여 채무이행의 담보로 여권 등을 제공하거나 제공받은 사람
3. 제17조제1항 본문 및 제2항에 따라 방문 및 체류가 금지된 국가나 지역으로 고시된 사정을 알면서도 같은 조 제1항 단서에 따른 허가(제14조제3항에 따라 준용되는 경우를 포함한다)를 받지 아니하고 해당 국가나 지역에서 여권 등을 사용하거나 해당 국가나 지역을 방문하거나 체류한 사람

부칙 〈제20263호, 2024. 2. 13.〉

이 법은 공포 후 6개월이 경과한 날부터 시행한다.

여권법 개정 이유 및 주요 내용

관용여권 및 외교관여권의 발급관리를 강화하기 위하여 관용여권과 외교관여권의 주요 발급대상을 법률에 규정하고, 관용여권에 대한 발급 현황 조사를 의무화하며, 효력이 상실된 관용여권의 회수 및 반납 절차를 규정하는 한편, 대통령령으로 규정하고 있는 여권 발급 또는 재발급의 거부・제한 사유 및 여권 명의인의 로마자성명의 정정이나 변경에 관한 사항을 법률로 상향하고, 장기 2년 이상의 형에 해당하는 죄로 기소된 사람 등에 대하여 외교부장관이 직권으로 여권을 무효처분 할 수 있도록 하는 등 현행 제도의 운영상 나타난 일부 미비점을 개선・보완함.

표 9-2 **여권법의 개정안과 내용**

개정안	내용
여권법 [법률 제940호, 1961.12.31, 제정]	제정됨
여권법 [법률 제1627호, 1964.4.9, 일부개정]	제9조(여권의 효력) 〈개정 1964.4.9〉
여권법 [법률 제3376호, 1981.2.28, 일부개정]	제4조(발급권자) 〈개정 1981.2.28〉 제5조(여권발급의 신청) 〈개정 1981.2.28〉 제8조(여권의 발급 등의 제한) 〈개정 1981.2.28〉 제9조(여권의 효력) 〈개정 1964.4.9, 1981.2.28〉 2. 삭제 〈1981.2.28〉 〈개정 1981.2.28〉 제11조(반납) 〈개정 1981.2.28〉 제12조(수수료) 〈개정 1981.2.28〉 제13조(벌칙) 〈개정 1981.2.28〉 제15조(권한의 위임) [본조신설 1981.2.28] 제16조(시행령) 〈개정 1981.2.28〉 [본조신설 1981.2.28]
중략	⋮
여권법 [법률 제8990호, 2008.3.28, 전부개정]	[법률 제8990호, 2008.3.28, 전부개정]
여권법 [법률 제9799호, 2009.10.19, 일부개정]	제7조(여권의 수록정보와 수록방법) 3. 삭제 〈2009.10.19〉 제8조(여권업무의 수행에 필요한 정보의 수집 · 보관과 관리) 〈개정 2009.10.19〉 제14조(여권을 갈음하는 증명서) 〈개정 2009.10.19〉
여권법 [2015.1.12, 일부개정]	제9조 제1항 제1호(2015.1.12) 제13조, 제37조 제4항 · 제5항 단수여권발급대상자 예외조항 행정직원에 대한 관용여권 유효기간 연장
중략	⋮
여권법 [법률 제17820호, 2021.1.5, 일부개정]	제1조(목적) 이 법은 대한민국 국적 및 신분을 증명하는 여권(旅券)의 발급, 효력과 그 밖에 여권에 관하여 필요한 사항을 규정함을 목적으로 한다. 제4조(여권의 종류) ① 여권의 종류는 다음 각 호와 같다. 1. 일반여권, 2. 관용여권, 3. 외교관여권 4. 긴급여권(제1호부터 제3호까지의 규정에 따른 여권을 발급받거나 재발급받을 시간적 여유가 없는 경우로서 여권의 긴급한 발급이 필요하다고 인정되어 발급하는 여권을 말한다) ② 여권은 1회에 한정하여 외국여행을 할 수 있는 여권(이하 "단

	수여권"이라 한다)과 유효기간 만료일까지 횟수에 제한 없이 외국 여행을 할 수 있는 여권(이하 "복수여권"이라 한다)으로 구분하며, 여권의 종류별로 다음 각 호의 구분에 따라 발급한다. 1. 일반여권 · 관용여권과 외교관여권: 단수여권과 복수여권 2. 긴급여권: 단수여권 등 〈개정 및 신설〉
여권법 [법률 제20263호, 2024.2.13, 일부개정]	제4조 제3항 삭제 제5조 2 제6조 1 제7조 2 제8조, 제11조, 제12조 2항 제13조~제15조, 제19조

1961년 12월 31일 총 15개조로 제정된 「여권법」은 2024년 2월 23일 25번째 개정(「여권법 시행령」 2024. 1. 30.)을 마지막으로 7장 26개조로 최종 개정되어 있다.

02. 여권의 종류

현재 우리나라의 경우 여권의 사용자에 따라 일반여권 · 관용여권 · 외교관여권으로 구분되며, 여권의 유효기간에 따라 단수여권 · 복수여권으로 나눠진다.

1) 여권의 사용자에 따른 분류

① 관용여권

ⓐ 공무로 여행하는 공무원 및 정부투자기관의 임직원 등과 기타 외교통상부장관이 인정하는 자에게 발급하는 여권이다.

ⓑ 진회색(26면 또는 58면)

② 외교관여권

ⓐ 대통령, 국회의장, 대법원장, 국무총리, 전직 대통령, 그들의 배우자, 외교통상부장관 및 외교부소속공무원 등 기타 외교통상부장관이 인정하는 자에게 발급하는 여권이다.

ⓑ 적색(26면 또는 58면)

일반여권 10년 이내 5년 이내 5년 이내

주: 긴급여권은 제외(2021. 1. 5.)

③ 일반여권

ⓐ 관용여권과 외교관여권 발급대상자가 아닌 대부분의 국민들을 대상으로 하는 여권이로 이는 사용횟수에 따라 구분된다.

ⓑ 남색(단수여권 14면, 복수여권 26면 또는 48면)

※단 5년 미만의 복수여권은 26면

④ 긴급여권: 청색(12면)

2) 여권의 유효기간에 따른 분류

① 단수여권: 1회에 한해 국외여행을 할 수 있는 여권(현행 유효기간 1년)

② 복수여권: 유효기간 만료일까지 횟수에 제한 없이 국외여행을 할 수 있는 여권(현행 유효기간 5년과 10년)

※단, 여권기간이 6개월 이상 남아 있어야 사용 가능

03. 여권의 내용과 규격

1) 여권의 내용

① 여권에 수록정보는 신원정보 면에 인쇄하고 전자적으로 수록한다.

② 여권의 수록된 내용: 여권의 종류, 발행국, 여권번호, 발급일, 유효기간 만료일, 발급관청

여권명의인의 성명, 국적, 성별, 생년월일, 주민등록번호와 사진

2) 여권의 규격

여권의 규격은 가로 8.8cm, 세로 12.5cm이며, 표지의 상・하단에 대한민국 국호와 여권의 종류를 표기하고, 표지의 중앙에는 나라문장을 표시한다. 전자여권에는 국제민간항공기구에서 정하는 기준에 따라 정보가 전자적으로 수록된 여권임을 상징하는 표식을 표지의 하단에 추가한다.

04. 여권의 발급 및 유효기간

1) 일반여권

(1) 대상자

관용여권이나 외교관여권의 발급대상이 아닌 일반 국민에게 발급한다.

(2) 유효기간

① 18세 미만인 사람: 5년

② 18세 이상 25세 미만으로 제1국민역, 승선근무예비역 또는 보충역(복무・의무종사 만료기간이 2개월 이내인 경우, 복무・의무종사를 마친 경우 또는 「병역법」 제70조에 따른 국외여행허가를 37세가 되는 해의 마지막 날까지 받은 경우는 제외한다)에 해당하는 사람: 5년으로 하되, 다음의 경우를 제외하고는 여권을 발급받는 해에 24세 이하인 경우에는 24세가 되는 해의 말일까지만 유효기간을 부여할 수 있다.

ⓐ 「병역법」 제70조에 따라 지방병무청장이나 병무지청장의 국외여행 허가를 받은 경우

ⓑ 사증(VISA)의 취득 등을 위하여 부득이하다고 외교통상부장관이 인정하는 경우

③ 25세 이상으로 제1국민역, 승선근무예비역 또는 보충역(복무・의무종사 만료기간이 2개월 이내인 경우, 복무・의무종사를 마친 경우 또는 「병역법」 제70조에 따른 국외여행허

가를 37세가 되는 해의 마지막 날까지 받은 경우는 제외한다)에 해당하는 사람으로서 다음의 어느 하나에 해당하는 경우

ⓐ 승선근무예비역 또는 보충역으로서 복무·의무종사 중인 사람: 5년

ⓑ 제1국민역에 해당하는 사람이나 보충역으로서 복무·의무종사하고 있지 아니한 사람: 국외여행허가서의 허가기간이 6개월 이상 1년 이하인 경우에는 1년을, 허가기간이 1년을 초과하는 경우에는 그 허가기간의 만료일까지

④ 재판에 계류 중인 사유 등으로 인하여 관계 행정기관의 장이 일정 기간 동안의 국외여행만 가능하다고 통보한 사람: 통보된 기간

⑤ 국외에 체류하는 「국가보안법」 제2조에 따른 반국가단체의 구성원으로서 대한민국의 안전보장, 질서유지 및 통일·외교정책에 중대한 침해를 야기할 우려가 있는 사람: 1년부터 5년까지의 범위에서 침해우려의 정도에 따라 외교통상부장관이 정하는 기준에 따른 기간

⑥ 여권 분실자로서 다음의 어느 하나에 해당하는 경우. 다만, 여권 분실이 천재지변 등 불가항력에 의한 경우에는 분실 횟수에 포함하지 아니한다.

ⓐ 여권 분실신고 접수일부터 최근 5년 이내에 여권분실횟수가 2회인 사람: 5년

ⓑ 여권 분실신고 접수일부터 최근 5년 이내에 여권분실횟수가 3회 이상인 사람: 2년

ⓒ ⓐ에도 불구하고 여권 분실신고 접수일부터 최근 1년 이내에 여권분실횟수가 2회인 사람: 2년

⑦ 「국적법」 제10조 제2항에 따른 서약을 하지 않은 사람: 5년

(3) 발급신청

① 여권발급신청서

② 여권용 사진(여권발급 신청일 전 6개월 이내에 모자 등을 쓰지 않고 촬영한 천연색 상반신 정면 사진으로 얼굴의 길이가 2.5센티미터 이상 3.5센티미터 이하인 가로 3.5센티미터, 세로 4.5센티미터의 사진을 말한다. 이하 같다) 1장. 다만, 제3조 제2항 각 호의 어느 하나에 해당하는 여권 등의 발급을 신청하는 경우에는 동일한 사진 2장을 제출한다.

③ 그 밖에 병역관계 서류 등 외교통상부령으로 정하는 서류

2) 관용여권

(1) 대상자

① 다음의 구분에 따른 사람으로서 공무(公務)로 국외에 여행하는 사람과 해당 기관이 추천하는 그 배우자, 27세 미만의 미혼인 자녀(27세 이상의 미혼인 동반자녀로서 정신적 · 육체적 장애가 있거나 생활능력이 없는 경우를 포함한다. 이하 같다) 및 생활능력이 없는 부모

ⓐ 공무원

ⓑ 한국은행, 한국수출입은행, 그 밖에 「공공기관의 운영에 관한 법률」에 따른 공공기관으로서 외교통상부장관이 정하는 기관의 임원 · 집행간부 또는 직원

② 한국은행, 한국수출입은행, 그 밖에 「공공기관의 운영에 관한 법률」에 따른 공공기관으로서 외교통상부장관이 정하는 기관의 국외 주재원과 그 배우자 및 27세 미만의 미혼인 자녀

③ 정부에서 파견하는 의료요원, 태권도사범, 재외동포 교육을 위한 교사와 그 배우자 및 27세 미만의 미혼인 자녀

④ 「외무공무원법」 제32조에 따라 재외공관에 두는 업무보조원과 그 배우자 및 27세 미만의 미혼인 자녀

⑤ 외교통상부 소속 공무원(기능직공무원은 제외한다. 이하 같다) 및 「외무공무원법」 제31조에 따라 재외공관에 근무하는 다른 국가공무원이 가사보조를 받기 위하여 동반하는 사람

⑥ 그 밖에 원활한 공무수행을 위하여 특별히 관용여권을 소지할 필요가 있다고 외교통상부장관이 인정하는 사람

(2) 유효기간

① 관용여권의 유효기간은 5년으로 한다. 다만, 다음의 어느 하나에 해당하는 사람에게는 다음에 따른 기간을 유효기간으로 하는 관용여권을 발급할 수 있다.

ⓐ 제7조 제4호부터 제6호까지의 규정에 해당하는 사람: 2년. 다만, 외교통상부장관이 필요하다고 인정하는 경우에는 유효기간을 3년으로 할 수 있다.

ⓑ 제1국민역에 해당하는 사람 또는 보충역으로서 복무・의무종사하고 있지 아니한 사람: 국외여행 허가서의 허가기간이 6개월 이상 1년 이하인 경우에는 1년을, 허가기간이 1년을 초과하는 경우에는 그 허가기간의 만료일까지

ⓒ 제7조의 발급대상자 중 배우자, 27세 미만의 미혼인 자녀 및 생활능력이 없는 부모: 해당 관용여권을 발급받는 사람의 공무 국외여행기간에 6개월을 더한 기간. 다만, 27세 미만의 미혼인 자녀(정신적・육체적 장애가 있거나 생활능력이 없는 미혼인 동반자녀는 제외한다)의 경우 유효기간의 만료일 이전에 27세가 되는 때에는 27세가 되는 날의 전날까지로 한다.

② 관용여권을 발급받은 사람이 제7조 각 호의 신분을 상실하게 되면 그 관용여권은 제1항에 따른 유효기간 이내라도 그때부터 효력을 상실한다. 다만, 그가 국외에 체류하고 있을 때에는 외교통상부령으로 정하는 귀국에 필요한 기간 동안은 그러하지 아니하다.

(3) 발급신청

① 여권발급신청서

② 제7조에 따른 관용여권의 발급대상자임을 증명하는 서류

③ 여권용 사진 1장. 다만, 제3조 제2항 각 호의 어느 하나에 해당하는 여권 등의 발급을 신청하는 경우에는 동일한 사진 2장을 제출한다.

④ 그 밖에 병역관계 서류 등 외교통상부령으로 정하는 서류

3) 외교관여권

(1) 대상자

① 대통령(전직 대통령을 포함한다. 이하 같다), 국무총리와 전직 국무총리, 외교통상부장관과 전직 외교통상부장관, 특명전권대사, 국제올림픽위원회 위원, 외교통상부 소속 공무원, 「외무공무원법」 제31조에 따라 재외공관에 근무하는 다른 국가공무원 및 다음의 어느 하나에 해당하는 사람

ⓐ 다음에 해당하는 사람의 배우자와 27세 미만의 미혼인 자녀

㉠ 대통령

㉡ 국무총리

ⓑ 다음에 해당하는 사람의 배우자, 27세 미만의 미혼인 자녀 및 생활능력이 없는 부모

㉠ 외교통상부장관

㉡ 특명전권대사

㉢ 국제올림픽위원회 위원

㉣ 공무로 국외여행을 하는 외교통상부 소속 공무원

㉤ 「외무공무원법」 제31조에 따라 재외공관에 근무하는 다른 국가공무원

ⓒ 전직 국무총리와 전직 외교통상부장관이 동반하는 배우자. 다만, 외교통상부장관이 인정하는 경우에만 해당한다.

ⓓ 대통령, 국무총리, 외교통상부장관, 특명전권대사와 국제올림픽위원회 위원을 수행하는 사람으로서 외교통상부장관이 특히 필요하다고 인정하는 사람

② 국회의장과 전직 국회의장 및 다음의 어느 하나에 해당하는 사람

ⓐ 국회의장의 배우자와 27세 미만의 미혼인 자녀

ⓑ 전직 국회의장이 동반하는 배우자. 다만, 외교통상부장관이 인정하는 경우에만 해당한다.

ⓒ 국회의장을 수행하는 사람으로서 외교통상부장관이 특히 필요하다고 인정하는 사람

③ 대법원장, 헌법재판소장, 전직 대법원장, 전직 헌법재판소장 및 다음의 어느 하나에 해당하는 사람

ⓐ 대법원장과 헌법재판소장의 배우자와 27세 미만의 미혼인 자녀

ⓑ 전직 대법원장과 전직 헌법재판소장이 동반하는 배우자. 다만, 외교통상부장관이 인정하는 경우에만 해당한다.

ⓒ 대법원장과 헌법재판소장을 수행하는 사람으로서 외교통상부장관이 특히 필요하다고 인정하는 사람

④ 특별사절 및 정부대표와 이들이 단장이 되는 대표단의 단원

⑤ 그 밖에 원활한 외교업무 수행이나 신변보호를 위하여 외교관여권을 소지할 필요가 특별히 있다고 외교통상부장관이 인정하는 사람

(2) 유효기간

① 외교관여권의 유효기간은 5년으로 한다. 다만, 다음의 어느 하나에 해당하는 사람에게는 다음 각 호에 따른 기간을 유효기간으로 하는 외교관여권을 발급할 수 있다.

ⓐ 제10조 제4호 또는 제5호에 해당하는 사람: 외교업무 수행기간에 따라 1년 또는 2년. 다만, 제10조 제5호에 따른 외교업무 수행목적의 외교관여권 발급의 경우 그 수행기간이 계속하여 2년 이상인 경우에는 5년의 한도에서 해당기간에 6개월을 더한 기간의 만료일까지로 한다.

ⓑ 제1국민역에 해당하는 사람 또는 보충역으로서 복무・의무종사하고 있지 아니한 사람: 국외여행 허가서의 허가기간이 6개월 이상 1년 이하인 경우에는 1년을, 허가기간이 1년을 초과하는 경우에는 그 허가기간의 만료일까지

ⓒ 제10조의 외교관여권 발급대상자 중 27세 미만의 미혼인 자녀(정신적・육체적 장애가 있거나 생활능력이 없는 미혼인 동반자녀는 제외한다): 5년. 다만, 유효기간 만료일 이전에 27세가 되는 때에는 27세가 되는 날의 전날까지로 한다.

② 외교관여권을 발급받은 사람이 제10조 각 호의 요건에 해당하지 아니하게 되는 경우[같은 조 제1호 나목 4)의 경우에는 외교통상부 소속 공무원이 공무 국외여행을 마친 경우를 포함한다]에는 그 외교관여권은 제1항에 따른 유효기간 이내라도 그때부터 효력을 상실한다. 다만, 그가 국외에 체류하고 있는 때에는 제9조 제2항 단서에 따라 외교통상부령으로 정하는 귀국에 필요한 기간 동안은 그러하지 아니하다.

(3) 발급신청

① 여권발급신청서

② 제7조에 따른 관용여권의 발급대상자임을 증명하는 서류

③ 여권용 사진 1장. 다만, 제3조 제2항 각 호의 어느 하나에 해당하는 여권 등의 발급을 신청하는 경우에는 동일한 사진 2장을 제출한다.

④ 그 밖에 병역관계서류 등 외교통상부령으로 정하는 서류

4) 여행증명서

(1) 대상자

① 출국하는 무국적자(無國籍者)

② 국외에 체류하거나 거주하고 있는 사람으로서 여권을 잃어버리거나 유효기간이 만료되는 등의 경우에 여권발급을 기다릴 시간적 여유가 없이 긴급히 귀국하거나 제3국에 여

행할 필요가 있는 사람

③ 국외에 거주하고 있는 사람으로서 일시 귀국한 후 여권을 잃어버리거나 유효기간이 만료되는 등의 경우에 여권발급을 기다릴 시간적 여유가 없이 긴급히 거주지 국가로 출국하여야 할 필요가 있는 사람

④ 해외입양자

⑤ 「남북교류협력에 관한 법률」 제10조에 따라 여행증명서를 소지하여야 하는 사람으로서 여행증명서를 발급할 필요가 있다고 외교통상부장관이 인정하는 사람

⑥ 「출입국관리법」 제46조에 따라 대한민국 밖으로 강제 퇴거되는 외국인으로서 그가 국적을 가지는 국가의 여권 또는 여권을 갈음하는 증명서를 발급받을 수 없는 사람

⑦ 제1호부터 제6호까지의 규정에 준하는 사람으로서 긴급하게 여행증명서를 발급할 필요가 있다고 외교통상부장관이 인정하는 사람

(2) 유효기간

증명서의 유효기간은 1년 이내로 하며 그 증명서의 발행목적이 성취된 때에는 효력을 상실한다.

(3) 발급신청

증명서의 발급 신천은 일반여권의 발급규정을 준용한다.

5) 여권의 발급절차

신청서 작성 → 접수 → 신원조사 확인 → 각 지방 경찰청 → 결과 회보 → 여권서류 심사 → 여권 제작 → 여권 교부

6) 여권 발급처

① 서울: 강남구청, 강동구청, 강북구청, 강서구청, 광진구청, 관악구청, 구로구청, 금천구청, 노원구청, 도봉구청, 동대문구청, 동작구청, 마포구청, 서대문구청, 서초구청, 성동구청, 성북구청, 송파구청, 양천구청, 영등포구청, 용산구청, 은평구청, 종로구청, 중구청, 중랑구청

② 지방: 경기도 제1청사, 경기도 제2청사, 고양시(일산동구청), 성남시청, 안양시청, 인천광역시청, 인천 계양구청, 강원도, 강원도환동해출장소, 충북, 충남, 대전광역시, 부산광역시, 부산시 사상구청, 부산시 해운대구청, 부산시 사하구청, 부산시 서구청, 울산광역시, 대구광역시, 경북, 경남, 전북, 전남, 광주광역시

7) 여권 재발급

(1) 대상자

① 제7조 제1항 각 호의 정보의 정정이나 변경이 필요한 경우
② 발급받은 여권을 잃어버린 경우
③ 발급받은 여권이 헐어 못쓰게 된 경우

외교통상부장관은 다음의 어느 하나에 해당하는 경우에는 여권의 재발급 전에 여권을 잃어버리게 된 경위 등을 관계기관을 통하여 확인할 수 있다. 이 경우 확인기간은 특별한 사유가 없는 한 재발급 신청일부터 30일 이내로 한다.

① 여권의 재발급신청일 전 5년 이내에 2회 이상 여권을 잃어버린 사람이 같은 사유로 여권의 재발급을 신청하는 경우
② 여권을 잃어버리게 된 경위를 정확하게 기재하지 아니하거나 그 경위를 의심할 만한 상당한 이유가 있는 경우

여권의 재발급에 필요한 사항은 대통령령으로 정한다.

(2) 발급신청

① 여권재발급신청서
② 재발급사유서
③ 재발급받으려는 여권(잃어버린 경우 재외)
④ 여권용 사진 1장
⑤ 그 밖에 병역관계서류, 외교통상부령으로 정하는 서류

(3) 기재사항 변경

법 제15조에 따라 사증란의 추가, 동반자녀의 분리, 구(舊) 여권번호의 기재나 거주여권의 명의인에 대한 국내 체류기간의 연장 등을 위하여 여권의 기재사항변경을 신청하려는 사람은 다음의 서류를 외교통상부장관에게 제출하여야 한다.

① 여권기재사항변경신청서

② 기재사항 변경신청의 사유가 발생하였음을 증명하는 서류

8) 여권발급 제한

(1) 대상자

① 장기 2년 이상의 형(刑)에 해당하는 죄를 범하고 기소(起訴)되어 있는 사람 또는 장기 3년 이상의 형에 해당하는 죄를 범하고 국외로 도피하여 기소중지된 사람

② 제24조부터 제26조까지에 규정된 죄를 범하여 형을 선고받고 그 집행이 종료되지 아니하거나 집행을 받지 아니하기로 확정되지 아니한 사람

③ 제2호 외의 죄를 범하여 금고 이상의 형을 선고받고 그 집행이 종료되지 아니하거나 그 집행을 받지 아니하기로 확정되지 아니한 사람

④ 국외에서 대한민국의 안전보장・질서유지나 통일・외교정책에 중대한 침해를 야기할 우려가 있는 경우로서 다음의 어느 하나에 해당하는 사람

ⓐ 출국할 경우 테러 등으로 생명이나 신체의 안전이 침해될 위험이 큰 사람

ⓑ 「보안관찰법」 제4조에 따라 보안관찰처분을 받고 그 기간 중에 있으면서 같은 법 제22조에 따라 경고를 받은 사람

외교통상부장관은 제1항 제4호에 해당하는 사람인지의 여부를 판단하려고 할 때에는 미리 법무부장관과 협의하고 제18조에 따른 여권정책심의위원회의 심의를 거쳐야 한다.

외교통상부장관은 다음의 어느 하나에 해당하는 사람에 대하여는 그 사실이 있는 날부터 1년 이상 3년 이하의 기간 동안 여권의 발급 또는 재발급을 제한할 수 있다.

① 제1항 제2호에서 규정하는 죄를 범하여 그 형의 집행을 종료하거나 그 형의 집행을 받지 아니하기로 확정된 사람

② 외국에서의 위법한 행위 등으로 국위(國威)를 크게 손상시킨 사실이 재외공관 또는 관계 행정기관으로부터 통보된 사람

9) 여권업무 수수료

여권업무 수수료는 〈표 9-3〉과 같다.

표 9-3 **여권업무 수수료**

<table>
<tr><th rowspan="2">종류</th><th rowspan="2" colspan="3">구분</th><th colspan="2">여권발급 수수료</th><th colspan="2">국제교류기여금</th><th colspan="2">합계</th></tr>
<tr><th>국내</th><th>재외공간</th><th>국내</th><th>재외공간</th><th>국내</th><th>재외공간</th></tr>
<tr><td rowspan="5">전자여권</td><td rowspan="4">복수여권</td><td colspan="2">5년 초과
10년 이내</td><td>40,000원</td><td>40달러</td><td>15,000원</td><td>15달러</td><td>55,000원</td><td>55달러</td></tr>
<tr><td rowspan="2">5년</td><td>만 8세
이상</td><td rowspan="2">35,000원</td><td>35달러</td><td>12,000원</td><td>12달러</td><td>47,000원</td><td>47달러</td></tr>
<tr><td>만 8세
미만</td><td>–</td><td>–</td><td>–</td><td>35,000원</td><td>35달러</td></tr>
<tr><td colspan="2">5년 미만(여권법
시행령 제6조
제2항 2~4호에
해당되는 경우)</td><td>15,000원</td><td>15달러</td><td>–</td><td>–</td><td>15,000원</td><td>15달러</td></tr>
<tr><td>단수여권</td><td colspan="2">1년 이내</td><td>10,000원</td><td>15달러</td><td>5,000원</td><td>5달러</td><td>20,000원</td><td>20달러</td></tr>
<tr><td>사진부착식
여권</td><td>단수여권</td><td colspan="2">1년 이내</td><td>10,000원</td><td>10달러</td><td>5,000원</td><td>5달러</td><td>15,000원</td><td>15달러</td></tr>
<tr><td rowspan="6">기타</td><td rowspan="2">여행증명
서</td><td colspan="2">사진전사식</td><td>10,000원</td><td>10달러</td><td>2,000원</td><td>2달러</td><td>12,000원</td><td>12달러</td></tr>
<tr><td colspan="2">사진부착식</td><td>5,000원</td><td>5달러</td><td>2,000원</td><td>2달러</td><td>7,000원</td><td>7달러</td></tr>
<tr><td colspan="3">잔여유효기간 부여 여권</td><td>25,000원</td><td>25달러</td><td>–</td><td>–</td><td>25,000원</td><td>25달러</td></tr>
<tr><td colspan="3">유효기간 연장 재발급</td><td>25,000원</td><td>25달러</td><td>–</td><td>–</td><td>25,000원</td><td>25달러</td></tr>
<tr><td colspan="3">기재사항 변경</td><td>5,000원</td><td>5달러</td><td>–</td><td>–</td><td>5,000원</td><td>5달러</td></tr>
<tr><td colspan="3">여권 사실증명</td><td>1,000원</td><td>1달러</td><td>–</td><td>–</td><td>1,000원</td><td>1달러</td></tr>
</table>

주: • 1인 1여권제의 도입에 따라 8세 미만 자녀에 대해 부 또는 모여권에의 동반제 폐지로 8세 미만인 사람에게도 18세 미만인 사람과 동일한 수수료가 적용된다.
• 2013년부터 2,000원 인하된다. 단, 복수여권(5년 미만 여권은 제외) 및 유효기간 연장 재발급여권에 한함.
자료: 외교통상부 여권과.

10) 차세대 전자여권

대한민국의 여권이 32년 만에 디자인이 변경되었다. 물론 디자인만 변경된 것은 아니다. 2018년 12월 17일 외교부장관 주재 하에 2020년부터 발급할 차세대 전자여권의 디자인을 심

의 · 의결하였고, 새롭게 변경된 디자인은 국민을 대상으로 온라인 선호도 조사와 정책여론 조사를 실시하여 반영한 결과이다.

차세대 전자여권은 2020년 12월부터 발급 예정이었으나 유례없는 코로나-19 여파로 인해 국민의 여권 발급량이 약 70% 이상 감소하였고, 이에 따른 현용 여권의 재고가 쌓이게 되면서 2021년 말까지 발급을 연기한 상태이다.

① 차세대 디자인 적용

ⓐ (외교관)남색 → 적색, (관용) 황갈색 → 진회색, (일반) 녹색 → 남색

ⓑ 선사~조선시대까지 한국을 대표하는 다양한 문화유산 이미지 수록

② 신원정보면 재질 변경, 주민등록번호 삭제(보안성 강화)

ⓐ 산원정보면 재질을 폴리카보네이트로 변경, 사진 및 기재사항 레이저 색인

ⓑ 국민의 개인정보 유출 방지를 위해 주민등록번호 삭제

③ 여권재발급 온라인신청 서비스: 기존 전자여권 소지자의 경우 만 18세 이상의 국민은 온라인을 통해 재발급 신청 가능

④ 점자여권: 외교부가 시각장애인 맞춤형 서비스의 일환으로 개발한 여권으로, 2018년 4월 20일 '장애인의 날'을 기념해 발급을 시행했다. 점자여권은 성명, 여권번호, 발급일, 만료일 등 주요 여권정보를 점자로 기록한 투명 스티커를 여권 앞표지 뒷면에 부착하는 방식으로 구성돼 있다. 이처럼 각종 여권정보가 수록된 점자여권 발급은 우리나라가 세계 최초로 시행한 것이다. 점자여권은 1~3급 시각장애인들을 대상으로 여권사무대행기관과 재외공관에서 신청 · 접수해 조폐공사에서 발급한다. 이에 따라 이전까지 해외여행에 따른 항공 · 숙소 등 예약 시 본인의 여권정보 확인에 불편을 겪어온 시각장애인들은 보다 간편하게 관련 정보를 확인할 수 있게 됐다.

점자여권

자료: 외교부.

일반여권(남색)

관용여권(진회색)

외교관여권(적색)

자료: 대한민국 외교부 여권과.

앞표지 이면, 주의사항

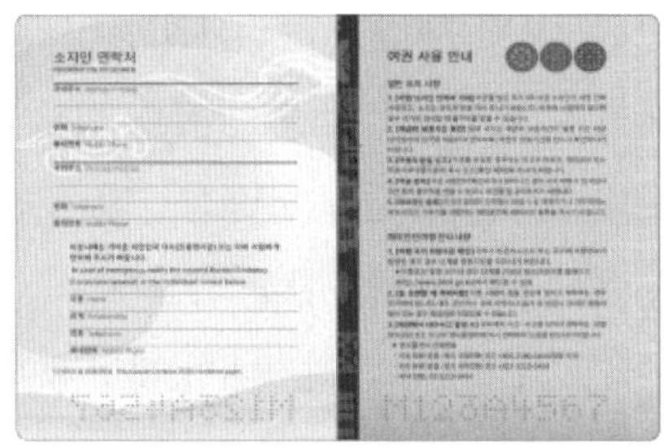

뒷표지 이면, 소지인 연락처

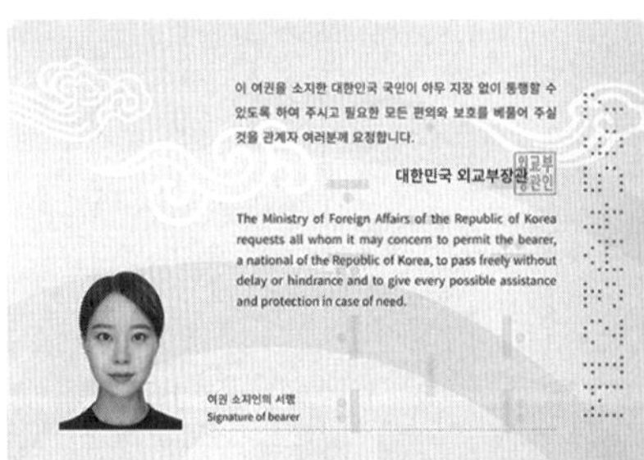

신원정보면

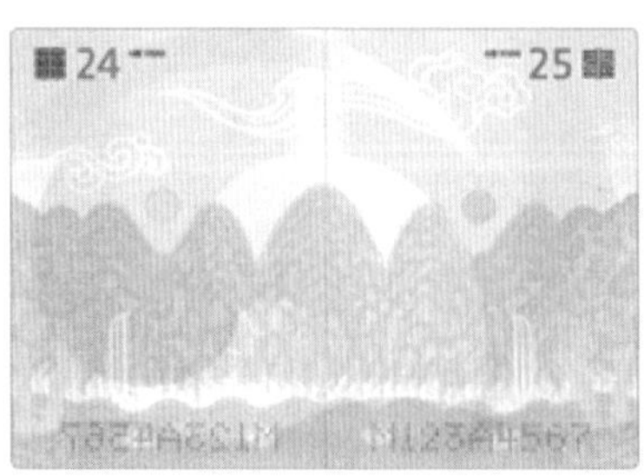

사증면

자료: 대한민국 외교부 여권과.

05. 여권업무 서식

표 9-4 여권(재)발급신청서

여 권 발 급 신 청 서

※ 뒤쪽의 유의사항을 반드시 읽고 작성하시기 바랍니다. (앞쪽)

여권 선택란	※ 아래 여권 종류, 여권 기간, 여권 면수를 선택하여 네모 칸 안에 'V' 자로 표시하십시오. 표시가 없으면 일반여권의 경우 10년 유효기간의 48면 여권이 발급되며, 자세한 사항은 접수 담당자의 안내를 받으시기 바랍니다.		
여권종류	□ 일반 □ 관용 □ 외교관 여행증명서(□ 왕복 □ 편도)	여권면수	□ 24 □ 48
여권기간	□ 10년 □ 단수(1년) □ 잔여기간	담당자 문의 후 선택	□ 5년 □ 5년 미만

필수 기재란	※ 뒤쪽의 기재방법을 읽고 신중히 기재하여 주시기 바랍니다.					
사 진 · 신청일 전 6개월 이내 촬영한 천연색 상반신 정면사진 · 흰색 바탕의 무배경 사진 · 색안경과 모자 착용 금지 · 가로 3.5cm x 세로 4.5cm · 머리(턱부터 정수리까지) 길이 3.2cm~3.6cm	한글성명					
	주민번호	-				
	본인연락처					'-' 없이 **숫자만** 기재합니다.
	※ 긴급연락처는 **다른 사람**의 연락처를 기재하십시오.(해외여행 중 사고발생 시 지원을 위하여 필요)					
	긴급연락처	성명		관계		전화번호

추가 기재란		※ 로마자 성명은 여권을 **처음 신청**하거나 기존의 로마자 성명을 **변경**하는 경우에만 기재하시고, 뒤쪽 아래의 로마자성명 기재방법을 읽고 신중히 기재하여 주시기 바랍니다.
로마자 (대문자)	성	
	이름	
최종 국내주소		**해외거주자만 기재합니다.**
등록기준지		**담당공무원의 요청이 있을 경우 기재합니다.**

선택 기재란	※ 원하는 경우에만 기재합니다.	
배우자의 로마자 성(姓)		※ 작성하는 경우 여권에 'spouse of 배우자의 로마자 성'의 형태로 기재되며, 대문자로 기재해 주시기 바랍니다.
점자여권	□ 희망 □ 희망 안 함	※ **시각장애인**일 경우에만 네모 칸 안에 'V' 자로 표기하시기 바랍니다.
여권 유효기간 만료 사전 알림 서비스	□ 동의 □ 동의 안 함	※ 동의하는 경우, 「여권법 시행령」 제45조 및 제46조에 근거하여 고유식별정보가 통신사에 제공되며, 국내 휴대전화로 여권 유효기간 만료를 알리는 문자메시지가 발송됩니다.

위에 기재한 내용은 사실이며, 「여권법」 제9조 또는 제11조에 따라 여권의 발급을 신청합니다.

년 월 일

신청인(여권명의인) 성명 (서명 또는 인)

외 교 부 장 관 귀 하

본인은 여권 발급 신청과 관련하여 담당 공무원이 전자정부법 제36조에 따른 행정정보 공동이용 등을 통하여 본인의 아래 정보를 확인하는 것에 동의합니다. 동의하지 않는 경우에는 해당 서류를 직접 제출하여야 합니다.

신청인(여권명의인) 성명 (서명 또는 인)

※담당공무원 확인사항 : 「병역법」에 따른 병역관계 서류, 「가족관계의 등록 등에 관한 법률」에 따른 가족관계등록전산정보자료, 「주민등록법」에 따른 주민등록전산정보자료, 「출입국관리법」에 따른 출입국전산정보자료, 장애인증명서

접수 담당자 기재란					
접수번호		특이사항			
접수연월일					
신원조사접수번호					
신원조사회보일					
신원조사결과					
(영수확인)	(납입확인)	확인란	접수자	심사자	발급자

210mm×297mm[백상지 120g/㎡]

(뒤쪽)

유 의 사 항

1. 이 신청서의 기재사항에 오류가 있을 경우 신청인(여권명의인)에게 불이익이 있을 수 있으므로 정확하게 기재하시기 바랍니다.
2. 이 신청서는 기계로 읽혀지므로 접거나 찢는 등 훼손되지 않도록 주의하시기 바랍니다.
3. 유효기간이 남아있는 여권이 있는 상태에서 새로운 여권을 발급받으려면 유효기간이 남아있는 기존 여권을 반드시 반납해야 합니다. 새로운 여권이 발급되면 여권번호는 바뀝니다.
4. 사진은 여권 사진 규정에 부합해야 하며, 여권용 사진 기준에 맞지 않는 사진에 대해서는 보완을 요구할 수 있습니다.
5. 긴급연락처는 해외에서 사고 발생 시 지원을 위하여 필요하오니, 본인이 아닌 가족 등의 연락처를 기재하시기 바랍니다.
6. 로마자 성명 기재방법은 아래 별도 설명을 참고하시기 바랍니다.
7. 해외이주 등으로 국내 주소가 없는 경우에는 신원조사를 위하여 최종 국내주소나 등록기준지를 기재하시기 바랍니다.
8. 여권 유효기간 만료 사전 알림 서비스는 국내 휴대전화만 가능합니다.
9. 무단으로 다른 사람의 서명을 하거나 거짓된 내용을 기재할 경우 「여권법」 등 관련 규정에 따라 처벌을 받게 되며, 여권명의인도 불이익을 받을 수 있습니다.
10. 여권발급을 위해 담당 공무원이 신청인의 병역관계 정보, 가족관계등록정보, 주민등록정보, 출입국정보, 장애인증명서 등을 확인하여야 하는 경우 신청인은 관련 서류를 제출하여야 하며, 담당 공무원이 행정정보 공동이용을 통해 이러한 정보를 확인하는 것에 동의하는 경우에는 해당 서류를 제출할 필요가 없습니다.
11. 단수여권과 여행증명서는 유효기간이 1년 이내로 제한됩니다. 단수여권으로는 발급지 기준 1회만 출·입국할 수 있으며, 여행증명서로는 표기된 국가만 여행할 수 있습니다.
12. 18세 미만인 사람은 법정대리인 동의서를 제출해야 하며, 유효기간 5년 여권만 발급받을 수 있습니다.
13. 여권 발급을 신청한 날부터 수령까지 처리기간은 근무일 기준 8일(국내 기준)입니다.
14. 발급된 지 6개월이 지나도록 찾아가지 않는 여권은 「여권법」에 따라 효력이 상실되며 발급 수수료도 반환되지 않습니다.
15. 여권은 해외에서 신원확인을 위해 매우 중요한 신분증이므로 이를 잘 보관하시기 바랍니다.
16. 여권을 잃어버린 경우에는 여권의 부정사용과 국제적 유통을 방지하기 위하여 국내의 여권사무 대행기관이나 재외공관에 분실신고를 하시기 바랍니다. 분실신고가 된 여권은 되찾았다 하더라도 다시 사용할 수 없습니다.
17. 사증란 추가는 여권의 유효기간이 남아있고 여권을 펼쳤을 때 아직 사용하지 않은 사증란이 좌우로 남아있는 경우 한 차례만 가능합니다.

로마자성명 기재방법

1. 여권의 로마자성명은 해외에서 신원확인의 기준이 되며, 본인이 직접 기재하거나 대리인을 통하여 작성하는 경우 모두 여권법령 등에 따라 변경이 제한되므로 신중하고 정확하게 기재해야 합니다.
2. 여권을 처음 발급받는 경우 로마자성명은 가족관계등록부에 등록된 한글성명을 음절 단위로 음역(音譯)에 맞게 표기하는 것이 원칙이며, 이름의 음절 사이에는 붙임표(-)를 사용할 수 있습니다.
3. 여권을 처음 발급받는 경우 특별한 사유가 없을 때에는 이미 여권을 발급받아 사용 중인 가족(예: 아버지)의 로마자 성(姓)과 일치시키기를 권장합니다.
4. 여권을 재발급 받는 경우에는 원칙적으로 종전 여권의 로마자성명[배우자 성(姓) 표기 및 로마자이름 띄어쓰기 포함]과 동일하게 표기됩니다.

처 리 절 차

접 수	→	심 사	→	발 급	→	여권 교부

표 9-5 **여권 분실신고서**([별지 제2호 서식] <개정 2019.6.12>)

여권 분실 신고서

※ 색상이 어두운 칸은 신고인이 적지 않으며, [ ]에는 해당되는 곳에 √표를 합니다. (앞쪽)
※ 뒤쪽 유의사항을 확인하시고 작성하여 주시기 바랍니다.

접수번호	접수일시	처리기간 즉시

신고인	성명(한글)	주민등록번호
	주소	
	전화번호	휴대전화

대리인 (대리 신고의 경우에만 작성합니다)	성명(한글)	주민등록번호
	신고인과의 관계	

여권 정보	여권 번호	발급일	기간 만료일

분실경위				
	일시(추정)	년 월 일 시		
	장소(추정)	국가		
		도시		
		세부주소		
		건물 등 세부장소		
	분실 사유	[ ] 본인 분실	[ ] 절도·강도 등 범죄피해	
	상세내용			
	분실 후 조치사항			
	당시 목격자 (목격자가 있는 경우에만 적습니다)	이름	관계	연락처
	분실 사유에 대한 증명자료	※ 제출 가능한 자료가 있는 경우에만 적습니다.		
	최근 5년간 여권 분실 횟수 및 경위	[ ] 1회	[ ] 2회	[ ] 기타(회)
		첫 번째 분실		
		두 번째 분실		
		그 밖의 추가 분실		

210㎜×297㎜[백상지 80g/㎡]

(뒤쪽)

이 신고서에 기재한 내용은 사실이며, 「여권법 시행령」 제20조제1항에 따라 여권의 분실을 신고합니다.

년 월 일

신고인(대리인) (서명 또는 인)

외교부장관 귀하

신고인 제출서류	1. 법정대리인 동의서(18세 미만인 사람이 여권 분실 신고를 할 경우에만 제출합니다) 2. 분실 사유를 증명할 수 있는 자료(해당 자료가 있는 경우에만 제출합니다)	수수료 없음
대리인 제출서류	1. 신고인의 신분증 사본 1부 2. 위임장 1부 3. 다음 각 목의 서류 중에서 대리관계 및 그 사유를 증명할 수 있는 서류 1부 가. 「가족관계의 등록 등에 관한 법률」에 따른 가족관계기록사항에 관한 증명서(담당 공무원이 행정정보의 공동이용을 통하여 해당 서류에 관한 정보를 확인하는 데 동의하지 않는 경우에만 제출합니다) 나. 친족관계에 관한 법원의 결정문 다. 전문의의 진단서나 소견서(본인이 직접 신고할 수 없을 정도의 신체적 · 정신적 질병, 장애나 사고 등으로 인하여 외교부장관이 대리인에 의한 여권 분실 신고가 특별히 필요하다고 인정하는 경우에만 제출합니다)	
담당공무원 확인사항	가족관계기록사항에 관한 증명서	

행정정보 공동이용 동의서

본인은 이 건 업무 처리와 관련하여 담당 공무원이 「전자정부법」 제36조제1항에 따른 행정정보의 공동이용을 통하여 「가족관계의 등록 등에 관한 법률」에 따른 가족관계기록사항에 관한 증명서를 확인하는 것에 동의합니다.

* 동의하지 않는 경우에는 관련 서류를 직접 제출해야 합니다.

신고인(대리인) (서명 또는 인)

유의사항

1. 이번 여권 분실 신고는 "최근 5년간 여권 분실 횟수 및 경위"란의 분실 횟수 및 경위에 포함하지 않습니다.
2. 「여권법」 제13조제1항제3호에 따라 분실을 신고한 시점부터 여권의 효력이 상실되어 추후에 다시 찾게 되더라도 사용할 수 없으며, 분실신고 또한 취소되지 않음을 유의하기 바랍니다.
3. 「여권법 시행령」 제6조제2항제6호에 따라 여권 분실 후 재발급 신청 시 분실 횟수에 따른 유효기간의 제한(2년 또는 5년)이 있을 수 있습니다.
4. 「여권법」 제11조제2항제1호 및 제2호에 따라 여권 분실 후 재발급을 신청하는 경우로서 재발급 신청일 전 5년 이내에 2회 이상 여권을 분실한 경우 또는 여권을 잃어버리게 된 경위를 정확하게 기재하지 않거나 그 경위를 의심할 만한 상당한 이유가 있는 경우에는 관계 기관을 통해 여권을 잃어버리게 된 경위 등에 대한 확인이 있을 수 있습니다.

처 리 절 차

신고서 작성	→	접 수	→	처 리	→	여권 효력 상실	→	통 보
신고인		처 리 기 관 (외교부)		처 리 기 관 (외교부)		처 리 기 관 (외교부)		처 리 기 관 (외교부)

210mm×297mm[백상지(80g/㎡)]

표 9-6 **여권 기재사항 변경신청서**([별지 제5호 서식] <개정 2014.5.2>)

전자여권용

여권 기재사항 변경신청서

※ 검은색 펜으로 색깔있는 부분에만 적습니다.

접수번호		신청종류	□ 사증란 추가 □ 구여권번호 기재

한 글 성 명				
주 민 등 록 번 호	-			
여권	여 권 번 호		구 여 권 번 호	
	발 급 일 자	년 월 일	유 효 기 간	
주소				
전화번호				

위에 기재한 내용은 사실과 다름이 없으며, 「여권법」 제15조에 따라 여권 기재사항 변경을 신청합니다.

년 월 일

신청인(여권명의인) 성명 ____________서명 ______________

외 교 부 장 관 귀 하

특이사항				(영수확인)
심 사 란	접 수 자	심 사 자	발 급 자	

처 리 절 차

접 수	→	심 사	→	처 리	→	여권 교부

210㎜× 297㎜[백상지 80g/㎡]

www.daewangsa.net

참고문헌

강원일보(2021. 1), '폐특법' 시한폐지 요구.
강익준(2003), 관광학개론, 삼영서관.
관광개발정보시스템, https://tdss.kr.
구본준형사전문변호사 블로그, https://blog.naver.com/999law/222874576361.
김용기 외(2010) 최신관광법규론, 새로미출판사.
김재관 외(2004), 관광법규해설, 형설출판사.
김철수(2004), 헌법학개론, 박영사.
문화체육관광부, 문화통계포털 http://culturestat.mcst.go.kr.
__________(2007, 2009), 관광동향에 관한 연차보고서.
__________(2011), 2010 카지노 통계.
__________(2020. 8), 2019년 기준 관광동향에 관한 연차보고서, pp. 299~300.
__________(2024), 2023년 기준 관광동향에 관한 연차보고서.
박균성(2004), 행정법론, 박영사.
박정인 · 유현우(2019. 5), "국내 카지노 산업의 발전을 위한 법제 개선방안에 대한 연구," 스포츠엔터테인먼트와 법(JSEL), 한국스포츠엔터테인먼트법학회, 제22권 2호.
박종두(2000), 민법학원론, 삼영사.
법제처, http://www.moleg.go.kr.
송광섭(2003), 법학원론, 유스티니아누스.
안해균(2002), 정책학원론, 다산출판사.
오석홍(2004), 행정학, 박영사.
오훈성(2011), 유원시설업 진흥을 위한 정책방향 연구보고서, 한국문화관광연구원.
외교통상부 여권과, http://www.mofat.go.kr.
유문기(2005), 관광법해설, 형설출판사.
이석호 · 김영준(2011) 관광법규, 한국방송통신대학교출판부.
임재철(2003), 상법요론, 도서출판에덴.
임주환(2003), 신관광법규론, 백산출판사.

정석중 외(2006), 관광관련법규, 대왕사.
정정길(2003), 정책학원론, 대명출판사.
정 환 외(2010), 신관광사업총론, 두양출판사.
________(2012), 신관광학개론, 두양출판사.
정희천(2004), 최신광광법규론, 대왕사.
조진호 외(2011), 관광법규론, 현학출판사.
K-MICE 코리아 컨벤션뷰로, http://convention.visitkorea.or.kr
한국관광공사, 2019 국제회의 개최실적 조사.
__________, 한국관광통계(http://kto.visitkorea.or.kr).
__________(2018a), 2018 MICE 산업통계 조사.
__________(2018b), 2018 컨벤션유치경쟁력조사보고서.
__________(2023), 2022년 국제회의 개최실적 조사.
한국문화관광연구원, http://www.tour.go.kr.
Tourism Development Policy, http://www.krtd.kr.

저자소개

정혜진(鄭慧眞)

학 력

- 경희대학교 일반대학원 호텔관광대학 관광학 박사
- 경희대학교 일반대학원 호텔관광대학 관광학 석사

경 력

- 현, 재능대학교 호텔관광과 겸임교수
  한양여자대학교 호텔관광과 겸임교수
  한국인재개발연구소 전문 면접위원
  한국관광연구학회(사) 학술이사
  한반도평화관광협회(사) 연구위원
  TEDTOUR(주) 해외여행 사업부
  인천시 옹진군 섬관광 활성화 전문위원
  글로벌인재연구소 소장
- 전, 경희대학교 글로벌미래교육원 항공관광학과 외래교수
  신안산대학교 호텔외식산업과 외래교수
  경일관광경영고등학교 겸임교원
  경희대학교 산학협력단 연구원
  마포구, 종로구 축제 전문위원
- 토파스, 세이버 항공사무원 1급・2급 자격, 국외여행인솔자, 스피치 지도사 1급 자격

저서 및 논문

- 관광법규의 이해와 외법 정리, 항공예약실무, 호텔·관광·항공계열 외국인 유학생 문화수업 매뉴얼. 관광창업경영실무, AI 관광사업의 이해.
- Impact of cultural worldview and authenticity on VAB model at Bukchon Hanok Village.
- The Influence of Experiential Marketing on Brand Trust, Brand Attachment, and Behavioral Intention: Focused on Integrated Resort Tourists.
- Analysis of Trends in Research on Emotional Labor in Hotel and Resort Sectors in Korea using Semantic Network Analysis.
- Tourism impact of the Korea-Japan trade conflict and a subjectivity study using Q-methodology.
- 소셜미디어 빅데이터 분석을 통한 울릉도 관광이슈탐색 TF-IDF 및 의미연결망분석을 활용하여.
- 문화관광 축제체험이 진성성과 참여의도에 미치는 영향연구: 수원화성문화제를 중심으로.
- 문화유산 관광객의 자아일치성이 정서적 연대와 관광체험 및 관광지 충성도에 미치는 영향연구: 북촌한옥마을을 중심으로.
- 북촌한옥마을의 진정성이 관광행동의도에 미치는 영향연구: 계획행동이론 적용.
- 협의와 광의의 한류관광에 따른 경제적 파급효과 분석.
- 지역주민의 지역애착이 축제의 혜택, 손실 및 지지도에 미치는 영향: 시흥갯골축제에 방문한 시흥시민을 중심으로.
- 축제서비스품질이 만족도와 행동의도에 미치는 영향 연구: 안산국제거리축제를 중심으로.
- 테마파크 방문객의 혼잡지각, 만족, 대응행동, 행동의도에 관계에 관한 연구: 테마파크를 방문한 중국 관광객을 중심으로.
- 글로벌한국연구재단(GRN과제 학술진흥): 겜블링 오류에 대한 척도개발 및 겜블링 오류가 문제성 도박행동에 미치는 효과
- 한국카지노관광협회: 카지노리조트 아카데미 조직 활성화 교육 교육프로그램 기획, 진행 및 보고서

염경아(廉庚娥)

학력

- 경희대학교 일반대학원 관광학과 박사 수료

경력

- 현, 재능대학교 호텔관광과 / 항공관광과 겸임교수
  한양여자대학교 항공과 겸임교수
  큐알에스코리아 대표이사
- 전, 인하공업전문대학 호텔관광과 겸임교수
  백석예술대학교 관광학부 겸임교수
  한양여자대학교 호텔관광과 외래강사
  경희대학교 사회교육원 호텔관광과 외래강사
  한진관광 해외영업
  호도트레블 해외영업
  관광공사
- 토파스, 세이버 항공사무원 1급 · 2급, 국외여행인솔자

저서 및 논문

- 항공운임발권실무, 한올출판사, 2022

목진원(睦鎭元)

학력

- 호주 University of Wollongong 회계학 석사
- 연세대학교 보건대학원 보건학 석사
- 연세대학교 법무대학원 법학 석사
- 경희대학교 일반대학원 호텔관광학과 관광학 박사
- 서울대학교 CFO 전략과정 수료

경력

- 현, 경희사이버학교 호텔외식MBA 겸임교수
  서울드와이트외국인학교 사무국장
  그랜드코리아레저(GKL) 비상임이사
  양주시 시정혁신자문위원회 문화관광 분과 위원장
  한국섬진흥원 진흥사업 컨설팅단 컨설턴트
- 전, 콘래드 서울 호텔 상무
  남서울대학교 호텔경영학과 조교수
  경희대학교 관광대학 겸임교수
  연세대학교 법무대학원 원우회장

정환(鄭桓)

학력

- Univ of California Berkeley, Linguistic & 경희대학교 경영대학원 관광경영학과 석사
  문학사, 언어학 학사.
- 호주 Melbourne Monashy Univ Research Analysis Ph. D 수학
- 경희대학교 관광대학원 관광경영학과 석사(관광경영학석사)
- 세종대학교 일반대학원 영어영문학과 문학, 한국어학사. 석사 · 박사
- 고려대학교 일반대학원 경영학과 박사과정 수학(연구조사방법)
- 경희대학교 일반대학원 호텔관광학과 박사(관광학박사)
- 재능대학교 호텔관광과 교수
- 중국 산동성 직업상업대학교 관광지리과 교환교수

관광법규의 이해와 외법

초판 1쇄 인쇄 2024년 10월 1일
초판 1쇄 발행 2024년 10월 5일

저자 정혜진 · 염경아 · 목진원 · 정 환 | **발행인** 박성진 | **발행처** 대 왕 사
등록 1976년 11월 30일 제5~54호
주소 서울시 동대문구 외대역동로 133-1
물류 경기도 파주시 소라지로 176-25(송촌동 414-12)
전화 (031)947-5471(代) | **팩스** (031)947-5470
홈페이지 http://www.daewangsa.net | **이메일** dws74@hanmail.net
값 21,000원

ISBN 978-89-456-9171-2 93320